本辑出版受到下列经费资助：

- 国家社科基金青年项目：《乾隆皇帝御制藏、满、蒙、汉四体合璧〈首楞严经〉第九、十卷对勘与研究》（'5CZJ022）
- 中央高校基本科研业务费项目、教育部创新团队培育项目：《〈大佛顶如来密因修证了义诸菩萨万行首楞严经〉之第九、十卷蒙、汉文本对勘及考述》（N152301001）
- 2015年度河北省社会科学发展研究课题（2015040602）

主办单位：东北大学秦皇岛分校

主 编　柴冰　董劼伟

ZHONG HUA LI SHI YU
CHUAN TONG WEN HUA
LUN CONG

中华历史与传统文化论丛

第4辑

中国社会科学出版社

图书在版编目（CIP）数据

中华历史与传统文化论丛.第4辑/柴冰,董劭伟主编.—北京：中国社会科学出版社,2018.10

ISBN 978-7-5203-3095-4

Ⅰ.①中⋯ Ⅱ.①柴⋯ ②董⋯ Ⅲ.①中国历史—文集 ②中华文化—文集 Ⅳ.①K207-53②K203-53

中国版本图书馆CIP数据核字(2018)第200461号

出 版 人	赵剑英
责任编辑	宋燕鹏
责任校对	郝阳洋
责任印制	李寡寡

出　　版	中国社会科学出版社
社　　址	北京鼓楼西大街甲158号
邮　　编	100720
网　　址	http://www.csspw.cn
发 行 部	010-84083685
门 市 部	010-84029450
经　　销	新华书店及其他书店
印刷装订	环球东方（北京）印务有限公司
版　　次	2018年10月第1版
印　　次	2018年10月第1次印刷
开　　本	710×1000　1/16
印　　张	30
插　　页	2
字　　数	490千字
定　　价	118.00元

凡购买中国社会科学出版社图书,如有质量问题请与本社营销中心联系调换
电话:010-84083683
版权所有　侵权必究

编委会

（按拼音顺序排列）

曹金娜	柴　冰	陈厉辞	崔玉谦
董劲伟	董兴杰	冯学伟	胡耀飞
孔祥军	李玉君	卢广平	齐海娟
秦　飞	任欢欢	王红利	王莲英
王　蕊	卫　丽	吴留戈	张　阳
左海军			

学术顾问

（按拼音顺序排列）

卜宪群（中国社科院历史所）　　川本芳昭（日本九州大学）
杜家骥（南开大学）　　　　　　杜文玉（陕西师范大学）
樊志民（西北农林科技大学）　　郝庆云（东北大学中国满学研究院）
黄朴民（中国人民大学）　　　　霍存福（沈阳师范大学）
蒋重跃（北京师范大学）　　　　黎　虎（北京师范大学）
李华瑞（首都师范大学）　　　　李文才（扬州大学）
娄成武（东北大学）　　　　　　孙继民（河北省社会科学院）
孙家洲（中国人民大学）　　　　沈卫荣（清华大学）
田广林（辽宁师范大学）　　　　王开玺（北京师范大学）
王晓毅（清华大学）　　　　　　王子今（中国人民大学）
乌云毕力格（中国人民大学）　　张剑光（上海师范大学）
张金龙（首都师范大学）　　　　仲伟民（清华大学）
朱　英（华中师范大学）

目 录

唐宋史专论

唐宋元初上海地区的自然灾害与社会救助 …………… 张剑光(3)

杨吴寻阳公主墓志铭考略 ………………………………… 李文才(18)

墓志所见唐人姓氏和姓氏人口数量
　　——对《新编唐代墓志所在总合目录》的
　　　初步统计 …………………………… 胡耀飞　谢宇荣(33)

《记室新书》编纂考 ……………………………… 刘全波　吴　园(77)

《新唐书·宗室世系表》考补
　　——以新出碑志为中心 …………………………… 周　鼎(98)

宋理宗朝前期宰相李宗勉任官履历的几点补充 ……… 崔玉谦(120)

古代文献研究

上海古籍出版社新整理本《毛诗注疏》《周南·召南》
　　点校补正 …………………………………………… 孔祥军(133)

北京大学出版社整理本《春秋穀梁传注疏》校点补正 ……… 张　剑(178)

宗教文化研究

迦耶达啰(Gayadhara)在藏活动地域查考 …………… 柴　冰(197)

中国古代职官制度史专题

两汉关内侯的官秩变迁 ………………………… 师彬彬（207）
南朝都城行政官员研究
　　——以建康令为例 ………………………… 权玉峰　张　磊（225）
宋代吏部尚书籍贯分布与特征探析 ………………… 惠鹏飞（238）

地域文化史研究

清咸丰元年归化城钱法探析
　　——以咸丰元年十月初十归化城副都统衙门
　　　钱法章程碑为中心 …………………… 吴　超　霍红霞（251）
清代贵州科举家族与社会流动 ……………………… 王　力（261）

近现代档案整理与研究

耀华玻璃公司产品商标变迁考述 ………… 王莲英　董劭伟（289）
散藏北洋淑兴渔业股份有限公司档案概述 ……… 崔玉谦　吕天石（301）
关于中比合办时期"耀华公司"企业性质问题的
　　探讨 …………………………………… 彭　博　王莲英（308）
秦皇岛港藏日文档案选译
　　——从秦皇岛港向日本、伪满、朝鲜输出煤炭情况
　　　函件（1943—1944） ………… 齐海娟　张　阳　董劭伟（312）
民国时期外来军舰往来秦皇岛港情况等
　　资料的整理 …………………………… 赵　俣　张　阳（329）

学术史与动态评议

历史地理学视野下的乡村基层区划研究述评 ………… 王　旭（367）

史学理论

历史叙事真实性的四个维度 ……………………………… 张云飞(385)

思想文化

论王阳明心学思想对毛泽东的影响 ………… 周立斌　于海元(399)

史学新锐

演进与发展：宋代行会与政府的经济博弈 ……………… 杨蕙瑜(413)
明代长芦巡盐御史考订 ………………………… 赵士第　罗冬阳(424)

秦皇岛地域文化专栏

秦皇岛板厂峪明长城《万历元年鼎建碑》残碑
　　复原 ………………………………………… 陈厉辞　董劭伟(435)
秦皇岛诗五首笺注附书法欣赏 …… 笺注：王红利　书法：孙　勇　潘　磊
　　　　　　　　　　　　　　　　　李昌也　徐向君　王　健(445)
旧体诗欣赏 ………………………………………………… 王红利(456)

书　讯

张金龙教授《魏晋南北朝文献丛稿》出版 ……………… 董劭伟(461)
张云飞博士《历史认识的真实性问题研究》出版 ……………(463)

征稿启事 …………………………………………………………(465)
第三辑目录 ………………………………………………………(467)

唐宋史专论

唐宋元初上海地区的自然灾害与社会救助

张剑光

(上海师范大学 人文与传播学院)

随着唐代太湖东部地区的开发,其人口得以较快增长。大约开元时期,今上海地区修筑了捍海塘,使人们的活动面积扩大,捍海塘内的区域很快成为农田,经济渐渐发展。天宝十年(751),唐政府设立了华亭县,希望对太湖东部地区能进行有效的行政管理。华亭县是上海地区第一个独立的行政单位,在上海古代历史上有着比较重要的意义。至两宋时期,华亭县隶属秀州,人们的活动不断向东扩展,农业生产的区域越来越宽广,经济活动频繁,商品经济活跃,四方商人络绎不绝。吴淞江北部地区唐以来一直属昆山县,至南宋,昆山东部经济有了较大发展,但昆山县辖境东西太宽,政府根本没法控制东部地区。至南宋嘉定十年(1217),嘉定县设立,上海地区以吴淞江为界有了两个大县。元朝占领江南后,由于华亭境内人口众多、经济实力强劲,遂设立松江府,成为太湖东部的区域经济和文化中心。元朝至元二十八年(1291),随着上海县的设立,海上运输作用加强,松江府形成了一府二县制,成为太湖东部经济的集散地,对周围地区产生较大的辐射作用。此外,长江和大海的交汇处从唐朝开始冒出沙洲,唐末设镇,经宋朝,沙洲主体已经固定,政府设立盐场,加快开发。随着人口导入,至元初设立崇明州。

在本文的讨论中,涉及的区域以当时的华亭、松江两县为主,兼及崇明,时间为华亭县设立以后至上海县设立之前,也就是相当于唐五代两宋及元初之际。

一 文献中记载的上海地区的自然灾害

古代上海所处的地理位置，决定了它是自然灾害多发的区域。《万历嘉定县志》卷一四《水利考》说："海在县东四十五里，北自黄姚港，南抵上海界，环县境，凡八十余里。海水咸卤，而此地不异江湖，颇有灌溉之利。盖南则黄浦、吴淞江，北则刘家河，又北则大江注焉。半天下之水，皆洄沿洑激，涤荡于数百里之内，故与南北独异耳。夫治水者，注之海则事毕矣，然沿海之民，岁至夏秋之间，不幸遇飓风霪雨，挟潮而上，漂没人民庐舍，倏忽皆尽，故至其时莫不惴惴然如虞冠。"① 说这段话的角度是为了治水，但可以看到，嘉定县的沿海地区有着和一般地区相同的水害，同时还有着夏秋之间的大风淫雨、海水倒灌等自然灾害。至于海水对土地造成的咸卤灾害，就更不用说了。这种情况到了明代仍没有太大的改变，而之前的唐宋时期就更加严重。明徐学谟说："嘉定濒海，硗脊不下，而高土不宜稻，况潮汐四通，则沟洫易淤；飓风时作，则荡析为虞。余生七十年来，所见全稔之秋，犹未数数也。"② 说明嘉定的自然环境比较恶劣，灾害严重，对农业生产破坏较大。

现存的资料，对元代以前上海地区自然灾害的记录十分简略。华亭县宋以前的方志有三卷本的《绍熙云间志》，关于自然灾害没有专目记录，而嘉定县、上海县和崇明最早的方志都是明代中期以后的，只是偶尔提到宋元时的灾害。因此，目前资料所反映的唐至元初的情况是不完全的，即使有一些记录也是简略不清。当然，我们还是尽可能地搜索到了一些资料，以看出灾害的一些概貌。

各书对自然灾害的记录如下：

1. 建隆二年（961）七月壬戌，大风拔木。九月庚戌夜，所在地震，响如雷。（《蒸里志略》卷一二《祥异》）

---

① （明）韩浚：《万历嘉定县志》卷一四《水利考》，《上海府县旧志丛书·嘉定县卷》，上海古籍出版社2012年版，第306页。
② （明）韩浚：《万历嘉定县志》卷一九《文编一》引徐学谟《改浙漕粮书册序》，《上海府县旧志丛书·嘉定县卷》，上海古籍出版社2012年版，第367页。

2. 天禧五年（1021），值洪水方割，下民昏垫。（《绍熙云间志》卷下《记》引吕谔《福善院新铸钟记》）

3. 宋仁宗时期，两浙累岁年谷不登，君（赵铸）出缗三百万，米千斛，以待饿者，使苏民无流离之苦者。[《嘉定碑刻集》第九编《宋故苏州乐善居士赵君（铸）墓志铭》]

4. 皇祐中，疫疠为疢，民中之疾必不起，死者仅千计，骸骼盈路。[《嘉定碑刻集》第九编《宋故苏州乐善居士赵君（铸）墓志铭》]

5. 皇祐四年（1052），华亭县令为吴及，"时浙西旱蝗，苏、秀尤甚，及祷于横山之神，天即大雨，蝗也避境，不食其稼，至秋大稔"。（《正德华亭县志》卷一三《宦迹》）

6. 皇祐五年（1053），大水。（《正德华亭县志》卷一三《宦迹》）

7. 熙宁末，大疫且饥死。（《正德华亭县志》卷一五《人物》）

8. 元丰中，饥。（《正德华亭县志》卷一五《人物》）

9. 政和五年（1115），张泾堰坏，咸潮溢入，云间、胥浦、仙山、白沙四乡尽为斥卤。（《重辑张堰志》卷一一《志祥异》）

10. 绍兴四年（1134）冬十月丁未夜，华亭县大风电，雨雹大如荔枝实，坏舟覆屋。（《崇祯松江府志》卷四七《灾异》）

11. 绍兴五年（1135）十月丁未，大雨电激射如箭，海水大溢。（《乾隆娄县志》卷一五《祥异志》）大雨雹，激射如箭，覆舟坏屋。海水大溢，拥巨鳅卧沙上。（《崇祯松江府志》卷五八《志余》）

12. 绍兴八年（1138），值岁凶。（《乾隆娄县志》卷一九《名宦传》）

13. 绍兴九年（1139），大饥，斗米千钱，道殣相望。（《崇祯松江府志》卷五八《志余》）

14. 绍兴二十九年（1159），华亭大饥，人民食糠秕。（《崇祯松江府志》卷四七《灾异》）

15. 淳熙十一年（1184），大风。（《正德华亭县志》卷一六《祥异》）

16. 嘉熙三年（1239）秋七月，蝗飞入境，食木叶，不食稼。是秋亦稔。（《嘉靖嘉定县志》卷九《灾异》；《万历嘉定县志》卷一七

《祥异》云是嘉熙四年)①

17. 咸淳六年（1270）冬十一月，华亭县大水。（《崇祯松江府志》卷四七《灾异》）

18. 咸淳七年（1271），大水，是岁大潦。（《嘉靖嘉定县志》卷九《灾异》；《厂头镇志》卷八《丰歉》）

19. 元至元二年（1265）十月，一都人告，有二虎食人、豚、犬，数为民害。有司移文万户府，集众捕之。一为流矢中目死，其一咆哮夜号，若寻偶者，迨晓不复见。地既滨海，无山林丛薄可穴，或谓神虎，一云海中鲨鱼所化。（《万历嘉定县志》卷一七《逸事》）

自春至八月无雨。次年二月赈钞。（《厂头镇志》卷八《丰歉》）

20. 至元十八年（1281）通、泰、崇明等州饥。（《万历通州志》卷二《禨祥》）

21. 至元二十三年（1286），八月霪雨，诏赈米。（《厂头镇志》卷八《丰歉》）

22. 至元二十四年（1287）夏六月二十日夜，近海处时非潮信而潮忽至，湖泖不通潮者亦陡涨三四尺。（《重辑张堰志》卷一一《志祥异》）

23. 至元二十九年（1292）六月，松江水灾。（《乾隆娄县志》卷一五《祥异志》）

史料记载的缺乏，使我们无法对这个时间段内的自然灾害的情况做出具体的描述，但根据这二十多条的资料，我们还是能得出一些概要性的结论：一是上海地区的灾害，以水害最为多见。尽管有的记载比较笼统，但还是能看出水灾是比较复杂的，有的是海洋潮水灾害，有的是夏季大雨，有的是秋季末期对流天气造成的短时间内的突然大风雨，有的是内河水位猛涨后溢出河堤造成灾害。水灾是上海地区的最主要的灾害，因此兴修水利在当时就显得特别重要。二是上海地区的灾害种类较多，比如蝗灾、旱灾、传染病、虎害，以及饥荒等，各种灾害都曾经侵袭此地。导致饥荒的原因并不清楚，但估计最有可能的是水灾和旱灾引起的。三是很多灾害的

---

① （清）钱以陶《厂头镇志》卷八《丰歉》（《上海乡镇旧志丛书》第3册，第150页）云："嘉熙四年，七月旱，八月飞蝗入境，止食秋稻，或树叶屋茅，是岁亦稔。"

后果比较严重，破坏性较大。比如一些灾害造成人员的大量死亡，出现了"道殣相望""骼胔盈路"；也造成了粮食价格出现较大波动，使"米斗千钱"，造成"人民食糠秕"的局面。从上述几个方面可以看出，古代上海是自然灾害的高发地区，对社会造成了很大的负面影响，这与上海的地理位置是密切相关的。

二 上海地区灾害的社会救助

发生灾害，组织救灾最有力的应该是政府。政府对灾害有一套常规性的救济制度。

宋朝时，华亭县设安济院，在"谷阳门外，平政桥西。宋世有田二千余亩，蠲其税以赡茕独无告之民"[1]。理宗绍定六年（1233），华亭县知县程熹说："华亭有安济院几百年矣，里多善人，虑其济□或不给也，捐田而周之。以亩计则两千有七，肥硗弗同，租敛所入，无水旱无欺侵，岁可供□百人口腹之急。"安济院的设立，连程熹也搞不清是什么时候，所以说是几百年前，推测可能是在北宋时期。经费主要是靠各方的捐田收租，其时安济院已有土地两千多亩。程熹怕时间长了有变化，所以将捐土地人的"姓字亩角砻石镌之"，他说这个不只是为了记录，"非惟存图籍之详，亦以昭乐施之德"[2]，是了表彰捐田者做好事的仁德。《宋华亭县蠲免苗税公据碑》中说："安济院之设，凡疲癃残疾□□而无告者，赖以全活甚多。"[3] 说明安济院在实际的救济过程中作用是比较大的。宝祐五年（1257），华亭县安济院残疾人陶百四等上诉提刑使，华亭县吏"不照本县蠲免苗税出给公据，照应差管营计富、追押邯道成等，在县逼纳苗米伍硕夺去公据等事"，最后经提刑使干涉，华亭县才回应："今出给公据付

---

[1] （清）谢庭薰：《乾隆娄县志》卷二《官署》，《上海府县旧志丛书·松江县卷》，上海古籍出版社2011年版，第265页。《正德松江府志》卷一一《官署上》（第155页）云：在"平政桥西南，宋绍定六年建"。

[2] （清）谢庭薰：《乾隆娄县志》卷二《官署》引程熹《安济院管田记》，《上海府县旧志丛书·松江县卷》，上海古籍出版社2011年版，第267页。《娄县志》编修者根据宋吴渊《广惠坊记》（第268页）说："祖宗时在京有四福田院，外郡有居养安济院，当时奉行惟谨，至有设帟帐具酒食者。是宋代通制如此，不独华亭为然。"

[3] （清）谢庭薰：《乾隆娄县志》卷二《官署》，《上海府县旧志丛书·松江县卷》，上海古籍出版社2011年版，第267页。

华亭县安济院收执，以凭蠲免苗税，照应施行。"①捐给安济县的土地要蠲免苗税，县政府要给安济院凭据，否则就要按一般土地向政府交税，安济院于是让几个残疾人出面提出上诉。从这段话来看，安济院日常救济的是一些残疾人。类似的慈善机构在嘉定县也有。如《嘉靖嘉定县志》卷三《田粮》中谈到宋代嘉定的土地有常平田、义役田、社仓田、养济局田。常平、义仓的设立都是为了救灾，而养济局应该就是常设的慈善机构。《康熙嘉定县志》卷二谈到养济院："俗名孤老院，基二亩八分三厘，宋绍兴二年设。"②《万历嘉定县志》卷三《田赋》说还有居养院田，应该也是一个慈善机构。就是边僻居海中的崇明，宋代虽然未曾设州，但有慈善救灾机构。如漏泽园，"宋崇宁初设，葬民贫而无地者，在旧州北"③。

政府设立常平仓、义仓以应急，预防自然灾害带来的灾荒。一旦碰到饥荒，政府会赈济粮食。绍兴八年（1138），黄瑀权知华亭县事，"值岁凶，白常平使者，请发廪以赈"。常平使者认为先得向上级报告，现在上级还没批准，无法开仓放粮。黄瑀说："民命在旦夕，苟可以生之，虽得重罪不悔！"于是他在华亭县开仓发粟赈济，"全活者万计"④。光宗时詹体仁提举浙西常平，他"以余力立举子仓，创安济院，所活不可胜纪"⑤。

发生了自然灾害，地方官员有责任及时上报，进行应急处理。宋仁宗时，"天下郡国有灾异饥馑，而邻郡多闭籴。右正言充秘阁校理吴及奏乞圣旨，诸路或有灾伤，辄敢闭籴，科违制之罪"⑥。说明政府是有具体的

---

① （清）谢庭薰：《乾隆娄县志》卷二《官署》引《宋准使府帖下华亭县蠲免安济院苗税公据碑》，《上海府县旧志丛书·松江县卷》，上海古籍出版社2011年版，第267页。
② （清）赵昕：《康熙嘉定县志》卷二《公署》，《上海府县旧志丛书·嘉定县卷》，上海古籍出版社2012年版，第459页。不过其时嘉定县未曾建立，所谓的绍兴二年只是当时的一般情况，并不是只针对嘉定县的。嘉靖、万历《嘉定县志》均云"旧在县治东南"，没有记录具体的设立时间，是比较实事求是的。
③ （明）陈文：《正德崇明县志》卷九《古迹》，《上海府县旧志丛书·崇明县卷》，上海古籍出版社2011年版，第56页。
④ （清）谢庭薰：《乾隆娄县志》卷一九《名宦传》，《上海府县旧志丛书·松江县卷》，上海古籍出版社2011年版，第451页。
⑤ （明）方岳贡：《崇祯松江府志》卷二九《宦绩二》，《上海府县旧志丛书·松江府卷》，上海古籍出版社2011年版，第585页。
⑥ 同上书，第576页。

应急救灾流程。虽然在当时的通信条件下，这种救灾的效率并不会太高。

灾害发生，政府要派人前去察看，断定灾害受损的具体情况。如李叔周监华亭县税时，曾经奉命视察水灾。这需要他乘船行走在老百姓的土地中，具体观察哪些土地受了灾、毁坏到怎样的程度，再决定免多少税。他看到了监司的圭田，同样是受了灾，但有关的官吏不敢向上奏报，就说："水潦为患，上供且应复，况圭田乎？"于是全部免掉了赋税。[①] 章岵为两浙转运使时，"会暴风，湖海涌沸。民之近湖滨海者，如海盐、华亭、吴江多遭漂溺。岵遣吏所在巡视赈恤，请蠲田租，人不失所"[②]。地方基层官吏察看灾情，再一级一级往上报，根据受灾的程度蠲免田租。

灾害后，判断农民是否受灾，因为直接与免税挂钩，所以有些官员就有机会浑水摸鱼。元初，有位叫谈公绰的官员，受宪司命"简灾田于松江"。到了晚上，他住在华亭一个富人家里，而富人之所以要好好招待他，"欲冒作虚数"，即将没受灾的土地都向上报是受灾了，因而富人"厚款之，宿之密室"，还不想让人看到。半夜里一美女来了，官员很吃惊，姑娘说："妾此乡某氏女。父贷主人粟，经岁积利三十石，无偿因经妾贷。今夕奉主人命来。"姑娘的父亲借了富人的粟，多年累加已达三十石，因为还不起，就用女儿顶债。半夜里，富人让姑娘来服侍官员，当然这官员是没有动姑娘。第二天富人来看官员，姑娘以实情告，官员也对富人说，姑娘家"所负某当代偿，幸以女还其家"。富人没办法，"遂焚券而还之"[③]。这件事中，谈公绰是个正面人物，所以他没有享用富人的美色招待，但就救灾的过程来说，他是有办法将富人没受灾的土地向上呈报成已受了大灾，同样也可以将穷人受灾的土地说成没受灾，至于怎样呈报，就要看官员个人的操守。

紧急情况下，有地方官员不请示上级而擅自主张决定救灾，有时会得罪上级，在当时的制度下，这样的情况是难以避免的。如黄灏担任知秀州

---

① （清）谢庭薰：《乾隆娄县志》卷一九《名宦传》，《上海府县旧志丛书·松江县卷》，上海古籍出版社2011年版，第451页。

② （明）方岳贡：《松江府志》卷二九《宦绩二》，《上海府县旧志丛书·松江府卷》，上海古籍出版社2011年版，第583页。

③ （明）方岳贡：《崇祯松江府志》卷五七《志余》，《上海府县旧志丛书·松江府卷》，上海古籍出版社2011年版，第1124页。

兼提举浙西常平时，华亭大饥，莩殣盈野，"而属县方督促欠逋"。一方面是灾难来临百姓交不出赋税，另一方面是地方官催促要及时交租。"时朝旨停阁夏税，灏乃更请阁秋苗，不俟报行之。"朝廷只是说夏税缓交，而黄灏说秋苗也可以缓交，他是为了让辖区内的百姓缓一口气，但"言者罪其专，移灏筠州，仍削两秩，仍从其请。州人尸祝之"①。因为擅自决定先斩而奏，所以移官他处并且降削两级秩，但同意他所做的决定，认为还是有道理的。这样一个过程，老百姓当然是认同了黄灏是个好官，在他走后为他点香火祭拜。

发生了灾害，官员还是会视具体情况，决定开仓放粮的，朝廷根据灾害的程度也会同意放粮。如姚宪知秀州时，"大水，民饥，华亭诸邑尤甚。宪请输粟万斛以赈，朝廷赐书奖谕"②。因为救灾有方，得到中央政府的褒奖。

敬礼神灵也是常见抗击灾害的方法之一，尽管这种方法实际上是没有用处的。罗点任浙西提举，对自然灾害在浙西可能造成的影响十分警惕，他"规画荒政，凡数十奏，躬行犬亩，是惠甚溥"。淳熙中，"时久旱，请雨，点独致敬于祀典。郡天庆观有何蓑衣道人，郡守谓为神，每祷祀毕，咸就见焉。点不往，何以杖击僚吏车，以示斥辱。点视之漠然。俄大雨随车，郡人大喜"③。祷雨不一定真有这样的灵验，但对官员来说，只要自己坚定信心地向上天乞求，是一定能下雨的，因而这种祷雨，实际上是一种战胜灾害的信心。

中国古代会将自然灾害与政府的政事治理挂上钩，录囚是抗击灾害的一种治理政事的方法。所谓"录囚"，是中国古代的司法机关对在押囚犯的复核审录，主要由上级对下级司法机关进行检查，逐一对案件的审理是否有失公正进行核对，并纠正冤假错案。灾害时期的录囚，既是政府对自己行政错误的一种承认，同时也是为了拾起百姓抗灾的决心，与政府同心同德。汪文振淳熙进士，后为提点浙西刑狱，"时旱蝗民饥，县督逋贷，操下急监锢。文振录囚，夜至华亭，得四百余人，皆骨立，悉释去俟秋

---

① （明）方岳贡：《崇祯松江府志》卷二九《宦绩二》，《上海府县旧志丛书·松江府卷》，上海古籍出版社2011年版，第587页。

② 同上书，第581页。

③ 同上书，第583页。

偿。檄诸邑如之，民藉以活"①。汪文振释放的四百余人，实际上都是因为自然灾害而交不出赋税的农民，被华亭县关了起来，释放他们，实际上与减免赋税期限或放宽交税时间起到相同的作用，对百姓的影响是比较大的。

发生灾害后，政府常会视灾情减少征收赋税的额度。华亭县南面的云间、仙山、白砂、胥浦四乡，"风输秋租，独为缗钱者。自咸水为害，四乡皆为斥卤之地。乾道中，既筑堤堰，民渐复业。会邑人以酒额虚数告病，时参政钱公良熙请于朝，乞捐酒额，且以南四乡租税偿之苗硕，为钱三千（阙）贯，视北九乡稍优"②。此事，《正德华亭县志》也有记载，说："开禧三年，以南四乡折补酒钱二税径解所司，遇灾依例蠲放。"③ 南四乡本来是用租税抵酒税，因为提出税额太高，而且土地太差，所以朝廷认为如果碰到灾害，是可以蠲免的。

鼓励民间救济。如元至顺元年（1330）浙西大水，"朝廷募民能赈粟五百石以上者，爵有差"，根据赈粟的多少授官爵。上海县青龙镇的章梦贤出粟二千余石而没有受爵，"故以旌其门也"④，政府出面进行表彰。其事虽然发生在元至顺初年，但相信这样的措施是经常实施的，是这个时期的通常做法。

此外，政府也有一些预防性的措施。如兴修水利。吴及为华亭县令时，"教民预修水利，以待淫潦。明年大水，而阡陌坚完，沟洫通利，复稔如初"。再如绍圣中毛渐为转运副使，"浙部水溢，被患者数州，用奏疏浙西诸浦，浚吴淞江，开大盈、顾会二浦，以入于江，自是水不为患"⑤。毛渐奏疏后，朝廷决定兴修水利，对预防华亭地区的水灾作用明显。从这一点而言，兴修水利的工程有很多是为了预防水灾。

---

① （明）方岳贡：《崇祯松江府志》卷二九《宦绩二》，《上海府县旧志丛书·松江府卷》，上海古籍出版社2011年版，第585页。

② （宋）杨潜：《绍熙云间志》卷上《税赋》，《上海府县旧志丛书·松江县卷》，上海古籍出版社2011年版，第17页。

③ （明）聂豹：《正德华亭县志》卷四《田赋上》，《上海府县旧志丛书·松江县卷》，上海古籍出版社2011年版，第126页。

④ （明）顾清：《正德松江府志》卷一七《冢墓》，《上海府县旧志丛书·松江府卷》，上海古籍出版社2011年版，第281页。

⑤ （明）顾清：《正德松江府志》卷二三《宦迹上》，《上海府县旧志丛书·松江府卷》，上海古籍出版社2011年版，第383页。

除政府外，民间抗灾救灾是这一时期人们抵御自然灾害的重要形式。比如赵铸，本来家甚贫，但后来他以经商致富，不数十年，家里就十分富裕。约在宋仁宗时，两浙地区连年发生饥荒，"年谷不登"，赵铸就捐出钱三百万缗，米千斛，"以待饿者，使苏民无流离之苦者"。时赵铸来往于苏州和昆山，因为他救济的昆山县东部灾民也有一部分属于古代上海地区的。皇祐中，苏州地区传染病流行，"疫疠为祟，民中之疾必不起，死者仅千计，骼胔盈路"。面对这种情况，赵铸"顺乡俗议，敛席焚之"，将死尸火化，防止病菌扩散，同时雇僧人"诵浮屠书，以赞其往"，即在火化时念经。赵铸被人称为"好施也如此"，是个"乐善居士"，死后葬于春申乡赤莲里，即位于今嘉定西城内①。宋神宗熙宁末，华亭饥疫，饥死者相枕藉。卫公佐"施粥给药，请邑僧灵敏辈分拯之，瘗殍死及买棺以葬者，无虑数万。邑大夫嘉其义，将奏言之。公佐辞曰：'某占籍上等，恐为盛德累。疗病送死，僧行颇有力焉，请以荐僧行。'大夫义而从之"②。《正德华亭县志》说："元丰中，复饥，租税无所出，令秩满，代者已至，转运使苛留之，使督逋负，缧系盈庭，公佐为出粟代输，释系者，而旧令始得解去。"③张百五是乌泥泾有名的大族，宋孝宗隆兴间，"岁饥，数出粟以赈"④。

也有富人在灾害期间低于市场价出售粮食给灾民。如夏椿，至元二十四年（1287），"岁侵，椿出粟贱价以粜"。低价粮不够，干脆直接施粥。至元二十七年（1290），"复侵，贱粜犹不给，则设粥于僧寺，以待饿者"。大德十一年（1307）旱灾，第二年跟着大饥荒，相邻州县的老百姓都投奔夏家，夏椿"辟庐舍，具饘药，视其羸壮而食饮之，生则赈之，归死者给棺以瘗，而书其姓名邑里，以俟来收骨者。凡施镪若干缗，米若干石，全活者若干人"。他不但让穷人有地方住，而且给他们吃饭和医

---

① 张建华、陶继明：《嘉定碑刻集》第九编《宋故苏州乐善居士赵君（铸）墓志铭》，上海古籍出版社2012年版，第1308页。

② （明）顾清：《正德松江府志》卷三〇《人物五》，《上海府县旧志丛书·松江府卷》，上海古籍出版社2011年版，第452页。

③ （明）聂豹：《正德华亭县志》卷一五《人物》，《上海府县旧志丛书·松江县卷》，上海古籍出版社2011年版，第209页。

④ （清）唐锡瑞：《二十六保志》卷二《懿行》，《上海乡镇旧志丛书》第12册，上海社会科学院出版社2006年版，第61页。

药，如果死了就准备棺材安葬，还写上姓名，等待他们的家人来收尸。鉴于他的出色表现，有关部门把他的事迹上报后，朝廷旌其门为义士[①]。

三 自然灾害救助和预防的社会环境

发生灾害后，进行积极的救助，固然与中央政府的提倡有着不小关系，但更重要的是与官员个人的重视有关。官员对自然灾害重视，就会提前做好预防工作，即使灾害来临，也会将损失减少到最低限度，因此官员对社会发展，是会有比较大的影响。在这个意义上说，古代上海地区的发展，与官员们的努力密切相关，每当自然灾害来临，官员的努力与否对社会的影响十分重大。

由于特殊的地理环境，上海地区很容易受到水患的侵袭，修筑有效的水利工程以预防灾害，就显得特别重要。上海地区的不少官员就格外重视水利建设，对社会而言，兴修水利成了人们衡量一位官员是否有成绩的重要标志。钱贻范庆历间为华亭知县，"岁旱频仍，讲求利病，开顾会浦、蟠龙塘诸水，以时蓄泄，万民赖之"[②]。人们记着他的是治水后对农业生产带来的益处。朱之纯《题思吴堂》诗序谈到了嘉祐时太常丞吴公几道在华亭县的事迹，"公有惠政，四十余年，民诵不绝"。他离开华亭时，"父老悲啼攀辕，不与前进，以至空一邑随之"。这样一位得到人们爱戴的官员到底做了哪些好事呢？浙右旱蝗，苏、秀为甚。"公方下车，克自痛责，遂祷横山之神，即致甘雨，虫亦避境，不食其稼。至秋大稔，乃出教条，命民预修水利，以待淫潦，或渟或注，达于江海。已后大水暴至，阡陌坚牢，沟洫既浚，复稔如初。比及三年，风俗归厚，天无札瘥，地无旱潦，家给人足，歌诵满路。"[③] 这位吴几道就是上文提及的吴及。朱之纯说他嘉祐年间宰华亭，实际上是皇祐四年（1052）到任，至和元年（1054）离职到朝廷任审刑院详议官。这年秋天，吴及"乃教民预修水

---

① （明）顾清：《正德松江府志》卷三〇《人物五》，《上海府县旧志丛书·松江府卷》，上海古籍出版社 2011 年版，第 455 页。

② （清）谢庭薰：《乾隆娄县志》卷一九《名宦传》，《上海府县旧志丛书·松江县卷》，上海古籍出版社 2011 年版，第 451 页。

③ （宋）杨潜：《绍熙云间志》卷下《序》引朱之纯《思吴堂诗序》，《上海府县旧志丛书·松江县卷》，上海古籍出版社 2011 年版，第 66 页。

利以待淫潦。明年大水，而阡陌坚完，沟洫通利，复穑如初"①，所以他得到华亭老百姓的爱戴。虽然在华亭只三年，但"父老悲啼攀留不得进"，四十年后朱之纯还在谈起他。再如徽宗绍圣中，毛渐为转运副使，由于一再发生水灾，"用奏疏浙西诸浦，浚吴淞江，开大盈、顾汇二浦，以入于海。自是水不为患"②，似乎是达到了一定的效果。

南宋地方官兴修水利预防自然灾害的更多见了。如刘俣，绍兴间知华亭县，"滨海有秦山、盐铁、蚌港三堰，俣蚤夜督作，堤成，灌田六百亩"③。丘崈，南宋孝宗时"出知秀州华亭县。捍海堰废且百年，咸潮岁大人，坏并海田，苏、湖皆被其害。崈至海口访遗址已沦没，乃奏创筑，三月堰成，三州舄卤复为良田"④。由于他大量修筑河堰，阻挡了咸潮对农田的影响，从此苏、湖、秀三州的盐碱地都成了良田。当然，丘崈修筑堰以前有位华亭人叫许克昌，时官为右正言，他向朝廷游说了一番："时松江新泾塘为海潮冲突，咸水延及嘉、湖二境。克昌请于朝，移堰入运港，以避潮势，由是三州之田获免咸潮之患，乡邦德之。"⑤丘崈是根据许克昌的建议来修堰的。再比如庆元时的黄震，尝摄华亭令事。他认为"华亭水乡，大究塞泄之法，申府请修田塍，万民德之"⑥。再如罗点淳熙中除浙西提举，"规画荒政，凡数十奏，躬行畎亩，实惠甚博"。他对华亭县的最大贡献是治理淀山湖。淀山湖位于昆山和华亭之间，被戚里豪强之家占以为田，严重影响到了湖水的下泄。罗点发现问题后，经过调查，"奏请开浚，且为图以献"。朝廷听从了他的意见，"百姓勇于赴功，不日而毕，所济田百万亩"。之后刘颖提举浙西常平，"还淀山湖以泄吴松江二水，禁民侵筑，毋使逼塞大流，民田赖之"，也

---

① （明）聂豹：《正德华亭县志》卷一三《宦迹》，《上海府县旧志丛书·松江县卷》，上海古籍出版社2011年版，第186页。
② （明）郭经：《弘治上海志》卷七《惠政》，《上海府县旧志丛书·上海县卷》，上海古籍出版社2015年版，第75页。
③ （清）谢庭薰：《乾隆娄县志》卷一九《名宦传》，《上海府县旧志丛书·松江县卷》，上海古籍出版社2011年版，第451页。
④ 《宋史》卷三九八《丘崈传》，中华书局1977年版，第12110页。
⑤ （明）聂豹：《正德华亭县志》卷一五《人物》，《上海府县旧志丛书·松江县卷》，上海古籍出版社2011年版，第207页。
⑥ （清）谢庭薰：《乾隆娄县志》卷一九《名宦传》，《上海府县旧志丛书·松江县卷》，上海古籍出版社2011年版，第452页。

就是说保证了湖水下泄至吴松江的通道,不让百姓侵占。①

碰到自然灾害,如果官员们救灾有方,为人民做了好事,就很容易被后人记在心里。如常楙是进士出身,景定元年(1260)知嘉定。在嘉定前后五年,"公廉自持",是个清官。他任官时恰巧碰上发大水,于是积极救灾,"劝分和籴,按籍均数,部使者交荐于朝"。也就是说,他对救灾粮是按户籍多少来平均发放的,因而大家都觉得比较公平②。吴柔胜为华亭下沙盐场官,授嘉兴教授。黄灏提举浙西常平,时华亭大饥,黄灏就委托吴柔胜积极救灾,"全活甚众,华亭民得免离殍也,柔胜之力也"③。

官员救灾以外,上海地区预防灾害以及救灾抗灾措施得力的原因之一是,地方世家大族积极投身抗灾救灾,他们将自己的救助行为看成是一种社会责任感,是自己对地方建设和治理的应尽义务。

唐五代两宋至元初,上海地区有很多"敦诗书,好施惠,重宾客"④的大族世家,他们有着积极的生活态度,有着较强的社会责任感,表现出了上海地区早期士人的一些鲜明特点。很多士人都尽可能地想为社会公益事业做好事。如南宋前期乌泥泾大族张百五,捐千金建清和桥,就是后人所称的长桥。宁国寺以西有地号八千亩者,"常苦旱,百五开长渠,自乌泥泾直达黄浦,引潮灌田,家人享利"。显然是张百五个人出资修筑了很长的渠道,引水灌溉农田⑤。之后另一位大姓赵如珪,"自泾道府城及黄浦之东,迤逦凿井架庵,以憩行旅,夏月施汤茗"⑥。来往交通,路人每隔一定距离要有休息的地方,上要有遮阴,热

---

① (明)顾清:《正德松江府志》卷二三《宦迹上》,《上海府县旧志丛书·松江府卷》,上海古籍出版社2011年版,第384页。

② (明)杨旦:《嘉靖嘉定县志》卷七《州县官题名并传》,《上海府县旧志丛书·嘉定县卷》,上海古籍出版社2012年版,第103页;(宋)陈渊:《练川图记》卷下《宰政》,《上海府县旧志丛书·嘉定县卷》,上海古籍出版社2012年版,第24页。

③ (明)方岳贡:《崇祯松江府志》卷二九《宦绩二》,《上海府县旧志丛书·松江府卷》,上海古籍出版社2011年版,第588页。

④ (明)顾清:《正德松江府志》卷一七《冢墓》,《上海府县旧志丛书·松江府卷》,上海古籍出版社2011年版,第281页。

⑤ (清)唐锡瑞:《二十六保志》卷二《懿行》,《上海乡镇旧志丛书》第12册,上海社会科学院出版社2006年版,第61页。

⑥ (明)聂豹:《正德华亭县志》卷一六《遗事》,《上海府县旧志丛书·松江县卷》,上海古籍出版社2011年版,第222页。

天要喝口茶水，而赵如珪就在交通要道上修建设施，当然受到大家的称赞。宰相张商英的后代迁到华亭后，子孙中有位叫张俊，"自幼机警通史传学"，"中慈而外刚"，典型的文化大家子弟，他在华亭乡村做了很多好事，"性好施赈贫周急，凿义井，创义舟，建大石梁三"①。

做慈善救济百姓更容易显出士人大族对社会的责任感。南宋隆兴间发生饥荒，乌泥泾张百五"数出粟以赈"②。宋末元初，王子昭曾想"别置田米，创立安怀院，以养鳏寡孤独之民。后因疾作，未能遂志"③。卫谦立义庄赡宗族及乡间之贫者④。元代张瑞卿八世祖自杭州迁到华亭之樱珠湾，六世祖迁到吴淞江南的祥泽，几代人都在这里居住。他家"栖迟亩亩，代有隐德，行义修于家，惠利及于乡"，"曾玄绳绳，世济厥美，诗书之泽，视昔为浮，故乡人以积善之家称之，昭文馆学士雪庵李公因大书以名其堂"。祥泽张家的积善堂远近闻名，主要是几代人以读书为乐，同时在乡间做善事，所谓"行义修于家，惠利及于乡"，是不求出仕的士人追求的最高境界⑤。殷澄父亲为宋节干官，"家富好施，每大雨雪，必载薪米，遍乞寒馁人，死者为具棺殓，人目为殷佛子"⑥。慈善救助穷人是大族文士的标签。

再如嘉定大族周知柔，祖上"好游江浙间，因乐吴会风土而宅焉，今为昆山人"⑦。其祖父为保义郎致仕，父亲周浩为承节郎。周知柔生于绍兴八年（1238），开禧二年（1206）宁宗郊礼，"以男必强叨仕版封保义郎"，是正九品的武官阶，说穿了只是给了个官的名誉，但周家一直是

---

① （清）谢庭薰：《乾隆娄县志》卷一四《冢墓》引杨维桢《通波阡表》，《上海府县旧志丛书·松江县卷》，上海古籍出版社2011年版，第390页。

② （清）唐锡瑞：《二十六保志》卷二《懿行》，《上海乡镇旧志丛书》第12册，上海社会科学院出版社2006年版，第61页。

③ 张建华、陶继明：《嘉定碑刻集》第三编《故宋东祁王先生（子昭）归田兴学记》，上海古籍出版社2012年版，第238页。

④ （明）聂豹：《正德华亭县志》卷一五《人物》，《上海府县旧志丛书·松江县卷》，上海古籍出版社2011年版，第210页。

⑤ （明）聂豹：《正德华亭县志》卷九《第宅》引曹睿记，《上海府县旧志丛书·松江县卷》，上海古籍出版社2011年版，第164页。

⑥ （明）聂豹：《正德华亭县志》卷一五《人物》，《上海府县旧志丛书·松江县卷》，上海古籍出版社2011年版，第209页。

⑦ 张建华、陶继明：《嘉定碑刻集》第九编《宋故周公必强圹志》，上海古籍出版社2012年版，第1328页。

以世代为官自居的①。其次子周必进历官为承节郎、前镇江府大港镇税，后恩转训武郎，"经理家务几三十载"，"急义如渴，一乡称善"，在当地很有声望。他的家庭在社会上有较大的表率作用，"公视子侄，爱均一体。门无白丁，公之力也"，说明重视家庭人员接受知识教育。他有很多义举，"每岁春夏之交，囗损米贵，遏平时价。疾者药，死者槥"。"集僧道经文，摘关洛警语，选婴孩良方，锓梓镂石，乐施广劝，仁声薰郁。"②作为一个在政治上和文化上有声望的大族，周家在嘉定地方社会中发挥了重要的作用。

大族士人还尽可能在民间树立克服灾害的信心。华亭县治东北的黄浦上有顺济庙，宋咸淳中重建。重建的经费主要是利用了民间大族的捐款："初邑豪钱氏尝舍田四十亩给守祠者。至是，诸君复益田数百亩，里中善士吴梦酉、刘用济、唐时措、时拱各推金帛，增丹碧费。既成，雄丽靖深，为巨观一都会。"③ 这庙祭的是天妃，"瓯粤舶贾风涛之祷辄应"，而"松江郡之上洋为祠"，是通过祭祀天妃来使汹涌的大潮平息，以保佑海上航运的人们。

如前所述，自唐代成立华亭县后，上海地区的社会发展是比较快速的，但由于地理环境的特殊性，很容易受到水灾、海潮、旱灾的影响，这时期各种自然灾害的发生是比较频繁的，有的灾害造成的社会损失也是比较重大的。不过，这一时期从政府到社会，都有一些救助的办法，一定程度上能够抵御灾害的侵袭，因而总体上社会救助起到了一定的作用，这是应该给予充分的肯定。从社会环境而言，当时的一些官员是摆正了心态，兴修水利，积极预防灾害成了他们为官的重要职责之一，而地方上的世家大族也担负着建设社会基层的重任，把抗灾防灾作为自己的责任。在这种情况下，上海地区尽管自然灾害发生的频率很高，但社会救助措施还是相对有一定成效。

---

① 张建华、陶继明：《嘉定碑刻集》第九编《宋故周公必强圹志》，上海古籍出版社2012年版，，第1322页。

② 张建华、陶继明：《嘉定碑刻集》第九编《宋故训武钤辖周公（必进）圹志》，上海古籍出版社2012年版，第1334页。

③ （明）顾清：《正德松江府志》卷一五《坛庙》引宋渤《庙记》，《上海府县旧志丛书·松江府卷》，上海古籍出版社2011年版，第244页。

杨吴寻阳公主墓志铭考略

李文才

（扬州大学　社会发展学院）

1975年4月，江苏省扬州市邗江县杨庙乡殷湖村蔡庄发现一座古代墓葬，扬州博物馆考古人员对其进行发掘清理，并结合文献考索，最后确认该墓系杨吴太祖杨行密长女、睿祖杨溥之姊寻阳公主杨氏之墓葬[①]。由于寻阳公主墓早前已遭盗掘，故1975年的发掘清理，未能发现墓志实物。不过，清代及民国时期的金石著作、扬州地志对寻阳公主墓志铭文却多有著录，并每有题跋。然因志石、拓片今俱不存，前人著录因为刊刻等原因，文字颇有不同，因此，对寻阳公主墓志铭文作系统整理，似仍有其价值。今不揣浅陋，拟对其中所涉史实略作考述，至于铭文所涉之典故，容有暇时再作考释。

为方便下文讨论，兹将墓志铭文抄录如下：

有吴太仆卿、检校尚书左仆射、舒州刺史、彭城刘公夫人故寻阳长公主墓志铭并序

将仕郎、前福州闽县丞范德兴撰

夫甘露降，醴泉生，则知显国祚；谶明朝，使四方，服我圣君。度其时，甘醴应端叶祥，乃长公主焉。公主则弘农杨氏，大吴太祖之令女，国家闺室之长也。太祖以剑断楚蛇，手挥秦鹿，建吴都之宫阙，复隋氏之山河。功盖鸿沟，变家为国，编史载籍，其可

[①] 吴炜、徐心然、汤杰：《新发现之杨吴寻阳长公主墓考辨》，《东南文化》1989年Z1期（即增刊第1期），第127—129页。

尽乎？是知玉树盘根，耸金枝而繁茂；银河通汉，泻天脉以灵长。将符硕大之诗，必诞肃雍之德。太后王氏，坤仪毓秀，麟趾彰才，既谐兴庆之祥，乃产英奇之女，即寻阳公主也。公主蓬丘降丽，桂影融华，稚齿而聪惠出伦，笄年而才名颖众。既明且哲，早闻柳絮之诗；以孝兼慈，凤著椒花之颂。国家详观令俶，用偶贤良。敦求阀阅之门，须慕裴王之族。我彭城大卿代承勋业，世茂英雄。先君首匡社稷于吴朝，寻拥麾幢于江夏。由是王恭鹤氅，迥出品流；卫玠神仙，果符佥议。盖标奇于秤象，遂应兆于牵牛。潜膺坦腹之姿，妙契东床之选。我公主辎軿降于天汉，鸾凤集于闺门。在内也，则班诚曹箴，克修女范；配室也，则如宾举案，罔怠妇仪。奉苹藻以恭勤，佩茝兰而芬馥。常逊言而抚育，每恪谨以事亲。宽恕则仆隶不鞭，娣姒则仁明是敬。星霜浸换，慈爱无渝。助君子之宜家，实诸侯之令室，皆公主之贤达也。而况敦睦氏族，泛爱宗亲，不以宫闱之贵骄人，不以奢华之容傲物。既而荣光内外，道合鸾凤，感吉梦于熊罴，肇芳华于桃李。育男六，育女六。长子曰匡祚，受镇南军节度讨击使、抚州军事押衙、银青光禄大卿、检校国子祭酒兼侍御史、上柱国。貌方冠玉，才蕴铿金，雅承庆于鲤庭，叶好逑于虎帐。乃聘于抚州都指挥使、司空、太原王公之爱女也。王氏以彩闱袭美，兰闱传馨，克奉孝慈，肃恭礼敬。次曰匡业，试秘书省校书郎。光融气秀，瑜润德清，才清秘阁之风，益显侯门之美。聘雄武统军、颍川侍中之爱女，即陈氏焉。虽通四德之规，未展二仪之礼。次曰匡远、匡禹、匡舜、严老，并幼而歧嶷，志定坚刚，兰牙即俟于国香，骥子伫追于骏足。长女年当有字，容谓无双，娉婷融舜槿之英，婉娈叶丝萝之咏，适柯氏。柯氏，受右军讨击使。诗书立性，礼乐臻身。邓艾尽营，必弘远大；刘琨夜舞，定建殊功。次女，纳钟氏礼，钟氏器重珪璋，材亲廊庙，入仕才趋于宦路，登龙必履于朝廷，任洪州南昌县主簿。喜气虽通于银汉，云车未会于鹊桥。次女四，并天资柔惠，神授冲和，瑞分瑶萼之华，庆禀琼枝之秀。苟非公主义方垂训，秉范整仪，峻清问于圣朝，著声光于玉阙。则以顺义六年中春，太仆卿自洪井副车秩满，皇恩降命，除郡临川。隼旗方耀于章江，熊轼俄临于汝水。入境已闻于静理，下车顿肃于山川。四郊而襁负还乡，万井而飞蝗出境。岂止悬鱼着咏，佩椟推名，可以与杜邵齐肩，龚黄并辔。公主同驻绣毂，内助政经，佐寰帷露冕之功，赞察俗抚民之化。或发言善谏，则蕙馥兰芳；或静虑澄机，则珠圆月皎。俾连营将士，皆钦如母之瑶①；比屋黎民，咸戴二天之惠。岂料霜凋琼树，月坠幽泉，祥云易散于长空，彩凤难留于碧落。呜呼！须发方盛，舜颜未央。俄梦蝶于庄生，忽贻灾于彭矫。爰从寝疾，遽至高肓②，腠理难明，欷归冥寞。何期天道，曾不慭遗，以顺义七年七月廿六日薨于临川郡城公署，享年三十八岁，箕帚二十二春。悲乎！自有古今，不无生死。奈其修短，祸福难裁。何神理之微茫，曷荣枯之倏忽。我太仆卿以鸾分只影，剑跃孤鸣，痛哽襟灵，韵悲琴瑟。自是政行千里，声彻九重。别拥旌旄，去迎纶綍。奉亲王之传印，宠亚前朝；承圣上之优恩，荣超太古。公主摧丛福地，傍捐魏坛。而大卿亟赴名邦，正临蚕岳，诸子以情钟陟岵，恨切茹荼，哀号而泣血崩心，踊擗而柴身骨立。吁嗟退迩，骇叹人伦。里巷为之辍舂，士民为之罢社。则以乾贞三年二月二日苻护灵柩，以其年三月廿四日窆于都城江都县兴宁乡东袁墅村建义里庄西北源，式建封树，礼也。举朝祭奠，倾郭涂刍，送终之礼越常，厚葬之仪罕及。所谓乎我彭城公代著八元，家传五鼎，荣驻貔虎，坐拥橐鞬，据康乐之城池，播廉公之襦袴，则何以名光傅粉，誉振传香，偶良匹于龙宫，见起家于鹊印。不有懿戚，曷光令猷？所谓类以相从，合为具美者也。德兴识学荒芜，躬承厚命，直旌厥德，焉敢让陈？乃为铭曰：

赫赫太祖，圣历符祥，厥生令女，贵异殊常。
二仪合运，四德贤良，金枝玉叶，蕙秀兰芳。
降于侯门，彭城刘君，夺瑶圃玉，遏巫山云。
宜家庆国，袭美垂熏，寻阳公主，中外咸闻。
鸾凤双仪，遽怆分飞，人间永别，冥路旋归。
阴云飒飒，夜雨霏霏，泉扃一闭，无复闱闱。

---

① "瑶"当作"谣"。
② "高肓"当作"膏肓"。

一　前人著录暨墓志铭出土时间

寻阳公主墓于1975年考古发掘时，并未发现志石，由此可以断定寻阳公主墓志应当早被盗掘。那么，寻阳公主墓志何时被盗？这只能从清代及民国时期的相关文献记载加以推断。

寻阳公主墓志出土以后，即受到包括金石爱好者在内的文史学者之瞩目，在清代至民国时期的金石著作或笔记文献中，对于寻阳公主墓志相关信息的记述文字颇多，其中有全文著录、墓志题跋、记述墓志出土及铭文简介等多种方式。这些文献的著录情况大致如下：

（1）全祖望（1705—1755）：《鲒埼亭集》卷三七，《杨吴寻阳长公主墓志跋》云："吴王杨行密女寻阳长公主墓志，近岁江都人发地得之，其与王闽二碑皆竹垞翁注，五代时未见也。公主下嫁鄂州节度使刘存子。存盖杨吴之忠臣，惜其早死。呜呼，李氏易氏而后，永兴宫之惨，可胜道哉！"①

（2）武亿（1745—1799）：《授堂金石三跋》卷一。题名著录、跋语。题名有简单介绍："正书，危德兴撰，顺义七年三月，今在扬州。"②

（3）李斗（1749—1817）：《扬州画舫录》卷一。简要记述寻阳公主事迹，及墓志出土、收藏等情况，云："五代吴太祖杨行密女。年十六。适舒州刺史彭城刘公。生男女十二人。以顺义七年薨。年三十八。乾贞二年葬江都县兴宁乡嘉墅村。称长公主。闽县丞危德兴作寻阳公主墓志。时以村农掘地得石。今藏乌程令罗素心家。"③

（4）孙星衍（1753—1818）：《寰宇访碑录》卷五。墓志题名著录、简要题跋："寻阳公主墓志，正书，危德兴撰，乾贞三年三月江

---

① （清）全祖望：《鲒埼亭集·内编》卷三七《杨吴寻阳长公主墓志跋》，清嘉庆九年（1804）余姚史梦蛟借树山房本。
② （清）武亿：《授堂金石三跋》卷一《吴寻阳长公主墓志铭》，清道光二十三年（1843）授堂重刻本。
③ （清）李斗撰，汪北平、涂雨公点校：《扬州画舫录》卷一《草河录上》，中华书局1960年版，第11页。

苏江都。"

（5）洪颐煊（1765—1837）：《平津读碑记·续记周北齐隋唐五代》。墓志题名著录、简要题跋："寻阳公主墓志铭，乾贞三年三月。右寻阳公主墓志铭，在江都县。公主为吴杨行密之女，碑前题有吴太仆、检校尚书左仆射、舒州刺史彭城刘公夫人故寻阳长公主，志中不载刘公之名，公主长子曰匡祚，受镇南军节度讨击使、抚州军事押衙、银青光禄大、检校国子祭酒兼侍御史、上柱国；次曰匡业，试秘书省校书郎，俱不见于史。"

（6）阿克当阿监修，姚文田等纂：《嘉庆重修扬州府志》卷六十四。墓志题名著录、简要题跋："吴寻阳长公主墓志铭：危德兴撰，顺义七年三月，今在扬州。"

（7）陆耀遹（1771—1836）：《金石续编》卷一二。全文著录，并有题跋。

（8）吴荣光（1773—1843）：《筠清馆金石记》，跋语："杨氏之夫，志不载其名字、籍贯，以《五代史·杨行密传》考之，当为江西刘信之子，信为行密之将，行密子隆演僭号武义时，拜信为征南大将军，碑标题及志首两'夫'字皆缺末笔，避行密父怤嫌名也。《容斋三笔》载鄂州兴唐寺钟款曰'金紫光禄大检校尚书左仆射兼御史大陈知新、银青光禄大检校尚书右仆射兼御史大杨琮'，'大'字下皆去'夫'字，时为唐天祐二年行密破杜洪于鄂，故将佐为讳其父名。又鄱阳浮州寺有吴武义二年钟、安国寺有顺义三年钟，题衔皆曰'光禄大卿检校太保兼御史大卿刺史吕师造'，改'大夫'为'大卿'，避行密父讳也。"[①]

（9）黄本骥（1781—1856）：《古志石华》卷二五。题名"刘某妻杨氏"，全文著录，简要跋语："氏乃十国吴杨行密之女，行密子溥僭位，封为寻阳长公主。其卒以溥顺义七年，乃后唐明宗天成二年丁亥岁，葬以溥乾贞三年乃天成四年己丑岁也。志一僭王之姊，乃铺张至此，谀墓之滥以是为极。标题及志首两'夫'字作'㚒'（夫字少一撇），避行密父怤嫌名也。'鄧艾盡营'，'盡'当作'晝'；'如母之瑶'，'瑶'当作'谣'；'遽致高盲'，当作'膏肓'，皆笔误

[①] 按，此跋语转录自《金石续编》卷一二，清同治十年（1871）双白燕堂刻本。

也。'民'字作'㞒'（民字少一斜钩），避唐讳。"①

（10）陆心源（1838—1894）：《唐文拾遗》卷四八，成书于清同治年间（1862—1874）。

（11）甘鹏云（1862—1941）：《崇雅堂碑录》卷二。题名著录："危德兴撰，正书，吴乾贞三年三月，江苏江都出土。"

（12）（13）宣哲（1866—1943）：《扬州金石目》《扬州金石编目》，二者皆为题名著录并附简跋。

（14）江苏通志局：《江苏通志稿·金石记》卷七，全文著录，并简介拓片尺寸等情况，云："寻阳长公主墓志铭（自注：在扬州），拓本高一尺二寸，广二尺四寸土，正书，十七行，行四十字至四十九字不等。"

（15）钱祥保修，桂邦杰等纂：《（民国）江都县续志》卷一五《金石考》，全文著录，且有题跋，墓志题为"吴寻阳公主墓志铭"，并简要记述志石形制："石高二尺二寸，广二尺四寸，三十七行，行四十字至中十九字不等，正书。《金石续编》云石在江都，程青岳云，此石原在扬州原任乌程令罗素心家，粤寇乱后，不知存佚。"

以上文献包括笔记、金石著作、扬州地志等种类，尽管诸书体裁不尽相同，记述各有侧重，但所记述寻阳公主墓志的相关文字，却可以为我们提供探赜的线索。

上述15种文献何者记述最早？其中甘鹏云《崇雅堂碑目》（民国二十四年即1935年潜江甘氏息园本），宣哲《扬州金石目》，《扬州金石编目》，江苏通志局《江苏通志稿·金石记》，钱祥保、桂邦杰等《（民国）江都县续志》（民国十年即1921年开雕）共5种，皆为民国时期刊行或编撰未刊之金石著作，时间晚于清代金石著作，可置而不论外，余者10种清人著作的成书时间大致如下：

①全祖望《鲒埼亭集》成书于乾隆二十年（1755）年之前（详见下文）。

---

① （清）黄本骥编：《古志石华》卷二五，清道光二十七年（1847）三长物斋刻本。

②李斗《扬州画舫录》成书刊行于乾隆六十年（1795）①。

③武亿《授堂金石三跋》成书于嘉庆四年（1799）年之前。

④孙星衍《寰宇访碑录》成书于清嘉庆七年（1802）。

⑤洪颐煊《平津读碑记》成书的具体时间尽管不详，但可以考知其必晚于《寰宇访碑录》。据诸史载，洪氏嘉庆年间就职于孙星衍主持的粮道署，获读孙氏平津馆所藏碑文，而后成书《平津读碑记》，故知其成书时间当晚于《寰宇访碑录》。

⑥陆耀遹《金石续编》的成书时间亦未得详，但其本为补王昶《金石萃编》未竟之业，而《萃编》的成书时间为清嘉庆十年（1805），故知《续编》之成书时间必在嘉庆十年之后，今《续编》常见传本为同治十年（1871）双白燕堂刻本。

⑦阿克当阿监修、姚文田等人编纂《嘉庆重修扬州府志》，自嘉庆十四年（1809）正月至十五年（1810）四月，历时一年三个月修成，并于十五年（1810）刊行，时间更在《金石续编》之后，或最早也只能与之同时。

⑧吴荣光《筠清馆金石记》刊行时期，大概在道光壬寅（1842）年前后②。

⑨黄本骥《古志石华》为三长物斋刻本，清道光二十七年（1847）开雕，此即其成书时间。

那么，上述9种清人著作，何者著录或记述寻阳公主墓志铭时间最早？自然只能根据上述著作之成书时间先后加以考索。

---

① 按，李斗（1749—1817），清代戏曲家，字艾塘，又字北有，江苏仪征人，出生于乾隆十四年，卒于嘉庆二十二年。《扬州画舫录》共18卷，据李斗《自序》中说，他撰写"自甲申至于乙卯，凡三十年"，查乾隆在位时间，"甲申"为乾隆二十九年（1764），乾隆二十九年甲申以后，无"乙卯"年，只有辛卯（乾隆三十六年即1771）、癸卯（乾隆四十八年即1783）、丁卯（乾隆六十年即1795），结合李斗自序所说"凡三十年"，可知"乙卯"当为"丁卯"之误。也就是说，《扬州画舫录》成书刊行的时间，为乾隆六十年丁卯亦即1795年。

② 按，吴荣光金石著作除《筠清馆金石记》外，另有大题为"筠清馆金文"，而"自序"名曰"筠清馆金录"、正文又曰"筠清馆金石文字"者，共5卷，查阅其正文，此5卷所录皆为商周钟鼎文字及其考释文字，成书时间据扉页所载："道光壬寅南海吴氏校刊"，可知其行世当在道光壬寅（1842）年前后。其《筠清馆金石记》之成书行世，亦当在道光年间或壬寅前后可知也。

全祖望（1705—1755）为上述九位清代学者中距今最古之人，其著作《鲒埼亭集》成书亦必最早。今传《鲒埼亭集》最早刊本为清嘉庆九年（1804）余姚史梦蛟借树山房本，其成书必在此之前。征诸史籍，《鲒埼亭集》之成书时间，皆无记载。因此，只能依据全氏一生行迹略加推断。按，全祖望为清代著名史学家、文学家，浙东学派的重要代表人物，一生著述甚丰（共35部，400多卷）。纵观全氏一生，也是经历了由仕进到辞官著述的转变过程。雍正七年（1729），全祖望拔贡生，乾隆元年（1736）举博学鸿词，同年中进士，入选翰林院庶吉士，为李绂所赏识。次年（1737），因李绂与张廷玉不和，散馆以后以候补知县任用，遂愤而辞官，返回故里后即专心著述，不复仕进。据诸史载，自乾隆三年（1738）至乾隆十二年（1747）期间，系全氏"居家十载"，潜心学术研究的时期；乾隆十三年（1748）至乾隆二十年（1755），则为全氏"衣食奔走"，二任书院山长的时期（指全氏担任浙江蕺山书院、广东端溪书院主讲）。作为全氏学术代表著作的《鲒埼亭集》，应当就是完成于"居家十载"潜心治学期间，亦即1738—1747年。

如果我们可以肯定《鲒埼亭集》完成于1738—1747年，则寻阳公主墓志石应当在此前就已经出土，并有拓本流传于世，否则全祖望怎么可能在其著作中撰写"杨吴寻阳长公主墓志跋"呢？这就是说，寻阳公主墓最迟不晚于1747年就已经被盗掘，寻阳公主墓志铭因得流传于世；当然，也有可能早在1738年之前，墓志铭就因为被盗掘的关系，而重见天日，并广泛流传。稍晚于全祖望的李斗，在其《扬州画舫录》也记述了墓志铭的情况，至于其后的清人金石著作，则多著录此志或作题跋。

二 寻阳公主夫婿"彭城刘公"考索

近年来，对墓志等出土石刻文献的整理与研究似又掀起一股小的高潮，报纸、杂志、电视等现代媒体亦不时刊载有关信息，一些释读性、考索性的文字亦颇有见者。寻阳公主墓志尽管出土于清代中期，早经清代及民国时期众多金石著作所著录，但并未妨碍今人对其关注。吴炜、徐心然、汤杰《新发现之杨吴寻阳长公主墓考辨》一文，对寻阳公主墓出土文物进行了简单介绍，并对墓主人的相关情况进行了一些探索，其中包括对寻阳公主墓志铭文的一些情节进行分析①。吴炜、田夫后又在《扬州晚报》上，以"解读一方寻阳长公主墓志铭"为题，对寻阳公主墓志铭文进行"解读"，先是将墓志铭文翻译成白话文，然后对其中一些史实和典故进行考释②。但通观上述著录或释读性文字，对于寻阳公主墓志铭文所涉及的关键性信息，如寻阳公主的夫婿"彭城刘公"的家世情况等，仍无令人信服的解释。故本文拟对此略加考索。

寻阳公主杨氏，为杨吴国主杨行密长女，杨吴顺义七年（927）七月卒于临川郡城公署，享年38岁，故知其出生于唐昭宗大顺元年（890）。据诸墓志铭文，寻阳公主杨氏的丈夫为"有吴太仆卿、检校尚书左仆射、舒州刺史、彭城刘公"，又寻阳公主卒于临川郡（亦即抚州）公署，也就是卒于其丈夫刘公的任职之地，这是墓志铭所载寻阳公主夫婿"彭城刘公"家世、任职的有限信息。然则，"彭城刘公"究竟为何人？

对"彭城刘公"较早进行考订者，为生活于乾嘉时期的金石学家武亿，他在《授堂金石三跋》中，曾作寻阳公主墓志铭跋，其中有云："惟主所适刘公，历官太仆卿、检校尚书左仆射、舒州刺史，惜不著其名，遂失考也。刘公之先，志云'首匡社稷于吴朝，寻拥麾幢于江夏'，据《通鉴》及《五代史》，并言行密以刘存为鄂岳观察使，是存当时与行密首发难而官又历鄂岳，疑称麾幢江夏者，当即其人。"③武亿推测认为，寻阳公主夫婿"彭城刘公"可能是刘存之子，其推测之依据则为刘存任职鄂岳观察使，地近江夏之故。又，陆耀遹亦曾跋寻阳公主墓志铭，其中对"彭城刘公"亦有所考订，但未下断言，云："杨氏诸臣见于《世家》者，有刘威、刘存、刘信。天祐二年，存攻鄂州，斩杜洪，以功授鄂岳都团练使，故史称鄂州刘存。志序刘之先君'首匡社稷于吴朝，寻拥麾幢于江夏'，则彭城大卿者，或即刘存之子，其名不传，未可强定。"④寻阳公主杨氏的夫婿"彭城刘公"，陆氏认为"或即刘存之子"，但并未断言一定

---

① 吴炜、徐心然、汤杰：《新发现之杨吴寻阳期公主墓考辨》，《东南文化》1989年Z1期，第127—129页。
② 吴炜、田夫：《解读一方寻阳长公主墓志铭》，《扬州晚报》2011年6月2日C7版、6月9日C6版。
③ 《授堂金石三跋》卷一《寻阳公主墓志铭》跋文。
④ （清）陆耀遹：《金石续编》卷一二《寻阳长公主墓志》"跋语"，清同治十年（1871）双白燕堂刻本。

就是。武亿、陆耀遹二位清代金石学家倾向认为，"彭城刘公"为刘存之子。

除刘存之子一说外，还有刘信之子一说。前揭吴荣光《筠清馆金石记》跋语有云："杨氏之夫，志不载其名字、籍贯，以《五代史·杨行密传》考之，当为江西刘信之子，信为行密之将，行密子隆演僭号武义时，拜信为征南大将军……"吴荣光推定寻阳公主之夫为刘信之子，他推定的主要凭据是刘信曾拜征南大将军，以及杨隆演僭号"武义"二事。前揭今人吴炜等，亦曾作推断，认为"彭城刘公"当为刘信之子，云：

> 从墓志拓本得知，公主为杨溥之姐，溥称帝后，例应称长公主，所适彭城刘公，墓志未署其名，彭城乃刘姓郡望，亦非真实籍贯，《新五代史·吴世家》记杨吴的刘姓宿将有二：一为鄂州刘存，一为江西刘信，墓志谓："我彭城大卿，代承勋业，世茂英雄，先君首匡于社稷，寻拥麾幢于江夏。"又记其本人于顺义六年（926年）中春，"除郡临川"，而公主所生长子刘匡祚，受镇南军节度讨击使抚州军事押衙，且临川即抚州，公主晋寻阳，皆为江西辖地，故如（按，原文该字为"如"，当为"知"之误）其为刘信之子。①

按，寻阳公主杨氏夫婿"彭城刘公"是否刘信之子？抑或如武亿、陆耀遹二人所推测，"或即刘存之子"？吴荣光根据《五代史·杨行密传》所做的考证，认为当系江西刘信之子，主要根据就是杨隆演正式建国，改国号为"武义"时，刘信拜为征南大将军一事。吴炜等人的推断理由，其中所说彭城乃刘姓郡望，并非真实籍贯云云，并不存在问题，但所说杨吴刘姓宿将只有刘存、刘信二人，显然失考。

按，《新五代史·吴世家》所载杨吴刘姓宿将，共有刘威、刘存、刘信三人，且三刘事迹，皆于史有征。清人彭元瑞曾注欧阳永叔《五代史》，其卷六一上《吴世家第一》引《九国志》载三刘事迹甚详，兹据之将三人行迹概述如下：

---

① 吴炜、徐心然、汤杰：《新发现之杨吴寻阳长公主墓考辨》，《东南文化》1989年Z1期，第128—129页。

刘威（857—914），庐州慎县人，乾宁（894—898）初年，担任庐州刺史，并随杨行密承制封拜，而升迁为淮南节度副使、行军司马、东西行营副都统，后又加使相职衔，庐州（治今安徽合肥）为淮南节度使（后曾改德胜节度使）治所，管辖今安徽合肥周边区域；天祐三年（906），刘威升任镇南军节度使，镇南节度使治所为洪州（今江西南昌），管辖今江西南昌周边区域。抚州（即临川郡，今江西抚州）与之接壤。天祐十一年（914），刘威卒。

刘存（？—907），陈州人，乾宁（894—898）年间，因功迁舒州刺史，后改任舒州团练使，舒州治今安徽潜山县；天复（901—904）年间，作为李神福副手，攻打盘踞江夏的杜洪，天复四年（904），取代李神福为招讨使，再攻江夏，擒斩杜洪父子，以功授淮南行军司马、鄂岳都团练使，镇守鄂州（鄂州即今湖北武汉，时武昌节度使治所）；天祐三年（906），率军攻潭州（辖区包括今湖南长沙、湘潭、株洲、岳阳南、益阳、娄底一带，治所长沙），被马楚政权俘杀。

刘信（859—928），兖州中都人，唐昭宗大顺（890—891）年，随杨行密讨平孙儒，因功迁滁州刺史（治今安徽滁州）；天祐六年（909），袁、吉、信、抚州与潭州马楚政权勾结，准备进攻豫章（洪州治所，即今江西南昌），刘信出任镇南军节度副使，率兵在上高（今江西上高）击败潭将苑玫，迁袁州刺史（治今江西宜春）；十一年（914），刘信担任镇南军两使留后，刘崇景以袁州反叛，刘信击走之，授镇南军节度使；后代取代王祺，担任招讨使，平定虔州（百胜节度使治所，今江西赣州）谭全播之乱，随后还镇洪州（镇南军节度使治所）；十六年（919），"吴王开国，加信征南大将军"，即杨隆演正式称帝建国，刘信又加号"征南大将军"。①

根据以上《九国志》所载三刘行迹，可知：他们俱为杨吴宿将功臣，都是追随杨行密打天下之元勋，但三刘之籍贯一为庐州、一为陈州、一为兖州，皆非"彭城"，因此墓志文所言"彭城刘公"之彭城，确系以刘姓

---

① （宋）欧阳修撰，（清）彭元瑞注：《五代史记注》卷六一上《吴世家第一》引《九国志》，清道光八年（1828）刻本。（以下注释作者略）

郡望称之，而非写实，故墓志铭文所谓"彭城大卿，代承勋业，世茂英雄"，用此形容三刘之功业，皆无不可。换言之，单从这一点来说，寻阳公主的夫婿"彭城刘公"，可以为上述三刘任意一人之子。那么，寻阳公主夫婿"彭城刘公"，究竟是何人之子呢？

既然"彭城大卿，代承勋业，世茂英雄"不足提供判断依据，则只能从其他相关文字信息中寻绎。我们注意到，在该句之后，紧接着就是"先君首匡社稷于吴朝，寻拥麾幢于江夏"，此为关键性的一句。杨吴政权在太祖杨行密、景帝杨渥时，尽管已经是实质性的割据政权，但一直奉李唐年号，故在形式上并未独立，杨吴政权第三代宣帝杨隆演在位执政的绝大部分时间，也是奉李唐正朔，继续使用李唐"天祐"年号。直到武义元年（919），杨隆演才正式称吴王，并改元，"吴"政权至此始名实相副，"武义"乃是杨吴政权第一个名正言顺的年号。因此，寻阳公主墓志铭文中"先君首匡社稷于吴朝"，所对应的只能是宣帝杨隆演的"武义"年间或之后发生的事情。

此外，我们还可以从上述三刘生卒时间稍作推测。刘威卒于天祐十一年（914）、刘存卒于天祐三年（906）、刘信大约卒于睿帝杨溥乾贞二年（928）[①]。这就是说，刘存卒年为景帝杨渥在位期间、刘威卒年为宣帝杨隆演改元之前，此时名义上都还是唐（因为用李唐天祐年号）而不是"吴"，这就是说，刘威、刘存二人并无"首匡社稷于吴朝"的机会，因为他们早在"唐朝"的时候已经死去了。如此一来，只有刘信卒年才在是正朔已改的"吴朝"。

至此，"先君首匡社稷于吴朝"之"先君"，亦即寻阳公主夫婿"彭城刘公"的父亲，再诸天祐十六年（919），"吴王开国，加（刘）信征南大将军"，基本就可以坐实为刘信。然则，刘信"首匡社稷于吴朝，寻拥麾幢于江夏"的具体内容又是何指呢？据前揭《五代史记注》注引《九国志》载：

> 十六年，吴王开国，加信征南大将军。后唐庄宗即位，遣谏议大夫薛昭文册闽王，假道豫章，信劳之。谓昭文曰："皇帝知有信否？"昭文曰："主上新有河南，未熟公之名。"信曰："汉有韩信，吴有刘

[①] 《五代史记注》卷六一上《吴世家第一》引《九国志》。

信，异代其人也。"因指牙旗镞首，举卮酒以属昭文曰："射中此，愿公饮。"一箭而穿之，观者无不称快。信用亲吏吉况辈聚敛财货。置横厅事日，纳银满其中。庄宗伐蜀，温恐信为变，急召归江都，为左统军。温卒，又倾心事知诰，复归镇。明年卒于治所，年七十。信将上章请立庙于洪州，许之。①

按，此事《新五代史》卷六一《吴世家第一》亦有载，时间在顺义五年（925）②。就在同一年，后唐庄宗李存勖派兵灭前蜀，时杨吴政权实际执政者为徐温，徐温担心刘信趁机生变，遂急召之回到江都，任命为左统军。乾贞元年（927），徐温死后，刘信又倾心拥戴徐知诰（即南唐烈祖李昪），复归镇洪州；次年（928），刘信死于治所，时年70岁。综合以观，刘信"首匡社稷于吴朝，寻拥麾幢于江夏"当指此二事：一是后唐庄宗遣使册封王审知为闽王，"假道豫章"即从刘信防区借道，刘信与后唐使臣薛昭王接洽，宣扬杨吴国威；二是后唐庄宗伐蜀，奉召回京师江都，任左统军，后又奉徐知诰之命，还镇洪州。

至此，寻阳公主杨氏夫婿"彭城刘公"可以肯定即为刘信之子，但其名仍不得而知。按，前揭《五代史记注》引《九国志》记述天祐十一年（914）前后，刘信担任镇南军节度使期间，曾代王祺为招讨使平定虔州谭播之乱一事，云：

时虔城险，攻之久不克，（王）祺以疫死，遂改信为招讨使。（谭）全播惧，因纳款，信受其质而还。徐温方执政，闻之大怒，杖其使者。信子彦英时为亲军校，令将三千人往援之，温戒之曰："汝父据上游之地，拥数万之众，取一小郡不克而还，是反也。今授汝此兵，可往助父反。"信闻之大惧，即返斾疾趋，克其城而还。先是有谮于温，言其逗挠，故纵全播。至是，信自献捷于江都，温大喜，复遣还镇。③

---

① 《五代史记注》卷六一上《吴世家第一》引《九国志》。
② （宋）欧阳修撰：《新五代史》卷六一《吴世家第一》，第758页。
③ 《五代史记注》卷六一上《吴世家第一》引《九国志》。

从中可知，在压平谭全播之役中，刘信之子刘彦英时任"亲军校"，亦曾率部参与，且立有战功。那么，寻阳公主夫婿有没有可能就是刘彦英呢？笔者认为有这种可能，但由于缺乏更多史料的支撑，这只能作为一种可能性的推测，而同样"未可强定"也。

三　寻阳公主墓志铭文作者小考

接下来，对寻阳公主墓志文的作者略作考述。

寻阳公主墓志文的作者，前揭众多清人、民国诸文献中，除《唐文拾遗》卷四八作"危德舆"、《民国续江都县志》作"范德兴"外，余者皆作"危德兴"。前揭吴炜等人发表于1989年的文章中，说："从墓志拓本的文字得知撰者应运为范德兴……《扬州画舫录》中所记危德兴当系'范德兴'之误……"[①] 但不知吴炜等人所据拓本从何得来。近来，周阿根先生撰《五代墓志汇考》，寻阳公主墓志铭作者亦作"范德兴"[②]，未知是否采信吴炜等人之说。然则，墓志铭文之撰作者，为"危德兴""危德舆"，抑或"范德兴"？

按，"兴"之繁体字为"興"，"舆"之繁体字为"輿"，二字极易混淆，特别是在雕版印刷的时代，因此，陆心源《唐文拾遗》作"危德舆"，很有可能是刻板时致误，将"興"误刻为"輿"。这样一来，清人著录之寻阳公主墓志铭作者，实际上就只有一种，即作"危德兴"。从第一个记录墓志铭作者的《授堂金石三跋》，再到后来的诸多清人文献，皆作"危德兴"，而非"范德兴"。如果说李斗《扬州画舫录》并非专录金石文献的金石学著作，还有可能误将"范德兴"误记为"危德兴"的话，那么，众多金石著作断然不会全部有此疏误，盖因金石著作的撰作者，对于墓志拓片中的文字因为避讳等原因而故意缺笔，或者其中的错别字（如"夫"字作"丈"、"民"字作"尸"、误"晝"为"盡"、误"谣"为"瑶"、误"膏肓"为"高肓"等），都锱铢必较地辨认清楚而特别标

---

① 吴炜、徐心然、汤杰：《新发现之杨吴寻阳长公主墓考辨》，《东南文化》1989年Z1期，第128页。

② 周阿根：《五代墓志汇考》七〇《刘君妻寻阳长公主杨氏墓志》，黄山书社2012年版，第179—182页。

示出来，难道对于题在墓志铭首的撰作者姓名，还会马虎疏忽以至于搞错？

最早将寻阳公主墓志铭文作者写为"范德兴"者，为《民国续江都县志》，其错误究竟是刻版所致，还是其所著录另有凭据？均不得而知。前揭吴炜等人认为，墓志文作者当作"范德兴"而指摘李斗《扬州画舫录》，并说他们所依据的是墓志文的拓本。有没有这种可能呢？据前揭吴炜、田夫《解读一方寻阳长公主墓志铭》云："五代杨吴时期寻阳长公主墓志铭，在清光绪十四年（1888年）于邗江县杨庙乡殷湖村出土，志石高72厘米，宽73厘米，志文37行，1527字，正书。"① 吴炜等人认为，寻阳公主墓志石出土于清光绪十四年（1888）。

按，吴炜、田夫的说法不知何据。而根据我们前面的考订，寻阳公主墓最迟不晚于乾隆十二年（1747）就已经被盗掘，其墓志铭大概在此后不久即得流传于世（也有可能早在1738年之前，墓志铭就因为被盗掘的关系而广为流布）。如果是清光绪十四年（1888）寻阳公主墓志铭始出土，那么在此之前的众多清人文献，又如何获录此志文呢？难道是一百多年前即已出土之寻阳公主墓志石，又被重新掩埋入土？这种情况自属荒诞不经，绝对无此可能。

退一步说，光绪十四年（1888）的确又出土一方寻阳公主墓志，那也只能有一种解释，即：光绪十四年出土的寻阳公主墓志石系伪作之赝品。这种可能性是否存在呢？应该说，还是有此可能的。盖因清代金石学大盛，时人莫不以通其学者为能而以不通者为羞，包括墓志在内的石刻大受欢迎，石刻之价遂日见其高，造假作伪之风亦因之日甚，以其可牟取厚利也。据此，若光绪十四年（1888）确又出土一方寻阳公主墓志石，则完全可以肯定其为伪造之赝品。既为伪造之赝品，则造假者便不能全无疏漏，很可能"范德兴"就是因此而来。

综合而论，寻阳公主墓志铭文的作者，应为"危德兴"，而非"范德兴"，至于清人文献或有作"危德舆"者，很有可能是雕版时误"兴"为"舆"所致。

---

① 吴炜、田夫：《解读一方寻阳长公主墓志铭》同，《扬州晚报》2011年6月2日（星期四）C7版。

墓志所见唐人姓氏和姓氏人口数量

——对《新编唐代墓志所在总合目录》的初步统计

胡耀飞　谢宇荣

（陕西师范大学　历史文化学院）

目前唐史研究的每一步进展，大抵都离不开新出墓志的推动，故而学者对新墓志趋之若鹜。不过，随着墓志出土数量的日渐增长，以及将来出土墓志数量日趋下降的可能性，在利用单个墓志进行史学分析之外，有必要开始从整体上处理现有墓志数据。对此，近二十年来，气贺泽保规先生主编的几种《唐代墓志所在总合目录》系列，即首先从目录方面展开了整理工作。[①] 这一系列目录不仅便利学者利用此书对单篇墓志进行索引，更有助于从整体上分析有唐一代所出土墓志的时空分布特征。本文即试图在新出版《新编唐代墓志所在总合目录》（以下简称"《新编目录》"）的基础上，对所收录墓志的姓氏信息进行初步的统计，以备日后进一步讨论墓志所见唐代的姓氏和家族。

在此之前，笔者先就气贺泽保规先生主编的《新编唐代墓志所在

[①]　氣賀澤保規主編：《唐代墓誌所在総合目録》，明治大學東アジア石刻文物研究所，1997年；氣賀澤保規主編：《新版唐代墓誌所在総合目録》，明治大學東アジア石刻文物研究所，2004年；氣賀澤保規主編：《新版唐代墓誌所在総合目録》（増訂版），明治大學東アジア石刻文物研究所，2009年；氣賀澤保規主編：《新編唐代墓誌所在総合目録》，明治大學東アジア石刻文物研究所，2017年。此外，氣賀澤保規等先生还架设了检索网站，但目前仅能检索2009年版，参见http://124.33.215.234/85_toyo2/sweb/search.php。

总合目录》本身内容进行简单的概括。首先，该书基本延续了此前三编的整理方法，不同之处主要在于两点：一是对于截至2015年出土的所有具备明确年号纪年的11845件墓志、无年号纪年的197件墓志和其余481件唐代志盖按照葬时重新进行编号，共计12523件，比2009年版截至2008年的8737件多出近1/2；二是对于墓志所见载的比2009年版来源更加广泛的各种墓志录文、拓片汇编，重新进行归类和编排，整理出"收载资料集·报告集分属一览表"，以便读者查找原件。其次，该书延续了此前的姓名索引方法，按姓名首字笔画对所有志主（及其妻）的名字（及其妻姓氏或姓名）进行整理，制作"墓志名索引"，以备查阅。对于本文来说，之所以利用《新编目录》，首先是考虑其信息的全面性和及时性，其次是"墓志名索引"的便利性。

对于唐代墓志所见姓氏信息的统计，包括两个层面：一是整个唐代的姓氏数量统计，这在墓志材料大量出现之前，可以利用正史、笔记、文集和其他各种史料。在墓志材料出现之后，则提供了更加直接且全面的统计样本。即便墓志本身的制作有其一定的阶层性，并非所有阶层的唐人都能拥有墓志。但对于姓氏分布而言，同一姓氏内部本身有不同的阶层，如果样本增多，则其涵盖的姓氏范围也会增加。二是整个唐代姓氏人口的统计，即对拥有某一姓氏的基本人数的统计。这一统计可以从志主层面进行简单的统计，也可以从志文所见所有人物姓氏的层面进行更加复杂的统计。在这一统计基础上，结合对姓氏的统计，即可得到唐代大部分姓氏的人口比例。基于这两个层面，本文即以《新编目录》所载姓氏为统计对象，对这两个层面的信息予以揭示。

首先，在"墓志名索引"中，若刨除最后的"姓不详"（76件）、"残墓志"（20件）两项，可以得到从"一画"至"二十九画"在内的所有首字，共计512字。其中，有些首字并非姓氏，需要予以剔除。有些首字包含不止一个姓，即有两个或两个以上的首字相同的复姓。明了这两点，即可将"墓志名索引"所见首字整理为表1：

表1　　　　　　　《新编目录》"墓志名索引"所见首字统计

首字笔画	姓氏	非姓氏	姓氏数量
一画 （1字）	乙（乙弗、乙速孤）		1（+1）-0=2
二画 （8字）	丁、刀、卜	七、九、了、二、八	8-5=3
三画 （12字）	"万"（+万俟）、上（上官）、之、乞（乞伏）、也、于、士、干（干元）、弓	三、亡、大	12（+1）-3=10
四画 （21字）	井、仁、仇、元、公（公孙、公都）、勾（勾龙）、夫（+夫蒙）、孔、尹、支、方、册（册丘）、毛、牛、王	不、五、六、天、太、比	21（+1）-6=16
五画 （23字）	"且"、丘、令（令狐）、冉、包、古、召、史、司（司空、司徒、司马）、左、平、"正"、氾、甘、田、申（+申屠）、疋（疋娄）、白、石	四、尼、本、玄	23（+3）-4=22
六画 （23字）	仲、仵、任、伍、先、吉、同、向、宇（宇文）、安、戎、成（+成公）、曲、朱、江、牟、竹、米、羊、舟、西（西门）	如、戍	23（+1）-2=22
七画 （30字）	似（似先）、何、余、克、别、吴、吕、宋、岐、岑、延、扶（扶余）、折（+折娄）、李、杜、束、汲、沈、沙（+沙陀）、狄、谷、豆（+豆卢）、车、辛、邢、那（那卢）	佛、初、含、妙	30（+3）-4=29
八画 （45字）	京、来、卓、叔（叔孙）、周、呼（呼延）、和、咎（昝）、固、奇、孟、季、宗、尚、屈（+屈突）、房、拓（拓拔）、昌、明、易、杭、东（东乡）、林、武、祁、竺、舍（舍利）、花、苟、若（若干）、苻、范、邵、邸、金、长（长孙）、门、阿（阿史那）、青	岳、杳、法、波、空、浛①	45（+1）-6=40

---

①　此"浛"字，即"法"字隶书写法之一，见《法如禅师形状》原碑拓片。承蒙黄日初博士惠示，谨此致谢！不过此处依然按《新编目录》与"法"字分列。

续表

首字笔画	姓氏	非姓氏	姓氏数量
九画 (42字)	侯（+侯莫陈）、俎、俟、俞、南（+南宫）、契（契苾）、姚、姜、封、帝、回（回纥）、施、柏、柳、段、毘（或毘沙）、泉、洪、皇（皇甫）、相（相里）、禹、纪、纥（纥单、纥干）、端、胡、苑、苗、茅、茹、荆、要、郁（+郁久闾）、郏	俊、勃、律、思、恒、海、珍、贞、首	42（+4）-9=37
十画 (57字)	乘、俱、俾（俾失）、倪、原、员、哥（哥舒）、唐、夏（+夏侯）、奚、姬、娥、孙、师、席、库（库狄）、徐、晁、时、晋、晏、柴、栗、格、桂、桑、桓、梅、殷、浩、乌、班、眠、秘、祖、祝、秦、纽、索、翁、耿、能、荀、莫、袁、通、连、郤、郚、郝、郎、韦、马、高、帘①	修	57（+1）-1=57
十一画 (52字)	假、唊、国、执（执失）、娄、宫、寇、尉（+尉迟）、崔、巢、常、康、张、强、从、戚、扈、斛（斛律、斛斯）、暴、曹、梁、凌、淳（淳于）、毕、盛、眭、章（+章仇）、符、第（第五）、华、菀、袭、处、许、郭、阴、陈、陵（凌）②、陶、陆、鱼、麻	商、啜、婕、崇、惟、淑、净、深、清、进	52（+3）-10=45
十二画 (48字)	傅、乔、单（+单于）、尧、庚、彭、掌、敬、景、智、曾、钦、游、浑、湖、汤、無、焦、甯、程、粟、絾、舒、萬、葉、董、覃、费、贺（+贺拔、贺若、贺兰）、逯、达（达奚）、鄂、开、阳、云、项、冯、黄、黑（+黑齿）、聚	善、坚、惠、普、道、隆、隋、顺	48（+5）-8=45
十三画 (25字)	廉、杨、源、温、"睦"、葛、虞、解、贾、路、载、遆、过、邹、邬、钳（钳耳）、雍、雷、靖、靳	嗣、圆、慈、窣、义	25-5=20

---

① 此"帘"字，来自志盖拓片，见《北京图书馆藏中国历代石刻拓本汇编》第19册，第131页。其拓片作"帘"，故宫博物院熊长云博士释读为"席"，可从，谨此致谢！不过此处依然按《新编目录》列入。

② 《新编目录》释录为"陵（凌）"，即同一笔画中出现的"凌"，此表暂从《新编目录》分列。

续表

首字笔画	姓氏	非姓氏	姓氏数量
十四画 (23字)	僖、宁、廖、慕（慕容）、畅、荣、尔（尔朱）、甄、种、管、翟、盖、蔡、蒋、裴、褚、赫（赫连）、赵、辅、齐	僧、实、福	23－3＝20
十五画 (21字)	价、仪、剧、刘、挚、乐、樊、欧（欧阳）、滕、颍、潘、缤、臧、谈、论、诸（诸葛）、邓、郑、阎、巩、鲁、黎	广、德、澄、诺、轮	21－5＝16
十六画 (25字)	冀、桥、矫、炽（炽俟）、燕、独（独孤）、卢、穆、薄、薛、卫、衡、钱、阎、"随"、险、霍、骆、鲍、龙	宪、县、晓、静、默	25－5＝20
十七画 (17字)	弥（弥姐）、应、戴、檀、璩、环、缪、萧、谢、蹇、钟、鞠、韩、鲜（鲜于）	优、济、灿	17－3＝14
十八画 (13字)	归、瞿（＋瞿昙）、聂、萨、药、赘、关、难、颜、魏	慧、临、医	13（＋1）－3＝11
十九画 (12字)	"怀"、祢、罗、藤、蘭、苏、兰、谭、边、麴、庞	证	12－1＝11
二十画 (7字)	严、窦、钟、铎（铎地）、蹇	觉、释	7－2＝5
二十一画 (3字)	权、顾	辩	3－1＝2
二十二画 (2字)	酈、龚		2－0＝2
二十四画 (1字)		灵	1－1＝0
二十九画 (1字)	爨		1－0＝1

说明：1. 表中姓氏栏，加括号者，为《新编目录》所见姓名首字的姓氏全写，如"乙（乙弗、乙速）"指代"乙弗""乙速"两个姓氏；2. 若括号中有加号，则为《新编目录》所见姓名首字即姓氏之一，另加以该字为首字之复姓，如"万（＋万俟）"指代"万""万俟"两个姓氏；3. 表中非姓氏栏，不包括在姓氏栏中已经出现过的首字；4. 表中笔画为繁体字笔画，部分简体与繁体为不同姓氏，且易混淆者，保留繁体字形；5. 表中加引号的姓氏属于误判。

表1基本反映了有唐一代，包括传世文献中的墓志和出土的墓志，所出现的志主姓氏情况：一画（2）、二画（3）、三画（10）、四画（16）、五画（22）、六画（22）、七画（29）、八画（40）、九画（37）、十画（57）、十一画（45）、十二画（45）、十三画（20）、十四画（20）、十五画（16）、十六画（20）、十七画（14）、十八画（11）、十九画（11）、二十画（5）、二十一画（2）、二十二画（2）、二十九画（1），共计450个。

需要指出的是，在姓氏中，有些姓氏属于误判，表1中通过加引号予以区分。如三画中的"万"氏，属于《新编目录》第3144号所谓"万师及妻陈氏墓志"，然据墓志原文，实为"万俟府君（师）"。① 又如五画中的"且"氏，属于《新编目录》第11040号和第11041号重复出现的"且诠墓志"，但笔者已经指出"且"为"苟"之误，属颍川苟氏。② 又如同为五画的"正"氏，其实这方《新编目录》第1451号所谓"正延及妻爨氏墓志"，实际为"王延"，属太原祁县王氏。③ 又如十三画的"睦"，属于《新编目录》第7842号所谓"睦述墓志"，而查核所引《全唐文新编》卷五二〇所载梁肃文章，实为《睦王墓志铭》，属唐朝宗室，唐代宗之子。④ 又如十九画的"怀"，属于《新编目录》第374号所谓"怀浚墓志"，但据墓志原文，实际上墓主姓裴名怀浚。⑤ 另有一例完全出于唐人自造，如已经被学界认定并无其人的司马迁侍妾随清娱，《新编目录》甚至依然作为唐人墓志列为第556号。⑥

在非姓氏中，一种情况是"二品""三品""四品""五品""六

---

① 不著撰人：《大周故万俟府君（师）墓志铭并序》，《全唐文补遗》第八辑，三秦出版社2005年版，第318页。
② 胡耀飞：《姓望与家庭：瓷墓志所见晚唐至宋初上林湖地区中下层社会研究》，王刚主编《珞珈史苑·2014年卷》，武汉大学出版社2015年版，第106页。
③ 不著撰人：《大唐故处士王君（延）墓志铭并序》，《全唐文补遗》第二辑，三秦出版社1995年版，第209页。
④ 梁肃：《睦王墓志铭》，《全唐文新编》卷五二〇，吉林文史出版社1999年版，第6076页。
⑤ 不著撰人：《大唐左卫中郎将裴君（怀浚）墓志铭》，《全唐文补遗》第七辑，三秦出版社2000年版，第248页。
⑥ 程章灿：《司马迁真有侍妾随清娱吗?》，《中国典籍与文化》1996年第4期。

品""七品""八品""九品""婕妤三品"等亡宫,或直接为"宫人"(+某品或+某氏)、"亡宫""勃逆宫人"等,一种情况是僧人法号首字,或"僧""亡尼""尼""法师""律师""佛堂"等。当然也有其他一些情况,比如胡族首领的胡名,《新编目录》第6345号"诺思计墓志"、第4694号"默啜可汗"等即是;又或者是地名,《新编目录》第5143号"商州别驾"、第12444号"济南某公"等即是。

以上几种情况,需要充分考虑进去。不过,表1作为对该书整理成果的梳理,对于误判的姓氏依然纳入表中。虽然被误判的姓氏,并不一定就不存在这样的姓氏,但至少在出土墓志中尚未得见。因此,在下文中,笔者将把误判的姓氏予以剔除或归并。至于包括僧尼在内的非姓氏内容,由于精力和能力所限,笔者无法将《新编目录》所涉及的所有僧尼俗姓全部找到,故而只能全部不予考虑,是为所憾。

另外需要加入讨论的是志主配偶(还有母亲等其他家人)的姓氏,以及其他情况下出现的姓氏,这部分内容为附属于按墓志名首字排列的姓名信息,故而无法从索引中直接予以呈现。出现这样的情况,一是取决于原墓志题名的书写格式,二是因为《新编目录》编者对墓志信息的提取。因此,笔者只能手动整理"墓志名索引"中所直接标示的志主配偶(还有母亲等其他家人)姓氏以及其他情况的姓氏。这些情况主要包括以下几类。

第一,"墓志名索引"中对墓志题名的定名,大部分是夫妻合志且以夫姓在前,但也有少部分是妻子墓志而以丈夫姓名在前,或母亲墓志而以儿子姓名在前,女儿墓志而以父亲姓名在前。后三种情况,本文基于古代男尊女卑的历史常态,与前一种情况同等对待。当然,其中女儿墓志而以父亲姓名在前者,鉴于所有墓志或多或少都要记载父祖姓名,以及遗传学上男性Y染色体更便于追踪祖先起源[1],故而本文不予单独说明。另外则是女子墓志而以丈夫姓名附见,比如四画中第6202号墓志名"王芳媚(睿宗妃)墓志",其睿宗(李姓)即为附见姓名。

---

[1] 对于利用DNA技术追踪历史人群的族群起源,以及研究中古世族的传承,可参考近年来复旦大学韩昇先生所倡导的历史学与生命科学的合作研究。具体个案参见韩昇《曹操家族DNA调查的历史学基础》,《现代人类学通讯》第四卷,2010年6月。

第二，"墓志名索引"中以"非姓氏"用字作为首字入列的墓志名中，也有在首字之后出现姓氏的情况，包括两类：一是如三画中第2710号"亡宫三品婕妤金氏墓志"，这是并未将志主姓氏前置的情况，本文将纳入表3"《新编目录》所见姓氏及姓氏人口统计"对志主姓氏的整体统计之中；二是如十一画中第5143号"商州别驾妻刀氏墓志"，这是夫妇中前置的男性姓氏不详，而以官职代替的情况，本文将纳入表2"《新编目录》'墓志名索引'附见姓氏统计"的统计中。

第三，"墓志名索引"中"姓不详"部分中也有男性志主姓氏不详的配偶姓氏，也单独整理，纳入表2予以讨论。

第四，对于改姓的情况，本文遵从"从死不从生"原则，以入葬时的姓氏为收录标准，比如《新编目录》第10519号墓志所载夏氏夫人，"本姓湛氏"，因为避唐穆宗李湛之讳而"奉诏改为夏氏"①，这里就仅记录夏氏，而不统计湛氏，这个原则同样适用于志主姓氏，以避免更加复杂的整理。

综合这几类姓氏，本文称之为"附见姓氏"，并根据性质加以统计，整理为表2。此外，也有《新编目录》误判的所谓姓名，如第7046号"杨光及妻德允彰墓志"，据墓志原文，其妻姓名不详，"德允彰"三字来自描述其妻品德的文字"妇德允彰"，不当为其姓名。类此，皆不予统计。

需要说明的是，由于姓氏本身在古代男性可传给自己后代而女性不可传给自己后代的直系传承，以及大部分墓志都必然会溯及父系的普遍性，本文所统计的姓氏人口，大致以同一姓氏的一两代人为基本单位。比如一方男性墓志，附见其妻（或母亲等旁系亲属），则计两个姓氏人口；若一方女性墓志，附见其父亲，则计一个姓氏人口。由此，表3所统计的人口并非墓志所见该姓氏的真实人口数，而是父子（女）两代为单位的姓氏人口数，本文称之为"姓氏人口"。

总之，根据表1、表2，即可以得到《新编目录》所见姓氏数量及"姓氏人口"信息，可整理为表3。经统计，《新编目录》所见唐人姓氏

---

① 王珣：《唐故定州司仓参军东乡府君夫人鲁郡夏氏墓志铭并序》，周绍良、赵超主编《唐代墓志汇编续集》"大中〇四九"，上海古籍出版社2001年版，第1004页。

共计 450 个①，姓氏人口共计 16666 人。相比于闫廷亮根据传世文献和墓志所统计而得的 670 个姓氏和 41950 人，虽然数量较少，但也已经足够具有代表性。②

表2　　　　　　　《新编目录》"墓志名索引"附见姓氏统计

笔画	志主	夫人（数量）	其他
一画	乙速孤	贺若(1)	
二画	丁	于(1)、王(2)	
	刀	牛(1)	
三画	万俟	陈(1)、独孤(1)	
	也	摠(1)	
	于	胡(2)、韦(4)、颜(1)、李(5)、高(1)、房(1)、窦(1)、王(2)、裴(1)	
	士	郭(1)、王(1)	
	弓	郭(1)	
	非姓氏	金(1)	
四画	仇	王(2)、玄(1)、周(1)、李(1)、张(1)、袁(1)	
	元	尉(1)、郑(3)、李(5)③、崔(2)、韩(1)、霍(1)、刘(1)、张(5)、杨(1)、裴(1)、柏(1)、王(4)、陈(2)、司马(1)、宋(1)、赵(1)、韦(3)、朱(1)、穆(1)、安(1)、徐(1)、侯(1)、庚(1)、于(1)、辛(1)、来(1)、范(1)、高(1)、郭(1)、独孤(1)	
	公孙	王(1)、元(1)、刘(1)	
	孔	公孙(1)、路(1)、郝(1)、王(4)、徐(1)、翟(1)、邓(1)、郭(1)	

---

① 这个数据比上文根据表1统计而得的449个仅多一个，即第4694号所见阿那氏。此姓氏实即阿史那氏，但墓志原文如此，当从其原文。参见不著撰人《唐故三十姓可汗贵女贤力毗伽公主云中郡夫人阿那氏之墓志并序》，周绍良、赵超主编《唐代墓志汇编》开元一七七，上海古籍出版社1992年版，第1280页。

② 闫廷亮：《唐人姓名研究》，第21页。

③ 其中包括第7185号"元璟及妻新平县主墓志"，既曰新平县主，当为李唐宗室女。

续表

笔画	志主	夫人（数量）	其他
	尹	任（1）、刘（3）、薛（1）、李（2）①、韦（2）、裴（1）、高（1）、孙（1）、芪（1）、朱（1）	母：张（1）
	支	曹（2）、董（1）、郑（1）、高（1）	
	方	张（1）	
	毛	杨（1）、吕（2）、李（2）、张（1）、贾（1）、邹（1）	
	牛	赵（2）、李（2）、秦（2）、刘（3）、马（1）、王（2）、贾（2）、韩（1）、令狐（1）、卫（1）、申（1）、张（1）、陈（1）	
四画	王	裴（12）、柳（2）、李（50）、高（5）、吴（5）、殷（1）、韦（4）、常（3）、陆（1）、冯（4）、张（35）②、毛（1）、刘（19）、申（1）、蒋（4）、邠（1）、郭（11）、蔡（3）、崔（18）、元（2）、杨（10）、樊（5）、莫遮（1）、雍（1）、程（4）、赵（8）、褚（1）、朱（4）、邓（1）、马（3）、魏（4）、薛（6）、梁（6）、邺（1）、姚（3）、傅（2）、和（3）、成（1）、淳于（1）、吕（4）、仇（1）、卢（7）、阳（1）、曹（2）、牛（3）、陈（9）、甄（1）、唐（1）、丘（1）、孙（4）、苗（1）、萧（4）、弘（1）、郑（5）、徐（2）、支（1）、左（1）、郗（2）、姜（2）、贾（1）、窦（1）、宋（7）、范（3）、邢（1）、乙娄（1）、河（1）、房（2）、关（1）、长孙（1）、秦（2）、侯（4）、袁（2）、孟（2）、江（1）、田（1）、衡（1）、公孙（1）、靳（1）、狄（1）、任（2）、皇甫（1）、卫（1）、郝（2）、韩（3）、禄（1）、宇文（1）、阎（3）、董（1）、周（2）、鲁（1）、潘（1）、苏（2）、杜（3）、阮（1）、鲜于（1）、史（2）、成（2）、顾（1）、第五（1）、何（3）、素和（1）、能（1）、段（2）、姬（2）、胥（1）、锺（1）、吉（1）、麴（1）、仵（1）、于（1）、全（1）、柏（1）、康（1）、符（1）、阴（2）、费（1）、独孤（1）、薄（1）、罗（1）、桥（1）、爨（1）③	夫：李（1） 妾：史（1）
	非姓氏	杨（1）	

---

① 其中第6709号"尹中庸妻李琰墓志"和第6769号"尹中庸及妻李氏墓志"为同一对夫妇，故计数为一。

② 其中第10914号"王公晟妻张氏墓志"和第11209号"王公晟及妻张氏墓志"为同一对夫妇，故计数为一。

③ 此"爨"姓来自第1451号，《新编目录》误置于五画"正"字下。

续表

笔画	志主	夫人（数量）	其他
五画	丘	李（3）、张（1）、任（1）、阎（1）、武（1）、王（1）、柳（1）、刘（1）、樊（1）	
	令狐	赵（1）、薛（1）	
	包	黄（1）、张（1）	
	古	高（1）、匹娄（1）	
	史	孙（1）、崔（1）、麴（1）、王（4）、董（1）、马（1）、邵（1）、韩（1）、尹（1）、安（1）、梁（2）、翟（1）、雍（1）、康（3）、田（2）、阎（1）、张（1）、李（2）、薛（1）①、契苾（1）、赵（1）	
	司空	李（1）	
	司徒	杨（1）、房（1）、车（1）	
	司马	孙（1）、苟（1）、李（2）、刘（1）、王（1）、郭（1）、董（1）、卢（2）	
	左	孙（1）、魏（1）、崔（1）	
	泛	董（1）、张（2）	
	甘	唐（1）	
	田	元（1）、祁（1）、张（5）、衡（1）、严（1）、李（3）、冀（1）、斑（1）、赵（1）、韩（2）、阳（1）、桑（1）、程（1）、王（1）、石（1）、卫（1）、窦（1）	
	申	田（1）、李（2）、阎（1）、施（1）、王（2）、杨（1）、任（1）、常（1）	
	申屠	王（2）、崔（1）、李（2）、常（1）、贺（1）、刘（1）、元（1）、梁（1）	
	匹娄	靳（1）	
	白	姚（2）、邓（1）、薛（1）、郑（2）②、刘（1）、崔（1）、李（2）、贺若（1）、陈（2）	
	石	冯（1）、贾（1）、安（1）、孙（1）、常（1）、郑（1）、李（1）	

---

① 其中第6408号"史瓘及妻薛氏墓志"和第6251号"史瓘妻薛氏墓志"为同一对夫妇，故计数为一。

② 其中第4060号"白知新妻郑叔墓志"和第5741号"白知新及妻郑氏墓志"为同一对夫妇，故计数为一。

续表

笔画	志主	夫人（数量）	其他
六画	仲	何（1）	
	任	元（2）、郭（2）、张（2）、刘（2）、杜（1）、路（1）、公孙（1）、周（1）、吕（1）、乔（1）、李（2）、田（1）、史（1）、桑（1）、干（1）、平（1）、陈（1）、谢（2）、冯（1）、崔（1）、贾（1）、胡（1）、王（2）、宋（1）、穆（1）、孙（1）、高（1）、赵（1）	
	吉	马（1）、董（1）	
	向	宋（1）、甘（1）、韩（1）	
	宇文	柳（1）、薛（1）、王（1）、赵（1）、乐（1）	
	安	翟（1）、康（5）、刘（2）①、米（1）、史（3）、费（1）、何（1）、赵（1）、吴（1）	
	戎	刘（1）	
	成	吕（1）、张（1）、陈（1）、单（1）、冯（1）、吴（1）、万（1）、李（2）、耿（1）、刘（1）	
	成公	孙（1）	
	曲	李（1）、蔡（1）	
	朱	梁（2）、翟（1）、刘（4）、陆（1）、荆（1）、高（1）、郑（2）、蔡（1）、李（4）、柳（1）、南宫（1）、雷（1）、褚（1）、许（2）、张（1）、冯（1）、陶（1）、蔺（1）、卢（1）、杨（1）、尹（1）、关（1）、裴（1）、傅（1）、赵（2）、吴（1）、范（1）、王（2）、冉（1）、周（1）、娄（1）、樊（1）、臧（1）	
	江	张（1）、王（1）②	
	牟	李（1）	
	竹	谢（1）、张（1）	
	米	张（1）	

① 其中第8947号"安玉及妻刘氏墓志"和第8613号"安玉妻刘氏墓志"为同一对夫妇，故计数为一。

② 其中第5742号"江自求及妻王氏墓志"和第5743号"江自球妻王氏墓志"为同一对夫妇，故计数为一。

续表

笔画	志主	夫人（数量）	其他
七画	何	康（2）、安（1）、卢（2）、刘（2）、韦（1）、王（3）、李（1）、范（1）、侯（1）、沈（1）、崔（2）、萧（1）、边（1）	母：兰（1）
	余	方（2）、洪（1）	
	别	温（1）	
	吴	李（3）①、解（1）、施（1）、毛（1）、殷（1）、张（2）、赵（3）、窦（1）、严（1）、席（1）、刘（4）、桓（1）、安（1）、万（1）、韩（1）、卫（1）、成（1）、申屠（1）、卢（2）、邰（2）、独孤（1）	
	吕	洪（1）、赵（1）、冯（1）、边（1）、程（1）、蔺（1）、王（4）、李（3）、霍（1）、薛（1）、张（4）、韩（2）、郭（1）、杨（1）、傅（1）、柳（1）、曹（1）、陈（1）、吴（1）、陆（1）	
	宋	张（4）、梁（1）、王（5）、车（1）、蔡（2）、史（1）、郑（3）、库（1）、杨（2）、崔（1）、武（1）、郭（1）、刘（2）、赵（3）、陈（1）、左（1）、李（3）、徐（1）、朱（1）、甘（1）、任（1）、康（1）、元（2）、韩（1）、裴（1）、钟（1）②、井（1）、魏（1）、薛（1）、杜（1）、班（1）、高（1）、淳于（1）、章（1）、慕容（1）	
	岐	高（1）	
	岑	刁（1）、徐（1）	
	延	张（1）	
	折	曹（1）	

---

① 其中第7899号"吴士平妻李氏墓志"和第8524号"吴士平及妻李氏墓志"为同一对夫妇，故计数为一。

② 此处"钟（锺）"源自第566号"宋举及妻裴氏钟（鐘）氏墓志"，据墓志原文，实为"钟（锺）氏"，故改之。

续表

笔画	志主	夫人（数量）	其他
七画	李	唐（3）①、张（48）②、邵（1）、慕容（1）、崔（51）③、鞠（1）、卫（3）、宇文（6）、陈（7）、常（3）、毕（1）、王（55）④、郑（37）⑤、卢（32）⑥、刘（36）、元（11）⑦、罗（1）、田（5）、康（1）、房（2）、宋（5）、汤（1）、窦（2）、徐（5）、裴（16）、阎（4）、左（1）、豆卢（2）、曹（3）、周（4）、长孙（3）、阳（2）、苏（3）、皇甫（2）、杨（15）⑧、高（5）、赵（6）、冯（6）、纥干（1）、魏（4）、鸢（1）、南（1）、樊（3）、薛（6）、宝（1）、仇（2）、梁（6）、任（5）、韦（12）、夏侯（1）、邹（1）、董（3）、安（3）、虞（1）、解（2）、施（1）、朱（3）、独孤（3）⑨、延陀（1）、韩（6）、杜（6）、丁（2）、司马（2）、柴（1）、郭（11）、臧（1）、权（1）、常（3）、暴（2）、夏（1）、来（1）、许（3）、胡（2）、卑失（1）、扶余（1）⑩、孙（2）、贾（4）、上官（1）、邓（1）、尹（1）、齐（1）、戴（2）、挚（1）	母：杨（1） 母：元（1）

---

① 其中包括第3759号"安国相王李旦妻唐氏墓"，《新编目录》归入"安"字下，今移置于此。

② 其中包括第398号"赵王内人张氏墓志"，《新编目录》归入"赵"字下，今移置于此。

③ 其中第7941号"李周南妻崔氏墓志"和第8306号"李周南及妻崔氏墓志"为同一对夫妇，故计数为一。又有第2346号"李诏及妻□（崔？）氏墓志"，《新编目录》未定。查墓志原文，谓李诏"夫人清河东武城人也"，可确认为清河崔氏，故计入。参见《大□合州□明县丞李君（诏）墓志》，《全唐文补遗》第五辑，第191页。

④ 其中第6592号"李复及妻王氏墓志"和第6394号"李复妻王氏墓志"为同一对夫妇，故计数为一。

⑤ 其中包括第7588号"曹王妃郑氏墓志"，《新编目录》归入"曹"字下，今移置于此。

⑥ 其中第11623号"李枒妻卢氏墓志"和第11658号"李枒妻卢氏合葬墓志"为同一对夫妇，故计数为一。

⑦ 其中第4661号"李元雄妻元氏墓志"和第5112号"李元雄及妻元氏墓志"为同一对夫妇，故计数为一。

⑧ 其中第10997号"李朋及妻杨氏墓志"和第10998号"李朋妻杨氏墓志"为同一对夫妇，故计数为一。

⑨ 其中第7460号"李涛及妻独孤氏墓志"和第7432号"李涛妻独孤氏墓志"为同一对夫妇，故计数为一。

⑩ 此处"扶余"源自《唐嗣虢王李邕墓》，然《新编目录》著录为"李邕妃夫余氏墓志"，今改正之。

续表

笔画	志主	夫人（数量）	其他
七画	李	吕（5）、河（1）、马（6）、万（1）、路（3）、萧（4）①、那（1）、程（2）、于（2）、成（1）、霍（1）、司徒（1）、叶（1）、彭（2）、源（1）、史（1）、乔（1）、申屠（1）、孟（3）、燕（1）、殷（1）、粟（1）、金（1）、沈（1）、毛（1）、何（2）、吴（2）、侯（1）、傅（1）、牛（1）、江（1）、钱（1）、石（1）、吉（1）、姚（2）、姜（1）、段（2）、郝（1）、庾（1）、温（1）、焦（1）、贺兰（1）、云（1）、荣（1）、蒋（1）、谢（1）、庞（1）、严（1）、弓（1）	母：杨（1） 母：元（1）
	杜	刘（3）、崔（3）、裴（1）、韦（2）、白（1）、郭（2）、黄（1）、申（1）、鱼（1）、李（10）、郑（3）、朱（2）、薛（2）、皇甫（2）、阎（2）、库狄（1）、张（2）、王（3）、赵（3）、沈（1）、潘（1）、吕（1）、宋（1）、孙（1）、闫（1）	
	束	王（2）	
	沈	姚（2）、卢（1）、陈（1）、柳（1）、贾（1）、来（1）、朱（1）、陆（1）、冯（1）、黄（1）、杨（1）、虞（1）、萧（1）	
	沙陀	阿史那（1）	
	狄	骆（1）、谢（1）	
	豆卢	薛（1）、司马（1）、韦（1）、魏（1）	
	车	侯（1）	
	辛	韦（2）、王（1）、卢（2）、翟（1）、李（2）、韩（1）、任（1）、裴（1）、元（1）、郭（1）、杨（1）、刘（1）	
	邢	张（2）、周（1）、韩（1）、景（1）、庞（1）、吕（1）、辛（1）、高（1）、浩（1）、李（2）、刘（1）	
	那	元（1）	

---

① 其中第9118号"李瞻及妻萧氏墓志"和第8652号"李瞻妻萧氏墓志"为同一对夫妇，故计数为一。

续表

笔画	志主	夫人（数量）	其他
八画	来	常（1）、郭（1）、田（1）、萧（1）	
	卓	王（1）	
	周	晋（1）、李（4）、高（1）、程（1）、韩（1）、杨（1）、张（2）、赵（1）、云（1）、房（1）、戒（1）、刘（2）①、公孙（1）、成（1）、到（1）、郭（1）	
	呼延	马（1）、张（1）	
	和	呼延（1）、傅（1）、赵（1）	
	孟	张（4）、李（3）、顾（1）、陆（1）、赵（2）、尹（1）、王（1）、夏侯（1）、宋（1）、崔（1）、朱（1）、萧（1）、麻（1）、刘（1）	
	季	王（1）、都（1）	
	宗	郭（1）、韩（1）、杨（2）、冯（1）、王（1）、崔（1）	
	尚	杨（2）、张（1）、赫连（1）、李（1）、吴（1）	
	屈	任（1）、杨（1）	
	屈突	朱（1）	
	房	尚（1）、王（2）、吴（1）、郑（1）、卢（1）、李（3）、周（1）、耿（1）、崔（1）	
	昌	袁（1）	
	明	李（3）、袁（1）、刘（1）、唐（1）	
	杭	陈（1）	
	东乡	夏（1）	
	林	李（1）、长孙（1）	
	武	乐（1）、李（2）、郑（1）、姚（1）、高（1）、樊（1）、郭（2）、张（2）、刘（1）、弓（1）、韦（1）、裴（1）、郝（1）、杜（1）、傅（1）	乳母：张（1）
	祁	严（1）、王（1）	
	竺	段（1）、盖（1）	
	花	安（1）	

---

① 其中第10602号"周玗及妻刘氏墓志"和第9581号"周玗妻刘氏墓志"为同一对夫妇，故计数为一。

续表

笔画	志主	夫人（数量）	其他
八画	苻	李（1）、张（1）	母：张（1）
	范	赵（1）、贾（1）、库狄（1）、卢（1）、张（3）、马（1）、王（3）、李（1）、蒋（1）、宋（1）、刘（1）、韩（1）、柳（1）、井（1）、史（1）、吕（1）、夏（1）、蔡（1）	
	邵	王（2）、白（1）、朱（1）、马（1）、高（1）、魏（1）、李（1）、卢（1）	
	邸	严（1）	
	金	张（1）、王（1）	
	长孙	陆（1）、郑（1）、田（2）、独孤（1）、李（2）、卢（1）、杜（1）、柳（2）	
	阿史那	李（2）、赵（1）、薛（1）、阿史德（1）、安（1）	
	青	程（1）、万（1）、魏（1）、赵（1）	
九画	侯	郭（3）、皇甫（1）、杨（2）、张（2）、韦（1）、窦（3）、苗（1）、鲁（1）、吕（1）、董（1）、逯（1）、裴（1）、许（2）、王（2）、吴（1）、刘（1）、谭（1）	
	侯莫陈	萧（1）	
	俟	薛（1）	
	俞	朱（1）、张（1）、胡（1）	
	南	杨（1）、高（1）、单（1）	
	南宫	田（1）	
	契苾	何（1）	
	姚	康（1）、孔（1）、卢（1）、郑（2）、刘（4）、任（2）、陈（3）、张（1）、杨（1）、蒋（1）、李（4）、元（1）、黄（1）、马（1）、程（1）、赵（1）、王（1）、明（1）、曹（1）、郭（1）	母：王（1）
	姜	程（1）、赵（1）、李（1）	
	封	王（1）、李（6）、孟（1）、殷（1）、卢（1）、崔（1）、刘（1）	
	施	汪（1）、唐（1）、张（1）	
	柏	郭（1）、李（1）、仵（1）、孙（1）	

续表

笔画	志主	夫人（数量）	其他
九画	柳	贺兰（1）、皇甫（2）①、解（1）、祝（1）、乙弗（1）、刘（1）②、李（5）③、长孙（2）、孟（1）、宇文（1）、陈（1）、梅（1）、韦（3）、薛（3）、杜（1）、张（2）、元（1）、费（1）、裴（1）、杨（3）、梁（1）、卢（1）、王（1）、田（1）、和（1）封（1）、高（1）、陆（1）、郑（1）、萧（1）、权（1）	母：王（1）
	段	王（3）、武（1）、边（1）、郭（1）、高（2）、独孤（1）、契苾（1）④、石（1）、和（1）、魏（1）、贾（1）、郑（1）、卢（1）、吕（1）、胡（1）、李（2）、刘（1）、严（1）、蔺（1）、孔（1）、房（1）、常（2）、张（1）	
	毘（或毘沙）	杨（1）	
	泉	高（1）	
	洪	张（1）	
	皇甫	裴（1）、崔（2）⑤、淳于（1）、张（3）、郑（1）、白（1）、范（1）、王（1）、杨（1）、刘（2）、窦（1）	
	相里	崔（1）	
	纪	陈（1）、元（1）、张（2）、任（1）、刘（1）、窦（1）	
	纥单	牛（1）	
	胡	张（3）、赵（2）、刘（1）、白（1）、曹（1）、朱（2）、杨（2）、王（2）、翟（1）、李（2）、成（1）、韦（1）、高（1）、雍（1）、纪（1）	母：曹（1）

---

① 其中第 2164 号"柳子阳妻皇甫氏墓志"和第 2345 号"柳子阳及妻皇甫氏墓志"为同一对夫妇，故计数为一。

② 其中第 3389 号"柳行满妻刘媚乙弗玉墓志"、第 3390 号"柳行满妻乙弗玉墓志"和第 3391 号"柳行满妻刘媚墓志"为一夫二妻三志，故计数为二，"乙弗""刘"各一。

③ 其中第 8204 号"柳均及妻李氏灵表"和第 7784 号"柳均妻李氏墓志"为同一对夫妇，故计数为一。又有第 7677 号"柳均妻李氏墓志"，俟查。

④ 其中"契苾"源自第 7456 号，《新编目录》误作"段承宗及妻契必氏墓志"，今据拓片正之，见《北京图书馆藏中国历代石刻拓本汇编》第 27 册，第 174 页。

⑤ 其中第 9518 号"皇甫弘及妻崔氏墓志"和第 9310 号"皇甫弘妻崔氏墓志"为同一对夫妇，故计数为一。

续表

笔画	志主	夫人（数量）	其他
九画	苑	崔（1）、张（1）	
	苗	傅（1）、孙（1）、郑（1）、苏（1）、庾（1）①、程（1）、黄（1）②、李（3）、成（1）张（1）、常（1）、窦（1）、王（1）、陈（1）、杨（1）、刘（1）	
	茅	严（1）	
	茹	薛（1）、范（1）	
	荆	秦（1）、冯（1）	
	要	樊（1）、阎（1）	
	郗	张（1）、鲍（1）	
十画	俱	王（1）	
	倪	马（1）	
	员	王（1）、李（1）、房（1）	
	唐	杜（1）、卢（1）、元（2）③、张（1）、王（2）、俞（1）、裴（1）、李（1）、董（1）、侯（1）、柳（1）、席（1）、寇（1）、诸葛（1）、辛（1）、曹（1）、独孤（1）、薛（1）、阎（1）	
	夏侯	张（1）、刘（1）、裴（1）、李（2）、樊（1）、董（1）、邓（1）	
	奚	李（1）、堵（1）	
	姬	王（1）、阎（1）、窦（1）、李（1）	
	孙	张（6）、斛律（1）、安（1）、梁（2）、陈（2）、杨（2）、刘（4）、杜（1）、裴（2）、高（1）④、关（1）、王（4）、	

---

① 其中第11384号"苗绅及妻庾氏墓志"和第10939号"苗绅妻庾氏墓志"为同一对夫妇，故计数为一。

② 其中"黄"源自第5251号，《新编目录》作"苗善物及妻徐（黄）氏墓志"，据墓志原文，当即黄氏，故去"徐"字。见苗延嗣《唐故泗州司马叔苗善物墓志铭并序》，《全唐文补遗》第一辑，第129页。

③ 其中第902号"唐河上妻元万子墓志"和第2151号"唐河上及妻元氏墓志"为同一对夫妇，故计数为一。

④ 其中第4315号"孙承嗣妻高氏墓志"和第5495号"孙承嗣及妻高氏墓志"为同一对夫妇，故计数为一。

续表

笔画	志主	夫人（数量）	其他
十画	孙	竹（1）、马（1）、程（1）、于（1）、李（8）①、田（1）、贾（1）、韦（2）、宋（2）、闾（1）、连（1）、崔（1）、卢（1）、林（1）、徐（1）、祖（1）、常（1）、许（1）、郭（1）、陆（1）、董（1）、郑（1）、卫（1）	
	席	杨（2）、韩（1）、赵（1）	
	徐	范（1）、刘（4）、房（1）、孔（1）、元（1）、申（1）、杨（2）、王（3）、宣（1）、爨（1）、姚（1）、萧（1）、裴（1）、司马（1）、樊（1）、郏（1）、李（1）、朱（1）、宗（1）、侯莫陈（1）、高（2）、崔（1）、符（1）、路（1）、荣（1）	母：薛（1）
	晁	崔（1）	
	时	王（1）	
	晋	孙（1）、张（2）、索（1）、王（1）	
	晏	王（1）、杨（1）、田（1）	
	柴	卢（1）、王（1）、杨（1）、贾（1）	
	栗	牛（1）、常（1）、张（1）	
	格	张（1）、斛斯（1）、李（1）	
	桂	崔（1）	
	桑	高（1）	
	桓	张（1）、许（1）	
	殷	郑（1）、韦（1）、荀（1）、李（1）、张（3）、熊（1）、萧（2）、朱（1）	
	浩	张（1）、李（1）、郭（1）	
	班	仇（1）、郑（1）	
	秘	张（1）	
	祖	邹（1）、张（1）、杨（1）	

① 其中第10622号"孙瑝及妻李氏墓志"和第11297号"孙瑝及妻李氏墓志"为同一对夫妇，故计数为一。又，根据《新编目录》体例，第10622号应作"孙瑝妻李氏墓志"。此外，《新编目录》误将李氏归于孙瑝的时间大中十年（846）误作李氏去世的时间，实际去世时间为咸通十一年（870）。

续表

笔画	志主	夫人（数量）	其他
十画	秦	王（6）、宋（2）、阎（1）、郭（1）、程（3）、赵（1）、刘（2）、李（2）、牛（2）、范（1）、陶（1）、张（2）、杨（2）、孟（1）	
	纽	眭（1）	
	索	王（1）、刘（1）、马（1）	
	翁	余（1）	
	耿	王（2）、郭（1）、惠（1）	
	荀	蔺（1）、房（1）、杨（1）	
	庄	庞（1）	
	袁	朱（1）、陈（2）、孟（1）、常（1）、李（3）、杨（2）、宋（1）、张（1）、王（2）、田（1）、刘（1）、柳（2）、郭（1）、申（1）、元（1）	
	通	阎（1）	
	连	崔（1）、张（1）、杨（1）	
	郝	燕（1）、索（1）、孙（2）、李（1）、陈（1）、张（1）、崔（1）	
	郎	李（1）、张（1）	
	韦	李（11）、王（8）①、卢（5）、尹（1）、崔（6）②、宋（1）、郑（5）、贺娄（1）、裴（8）③、杜（2）、元（3）④、薛（5）、邢（1）、陆（1）、杨（2）、张（4）、吴（1）、萧（1）、长孙（1）⑤、段（1）、蒋（1）、柏（1）⑥、韩（1）	母：段（1）、郑（1）

---

① 其中第9291号"韦儆及妻王氏墓志"和第9290号"韦儆妻王氏墓志"为同一对夫妇，故计数为一。

② 其中第8937号"韦楚相妻崔氏墓志"和第9135号"韦楚相及妻崔氏墓志"为同一对夫妇，故计数为一。

③ 其中第4386号"韦顼及妻裴觉墓志"和第3905号"韦顼妻裴觉墓志"为同一对夫妇，故计数为一。

④ 其中第8321号"韦孟明妻元氏墓志"和第8481号"韦孟明及妻元氏墓志"为同一对夫妇，故计数为一。

⑤ 其中第4206号"韦纪及妻长孙氏墓志"和第4010号"韦纪妻长孙氏墓志"为同一对夫妇，故计数为一。

⑥ 此"柏"源自第10574号，《新编目录》误作"韦挺妻栢苫墓志"，今据墓志原文正之。

续表

笔画	志主	夫人（数量）	其他
十画	韦	温（1）、刘（3）、景（1）、靳（1）、胡（2）、居（1）、夏侯（1）、源（1）、郭（1）、赵（2）、周（1）、柳（1）、孙（1）、徐（1）、秦（1）、袁（1）、冯（1）、贾（1）、齐（1）、阎（1）、尔朱（1）	母：段（1）、郑（1）
	马	李（5）、王（5）、韦（2）、贾（1）、梁（1）、韩（1）、傅（1）、郝（2）①、吴（1）、史（2）、裴（1）、杨（2）②、左（1）、黄（1）、高（3）、董（2）、卢（1）、项（1）、窦（3）、令狐（1）、石（1）、朱（1）、张（2）	
	高	魏（1）、王（6）、张（5）、马（2）、蹇（1）、高（1）、李（5）、元（1）、袁（1）、梁（1）、尚（1）、桑（1）、韦（2）、苏（2）、焦（1）、贾（1）、卢（2）③、刘（3）、裴（2）、程（1）、郑（1）、杜（2）、安（1）、卜（1）、郝（1）、韩（1）、汤（1）、侯（1）、孟（1）、宇文（1）、徐（1）、崔（1）、陈（1）	
十一画	假	骆（1）	
	唊	刘（1）	
	娄	刘（1）、周（1）	
	宫	秦（1）	
	寇	陶（1）、韦（1）、邢（1）、王（1）、马（1）、郑（1）、卢（1）	
	尉	慕容（1）	
	尉迟	苏（1）	

---

① 其中第9913号"马恒妻郝氏二妻墓志"，据墓志原文，当为先后二夫人皆郝氏，故计数为二。参见《唐贝州永济县故马公郝氏二夫人墓志铭并序》，《唐代墓志汇编》开成〇五三，第2208页。

② 其中第5367号墓志，《新编目录》误作"马专及妻扬氏墓志"，而据墓志原文，其为汉太尉之后，"恒农杨财之女"，当为杨氏，故正之。参见《大唐扶风马府君墓志铭并序》，《唐代墓志汇编续集》开元一一九，第535页。

③ 其中第6612号"高慈及妻卢氏墓志"和第6622号"高慈妻卢氏墓志"为同一对夫妇，故计数为一。

续表

笔画	志主	夫人（数量）	其他
十一画	崔	李（49）①、敬（1）、卢（32）、裴（4）、刘（5）、郑（39）②、陈（2）、屈突（1）、王（18）③、阳（1）、彭（1）、张（7）、司徒（1）、赵（4）、武（2）、何（1）、樊（2）、田（1）、杨（1）、温（1）、杜（1）、柳（4）、长孙（1）、韩（1）、申（1）、常（2）、丁（1）、贾（2）④、夏侯（1）、韦（2）、源（2）、苏（1）、于（1）、褚（1）、申屠（2）、梁（1）、郭（2）、尔朱（1）、高（2）、元（1）、胡（1）、闾（1）、萧（1）、尹（1）、薛（1）、朱（1）、豆卢（1）、房（2）、库狄（1）、徐（1）、独孤（1）、窦（1）	妾：张（1） 母：林（1）
	常	王（1）、乐（1）、庞（1）、裴（1）、史（1）、刘（1）、李（2）、魏（1）、崔（1）、杨（1）、周（1）、柳（1）、达奚（1）、宗（1）、陈（1）	
	康	史（2）、傅（1）、赵（2）、曹（3）、唐（1）、韩（1）、刘（2）、许（2）、康（2）、支（1）、王（1）、翟（1）	
	张	李（30）、岐（1）、王（38）、程（3）、焦（1）、段（4）、沈（3）、母（1）、何（3）、刘（13）、宋（2）、姚（3）、关（2）、韩（4）、赵（14）、令狐（3）、杨（12）⑤、高（3）、孙（4）、郭（10）、史（4）⑥、薛（4）、慕容（2）、臧（1）、成公（2）、乐（2）、许（2）、郑（7）、崔（7）、	夫：马（1）

---

① 其中第9490号"崔从妻李春墓志"和第9803号"崔从妻李春改祔墓志"为同一人，故计数为一。又有第11432号"崔璘及妻李氏墓志"和第11475号"崔璘及妻李氏改葬墓志"为同一对夫妇，故计数为一。

② 其中第10989号"崔行规妻郑娟墓志"和第11137号"崔行规及妻郑娟墓志"为同一对夫妇，故计数为一。

③ 其中第4572号"崔皑妻王媛墓志"和第7449号"崔皑妻王媛改葬墓志"为同一人，故计数为一。

④ 其中第5610号"崔茂宗妻贾氏墓志"和第5861号"崔茂宗及妻贾氏墓志"为同一对夫妇，故计数为一。

⑤ 其中第5444号，《新编目录》误作"张文珪及妻扬氏墓志"，今据北图拓片改正之，见《北京图书馆藏中国历代石刻拓本汇编》第23册，第154页。

⑥ 其中第10247号"张锋及妻史氏墓志"、第10160号"张锋妻史氏墓志"和第10162号"张锋妻史氏地券"为同一对夫妇，故计数为一。

续表

笔画	志主	夫人（数量）	其他
十一画	张	丘(1)、窦(2)、长孙(1)、卢(6)、梁(4)、侯(1)、胡(1)、索(1)、袁(1)、谷(1)、申屠(1)、觚(8)、魏(5)、董(2)、蔡(1)、申(2)、唐(2)、樊(5)、韦(3)、元(2)、敬(1)、秦(2)、宗(2)、邓(1)、萧(4)、孟(1)、周(2)、康(1)、权(1)、贾(3)、严(3)、陈(4)、朱(3)、冯(1)、独孤(1)、裴(3)、路(1)、曾(1)、成(3)、薄(1)、杜(2)、雍(1)、郝(1)、吴(3)、田(2)、上官(1)、皇甫(1)、任(1)、常(1)、柳(1)、邵(1)、傅(1)、范(1)、吕(4)、邹(1)、燕(1)、库狄(1)、徐(3)、牛(2)、马(3)、车(1)、文(1)、荆(2)、阎(1)、纪(1)、郎(1)、江(1)、尉(1)、尚(1)、豆卢(1)、张(1)、甘(1)、卫(1)、石(1)、古(1)、源(1)、解(1)、毛(1)、可那(1)、邢(1)、来(1)、封(1)、芪(1)、虞(1)、翟(1)、齐(1)、巩(1)、苏(1)、乔(1)	夫：马(1)
	强	王(1)、杜(1)	
	戚	罗(1)	
	斛律	杨(1)、卢(1)	
	斛斯	韩(1)、索(1)、张(1)、董(1)	
	暴	马(1)、武(1)	
	曹	石(2)、陈(2)、田(1)、李(1)、赵(1)、段(1)、张(7)、申(1)、贾(1)、吕(1)、陶(1)、郑(1)、淳于(1)、樊(1)、程(1)、安(1)、索(1)、康(1)、何(1)、慕容(1)、苏(1)	
	梁	陈(3)、张(3)、朱(1)、牛(1)、刘(2)、李(3)、唐(1)、杨(1)、曹(1)、薛(1)、王(5)、郑(1)、姜(1)、元(1)、韩(1)、孔(1)、成(1)、邢(1)、姚(1)、崔(2)、翟(1)、樊(1)	
	淳于	左(1)、张(1)、陈(1)	
	毕	赵(2)、宋(1)	
	盛	孙(1)	
	章仇	魏(1)	

墓志所见唐人姓氏和姓氏人口数量　　57

续表

笔画	志主	夫人（数量）	其他
十一画	第五	张（1）、卫（1）	
	华	张（1）	
	菀	梁（1）	
	苌	刘（1）	
	许	杜（1）、陈（1）、王（4）①、郑（1）、崔（1）、李（5）、宋（1）、许（1）、弓（1）、刘（1）、白（1）、邰（1）、杨（1）、周（1）、祈（1）、郝（1）、韦（1）、张（1）、樊（1）、戴（1）	
	郭	张（15）、梁（3）、王（12）、慕容（1）、成（1）、卢（2）、苏（3）、郑（4）、田（1）、宋（2）、鲍（1）、傅（1）、秦（1）、仪（1）、常（2）、许（1）、李（10）②、高（3）、贾（2）、柴（2）、韦（3）、周（1）、赵（3）、辛（2）、杨（4）、程（1）、蔡（1）、董（1）、长孙（2）③、宇文（1）、冯（4）、焦（1）、杜（1）、陈（4）、袁（1）、公孙（1）、丁（2）、眭（1）、垣（1）、刘（2）、魏（1）、苗（3）、沈（1）、马（1）、胡（1）、孙（1）、申（1）、韩（1）、元（1）、房（1）、师（1）、乌（1）、薛（1）、卫（1）、庞（1）	
	阴	粟（1）	
	陈	李（11）、卢（1）、龚（1）、王（9）、任（4）、裴（2）、梁（1）、周（1）、闾丘（1）、汪（1）、乐（2）、张（4）、蒋（2）、赵（2）、杨（4）、贾（2）、辛（1）、穆（1）、刘（2）、曹（1）、方（1）、施（1）、诸葛（1）、许（1）、范（1）、尚（1）、段（1）、独孤（1）、蔺（2）、马（1）、皇甫（1）、蔡（1）、宁（1）、崔（1）、申屠（1）、徐（1）、白（1）、杜（1）、柳（1）、荀（1）、韦（1）、韩（2）、窦（1）	

　　① 其中第3365号"许枢及妻王氏墓志"和第3239号"许枢妻王氏墓志"为同一对夫妇，故计数为一。

　　② 其中第7719号"郭湜及妻李氏墓志"和第7197号"郭湜妻李氏墓志"为同一对夫妇，故计数为一。

　　③ 其中第7942号"郭晞及妻长孙瓘墓志"和第7877号"郭晞妻长孙瓘墓志"为同一对夫妇，故计数为一。

续表

笔画	志主	夫人（数量）	其他
十一画	陶	王（2）、史（1）、张（1）、顾（1）、裴（1）、司徒（1）、朱（1）、羊（1）、杨（1）	
	陆	韦（1）、王（3）、侯（1）①、朱（1）、李（1）、张（1）、裴（2）、元（2）、崔（1）、任（1）、徐（1）、孙（2）、杨（1）、郑（1）、胡（1）、陈（1）、何（1）、宋（2）、周（1）、赵（2）、刘（1）	
	鱼	邓（1）、郑（1）	
	麻	梁（1）	
	非姓氏	刀（1）、郑（1）、齐（1）	
十二画	傅	乐（1）、崔（1）、李（3）、梁（2）、路（1）、蔡（1）、边（1）、拓王（1）、董（1）、史（1）	
	乔	都（1）、司马（1）、冯（1）、郑（1）	
	单	许（1）、马（1）、秦（1）	
	尧	杨（1）	
	庚	李（1）、萧（1）、张（1）	
	彭	郭（1）、徐（1）、侯（1）、杨（1）	
	掌	左（1）、贾（1）	
	敬	秦（1）、赵（1）、封（1）	
	景	姚（1）	
	曾	陈（1）	
	游	王（1）、李（1）、甄（1）	
	浑	契苾（1）	
	汤	马（1）、侯莫陈（1）、伤（1）	
	无	梁（1）	
	焦	种（1）、李（1）、赵（1）、曹（1）、王（1）、杨（1）、郑（1）	

---

① 其中第 9638 号"陆亘及妻侯氏墓志"和第 9098 号"陆亘妻侯纰墓志"为同一对夫妇，故计数为一。

续表

笔画	志主	夫人（数量）	其他
十二画	程	豆卢（1）、王（3）、韩（1）、陈（2）、樊（1）、尹（1）、李（3）、梁（3）、竹（1）、孙（1）、崔（2）①、侯（1）、袁（1）、宋（1）、孟（1）、郑（1）、剧（1）、康（1）、和（1）、严（1）、薛（1）、皇甫（1）、郭（1）、萧（1）、成（1）、苗（1）、秦（1）②、贾（1）、周（1）、张（1）、曾（1）	祖母：李（1）
	粟	田（1）	
	舒	要（1）	
	万	陈（1）、秘（1）、霍（1）、令狐（1）、王（2）、马（1）、张（1）、韩（1）	
	董	刘（2）、向（1）、秦（2）、韩（2）、樊（1）、薛（1）、张（3）、关（1）、徐（1）、冯（1）、萧（1）、王（7）、杨（1）、赵（4）、李（4）、申（1）、宋（1）、郗（1）、孙（1）、郎（1）、郭（6）、粟（1）、任（3）、元（1）、裴（1）、苗（1）、岑（1）、高（2）、田（1）、常（1）、孔（1）、牛（1）、卫（1）、侯（1）、乐（1）、令狐（1）、杜（1）、戴（1）	儿媳：刘（1）
	费	王（2）、薛（1）	
	贺	贾（1）	
	贺若	元（1）、萧（1）	
	贺拔	韦（1）、张（1）、崔（1）	
	贺兰	赵（1）、傅（1）、程（1）、李（1）、杨（1）、豆卢（1）	
	逯	李（1）、韩（1）	
	达奚	崔（1）、窦（1）、卢（1）、王（1）、柳（1）	
	阳	梁（1）、刘（2）③、元（2）、李（1）、陆（1）、于（1）、弓（1）、张（1）、王（1）、崔（1）、卢（1）	

---

① 其中第7658号"程怀宪妻崔氏墓志"和第7768号"程怀宪及妻崔氏墓志"为同一对夫妇，故计数为一。

② 其中第4827号"程归及妻秦氏墓志"和第4975号"程归及妻秦氏贾氏墓志"为一夫二妻之志，故二秦氏计数为一。

③ 其中第7980号"阳济及妻刘氏墓志"和第7563号"阳济妻刘氏墓志"为同一对夫妇，故计数为一。

续表

笔画	志主	夫人（数量）	其他
十二画	云	张（1）、武（1）、李（1）	
	冯	崔（1）、李（5）、陈（2）、麦（1）、张（2）、朱（2）、牛（1）、王（6）、孟（1）、裴（1）、元（2）、刘（1）、宋（2）、韩（1）、郭（3）、吴（1）①、金（1）、秦（1）、何（1）、许（2）	
	黄	王（1）、刘（1）、孙（1）	
十三画	廉	孙（1）、徐（1）、杜（1）	
	杨	宗（2）、金（1）、裴（5）、陈（5）、关（1）、郭（1）、苑（1）、田（4）、韩（3）、窦（1）、李（17）、柳（1）、郑（5）、杜（3）、独孤（2）②、韦（5）③、马（2）、张（13）、宋（2）、吴（2）、刘（5）④、冯（1）、屈突（1）、卢（1）、贾（2）、鱼（1）、王（10）、孙（2）、蔡（1）、乔（1）、檀（1）、崔（2）、丁（1）、徐（1）、能（1）、骞（1）、周（1）、陶（1）、武（2）、鲍（1）、长孙（1）⑤、颜（1）、江（1）、夏侯（1）、苌（1）、程（2）、梁（2）、源（1）、赵（2）、鞠（1）、褚（1）、常（1）、孟（1）、达奚（2）、秦（1）、高（1）、乙弗（1）、左（1）、曹（2）、垣（1）、乌（1）、尔朱（1）	
	源	郑（1）、姜（1）、张（1）、崔（1）、蒋（1）、赵（1）、卢（1）、薛（1）	

---

① 其中第9875号"冯殖（埧？）及妻吴甚墓志"和第9723号"冯殖（埧？）妻吴甚墓志"为同一对夫妇，故计数为一。

② 其中第604号"杨守澹妻独孤法王墓志"和第1293号"杨守澹及妻独孤法王墓志"为同一对夫妇，故计数为一。又有第4296号"杨执一妻独孤开墓志"和第4949号"杨执一及妻独孤开墓志"为同一对夫妇，故计数为一。

③ 其中第11328号"杨收及妻韦东真墓志"和第11329号"杨收妻韦东真墓志"为同一对夫妇，故计数为一。

④ 其中第8303号"杨志廉妻刘氏墓志"和第8422号"杨志廉及妻刘氏墓志"为同一对夫妇，故计数为一。又有第1393号"杨康及妻刘氏墓志"和第781号"杨康妻刘妙姜墓志"为同一对夫妇，故计数为一。

⑤ 其中第8887号"杨宁及妻长孙氏墓志"和第8315号"杨宁妻长孙氏墓志"为同一对夫妇，故计数为一。

续表

笔画	志主	夫人（数量）	其他
十三画	温	门（1）、李（5）、张（1）、赵（1）、杜（1）、吴（1）、贾（1）	
	葛	郭（1）	
	虞	唐（1）、郑（1）、刘（1）、沈（1）	
	解	焦（1）、蔡（1）、王（1）、张（1）、赵（1）	
	贾	董（2）、倪（1）、马（1）、陈（3）、韦（1）、张（1）、开（1）、刘（1）、杨（1）范（1）、陆（1）、王（3）、郭（2）、苏（1）、成（1）、鲜于（1）、金（1）、元（1）、珣（1）、璩（1）、李（2）、皇甫（1）、杜（1）、崔（1）、胡（1）、裴（1）	祖母：翟（1）
	路	孟（1）、于（1）、浩（1）、解（1）、史（1）、刘（1）、田（1）、罗（1）、崔（1）、陈（1）、王（1）、司徒（1）、霍（1）	
	载	丰（1）	
	逾	李（1）	
	邹	皇（1）	
	钳耳	薛（1）	
	雍	张（1）、董（1）	
	雷	元（1）、冯（1）、赵（1）、宋（1）	
	靖	李（1）、田（1）、丁（1）、王（1）	
	靳	李（1）、常（1）、牛（1）、王（1）、张（1）、刘（1）	
十四画	宁	王（1）	
	慕容	李（7）、鱼（1）、费（1）、封（1）、马（1）、崔（2）、高（1）、唐（1）、张（2）、沈（1）、武（1）、源（1）	
	畅	朱（1）、李（1）、王（1）	
	尔朱	崔（1）、李（1）、韦（1）、董（1）	
	甄	李（1）、陈（1）	
	种	王（1）	
	管	袁（1）	
	翟	严（1）、王（1）、钟（1）、李（1）、张（1）、斛律（1）、萧（1）、周（1）、高（1）、康（1）、陈（1）	母：康（1）

续表

笔画	志主	夫人（数量）	其他
十四画	盖	关（1）、孙（2）、靳（1）、崔（1）	
	蔡	杨（1）、张（4）、李（1）、刘（1）、段（1）、孟（1）、韦（1）、王（1）、武（1）、赵（1）	
	蒋	李（2）、房（2）、张（1）、黄（1）、于（1）、崔（1）、窦（1）、刘（1）	
	裴	韦（6）、张（2）、万俟（1）、李（13）、乐（1）、路（1）、武（1）、高（1）、卢（4）、杜（3）、苗（1）、窦（1）、诸葛（1）、崔（9）①、薛（1）、刘（1）、阎（3）、尹（1）、祖（1）、云（1）、郑（3）、萧（1）、杨（2）、颜（1）、阳（2）、靳（1）、元（2）、王（1）、侯（1）、柳（3）、皇甫（1）、时（1）、彭（1）、贺兰（1）、翟（1）、戴（1）	
	褚	王（1）	
	赫连	杜（1）	
	赵	王（8）、崔（3）、雍（2）、平（1）、陈（1）、边（1）、张（14）、李（14）、独孤（1）、牛（1）、杨（7）、温（1）、史（2）、裴（2）、武（1）、柳（3）、阎（1）、周（2）、刘（4）、韦（2）、翟（1）、元（3）、乐（2）、郭（5）、潘（2）、何（1）、董（1）、宋（1）、源（1）、孙（1）、沈（1）、马（2）、杜（2）、卢（2）、任（1）、许（1）、吴（1）、孟（1）、仇（1）、宗（3）、夏侯（2）、宇文（1）、赫（1）、梁（2）、苏（1）、魏（1）、程（1）、成（1）、范（1）、姚（1）、段（1）、郑（1）、麴（1）	
十五画	刘	崔（7）②、窦（1）、阳（1）、王（17）③、司徒（1）、张（19）④、田（1）、齐（2）、李（20）、姜（2）、赵（4）、	儿媳：娄（1）、李（1）

---

① 其中第7077号"裴虬妻崔氏墓志"、第7696号"裴虬妻崔氏改葬墓志"和第7695号"裴虬及前妻崔氏后妻薛氏墓志"为一夫二妻三志，故其崔氏计数为一。

② 其中第8750号"刘密（积）妻崔氏墓志"和第9527号"刘密及妻崔氏墓志"为同一对夫妇，故计数为一。此外，"积"字为《新编目录》误将墓志原文"刘公名密"后"积袭衣冠"之"积"误认为其名，当删。

③ 其中第10887号"刘干及妻王氏墓志"和第10660号"刘干妻王氏墓志"为同一对夫妇，故计数为一。

④ 其中第9389号"刘騆及妻张氏墓志"和第9251号"刘騆妻张氏墓志"为同一对夫妇，故计数为一。

续表

笔画	志主	夫人（数量）	其他
十五画	刘	武(2)、高(4)、常(2)、范(2)、郭(5)、眭(1)、许(2)、寇(1)、牛(1)、边(1)、韩(4)、景(1)、邓(2)、骆(1)、孙(2)、卢(3)、樊(1)、吴(3)、裴(5)、席(1)、冯(1)、董(4)、姚(2)、苏(2)、马(3)、傅(1)、房(1)、申(1)、杨(6)、贾(3)、秦(1)①、杜(2)、郑(2)、逯(1)、魏(1)、朱(1)、宋(1)、蔡(1)、乙弗(1)、路(1)、周(3)、丁(1)、孟(1)、孔(1)、源(1)、程(1)、吕(1)、贺兰(1)、达奚(1)、公孙(1)、岑(1)、万于(1)、严(1)、徐(2)、陈(1)、元(2)、阎(1)、卞(1)、沐(1)、辛(1)、侯(1)、苑(1)、索(1)、袁(1)、郝(1)、韦(1)、斛律(1)、梁(1)、华(1)、诸葛(1)、独孤(1)、霍(1)、罗(1)、屈(1)	儿媳：娄(1)、李(1)
	乐	程(1)、支(1)、樊(1)、张(1)、岐(1)、袁(1)、李(1)、吴(1)、胡(1)、燕(1)、成(1)	
	樊	王(1)、高(1)、侯(1)、范(1)、孙(1)、杨(2)、齐(1)、魏(1)、李(2)、韩(1)、田(1)、杜(1)、崔(1)、郭(1)	
	欧阳	谢(1)、裴(1)、徐(1)	
	潘	张(3)、杨(1)、李(1)、范(1)、侯(1)、郭(1)、萨孤(1)、牛(1)	
	臧	向(1)、白(1)、陈(1)、翟(1)、魏(1)、任(1)、叱李(1)、周(1)	
	论	李(1)、刘(1)	
	诸葛	韩(1)	
	邓	刘(1)、李(2)、陈(1)、任(1)、杨(1)、王(2)、衡(1)	

---

① 此"秦"源自第3071号，《新编目录》误作"刘基及妻泰氏墓志"，据墓志拓片，原文为"夫人秦穆公孙女"，不知何解，姑且系作"秦"姓。

续表

笔画	志主	夫人（数量）	其他
十五画	郑	孙（2）、韦（3）、吴（1）、元（1）、冯（1）、李（18）、王（7）、张（2）、韩（1）、胡（2）、崔（19）①、刘（1）、卢（13）②、裴（3）、梁（1）、任（1）、陈（2）、邵（1）、侯莫陈（1）、魏（1）、尹（1）、郭（2）、权（1）、杨（1）、薛（3）、粟（1）、穆（1）、于（1）、秦（1）、皇甫（1）、钱（1）、董（2）、万俟（1）、吉（1）、何（1）、宋（1）、杜（1）、长孙（1）、贺（1）、赵（1）、黎（1）、独孤（1）	
	闾	张（1）	
	鲁	裴（1）、刘（1）、张（2）	
	黎	卢（1）	
十六画	冀	武（1）	
	矫	范（1）	
	炽俟	沙陀（1）、康（1）	
	燕	元（1）、刘（1）、孟（1）、姜（1）	
	独孤	韦（1）、高（1）、元（1）③、杨（1）、郑（1）、权（1）、长孙（1）、宇文（1）、张（1）、李（2）、崔（1）、康（1）、薛（1）	
	卢	韦（4）④、张（3）、崔（24）⑤、郑（30）⑥、	

① 其中第 9149 号"郑高及妻崔氏墓志"和第 8413 号"郑高妻崔氏墓志"为同一对夫妇，故计数为一。

② 其中第 9711 号"郑易及妻卢氏墓志"和第 7934 号"郑易妻卢氏墓志"为同一对夫妇，故计数为一。又第 6516 号"郑琇及妻卢氏墓志"和第 5044 号"郑琇妻卢氏墓志"为同一对夫妇，亦计数为一。

③ 其中第 3533 号"独孤思敬妻元氏墓志"和第 3950 号"独孤思敬及妻元氏墓志"为同一对夫妇，故计数为一。

④ 其中第 6141 号"卢之翰妻韦氏墓志"和第 7988 号"卢之翰及妻韦氏墓志"为同一对夫妇，故计数为一。

⑤ 其中第 10679 号"卢宏及妻崔氏墓志"和第 10804 号"卢宏及妻崔氏改葬墓志"为同一对夫妇，故计数为一。又第 10827 号"卢缄及妻崔氏墓志"和第 10642 号"卢缄妻崔氏墓志"为同一对夫妇，亦计数为一。

⑥ 其中第 9156 号"卢沐及妻郑氏墓志"和第 9145 号"卢沐妻郑氏墓志"为同一对夫妇，故计数为一。又第 10481 号"卢知宗妻郑子章墓志"和第 11367 号"卢知宗及前妻郑子章墓志"为同一对夫妇，亦计数为一。又第 11276 号"卢韶及妻郑氏墓志"和第 10689 号"卢韶妻郑氏墓志"为同一对夫妇，亦计数为一。又第 10230 号"卢载及妻郑氏墓志"和第 8509 号"卢载妻郑氏墓志"为同一对夫妇，亦计数为一。

续表

笔画	志主	夫人（数量）	其他
十六画	卢	李（43）①、冯（2）、刘（3）②、王（9）、司马（1）、陈（1）、高（1）、赵（2）、裴（4）③、萧（1）、房（2）、杨（3）、独孤（1）、邢（1）、蒋（1）④、段（1）、苗（1）、郑彬（1）、薛（3）、澹（1）、宝（1）、辛（2）、苏（1）	母：戴（1） 夫：李（1）
	穆	曹（1）、白（1）、徐（1）、薛（1）、王（1）、车（1）、裴（1）	
	薄	樊（1）	
	薛	李（4）、杨（2）、若干（1）、王（4）、秦（1）、元（1）、郭（1）、辛（1）、戴（1）、史（1）、崔（3）⑤、郑（2）、采（1）、桑（1）、康（1）、马（1）、柳（3）、韦（1）、吴（1）、唐（1）、张（1）、董（1）、裴（1）、赵（1）、樊（1）、卢（1）⑥、周（1）	
	卫	韦（1）、郝（1）、张（1）、丘（1）、席（1）、王（1）、寇（1）、李（2）、高（1）、宋（2）、董（1）、贺拔（1）、辅（1）、刘（1）	
	衡	元（2）、卢（1）	
	钱	舒（1）、萧（1）、姚（1）、水邱（1）、万俟（1）、柳（1）	
	阎	王（1）、崔（1）、李（1）、刘（2）、韩（1）、萧（1）、米（1）、张（1）、赵（1）、孟（1）、郭（1）、武（1）、段（1）、万（1）	

---

① 其中第 10126 号 "卢绘及妻李氏墓志" 和第 9933 号 "卢绘妻李氏墓志及墓表" 为同一对夫妇，故计数为一。

② 其中第 10902 号 "卢荣及妻刘氏墓志" 和第 11157 号 "卢荣妻刘氏墓志" 为同一对夫妇，故计数为一。

③ 其中第 7777 号 "卢克乂妻裴范墓志" 和第 8037 号 "卢克乂及妻裴氏墓志" 为同一对夫妇，故计数为一。

④ 其中第 8165 号 "卢湜及妻蒋无尽灯墓志" 和第 7791 号 "卢湜妻蒋无尽灯墓志" 为同一对夫妇，故计数为一。

⑤ 其中第 9000 号 "薛巽及妻崔氏墓志" 和第 8870 号 "薛巽妻崔媛墓志" 为同一对夫妇，故计数为一。

⑥ 此 "卢" 源自第 5622 号，《新编目录》误作 "薛君妻优卢未曾有塔铭"，据拓片，此人为 "优婆夷，讳未曾有，俗姓卢氏"，今改正之。

续表

笔画	志主	夫人（数量）	其他
十六画	霍	李（5）、王（1）、赵（1）、陆（1）、刘（1）、张（1）、徐（1）、魏（1）	
	骆	孙（1）、张（1）	
	鲍	萧（1）、鱼（1）、陈（1）、王（1）	
	龙	游（1）、粟（1）、何（1）、吴（1）	
	非姓氏	阿那（1）	
十七画	戴	张（1）、颜（1）	
	璩	李（1）	
	环	程（1）	
	缪	姜（1）	
	萧	高（1）、唐（3）、公孙（1）、张（6）、柳（2）、王（3）、徐（1）、曹（1）、袁（3）、杜（2）、宗（1）、崔（1）、韦（3）、李（4）、陆（1）、蔡（1）、郭（1）、卢（3）①、贺（1）、刘（2）、裴（1）、郑（1）、于（1）、田（1）、侯（1）、杨（1）、虞（1）	子：武（1）
	谢	张（1）、姬（1）、李（2）	
	蹇	蔺（1）	
	锺	许（1）	
	鞠	焦（1）、王（1）、郭（1）、元（1）	
	韩	袁（2）、皇甫（1）、陈（1）、潘（1）、赵（3）、刘（3）、翟（2）、丁（1）、冯（1）、夔（1）、解（1）、弥姐（1）、关（1）、韦（1）、张（2）、任（1）、双（1）、李（4）、王（3）、宋（1）、傅（1）、柳（1）、乞伏（1）、乐（1）、崔（1）、卢（1）、暴（1）、程（1）、吴（1）、董（1）、雍（1）、靳（1）、尹（1）、段（1）、马（1）、常（1）、杨（1）、綦母（1）、魏（1）	

---

① 其中第7306号"萧遇妻卢氏墓志"和第9682号"萧遇妻卢夫人墓志"为同一人，故计数为一。又第3105号"萧寡尤妻卢婉墓志"和第4921号"萧寡尤及妻卢婉墓志"为同一对夫妇，亦计数为一。

笔画	志主	夫人（数量）	其他
十八画	归	郑（1）	母：支（1）
	聂	熊（1）、桑（1）、阎（1）	
	药	蔡（1）、王（1）	
	关	张（1）、粟（1）、茹（1）、鲍（1）、田（1）、王（1）	
	难	甘（1）	
	颜	路（1）、虞（1）、孙（1）	
	魏	贾（1）、裴（1）、王（1）、萧（1）、史（1）、李（4）、曹（1）、程（1）、卢（2）、赵（2）、郑（1）、田（1）、韦（1）、雷（1）、张（1）	
十九画	罗	敬（1）、范（1）、沈（4）、李（1）、王（1）、杨（1）、康（1）	
	蔺	夏侯（1）	
	苏	李（1）、王（1）、武（1）、智（1）、柴（1）、韦（1）、卢（1）、张（2）、吴（1）、马（1）、任（1）、吕（1）、郭（1）、陶（1）、裴（1）	
	兰	阴（1）、王（1）	
	谭	张（2）、毛（1）	
	边	魏（1）、高（1）、孙（1）、韦（1）、杨（1）	
	鞠	董（1）、孟（1）	
	庞	长孙（1）、李（1）、杨（1）、程（1）、王（1）、任（1）、赵（1）	
二十画	严	李（2）①、王（3）、郭（1）、傅（1）、孙（1）、燕（1）、崔（1）、刘（3）、张（1）、左（1）、任（1）、武（1）、郑（1）	
	窦	焦（1）、裴（1）、郭（1）、杜（1）、韩（1）、王（2）、崔（2）、元（1）、李（4）、尉（1）、韦（1）、苏（1）、高（2）、张（1）、袁（1）、许（1）、杨（1）	
	骞	卢（1）、司空（1）、韦（1）、郑（1）	

---

① 其中第10001号"严愈及妻李氏墓志"和第9637号"严愈妻李氏墓志"为同一对夫妇，故计数为一。

续表

笔画	志主	夫人（数量）	其他
二十一画	权	王（1）、李（4）①、丁（1）、张（1）	
二十一画	顾	周（1）、姚（1）、高（1）、陶（1）	
二十二画	酈	王（1）	
二十二画	龚	徐（1）、相里（1）	
二十九画	爨	周（1）、何（1）、张（2）	
姓不详·残墓志		党（1）、姚（1）、孔（1）、马（1）、崔（1）、吴（2）、宋（1）、张（4）、杨（3）、贾（1）、申屠（1）、尹（1）、董（3）、王（2）、解（1）、李（1）、鶒（1）、田（1）、任（1）、宇文（1）、朱（1）、何（2）、孙（1）、刘（1）、丘（1）、辛（1）	母：邓（1）

表3　　《新编目录》所见姓氏及姓氏人口统计

姓氏	志主	附见	总计	姓氏	志主	附见	总计
乙弗	1	3	4	连	5	1	6
乙速孤	2	0	2	郗	1	3	4
丁	9	10	19	鄯	1	4	5
刁	2	1	3	郝	14	12	26
卜	4	1	5	郎	3	2	5
万俟	4②	3	7	韦	227	93	320
上官	3	2	5	马	109	44	153
之	1	0	1	高	138	64	202
乞伏	1	1	2	假	1	0	1
也	1	0	1	唊	1	0	1
于	33	12	45	国	1	0	1
士	2	0	2	执失	2	0	2
干元	1	0	1	娄	4	2	6

---

① 其中第8881号"权皋及妻李氏灵表"和第7762号"权皋妻李氏墓志"为同一对夫妇，故计数为一。

② 其中包括第3144号"万师及妻陈氏墓志"，"万师"即万俟师。

续表

姓氏	志主	附见	总计	姓氏	志主	附见	总计
弓	2	4	6	宫	5	0	5
井	1	2	3	寇	17	3	20
仁	1	0	1	尉	4	3	7
仇	17	5	23	尉迟	3	0	3
元	78	64	142	崔	413	207	620
公孙	7	7	14	巢	2	0	2
公都	1	0	1	常	33	30	63
勾龙	1	0	1	康	46	25	71
夫	1	0	1	张	824①	359	1183
夫蒙	1	0	1	强	3	0	3
孔	19	7	26	从	1	0	1
尹	28	11	39	戚	3	0	3
支	22	4	26	扈	1	0	1
方	4	3	7	斛律	2	3	5
毌丘	1	0	1	斛斯	8	1	9
毛	14	5	19	暴	8	3	11
牛	53	18	71	曹	62	24	86
王	848②	404	1252	梁	74	47	121
丘	20	4	24	凌	1	0	1
令狐	8	7	15	淳于	4	4	8
冉	3	1	4	毕	12	1	13
包	5	0	5	盛	2	0	2
古	3	1	4	眭	2	3	5
召	1	0	1	章仇	1	0	1
史	55③	26	81	章	2	1	3
司空	2	1	3	符	1	2	3
司徒	5	5	10	第五	3	1	4

① 其中包括第 1306 号 "张君墓志"。
② 其中包括第 6721 号 "孙钦墓志"，待考。又包括第 1451 号 "正（王）延及妻爨氏墓志"。
③ 包括夹杂在 "四画" 支姓里面的第 4528 号 "史诺匹延墓志"，此人当属史姓粟特人。

续表

姓氏	志主	附见	总计	姓氏	志主	附见	总计
司马	24	7	31	华	4	1	5
左	9	8	17	菀	1	1	2
平	1	2	3	苌	3	3	6
泛	13	0	13	处	1	0	1
甘	4	4	8	许	53	24	77
田	75	37	112	郭	230	99	329
申	25	12	37	阴	3	3	6
申屠	27	7	34	陈	191	85	276
匹娄	2	1	3	凌	1	0	1
白	19	8	27	陶	13	7	20
石	18	7	25	陆	59	13	72
仲	2	0	2	鱼	8	4	12
仵	3	2	5	麻	3	1	4
任	68	34	102	傅	20	16	36
伍	2	0	2	乔	6	4	10
先	1	0	1	单	5	2	7
吉	9	3	12	尧	1	0	1
同	1	0	1	庾	7	3	10
向	4	2	6	彭	12	4	16
宇文	16	13	29	掌	3	0	3
安	31	13	44	敬	11	3	14
戎	1	0	1	景	5	3	8
成	44	17	61	智	2	1	3
成公	4	2	6	曾	1	2	3
曲	3	1	4	钦	1	0	1
朱	82	35	117	游	4	0	4
江	7	4	11	浑	2	0	2
牟	1	0	1	湖	1	0	1
竹	5	2	7	汤	8	2	10
米	5	2	7	无	1	0	1
羊	2	1	3	焦	22	7	29

续表

姓氏	志主	附见	总计	姓氏	志主	附见	总计
舟	1	0	1	甯	2	1	3
西门	1	0	1	程	95	33	128
似先	1	0	1	粟	2	6	8
何	48	21	69	絖	1	0	1
余	6	1	7	舒	2	1	3
克	1	0	1	万	17	5	22
别	1	0	1	叶	1	1	2
吴	64	35	99	董	102	38	140
吕	55	25	80	覃	1	0	1
宋	127	47	174	费	6	4	10
岐	2	2	4	贺	6	3	9
岑	5	2	7	贺拔	3	1	4
延	1	0	1	贺若	4	2	6
扶余	2	1	3	贺兰	10	4	14
折娄	1	0	1	逯	5	2	7
折	1	0	1	达奚	7	4	11
李	1249	550	1799	鄂	1	0	1
杜	119	47	166	开	2	1	3
束	3	0	1	阳	18	8	26
汲	1	0	1	云	3	3	6
沈	33	14	47	项	3	1	4
沙	1	0	1	冯	84	33	117
沙陀	1	1	2	黄	15	7	22
狄	5	1	6	黑	1	0	1
谷	3	1	4	黑齿	2	0	2
豆	1	0	1	聚	1	0	1
豆卢	10	6	16	廉	6	0	6
车	5	4	9	杨	334①	143	477
辛	38	11	49	源	13	9	22

① 其中包括第 155 号"太安宫嫔杨氏墓志"。

续表

姓氏	志主	附见	总计	姓氏	志主	附见	总计
邢	27	6	33	温	21	5	26
那卢	1	0	1	葛	5	0	5
京	1	0	1	虞	6	5	11
来	6	4	10	解	12	8	20
卓	2	0	2	贾	86	39	125
叔孙	1	0	1	路	33	11	44
周	67	32	99	载	1	1	2
呼延	3	1	4	迨	1	0	1
和	12	6	18	过	1	0	1
昝	1	0	1	邹	2	4	6
固	1	0	1	邬	1	0	1
奇	2	0	2	钳耳	2	0	2
孟	53	21	74	雍	10	7	17
季	3	0	3	雷	12	2	14
宗	10	10	20	靖	5	0	5
尚	9	4	13	靳	15	6	21
屈	4	1	5	僖	1	0	1
屈突	6	2	8	宁	1	0	1
房	32	19	51	廖	1	0	1
拓拔	1	0	1	慕容	37	7	44
昌	1	0	1	畅	6	0	6
明	11	1	12	荣	3	2	5
易	1	0	1	尔朱	7	3	10
杭	2	0	2	甄	4	2	6
东乡	1	0	1	种	1	1	2
林	4	2	6	管	7	0	7
武	46	20	66	翟	22	15	37
祁	5	1	6	盖	10	1	11
竺	2	0	2	蔡	32	17	49
花	1	0	1	蒋	20	12	32

续表

姓氏	志主	附见	总计	姓氏	志主	附见	总计
苟	2	1	3	裴	173①	98	271
若干	2	1	3	褚	8	4	12
苻	5	0	5	赫连	2	1	3
范	53	20	73	赵	274②	110	384
邵	17	4	21	辅	3	1	4
邸	1	0	1	齐	5	7	12
金	7	5	12	价	1	0	1
长孙	24	16	40	仪	1	1	2
门	2	1	3	剧	1	1	2
阿史那	11	1	12	刘	416	204	620
青	4	0	4	挚	1	1	2
侯	47	20	67	乐	30	13	43
侯莫陈	6	3	9	樊	38	30	68
姐	1	0	1	欧阳	4	1	5
俟	1	0	1	滕	1	0	1
俞	3	1	4	颍	1	0	1
南	7	1	8	潘	19	5	24
南宫	2	1	3	缑	1	0	1
契苾	5	3	8	臧	13	3	16
姚	85	22	107	谈	1	0	1
姜	15	9	24	论	3	0	3
封	28	4	32	诸葛	4	4	8
帝	1	0	1	邓	24	10	34
回纥	1	0	1	郑	208	187	395
施	6	4	10	闾	5	3	8
柏	7	3	10	巩	1	1	2
柳	86	36	122	鲁	14	2	16
段	63	18	81	黎	3	1	4

① 其中包括第 374 号"怀浚墓志"。
② 其中包括第 8289 号"惠妃赵氏墓志"。

续表

姓氏	志主	附见	总计	姓氏	志主	附见	总计
毘（或毘沙）	1	0	1	冀	2	0	2
泉	5	0	5	桥	2	0	2
洪	1	2	3	矫	1	0	1
皇甫	45	15	60	炽俟	2	0	2
相里	2	1	3	燕	6	5	11
禹	1	0	1	独孤	41	19	60
纪	10	2	12	卢	248	148	396
纥单	2	0	2	穆	11	4	15
纥干	1	1	2	薄	2	2	4
端	1	0	1	薛	85	56	141
胡	43	17	60	卫	29	12	41
苑	6	1	7	衡	4	3	7
苗	37	9	46	钱	10	2	12
茅	1	0	1	阎	34	25	59
茹	4	1	5	险	1	0	1
荆	3	3	6	霍	19	6	25
要	2	1	3	骆	9	3	12
郁	2	0	2	鲍	6	4	10
郐	1	1	2	阿那	0	1	1
乘	1	0	1	龙	8	0	8
俱	2	0	2	弥姐	1	0	1
俾失	1	0	1	应	1	0	1
倪	4	1	5	戴	12	6	18
原	1	0	1	檀	1	1	2
员	4	0	4	璩	2	1	3
哥舒①	1	0	1	环	2	0	2
唐	44	17	61	缪	1	0	1
夏	3	3	6	萧	102	34	136
夏侯	15	8	23	谢	11	6	17

① 此姓来自第58号"哥舒季通葬马铭"，虽非人物墓志，亦能反映马主人姓氏，故列入。

续表

姓氏	志主	附见	总计	姓氏	志主	附见	总计
奚	3	0	3	蹇	1	1	2
姬	10	3	13	锺	3	3	6
娥	1	0	1	锺离	4	0	4
孙	138	47	185	鞠	5	0	5
师	3	1	4	韩	120	57	177
席	12	4	16	鲜于	3	2	5
库狄	2	4	6	归	1	0	1
徐	76	31	107	瞿	1	0	1
晁	4	0	4	瞿昙	1	0	1
时	3	1	4	聂	3	0	3
晋	6	1	7	萨	1	0	1
晏	2	0	2	药	2	0	2
柴	6	4	10	赞	1	0	1
栗	3	0	3	关	15	9	24
格	3	0	3	难	1	0	1
桂	1	0	1	颜	22	4	26
桑	4	5	9	魏	67	31	98
桓	15	1	16	祢	2	0	2
梅	2	1	3	罗	25	5	30
殷	17	4	21	藤	1	0	1
浩	10	2	12	蔺	5	7	12
乌	2	2	4	苏	47	21	68
班	4	1	5	兰	7	1	8
眠	1	0	1	谭	7	1	8
秘	2	1	3	边	10	6	16
祖	5	2	7	麴	9	13	22
祝	1	1	2	庞	12	5	17
秦	65	20	85	严	44	13	57
纽	1	0	1	窦	52	25	77
索	16	6	22	鐘（锺）	1	0	1

续表

姓氏	志主	附见	总计	姓氏	志主	附见	总计
翁	1	0	1	铎地	1	0	1
耿	10	2	12	骞	9	1	10
能	3	2	5	权	22	5	27
荀	6①	2	8	顾	10	3	13
庄	1	0	1	郦	2	0	2
莫	4	0	4	龚	5	1	6
袁	51	19	70	爨	7	2	9
通	1	0	1				

---

① 其中包括第 11040 号"且诠墓志"、第 11041 号"且诠墓志",一人两志,计数为一。

《记室新书》编纂考

刘全波 吴 园

(兰州大学 敦煌学研究所)

类书是古籍中辑录各种门类或某一门类的资料,按照一定的方法加以编排,以便于寻检、征引的一种知识性的资料汇编。[①] 一千多年来,类书作为典籍之荟萃、知识之精华,对文献保存、知识传播和学术研究都产生了重要作用。唐代是类书发展的高峰期,虽然多数典籍没有流传下来,但是,唐代类书的繁荣是超出我们的想象的。历经千年,留存下来的《艺文类聚》《初学记》《白氏六帖事类集》等类书成为经典之经典,成为历代学者经常使用的袖中抄、随身宝、随身卷子,而那些没有流传下来的诸类书,亦对后世类书之编纂产生了深远影响,因为它们的内容或体例毫无质疑地被后世类书所因袭,《记室新书》就是这样一部流传千年、散佚殆尽的一部唐人私纂类书。

一 《记室新书》的编纂

李途所作《记室新书》诸目录记载良多,可见,此书是一部极其重要的唐代私纂类书。《新唐书》卷五十九《艺文三》子部"类书类"载:"李途《记室新书》三十卷。"[②] 《崇文总目》卷三《类书类下》载:

[①] 刘全波:《类书考略》,《山东图书馆学刊》2013 年第 6 期。
[②] 《新唐书》卷五九《艺文三》,中华书局 1975 年版,第 1564 页。

"《记室新书》三十卷。李途撰。"①《通志二十略·艺文略第七》子部"类书类"载:"《记室新书》三十卷。"②《宋史》卷二〇七《艺文六》子部"类事类"载:"李途《记室新书》三卷。"③《新唐书》《崇文总目》《通志》皆言《记室新书》卷帙为三十卷,只有《宋史》言其卷帙为三卷,难道是流传中有了散佚?但是,我们认为更大的可能性是《宋史》之记载有问题。

其他重要的文献目录书籍对《记室新书》的记载更为丰富详细,让我们可以得到更多信息。《郡斋读书志校证》卷一四《类书类》载:"《记室新书》三十卷。右唐李途撰。采摭故事,缀为偶俪之句,分四百门。途,中和中为东川掌记,因以名其书云。"④《玉海》卷五五《艺文》载:"唐《记室新书》。《志》:李途《记室新书》三十卷。《崇文目》同。《中兴书目》:唐东川节度掌书记李途撰。纂集诸书事迹为对语,列四百余,职方郎中孙樵为之序。"⑤《文献通考》卷二二八《经籍考五十五·类书》载:"《记室新书》三十卷。晁氏曰:唐李途撰,采摭故事,缀为偶俪之句,分四百门,途中和中为东川掌记,因以名其书云。"⑥可见,《郡斋读书志》《玉海》《文献通考》对《记室新书》的内容与性质皆有较为详细的记载,其中,《文献通考》是因袭《郡斋读书志》而来,但是,关于《记室新书》性质的记载,《郡斋读书志》《文献通考》与《玉海》有明显的区别,《郡斋读书志》《文献通考》言"采摭故事,缀为偶俪之句,分四百门",《玉海》言"纂集诸书事迹为对语,列四百余门",很显然,《郡斋读书志》《文献通考》所言之缀为偶俪之句,是说此《记

---

① (宋)王尧臣等编次,钱东垣等辑释:《崇文总目》卷三《类书类下》,《丛书集成初编》第22册,中华书局1985年版,第181页。
② (宋)郑樵撰,王树民点校:《通志二十略·艺文略第七》,中华书局1995年版,第1732页。
③ 《宋史》卷二〇七《艺文六》,中华书局1985年版,第5293页。
④ (宋)晁公武撰,孙猛校证:《郡斋读书志校证》卷一四《类书类》,中华书局2011年版,第654页。
⑤ (宋)王应麟撰:《玉海》卷五五《艺文》,广陵书社2003年版,第1047页;(宋)王应麟撰,武秀成、赵庶洋校证:《玉海艺文校证》卷二一《著书·别集》,凤凰出版社2013年版,第1010页。
⑥ (元)马端临撰:《文献通考》卷二二八《经籍考五十五·类书》,中华书局1986年版,第1827页。

室新书》是赋体类书，而《玉海》所言之纂集诸书事迹为对语，是说此《记室新书》是类语类书，究竟何者为是？暂时没有答案，但是，这个问题还是比较重要的，因为他关乎《记室新书》的性质。

《文渊阁书目》卷二《子杂·荒字号第一厨书目》载："李途《记室新书》一部三册。阙。"① 《文渊阁书目》卷三《类书·盈字号第六厨书目》载："《记室新书》一部一册。阙。"② 根据《文渊阁书目》的记载，李途《记室新书》在明初已经阙失。

清人所记载的《记室新书》已经不是李途之《记室新书》了，而是方龟年所编的《翰苑新书》。《四库全书总目》卷一三七《子部四十七·类书类存目一》载："《记室新书》七十卷。两江总督采进本。"③《续通志》卷一百六十一《艺文略》亦载："《记室新书》七十卷。旧本题宋方龟年撰。""以上见《四库全书存目》。类书类凡一百七十八部。"④ 杜泽逊撰《四库存目标注》言："《记室新书》七十卷。旧本题宋方龟年编。四一七七。两江总督采进本（总目）。《两江第二次书目》：'《记室新书》，旧题宋方龟年辑，二十本。'《提要》云：'考世传抄本《翰苑新书》，有明沔阳陈文烛序，谓是宋人书，抄自秘阁者。无撰人姓氏，凡分四集。其别集十二卷即此书之前十二卷。其前集七十卷，此书割去前十二卷，以十三卷以下五十八卷续别集后，仍足七十卷之数。盖坊贾得残阙《翰苑新书》，并两集为一集，改此名以售欺也。'按：《翰苑新书》前集七十卷后集三十二卷别集十二卷续集四十二卷，《四库全书》收录。北图藏有宋刻本，存前集卷三十九至四十六。上海图书馆藏有明钞本全帙。"⑤ 如此来看，《翰苑新书》与《记室新书》之间出现了纠纷，即有人将残缺的《翰苑新书》，改头换面之后，称为《记室新书》，此《记室新书》不是唐人李途所编纂的原本，而是宋人方龟年所编的《翰苑新书》。当然，

---

① （明）杨士奇等编：《文渊阁书目》，《丛书集成初编》，第30册，中华书局1985年版，第86页。

② （明）杨士奇等编：《文渊阁书目》，《丛书集成初编》，第30册，第147页。

③ （清）永瑢等：《四库全书总目》卷一三七《子部四十七·类书类存目一》，中华书局1965年版，第891页。

④ （清）嵇璜、曹仁虎等奉敕撰：《钦定续通志》卷一六一《艺文略》，文渊阁《四库全书》，第394册，上海古籍出版社2003年版，第540页。

⑤ 杜泽逊：《四库存目标注》，上海古籍出版社2007年版，第2148页。

杜泽逊先生已经做了考察，指出清人所言之《记室新书》当为《翰苑新书》，此《翰苑新书》被收入了《四库全书存目丛书》。

关于《记室新书》的作者李途，诸书皆言其为东川节度掌书记，但是，其具体生活之年代诸书都没有说清楚，《文献通考》加了"中和中"这一时间限定，中和是唐僖宗之年号，即公元881年至885年，由此可见《记室新书》的大体创作时代。《记室新书》成书后，职方郎中孙樵为之序，孙樵《旧唐书》《新唐书》记载皆不详。《新唐书》卷六〇《艺文四》载："孙樵《经纬集》三卷。字可之，大中进士第。"[①] 孙樵大中时期（847—859）中进士，再过二三十年，官至职方郎中时为《记室新书》作序，倒是极有可能。这里还有一个问题，就是由于孙樵为《记室新书》作序，后世典籍尤其是《翰苑新书》等类书，竟然将孙樵当作了《记室新书》的编纂者，直接题为"孙樵《记室新书》"，很显然是错误的，孙樵只是给《记室新书》作序之人。总之，通过李途与孙樵的生平事迹，我们大致知晓了《记室新书》编纂的时代。

有学者认为李途东川幕府府主疑为杨师立，[②] 关于杨师立史书亦有记载。《新唐书》卷九《僖宗纪》载："（中和）四年……三月甲子，剑南东川节度副大使杨师立反，西川节度使陈敬瑄为西川、东川、山南西道都指挥招讨使……癸酉，高仁厚为剑南东川节度使以讨杨师立……六月乙卯，赦剑南三川。瘗京畿骸骨。七月辛酉，杨师立伏诛。壬午，黄巢伏诛。"[③] 中和四年（884），杨师立反，不久伏诛，故李途为杨师立东川幕府掌书记的时间在中和早期，而杨师立被诛，李途有没有受到影响亦不可知。

对于李途的生平事迹，史书中还有记载。唐昭宗乾宁二年（895）有李途参加科举考试的记载。《全唐诗》卷七〇五《黄滔二》载："昭宗乾宁二年，崔凝考定进士张贻宪等二十五人，复命所司覆试，内出四题，乃曲直不相入赋、良弓献问赋、询于刍荛诗、品物咸熙诗。赵观文、程晏、崔赏、崔仁宝等四人，并卢瞻、韦说、封渭、韦希震、张

---

① 《新唐书》卷六〇《艺文四》，中华书局1975年版，第1608页。
② 李翔：《中晚唐五代藩镇文职幕僚研究》，博士学位论文，南开大学，2014年，第192页。
③ 《新唐书》卷九《僖宗纪》，第275—276页。

蠙、黄滔、卢鼎、王贞白、沈崧、陈晓、李龟祯等十一人,并与及第。其张贻宪、孙溥、李光序、李枢、李途等五人,且令落下,许后再举。其崔砺、苏楷、杜承昭、郑稼等四人,不令再举。内一人卢赓称疾不至,宣令升人,又云华阴省亲,其父渥进状乞落下。故就试止二十四人也。"① 此李途运气不够好,在科举考试的最后环节被责令落第,但是,此李途还不是最糟糕的,虽然此次考试不合格,但是允许下次再考,而其中四人就因为不合格,不再举荐。中和年间做过掌书记的李途,是否就是此次昭宗乾宁二年的李途,虽然还有些疑问,但是,二者为一人的可能性还是有的。

《宝刻类编》卷七《名臣十九·前蜀》载:"杨玢。李途。唐公神道碑。张格撰,玢书,途篆额。永平四年立。同上(成都)。"② 此永平四年(914)是前蜀之年号,这个在蜀地成都的李途很有可能就是前面做掌书记,并编纂了《记室新书》的李途。

后唐时期,同光三年(925),亦有名李途者,为京兆少尹,充修奉诸陵使。《旧五代史》卷三二《唐书·庄宗纪六》载:"同光三年……六月……己丑,以工部郎中李途为京兆少尹,充修奉诸陵使。"③《资治通鉴》卷二七三载:"庚申,以工部郎中李途为长安按视诸陵使。"④ 宋王溥撰《五代会要》卷四《杂录》载:"后唐同光二年三月,以尚书工部郎中李途为长安两路检视诸陵使……三年六月……仍授尚书工部郎中李途京兆少尹,充奉修诸陵使。"⑤ 此李途是否是编纂《记室新书》的李途,我们仍然有点怀疑,此李途如果果真是彼李途,那么,此时的李途年龄可就比较大了。

唐宪宗(805—820在位)时期,亦有名李途者,此人肯定不是《记室新书》的作者李途,应该分别对待。《古今合璧事类备要后集》卷三三《九卿门·宗正卿》载:"长以才行。宪宗法尧睦族,深惟本支,乃诏执

---

① (清)彭定求等编:《全唐诗》卷七〇五《黄滔二》,中华书局1960年版,第8112页。
② (宋)不著撰人:《宝刻类编》卷七《名臣十九·前蜀》,文渊阁《四库全书》,第682册,第693页。
③ 《旧五代史》卷三二《唐书·庄宗纪六》,中华书局1976年版,第444、448—449页。
④ 《资治通鉴》卷二七三"后唐纪二庄宗光圣神闵孝皇帝中"条,中华书局1956年版,第8918页。
⑤ (宋)王溥:《五代会要》卷四《杂录》,上海古籍出版社1978年版,第60—61页。

事曰：伯父叔季，幼子童孙，在属籍者，必命卿长以才行闻。唐元積行，李途制。"①《翰苑新书前集》卷二二《宗正寺》载："卿长以才行闻。元積行，李途制云：宪宗法尧睦族，深惟本枝，乃诏执事曰：伯父叔季，幼子童孙，在属籍者，必命卿长以才行闻。"②《御定渊鉴类函》卷九一《宗正卿四》载："以才行闻。元積行，李途制曰：宪宗法尧睦族，深维本支，乃诏执事曰：伯父叔季，幼子童孙，在属籍者，必命卿长以才行闻。"③

对于李途所任之掌书记一职，历代学者多有关注。《唐六典》卷二九《诸王府公主邑司》载："记室参军事二人，从六品上。""汉三公及大将军皆有记室令史，主上章表，奏报书记。魏太祖辅汉，以陈琳、阮瑀管记室，军国书檄，多二人所作。晋氏诸公及位从公以上并有记室员，宋诸公府有记室参军事，梁、陈公府及王府皆有记室参军，北齐因之。隋亲王府及嗣王府有记室参军，皇朝因之。"④"记室掌表、启、书、疏。"⑤《韩昌黎文集校注》卷二《徐泗濠三州节度掌书记厅石记》载："书记之任亦难矣！元戎整齐三军之士，统理所部之士，以镇守邦国，赞天子施教化，而又外与宾客四邻交，其朝觐、聘问、慰荐、祭祀、祈祝之文，与所部之政，三军之号令升黜，凡文辞之事，皆出书记。非闳辨通敏兼人之才，莫宜居之。"⑥《全唐文》卷五四三《荐齐孝若书》载："某官至，辱垂下问，令公举一人，可管记之任者。愚以为军中之书记，节度使之喉舌。指事立言而上达，思中天心；发号出令以下行，期悦人意。谅非容易，而可专据。"⑦ 节度使之称号始于睿宗朝，而"掌书记"真正脱离原有职事含

---

① （宋）谢维新撰：《古今合璧事类备要后集》卷三三《九卿门·宗正卿》，文渊阁《四库全书》，第940册，第79页。

② （宋）不著撰人：《翰苑新书前集》卷二二《宗正寺》，文渊阁《四库全书》，第949册，第176页。

③ （清）张英、王士禛等奉敕纂：《御定渊鉴类函》卷九一《宗正卿四》，文渊阁《四库全书》，第984册，第386页。

④ （唐）李林甫等撰，陈仲夫点校：《唐六典》卷二九《诸王府公主邑司》，中华书局1992年版，第730页。

⑤ 同上书，第731页。

⑥ （唐）韩愈撰，马其昶校注，马茂元整理：《韩昌黎文集校注》卷二《徐泗濠三州节度掌书记厅石记》，上海古籍出版社1986年版，第84页。

⑦ （清）董诰等编：《全唐文》卷五四三《荐齐孝若书》，中华书局1983年版，第5506页。

义走向固定化的幕职，也正是始于此时，天宝年间，掌书记作为幕职已经逐步确立起来，后世藩镇幕府中多设有此职。

赖瑞和言："这时期的幕职大增，对士人来说多了一条出路。幕主常为僚佐奏请各种中央官衔，对唐代官制造成新的变化。朝廷对幕府的辟署，也多了一些规定。不少士人在幕府任职后，可以回到朝中仕至高官。幕职变成一种尊贵职位。"① 赖瑞和所言这个时期主要是安史之乱之后，也就是说，安史之乱之后，士人入仕方面出现了微妙的变化，越来越多的士人加入到藩镇的幕府之中。赖瑞和又言："安史乱前，士人多不愿远赴边疆幕府任职，皇帝不得不下诏奖励。安史乱后，安西、河西、陇右等边区相继被吐蕃占领。此后，幕府主要设于内地，甚至在东南沿海富饶地区。幕职俸钱等待遇丰厚，将来的出路也很好，结果变成了士人竞求的要津。"② "一般士人到方镇使府任职，通常先出任巡官、再升任为推官和掌书记。这是使府中最常见也最重要的三种基层文官。"③ "中晚唐政坛或文坛上的名人，许多年轻时都曾经在各种使府中担任过掌书记。"④ "掌书记的入仕资历要求极高。史料中所见的掌书记，绝大部分都有进士或明经，如上引各案例。少部分甚至在考过进士或明经后，再考中更艰难的书判拔萃或博学宏词，始出任掌书记。"⑤ 由于掌书记专掌表、启、书、疏，有科名又有文辞者，不但会成为受辟的对象，更会成为被争夺的人才。李翔认为："掌书记迁转部分，以地方官和中央官迁入幕府任掌书记的情形较多，而迁出大多以入朝为第一去向，就算第一迁出官非中央官，但日后绝大多数还是能入朝，不少官至给、舍、入翰林，出将入相，前途值得看好。另外，掌书记所带检校官多循制度严格规定，以八、九品中央官为主。""掌书记虽为藩镇幕僚体制内下层文职幕僚，但'精英'色彩较浓。进士科、士族背景、清要官、将相之任，一系列醒目词汇都与掌书记有密切联系，其地位实际不低，仕途前景也被看好。"⑥ 总之，虽然掌书记是基层文官，但是，由于此官职的前途较好，故此官职受到士人的青睐，而

---

① 赖瑞和：《唐代基层文官》，中华书局2008年版，第207页。
② 同上书，第208页。
③ 同上书，第208—209页。
④ 同上书，第257页。
⑤ 同上书，第258页。
⑥ 李翔：《中晚唐五代藩镇文职幕僚研究》，第192页。

作为青年才俊出任此官者极多，李途能够出任此官，必然是在其年轻时期，必然因为他的才能学识。

最后，李途为何要编纂一部《记室新书》，这应该和藩镇时代的幕府公文写作有关。翟景运言："《新唐书》卷五九《艺文志》三子部类书类有李途《记室新书》三十卷……此书同李商隐等人所纂辑的类书在性质上有近似之处，只是规模稍大，仍是幕府掌书记等官写作公文的参考书。除此以外，《新唐书》卷五九子部类书类尚有温庭筠《学海》三十卷，庭筠尝为襄阳节度使巡官，且以善于使事用典而著称，《学海》很可能也是同笺表写作相关的类书。"①"通过以上资料，大致可以看出晚唐类书的某些特点：第一，晚唐类书多出于私人编纂，卷帙较轻、篇幅较小，同初盛唐类书多为国家组织文人集体编撰，而且卷帙浩大有所不同；第二，晚唐私人类书多同幕府公文写作直接相关，作者本身即是幕府中掌管笺表写作的文职僚佐。以上两个特点，可以在很大程度上说明晚唐时代驱驾典故这一环节同幕府公文写作之间较之前代更为密切的关系。"② 诚然，翟景运先生的论断很准确，藩镇时代幕府公文写作的需求，催生了《记室新书》等一系列的类书。藩镇割据之后的结果是什么呢？首先是一个个的国中之国的出现，而这些具有部分独立性的"国"亦是有大量的公文需要处理，因为在建置上，中央政府有的他都有，只是小一些或者简单一些，而藩镇与中央、藩镇之间的交往，也有大量的公文需要处理，故任职于藩镇之文士，就需要依据新的情况，掌握一套适应藩镇需求的公文格式，于是，书仪、类书之类的作品成为必需，于是李途等文士编纂了《记室新书》等类书。其实，对于担任幕府文士的文人来说，他们自己所编纂的类书就是书奏表章的底稿，就是他们所依赖的利器，他们凭借这个利器，可以熟练并快速地完成文字的缀连，书奏表章的撰写，不然，难免苦思而无所得。

二 《记室新书》的辑佚

《祖庭事苑》卷五载：

---

① 翟景运：《晚唐政局与幕府公文的演变》，《古代文明》2017年第1期。
② 同上。

金鸡。人间本无金鸡之名，以应天上金鸡星故也，天上金鸡鸣，则人间亦鸣。见《记室新书》。①

《记纂渊海》卷二八《职官部》载：

晋号五兵，周称九法。《记室新书》②
掌其三典，诘彼四方。《记室新书》③
五材是宜，百工惟叙，城郭都邑合其规，士农工商得其所。《记室新书》④

《记纂渊海》卷四八《性行部》载：

无忘半面。《记室新书》⑤
集。许允之为吏部，多用乡党里人。《记室新书》⑥

《记纂渊海》卷八三《襟怀部》载：

传记。夫子生有麟降于庭，孔鲤生有人馈金鲤。《记室新书》⑦

《古今合璧事类备要后集》卷三一《六部门·刑部》载：

---

① （宋）善卿编正：《祖庭事苑》卷五，《卍续藏经》，第113册，新文丰出版公司1995年版，第133页。
② （宋）潘自牧：《记纂渊海》卷二八《职官部》，文渊阁《四库全书》，第930册，第625页。
③ 同上书，第629页。
④ 同上书，第634页。
⑤ （宋）潘自牧：《记纂渊海》卷四八《性行部》，文渊阁《四库全书》，第931册，第306页。
⑥ 同上。
⑦ （宋）潘自牧：《记纂渊海》卷八三《襟怀部》，文渊阁《四库全书》，第932册，第540页。

诘彼四方。掌其三典，诘彼四方。《记室新书》①

《古今合璧事类备要后集》卷三二《六部门·工部》载：

惟叙百工。五材是宜，百工惟叙，城郭都鄙定其规，士农工商得其所。《记室新书》②

《古今合璧事类备要后集》卷四四《东宫官·总东宫官》载：

机云秀望。《晋中兴书》：吴王入洛，唯陆机、陆云、顾荣而已，以南土秀望，迁太子舍人。《记室新书》③

《古今合璧事类备要后集》卷四五《东宫官门·太子少傅》载：

赐辎车。汉桓荣之赐辎车。详见后。乘小辇。晋山涛之乘小辇。并《记室新书》。④

《古今合璧事类备要后集》卷六〇《节相门·太尉》载：

锦被梁肉。后汉宋宠为太尉，朝廷赐锦被梁肉、云母屏风。《记室新书》注。⑤

务重统兵。孙樵《记室新书》云：务重统兵。注。《后汉百官

---

① （宋）谢维新撰：《古今合璧事类备要后集》卷三一《六部门·刑部》，文渊阁《四库全书》，第940册，第58页。
② （宋）谢维新撰：《古今合璧事类备要后集》卷三二《六部门·工部》，文渊阁《四库全书》，第940册，第63页。
③ （宋）谢维新撰：《古今合璧事类备要后集》卷四四《东宫官·总东宫官》，文渊阁《四库全书》，第940册，第147页。
④ （宋）谢维新撰：《古今合璧事类备要后集》卷四五《东宫官门·太子少傅》，文渊阁《四库全书》，第940册，第151页。
⑤ （宋）谢维新撰：《古今合璧事类备要后集》卷六〇《节相门·太尉》，文渊阁《四库全书》，第940册，第214页。

志》云：太尉一人，掌四方兵事。①

《古今合璧事类备要后集》卷七一《守臣门·京尹》载：

  枹鼓稀鸣。张敞为京兆，长安市偷盗尤多，一日捕数百人，枹鼓稀鸣，市无偷盗。又《记室新书》：褚衣尽获，枹鼓稀鸣。②
  京兆之号。名存内史之荣，宠贵京兆之号。《记室新书》③

《古今合璧事类备要后集》卷七二《守臣门·太守上》载：

  双旌。双旌五马。《记室新书》④

《古今合璧事类备要后集》卷七九《县官门·知县》载：

  宓琴。《记室新书》⑤

《景定建康志》卷一六《疆域志二》载：

  《记室新书》云：高桥羁旅之士。⑥

《景定建康志》卷一九《山川志三》载：

---

  ① （宋）谢维新撰：《古今合璧事类备要后集》卷六〇《节相门·太尉》，文渊阁《四库全书》，第940册，第214页。
  ② （宋）谢维新撰：《古今合璧事类备要后集》卷七一《守臣门·京尹》，文渊阁《四库全书》，第940册，第297页。
  ③ 同上书，第298页。
  ④ （宋）谢维新撰：《古今合璧事类备要后集》卷七二《守臣门·太守上》，文渊阁《四库全书》，第940册，第305页。
  ⑤ （宋）谢维新撰：《古今合璧事类备要后集》卷七九《县官门·知县》，文渊阁《四库全书》，第940册，第368页。
  ⑥ （宋）周应合：《景定建康志》卷一六《疆域志二》，文渊阁《四库全书》，第489册，第31页。

《记室新书》云：西苑内有太子池，孙权子和所筑。①

《景定建康志》卷二一《城阙志二》载：

《记室新书》云：殿闭赤乌，空留往事。②

《景定建康志》卷四二《风土志一》载：

隋江总《还宅诗》云：悒然想泉石，驱驾出台城。玩竹春前笋，惊花雪后春。《记室新书》云：江总之泉石依然，谓此也。③

《方舆胜览》卷二八《湖北路·鄂州》载：

扼束江、湖。《记室新书》："云云，襟带吴、楚。"④

《古今事文类聚前集》卷四四《乐声部》载：

馈鲤。孔鲤生有人馈金鲤。《记室新书》⑤

《古今事文类聚新集》卷一五《六曹部·刑部尚书》载：

掌其三典，诘彼四方。《记室新书》⑥

---

① （宋）周应合：《景定建康志》卷一九《山川志三》，文渊阁《四库全书》，第489册，第91页。
② （宋）周应合：《景定建康志》卷二一《城阙志二》，文渊阁《四库全书》，第489册，第130页。
③ （宋）周应合：《景定建康志》卷四二《风土志一》，文渊阁《四库全书》，第489册，第526页。
④ （宋）祝穆：《方舆胜览》卷二八《湖北路·鄂州》，中华书局2003年版，第495页。
⑤ （宋）祝穆：《古今事文类聚前集》卷四四《乐声部》，文渊阁《四库全书》，第925册，第724页。
⑥ （元）富大用：《古今事文类聚新集》卷一五《六曹部·刑部尚书》，文渊阁《四库全书》，第928册，第244页。

《古今事文类聚新集》卷一六《六曹部·工部尚书》载：

　　五材是宜，百工惟叙，城郭都鄙定其规，士农工商得其所。《记室新书》①

《古今事文类聚新集》卷一八《御史台部》载：

　　群书要语。荣服绣衣，宠簪白笔。孙樵《记室新书》。②

《古今事文类聚外集》卷一《东宫官部》载：

　　宠极腰银，荣深佩玉。《记室新书》③

《古今事文类聚外集》卷一《东宫官部》载：

　　汉桓荣之赐辎车，晋山涛之乘小辇。《记室新书》④

《古今事文类聚外集》卷一〇《路官部》载：

　　双旌五马。《记室新书》
　　隼飞鸢上，熊伏轼前，皂盖分辉，彤幨耀彩。《记室新书》⑤

《古今事文类聚遗集》卷四《东宫官部》载：

---

　①　（元）富大用：《古今事文类聚新集》卷一六《六曹部·工部尚书》，文渊阁《四库全书》，第928册，第256页。
　②　（元）富大用：《古今事文类聚新集》卷一八《御史台部》，文渊阁《四库全书》，第928册，第312页。
　③　（元）富大用：《古今事文类聚外集》卷一《东宫官部》，文渊阁《四库全书》，第929册，第5页。
　④　同上书，第10页。
　⑤　（元）富大用：《古今事文类聚外集》卷一〇《路官部》，文渊阁《四库全书》，第929册，第131页。

群书要语。秀从南土,德在东宫。《记室新书》①

《翰苑新书前集》卷一三《御史台》载:

纠察与侍御同。孙樵《记室新书》云:按职源令,掌驾出于卤簿,内纠察与侍御同,惟不判事。②
望威宪府,名重法冠。孙樵《记室新书》:望威宪府,名重法冠。③
内荣独坐,外总百僚。孙樵《记室新书》云云。④
荣服绣衣,宠簪白笔。孙樵《记室新书》云云。⑤

《翰苑新书前集》卷一九《刑部》载:

掌三典,诘四方。孙樵《记室新书》:掌其三典,诘彼四方。⑥

《翰苑新书前集》卷二○《工部》载:

五材是宜,百官惟叙。孙樵《记室新书》:五材是宜,百官惟叙,城郭都邑合其规,士农工商得其所。⑦

---

① (元)富大用:《古今事文类聚遗集》卷四《东宫官部》,文渊阁《四库全书》,第929册,第390页。
② (宋)不著撰人:《翰苑新书前集》卷一三《御史台》,文渊阁《四库全书》,第949册,第103页。
③ 同上书,第108页。
④ 同上。
⑤ 同上。
⑥ (宋)不著撰人:《翰苑新书前集》卷一九《刑部》,文渊阁《四库全书》,第949册,第157页。
⑦ (宋)不著撰人:《翰苑新书前集》卷二○《工部》,文渊阁《四库全书》,第949册,第162页。

《翰苑新书前集》卷二八《太子太傅》载：

> 群书精语。宠极腰银，荣深佩玉。《记室新书》云云。①

《翰苑新书前集》卷三六《开府仪同三司》载：

> 群公精语。务重统兵，事先掌武。孙樵《记室新书》云云。注。《后汉百官志》云：太尉一人，掌统四方兵事。掌武事，见金印紫绶注。②
>
> 恩加锦被，宠赐云屏。《记室新书》云云。注。后汉宋宠为太尉，朝廷赐锦被梁肉。云屏事见前，云母屏风注。③

《翰苑新书前集》卷四二《京尹》载：

> 赭衣尽获。《记室新书》：名存内史之荣，宠贵京兆之号，赭衣尽获，枹鼓稀鸣。④

《翰苑新书前集》卷五二《太守上》载：

> 双旌五马。《记室新书》云。⑤

《翰苑新书前集》卷六三《庆贺》载：

---

① （宋）不著撰人：《翰苑新书前集》卷二八《太子太傅》，文渊阁《四库全书》，第949册，第230页。
② （宋）不著撰人：《翰苑新书前集》卷三六《开府仪同三司》，文渊阁《四库全书》，第949册，第284页。
③ 同上。
④ （宋）不著撰人：《翰苑新书前集》卷四二《京尹》，文渊阁《四库全书》，第949册，第310页。
⑤ （宋）不著撰人：《翰苑新书前集》卷五二《太守上》，文渊阁《四库全书》，第949册，第362页。

群书精语。归休数亩之中，游泳江湖之上。《记室新书》云。①

《橘山四六》卷一二《远迎宁国太守王大卿》载：

龙章寓直，熊轼改临。《记室新书》：隼飞斾上，熊伏轼前，皂盖分辉，彤帷耀彩。②

《至大金陵新志》卷五下《山川志二·池塘》载：

《记室新书》云：西苑内有太子池，孙权子和所筑。③

《唐音》卷三《同张侍御宴北楼》载：

双旗。《记室新书》曰：太守之车，五马双旌。④

《山堂肆考》卷五二《臣职·总东宫官》载：

秀望。《记室新书》：陆机陆云，以南土秀望，迁太子舍人。⑤

《山堂肆考》卷七三《臣职·太守》载：

熊轼。汉制郡守车画熊于轼上，故云熊轼。《记室新书》：隼飞斾

---

① （宋）不著撰人：《翰苑新书前集》卷六三《庆贺》，文渊阁《四库全书》，第949册，第460页。
② （宋）李廷忠撰，（明）孙云翼注：《橘山四六》卷一二《远迎宁国太守王大卿》，文渊阁《四库全书》，第1169册，第317页。
③ （元）张铉撰：《至大金陵新志》卷五下《山川志二·池塘》，文渊阁《四库全书》，第492册，第293页。
④ （元）杨士弘撰，张震注：《唐音》卷三《同张侍御宴北楼》，文渊阁《四库全书》，第1368册，第268页。
⑤ （明）彭大翼撰，张幼学增订：《山堂肆考》卷五三《臣职·总东宫官》，文渊阁《四库全书》，第975册，第76页。

上，熊伏轼前，皂盖分辉，彤襜耀彩。①

《天中记》卷三四《刺史》载：

隼旟熊轼。隼飞旟上，熊伏轼前，皂盖分辉，彤幨耀彩。《记室新书》②

《明一统志》卷一三《淮安府》载：

大江前流，长淮却阻。《记室新书》③

《明一统志》卷五九《湖广布政司》载：

扼束江湖，襟带吴楚。《记室新书》④

《御定渊鉴类函》卷八二《设官部二十二》载：

惟叙百工，尤难六职。《记室新书》曰：五材是宜，百工惟叙，城郭都鄙定其规，士农工商得其所。《唐大诏令》曰：程品之重有若百工，号令之先尤难六职。⑤

《御定渊鉴类函》卷八八《设官部二十八》载：

---

① （明）彭大翼撰，张幼学增订：《山堂肆考》卷七三《臣职·太守》，文渊阁《四库全书》，第975册，第388页。
② （明）陈耀文：《天中记》卷三四《刺史》，文渊阁《四库全书》，第966册，第574页。
③ （明）李贤等奉敕撰：《明一统志》卷一三《淮安府》，文渊阁《四库全书》，第472册，第301页。
④ （明）李贤等奉敕撰：《明一统志》卷五九《湖广布政司》，文渊阁《四库全书》，第473册，第199页。
⑤ （清）张英、王士禛等奉敕纂：《御定渊鉴类函》卷八二《设官部二十二》，文渊阁《四库全书》，第984册，第162页。

内荣独坐，外总百僚。孙樵《记室新书》。①

《御定佩文韵府》卷八二之一《望》载：

秀望。《记室新书》：陆机陆云以南土秀望，迁太子舍人。②

《大清一统志》卷六四《淮安府》载：

大江前流，长淮却阻。唐李途《记室新书》。③

《湖广通志》卷五《疆域志》载：

武昌府。吴赵咨使魏，对江汉为池。《记室新书》：扼束江湖，襟带吴楚。晋左思《吴都赋》：郊圻之内奥，都邑之纲纪。④

《陈检讨四六》卷三《方素伯集序》载：

入记室之诗评已多上品。《梁书》：钟嵘作《诗品》，分上中下位，终诸王记室。《唐书》：中和中，李途为东州掌记，采摭故事为偶俪之句，分四百门名。《记室新书》附注。⑤

---

① （清）张英、王士禛等奉敕纂：《御定渊鉴类函》卷八八《设官部二十八》，文渊阁《四库全书》，第984册，第289页。
② （清）张玉书、陈廷敬等奉敕撰：《御定佩文韵府》卷八二之一《望》，文渊阁《四库全书》，第1024册，第610页。
③ （清）和珅等奉敕撰：《大清一统志》卷六四《淮安府》，文渊阁《四库全书》，第475册，第290页。
④ （清）迈柱等监修，夏力恕等编纂：《湖广通志》卷五《疆域志》，文渊阁《四库全书》，第531册，第179页。
⑤ （清）陈维崧：《陈检讨四六》卷三《方素伯集序》，文渊阁《四库全书》，第1322册，第47页。

三　结语

《记室新书》顾名思义是记室所编纂供记室之用的新书，既言新书，必有旧书，旧书是何书？待考。《记室新书》是唐代类书编纂的又一个代表，它不同于前期的官修类书，亦不同于为科举与文学所编纂的科举类书和文学类书，它是中晚唐时代的产物，是藩镇割据局面之下出现的新类书模式，虽然其体例仍然是延续了前期诸类书的模式，但是，它在内容方面必然有了变化，此时的类书有点与书仪合轨的味道。书仪是写作的范文，而类书是辞藻的渊薮。总之，藩镇时代编纂了诸多具有藩镇割据色彩的新类书。对于《记室新书》的流传，通过上述佚文，也可以得到清楚的认知。因为，宋代编纂的诸类书如《记纂渊海》《古今合璧事类备要》《古今事文类聚》《翰苑新书》等多引用《记室新书》之内容。可见，此《记室新书》在两宋时代是流传较广的。但是，究竟是仅有部分佚文在流传，还是整部书都在流传，不得而知。

具体到《记室新书》的体例，前文已有讨论，而通过对诸佚文的考察，我们认为其体例当是赋体类书。但是，《记室新书》部分佚文明显还具有类语类书的意味，[①] 这让我们很疑惑，《记室新书》究竟是一部什么

[①] 刘全波：《论敦煌类书的分类》，王三庆、郑阿财主编《2013敦煌、吐鲁番国际学术研讨会论文集》，成功大学中国文学系，2014年，第547—579页。关于类书的分类，笔者窃以为有以下六种分法。第一，类事类书自始至终是中国类书的发展主流，此种体例亦有多种模式，有出处、书名、人名在前者，亦有出处、书名、人名在后者，更有不具出处、书名、人名者，但是此种体例以引用、排列段落、长句为主，此种类型之最古老者为《皇览》《修文殿御览》等。第二，类文类书有些学者认为其不成立，但我们通过考察认为此种体例是存在的。夏南强先生的研究中即单独将类文类书独立出来作为一种类书分类方法，当然，单独的类文类书或许早已经独立于类书之外，但是存在于经典类书的类文部分还是存在的，他是我们研究类文类书的基础，此种体例的形成当与类事类书有关，排列组合模式亦相同，至唐初《艺文类聚》编纂之时将此二种模式合并成新的事文并举体例，并被后世广为沿袭。第三，类句类书的出现时间是比较早的，我们认为在南北朝时期已经出现，而目前我们所熟知的类句类书的典型当属《北堂书钞》《白孔六帖》，类句类书的特点是摘引经典语句，且没有经过刻意的修饰，部分语句注有简单的出处，部分语句甚至没有出处，今天我们见到的《北堂书钞》之较为详细的注释、出处是陈禹谟等后人补入的。第四，类语类书应该是在类句类书基础上发展起来的，没有经过刻意修饰的类句比较有益于博览，但是在文学创作中使用起来就不那么方便，而经过刻意加工的类语类书就好很多，将不对偶的语句修改成对偶的语对，二、三、四、五、六言皆有，以二、四言为主，隋炀帝

性质的类书呢？诸如"五材是宜，百工惟叙，城郭都邑合其规，士农工商得其所""汉桓荣之赐辒车，晋山涛之乘小辇""隼飞斾上，熊伏轼前，皂盖分辉，彤幨耀彩""扼束江湖，襟带吴楚"之类，很显然，属于赋体类书无疑。诸如"秀望""熊轼""馈鲤""双斾""五马""金鸡"之类，又像是类语类书。这该如何解释？我们有两种推测：第一，或许此《记室新书》就是类语类书与赋体类书之组合体，但是，综观历代类书，类语类书与赋体类书之组合体还是比较少见的；第二，就是《记室新书》是赋体类书，而在流传中，赋体类书的正文与注文、附注被辗转引用，尤其是被收入其他类书的时候，又被重新组织，于是部分正文、注文被改造成了类语、对语的样子。通过对《古今合璧事类备要后集》中"诘彼四方。掌其三典，诘彼四方""惟叙百工。五材是宜，百工惟叙，城郭都鄙定其规，士农工商得其所"的考察，我们认为这很显然就是将原来的赋体类书转化为了类语类书，查阅上文之《记室新书》佚文，诸如此类的转化，随处可见，故我们坚信此《记室新书》是赋体类书无疑。再者，具体到藩镇幕府的公文写作上，赋体类书在适用性上效果更好，更能适应藩镇时代幕府公文写作的需要。

　　赋体类书作为一种类书编纂模式，在整个中国类书编纂史、发展史上亦是比较受重视的。但是，因为资料的散佚，学界原来以为《事类赋》是赋体类书的开创之作，而随着各类文献的不断涌现，尤其是敦煌类书《兔园策府》的出现，让我们知晓了唐初即有赋体类书的事实，而日本藏《翰苑》残卷的重现，更是给我们带来了诸多新的认知，即唐初编纂的赋体类书不仅有一个《兔园策府》，还有一个《翰苑》，这都是赋体类书的杰出代表. 此外，张大素所编纂的《策府》亦有可能是一部卷帙极大

（接上页注）为了文学创作即敕令杜公瞻编纂《编珠》，敦煌类书中的《语对》《籝金》也是此种体例。此种体例随着文学的发展非常兴盛，并且由于类语类书多富有韵律，后来又与蒙学紧密结合，如《蒙求》等就成了童蒙读物，甚至以蒙书的形式被广泛接受。第五，赋体类书并非是赋的产物，亦非简单的赋与事类的结合，他是类书发展的一个产物，最典型的是《事类赋》，敦煌文献中有《兔园策府》，这些赋体类书的重点不是赋，而是以赋的形式组织事类，之所以将之编纂成赋的形式，主要是为了方便阅读，加强记忆，更是文体活套，应试良方。第六，事文并举体例是一个组合体，我们单单去看事文并举类书，会有一头雾水之感，但是当我们将之分解为类事、类文、类句、类语等基本元素时，我们就会发现此种体例的由来与基本构成，敦煌类书中的部分写卷也已经初步具备了这种事文并举的体例，需要我们认真去考察。但是随着类书的发展此种体例也产生了很多的变体需要我们去甄别。

的赋体类书。如此来看，唐初的赋体类书已经非常成熟，且广为流传，西到敦煌，东到日本，皆有其踪迹。而晚唐时代李途所编纂的《记室新书》向来不为学界所重视，有时甚至认为它是一部类语类书，而通过本文的研究，我们发现了它赋体类书的本质。可见，唐初就已经开始的赋体类书编纂并没有停止，只是由于资料的散佚，让我们产生了错误的认知。现在，我们将《记室新书》置入赋体类书的编纂史、发展史中，一个中古时期的赋体类书编纂史、发展史就逐渐显现在我们眼前，这是一个从《兔园策府》《翰苑》《策府》到《记室新书》再到《事类赋》的完整的编纂史、发展史。

《新唐书·宗室世系表》考补
——以新出碑志为中心

周 鼎

(扬州大学 社会发展学院)

相比《新唐书·宰相世系表》，同书《宗室世系表》一直未经系统校理。近来虽有学者做过若干补苴[1]，但遗漏者尚夥，考订未洽者亦间或有之。有鉴于此，本文拟结合传世文献与新出碑志，对《新唐书·宗室世系表》（以下简称《新表》）续作订补，期使臻于完备。下文依《新表》所载房支次序，首列中华书局点校本《新唐书》中对应的页码及条目，次引据材料，考其异同、补所阙载。凡前人已有补正之处，若非私意以为有所未周，概不赘及，读者自可参看。所补诸条一依原表体例，含人名、官爵（一般为终官或所历最高官）两项，妻、女名等不阑入。

定州刺史房

一 页1958 后魏定州刺史乞豆

《大唐金城县主墓志铭》："县主讳季英，陇西人也。……曾祖定州刺史乞豆。祖开化郡王文。父交州大都督、会稽郡王道恩。县主即王之第

---

[1] 管见所及，主要有：胡可先《〈新唐书·宗室世系表〉补正》，《徐州师范大学学报》1998年第9期；潘明福《〈新唐书·宗室世系表〉匡补》，《贵州大学学报》2005年第1期；张琛、勾利军《〈新唐书·宗室世系表〉校补》，《北方文物》2012年第2期；刘思怡《〈新唐书·宗室世系表〉新补》，《唐史论丛》第21辑，三秦出版社2015年版；李轶伦《〈新唐书·宗室〉〈宰相世系表〉校误》，《古典文献研究》2015年第2期。

三女也。……永徽三年四月出降，春秋廿二。……年七十六，开元六年岁次壬午正月十七日薨于部落。"①《新表》乞豆下有一子开化郡公贞，与上引志文"开化郡王文"邑号相同，兄弟二人爵号当不至重合，疑贞即文，但并无确证。今姑据上引志文于乞豆下补一子开化郡王文，文下补一子会稽王、交州都督道恩。

又《大唐故徐州沛县令朝散大夫李府君墓志并序》："君讳通，字遐观。应天皇帝之从兄，会稽王之少子。……继而皇阶中绝，天爵方乖……出徐州沛县令……亟遭非命。春秋若干。……子连城，虢州参军……子桓山（后略）。"② 按志文所言"会稽王"，遍检史籍，除见于前引《金城县主墓志》中的"会稽郡王道恩"外，唐代别无以宗室封此爵者，故志主当为道恩之子。从年辈看，作为道恩第三女的金城县主，永徽三年时二十二岁，则道恩自身约当高祖至高宗年间；李通，据上引墓志，历官两任后即因武后篡唐而死于非命（"皇阶中绝"，"亟遭非命"），则其卒年当在垂拱年间或稍后，其间也大体约当两代人。志文又言，志主为"应天皇帝之从兄"，则系中宗同辈，但若据上文所考，则应与太宗同辈，于中宗为从祖行。究竟是志文叙述有误，抑或《新表》原文有脱漏？一时不易断言。今于道恩下补一子徐州沛县令通，通下补两子：连城、桓山。

二 页1958 西平王普定

《唐故朝议大郎行汴州司仓参军员外置同正员陇西李府君及夫人南阳张氏墓志》："府君讳颉……六代祖后魏定州刺史讳乞豆，即高祖景皇帝母弟也，曾祖普定，国初洮、岷六州总管，历资、眉等州刺史，封西平郡王；祖玄劓，鄜州长史；父元明，资州资阳县令。"③ 据志文，可于西平王普定下补一子鄜州长史玄劓，玄劓下补一子资州资阳县令元明，元明下补一子汴州司仓参军员外置同正员颉。亦可据补普定历官洮、岷六州总管，资、眉等州刺史。

---

① 陈尚君：《全唐文补编》附《全唐文又再补》卷一〇，中华书局2005年版，第2421页。
② 吴钢等：《全唐文补遗·千唐志斋新藏专辑》，三秦出版社2006年版，第112页。
③ 周绍良：《唐代墓志汇编》贞元129，上海古籍出版社1992年版，第1931页。

蔡王房

三　页1962　蒲同绛陕幽夏六州刺史益州长史谯国公崇义

按《太平广记》卷四四八"李项生"条："唐垂拱初，谯国公李崇义男项生染病。"① 据此可于崇义下补一子项生。

四　页1971　蒙阳太守颙

按《唐故杭州余杭县令李公（士式）墓志》："祖尚古，尚衣奉御。父颙，彭州刺史兼太子仆。……公……嗣子前蕲州蕲春县尉少游（后略）。"② 据此可于颙下补一子杭州余杭县令士式，士式下补一子少游。

五　页1974　秋官尚书崇晦

《金石萃编》卷六一《李晦碑》："祖□□□王安，父河间元王孝恭……嗣子尚柔奉御知言等。"③ 按，李晦即李崇晦，王昶《金石萃编》及前揭胡可先文已有考订。唯原碑录文中"柔"字当为"衣"之讹，即崇晦之子名知言，官尚衣奉御，这一点前人似未留意。今据此于崇晦下补一子知言。

六　页1974　岐州刺史崇真

按《新唐书》卷三四《五行志》："光宅初，宗室岐州刺史崇真之子横、杭等夜宴，忽有气如血腥。"④ 据此可于崇真下补二子横、杭。

七　页1976　陇西郡公青卫慈邢汝五州刺史永王傅津客

《金紫光禄大夫司农卿邵州长史李公墓志铭》："公讳䇓，字某。……皇袭济北郡公孚，公之曾祖也。陇西郡公津容，公之王父也。"⑤ 据上引，

---

① 《太平广记》卷四四八，中华书局1961年版，第3661页。
② 吴钢主编：《全唐文补遗·千唐志斋新藏专辑》，第259页。
③ 王昶：《金石萃编》卷六一，《石刻史料新编》第一辑，第二册，新文丰出版公司1982年版，第1036页。
④ 《新唐书》卷三四，中华书局1975年版，第893页。
⑤ 《全唐文》卷五〇二，中华书局1983年版，第521—522页。

津客（上引文作"容"，盖传钞之讹）乃济北公孚之子，于越客为兄弟辈，《新表》将其置于越客下，误。越客以下世系皆当上移一格。

八　页1984　元辅

《唐故虢州司兵参军李府君玄堂记》："君讳仲舒，字益之。曾祖澹，仓部员外郎；祖韶，司农卿；严考元辅，华州司仓参军。……君即华州府君之季子……有女，后君弃代一百一十三日，而生在襁褓，未名。他出子一人，曰那叱，亦在稚齿。"①《新表》未载元辅历官，可据补华州司仓参军；其下可补一子虢州司兵参军仲舒，仲舒下补一子那叱。

毕王房

九　页1985　蔡国公景愖

《唐故殿中侍御史李公墓志铭》："皇五从曾叔祖毕王裔孙讳举。……曾祖讳令珪，道高不仕。祖讳睦，赠汾州刺史。父讳华，润州长史。"②按志主曾祖令珪以下不见于《新表》毕王房条，然志主卒于宪宗元和年间，且志文称其为"皇五从曾叔祖"，可据此推知其曾祖令珪为蔡国公景愖、毕国公景淑之子侄辈。景淑诸子，《新表》《全唐文》卷三九〇《李少康神道碑》记载甚详，无名令珪且"道高不仕"者，而景愖之下未载子嗣，疑令珪即其子也。今姑且将令珪、令珪子睦、睦子华、华子举补于景愖之下。

又《大唐前扬府参军孙公亡夫人陇西李氏墓志铭并序》："夫人……唐毕王璋之六代孙，同州司功浚之孙，左千牛卫大将军先之次女。"③亦是毕王房子孙，惜世系不可考，附识于此。

郇王房

一〇　页1997　扬州参军思诲

《……太子舍人赠兵部郎中李公神道碑铭并序》："公讳峰，皇帝五

---

① 吴钢等：《全唐文补遗》第八辑，三秦出版社2005年版，第213页。
② 吴钢主编：《全唐文补遗·千唐志斋新藏专辑》，第321页。
③ 周绍良：《唐代墓志汇编》贞元122，第1926页。

从弟，元宰晋公之犹子也。曾祖孝斌，皇宁州刺史，赠兵□□□（下缺）军、赠吏部郎中。……以天宝八载十一月廿九日，命不（下缺）。"① 此碑多有残损，碑主父、祖名讳俱阙，须略作考释。按碑文所言"元宰晋公"当指李林甫，他于开元中拜相、封晋国公，见《旧唐书》卷一○六本传。是知碑主为林甫兄弟之子，思讳之孙。林甫兄弟辈，《新表》所载有林宗，胡可先前揭文据《源氏墓志》（《唐代墓志汇编》贞元074）又补入一弟林放。按，《源氏墓志》有言"吏部郎中李公讳林放"，与上引碑文中"赠吏部郎中"之记载正相合，是知碑文残损部分当是对碑主之父李林放的记叙。据此，当于林放下补一子太子舍人峰。

一一　页1998　林宗字直木

《唐故左卫率兵曹参军李府君墓志铭并序》："公讳遥，陇西成纪人也。神尧皇帝之云孙，王考瑾，少终扬州参军……皇考林宗，累迁，终太常人卿。先考嶠，终蒲州河东县令。"② 按《新表》不载林宗历官，《全唐文》卷三○九收有孙逖《授李林宗太仆卿制》，知其曾官太常少卿、太仆卿，据上引志文则可补其终官太常卿。其下可补一子蒲州河东令嶠，嶠下补一子左卫率兵曹参军遥。又，志文中"瑾"，《新表》、两《唐书·李林甫传》皆作"思诲"，准以其兄思训字建，盖瑾即思诲之字。

附带一提，关于新表所记李林宗的字。《太平广记》卷一九九"杜牧"条："先是，李林宗、杜牧与白（居易）辇下较文……白曰：'李直木（原注：林宗字也），吾之狮子也，其锋不可当。'"③ 是与白居易、杜牧同时代的李林宗亦字直木，两相比照，颇疑《新表》系将晚唐诗人李林宗之字，误植于玄宗时宗室李林宗名下。

一二　页1999　新兴王德良

《皇□从叔故太中大夫行青州长史上柱国府君墓志铭并序》："公讳知新，字知新……五代祖景皇帝；高祖郇王，讳祎；曾祖新兴王，讳德良；

---

① 陈尚君：《全唐文补编》附《全唐文又再补》卷四，第2276页。
② 赵君平：《邙洛碑志三百种》编号203，中华书局2004年版。
③ 按此条原出《云溪友议》卷中"钱塘论"条，今本中"直木"作"直水"（《唐五代笔记小说大观》本，上海古籍出版社2000年版），然《太平广记》《唐语林》等较早引述此则轶事的宋代文献中皆作"直木"，是知作"直水"者乃后世传写致误。

烈祖坊州牧讳任则，烈考均州司马，讳处巋。……公……嗣子前汴州参军曰澄，次汝州参军曰洽（后略）。"① 据上引，新兴王德良下可补一子坊州刺史仁则，仁则下补均州司马处巋，处巋下补青州长史知新，知新下补二子澄、洽。

大郑王房

一三　页 2000　胶东郡公道彦

《□四从伯中散大夫检校太子左赞善大夫李公墓志铭并序》："公讳文奖，字令德……曾祖淮安郡王……祖胶东郡王……父太中大夫行剑州长史。……公……开元九年岁次辛酉九月乙巳朔，遘疾于官舍。"② 按志主"祖胶东郡王"即《新表》所载胶东公道彦，武德年间封王，贞观年间降封为公，见《旧唐书》卷六〇本传。据此道彦下可补入一孙检校太子左赞善大夫文奖。

一四　页 2000　淮南靖王神通

《大唐故容州都督李府君墓志铭并序》："公讳俭，字孝廉。……高祖景皇帝之曾孙。……淮安王之第八子也。……以永淳二年三月七日终于容州之官舍，春秋五十有六。……长男琎、第三男琮……嗣子润州司户珣等（后略）。"③ 按，张琛、勾利军前揭文据《李乔卿墓志》在淮安王神通下补入越州都督入孝廉、孝廉子洵、洵子乔卿、乔卿子鄗等。今据上引《李俭墓志》知孝廉即俭，其诸子名皆从"玉"，"洵"当作"珣"，《李乔卿墓志》录文有误。孝廉下还可补入二子：琎、琮。又孝廉终官据上引志文当为容州都督，《李乔卿墓志》记载不确。

一五　页 2001　京兆尹铦

《扶风窦氏夫人陇西李氏墓志铭并序》："夫人……陇西李氏女。……曾祖若水，皇左金吾卫大将军赠陕州大都督；祖铦，皇京兆

---

① 赵君平：《秦晋豫新出墓志蒐佚》，国家图书馆出版社 2011 年版，第 577 页。
② 周绍良：《唐代墓志汇编》开元 141，第 1254 页。
③ 齐渊：《洛阳新获七朝墓志》，中华书局 2012 年版，第 104 页。

尹、鄜坊观察使、赠工部尚书；父师周，皇京兆府栎阳县尉。"① 据上引志文，铦下可补一子栎阳县尉师周。铦父若水，《新表》误作"若冰"，当据上引志文及《旧唐书》卷一一二本传改正，终官亦当从墓志更正为左金吾大将军。

一六　页 2001　高密郡公孝詧

潘明福在前揭文中已据《庞夷远妻李氏墓志》（《唐代墓志汇编》开元 173）于孝詧下补二子玚、延明。今按《大唐故中大夫陕州别驾上柱国陇西李府君墓志铭并序》："君讳延明，字昱。……出自今朝太祖景皇帝，帝生郑王亮，亮生淮安王神通，通生高密郡王孝詧，詧生易州刺史狄道公玚。……公即狄道公之二子也。"② 可据补延明终官陕州别驾。又《故陕州别驾李公夫人寿昌郡君裴氏墓志铭并序》："夫人……归于陕州别驾李府君焉。……有子抱一，任郑州原武县丞（后略）。"③ 细绎志文，即延明之妻也。可据此于延明下补一子抱一。

一七　页 2003　光禄卿升

《亡妻李氏墓志铭并序》："夫人姓李氏，其流派出于天汉之一枝矣，卫尉卿昇之孙，吏部尚书嚞之堂侄孙，房州刺史郢之女。"④ 据此可于昇之下补一子房州刺史郢。昇终官当据墓志更正。

一八　页 2005　袭公，南州司马璹

《大唐故同州文学李君墓志铭》："大唐景皇帝五世孙讳成钧，字安国。五代祖淮安郡王神通，祖仲犨，皇朝散大夫赠曹州刺史，父融，御史大夫、河南都统副大使。……（李成钧）有男三人，曰刚，曰谔，曰佐。……时安国从祖兄仁钧哭而铭曰（后略）。"⑤ 按志主祖父仲犨以下名皆不见于《新表》。然据《新表》可知墓志撰者仁钧系泗州刺史孟犨之孙（页 2007），而仁钧为志主成钧从祖兄，是知仲犨为孟犨之弟。据此可于

---

① 周绍良：《唐代墓志汇编》会昌 052，第 2248 页。
② 赵君平：《秦晋豫新出墓志蒐佚》，第 520 页。
③ 同上书，第 580 页。
④ 周绍良：《唐代墓志汇编》元和 052，第 1985 页。
⑤ 赵君平：《河洛墓刻拾零》，北京图书馆出版社 2007 年版，第 493 页。

璬下补一子朝散大夫赠曹州刺史仲犨，仲犨下补一子御史大夫、河南都统副大使融，融下补一子同州文学成钧，成钧下补三子：刚、谔、佐。

一九　页2007　宗正卿太子宾客陇西县子冀字则之

《有唐李殇子墓志之铭》："殇子姓李氏，名洪钧，字家奴。我大唐孝景皇帝之裔也。晋城君冀之长子，胶西公孟犨之孙。"① 据上引志文，冀下可补一子洪钧。此人盖因早夭而《新表》阙载。

二○　页2008　左千牛卫兵曹参军巨钧　一子出身直钧

按巨钧、直钧二人与前页所载正钧、良钧、执钧应系同辈兄弟，二人世系当上移一格。

二一　页2009　梁郡公给事中孝逸

《新表》、两《唐书》本传于孝逸子嗣皆阙载。今按《唐大诏令集》所收《封嗣荆王制》："皇再从叔祖故梁郡开国公孝逸第五男璪……可袭封梁郡开国公。"② 据此孝逸下可补一子梁郡公璪。

二二　页2010　临川郡公刑部尚书德懋

按《大唐故皇五从曾叔祖太中大夫虢王府长史府君墓志铭并序》："府君讳怡……景皇帝六代孙；郑王亮，五代祖；襄邑王神符，四代祖；曾祖德懋，刑部尚书；祖思温，右监门大将军；父芳，仪王府咨议。公……五子：曾、寂、宰（？）、密、宥（后略）。"③ 据上引，德懋下可补一子右监门大将军思温，思温子仪王府咨议芳，芳子曾、寂、宰（？）、密、宥。

又《唐故左千京兆府折冲右卫率府郎将李府君夫人杨氏墓志铭并序》："君讳蕚……曾祖德懋，临川郡公、兵部尚书、上柱国、金紫光禄大夫，赠荆府都督；祖思温，太子通事舍人、尚舍直长、襄州别驾、左监

---

① 周绍良、赵超：《唐代墓志汇编续集》天宝106，上海古籍出版社2001年版，第659页。
② 宋敏求：《唐大诏令集》卷三八，中华书局2008年版，第174页。
③ 齐运通：《洛阳新获七朝墓志》，中华书局2012年版，第305页。

门卫郎将、东京副留守，赠徐州都督。"① 所记德懋、思温父子之历官与前志不同，然亦必有所据，正可与前志相补充。唯志文不载其父名讳，无从据以补入表中。姑识于此，以俟别考。

二三　页2014　成纪令朝

《唐故河南府寿安县尉陇西李公墓志并序》："公讳佶，字自正。……曾祖玄英，金紫光禄大夫、秦州都督府长史、九成宫留守、光禄卿。祖暹，太中大夫、邠宁灵等州刺史、宗正卿。父朝，朝散大夫、秦州成纪县令。……公……嗣子翘，宣州溧水县尉。次子师中，韩王府参军。"② 据此可于朝下补一子河南府寿安县尉佶，佶下补二子翘、师中。又暹父，志文作"玄英"，《新表》作"义范"，盖一为其名，一为其字。今据以补义范终官光禄卿。

二四　页2016　太子少师鹔

《唐故中大夫泽州刺史赠光禄大夫工部尚书太子少傅李府君墓志铭并序》："……王父讳挺，皇殿中监，袭魏郡公。烈考讳柏，皇银青光禄大夫、太府卿，赠司空。公即司空第二子，讳鹔……以兴元元年四月廿六日，遘疾薨于家……前夫人……生一子曰周，虢州阌乡县丞。后夫人……有子四人：曰尚，台州临海令。曰迥，前鄂州刺史。曰恬，前道州刺史。曰怡，大理评事、摄监察御史。周、尚、怡皆贤而早逝。（后略）"③ 按《新表》，鹔下唯载一子恬，今据上引志文可补四子：虢州阌乡县丞周，台州临海令尚，迥，大理评事、摄监察御史怡。志主祖父挺，《新表》未载官爵，可据此补魏郡公、殿中监。鹔自身终官，《新表》作"太子少师"，准以此志知为"太子少傅"之讹，且是卒后赠官，其终官据墓志当为泽州刺史。

又《唐故杨州六合县令李府君长男墓志》："公讳某，行同（两字为补刻），未其字。……曾大父鹔，为泽州刺史。祖仕至台州临海县令。父

---

① 周绍良：《唐代墓志汇编》贞元028，第1858页。
② 吴钢主编：《全唐文补遗·千唐志斋新藏专辑》，第322页。
③ 同上书，第355页。

终于扬州六合县令。公即六合君之长子也。"① 所言"祖仕至台州临海县令",即李鹨长子尚也,见前志。唯尚子名讳不详,今姑于尚下补一孙行同。

二五　页2017　检校工部员外郎宗师

《唐故江陵府司录李府君墓志铭》:"府君讳宗师……有子三人:长曰璟,任陈州西化县主簿。次曰珪,吏部常选。稚曰客儿。"② 按,《新表》载宗师二子:璟、瑄,此志言有三子:璟、珪、客儿,当以志为准。客儿显然不是正名,当为瑄小名,表中阙载者为珪,今据补。又《新表》记宗师终官为湖南团练副使、检校工部员外郎,墓志则全未叙及,疑《新表》误,当据此志更正为江陵府司录参军。

二六　页2018　滁州刺史鹨

《唐故洪州武宁县令于君夫人陇西李氏墓志铭并序》:"夫人讳李氏……滁州刺史赠司空鹨之孙,太子洗马赠金部郎中儋之长女……有男曰志衡……(李氏)以会昌三年冬十月十七日终于立德里私第。……志衡……季舅前京兆府户曹庑衔哀谓庚曰:'尔从父之子也……尔不志墓,吾将何求?'……志衡……家乃贫窭,营办之费悉出仲舅永州刺史糜(后略)。"③ 据上引志文,鹨下可补一子太子洗马儋。志文所云季舅庑、仲舅糜,皆为儋子,当据以补在儋名下。《新表》将庑系于其从父程名下,误。

二七　页2020　虢州刺史坚

《故陇西李夫人墓记》:"夫人,陇西人。曾祖坚。祖讳鹞。考讳评,皇嘉州刺史。夫人即使君第二女也。皇东都留守石、见任许州节度福之堂侄女也。"④ 据此,可于坚下补一子鹞,鹞下补一子嘉州刺史评。

---

① 呈钢主编:《全唐文补遗·千唐志斋新藏专辑》,第360页。
② 吴钢主编:《全唐文补遗》第八辑,第189页。
③ 周绍良:《唐代墓志汇编》会昌023,第2227页。
④ 吴钢主编:《全唐文补遗·千唐志斋新藏专辑》,第402—403页。

二八　页 2022　文举

《唐太谷县令李公墓志铭》:"唐建中三年正月十六日,太谷县令陇西李公径殁于太原龙兴精舍。……曾祖父举,皇殿中少监。祖仲思,皇宗正卿。父溥,皇同州河西县令(后略)。"① 按《新表》,安平公仲思父文举,与志文"曾祖父举""祖仲思"记载相合,"父""文"二字形近,疑志文原作"曾祖文举",传写致误②。又,文举乃魏郡公文暕之兄,文暕高宗、武后时人(《旧唐书》卷六○本传),此志志主卒于德宗建中三年,以年辈计亦约当三世。文举终官,据其本人墓志,当为尚乘奉御③,此志追叙有误,仲思终官,《新表》作国子祭酒,当据墓志更正为宗正卿。今于仲思下补一子河西县令溥,溥下补一子太谷县令径。

又,《李氏墓志》:"郑王亮之七代孙。曾祖匡佐,兖州金乡县令。祖谂,江陵县石首县丞。皇考仅,洪州都督府别驾。"④ 按,此志志主曾祖以下皆不见于《新表》,未知所属,姑系于此。

梁王房

二九　页 2023　宗正卿陇西恭王博义以蜀王第二子继

《唐故洪州高安县令李府君墓志铭并序》:"我五代祖讳湛,在周为司射大夫、骠骑将军,隋为镇军将军、殿中监。……高祖讳博义,蜀王中子……曾祖讳玄弁,陇西王第六子,开元十八年终荆州司马,赠襄州刺史。……祖讳慎名,襄州元子。天宝中……历官京兆少尹、左金吾大将军、东都留守、太原尹、宗正卿。……父讳自下……嗣子三人,公最长,讳憨。次讳恳,皇河南府仓曹参军。次讳总,皇苏州司法参军。……以贞元四年七月一日终于官舍。……长子有庆,不幸早世。……嗣子剑南西川

---

① 陈尚君:《全唐文补编》卷五二,第 627 页。

② 唐人墓志叙先世多径称"某代祖""高祖""曾祖"等,上引志文中亦作"祖仲思"云云。此方墓志原石、拓本皆不传,陈尚君先生《全唐文补编》系据民国《太谷县志》转录,个别文字容有讹误。

③ 《大唐故中散大夫行尚乘奉御李君墓志铭并序》,《西安碑林博物馆新藏墓志续编》,第158 页。

④ 陈尚君:《全唐文补编》卷九○,第 1104 页。

节度巡官、秘书省校书郎助（后略）。"① 按《新表》载录博义三子，据上引可补入一子荆州司马玄弁。玄弁子慎名，慎名子自下，《新表》并误系于蒋国公怀让之下（页2024），当据此志移正。自下可据补三子：洪州高安县令懑，河南府仓曹参军慜，苏州司法参军慫。懑可补二子：有庆，助。又蜀王湛历官不见于传世文献，可据此补入。慎名终官，《新表》作京兆尹，当据此更正为宗正卿。

韩王房

三〇　页2058　嗣韩王太仆卿讷

《唐皇堂叔祖故国子祭酒嗣韩王志文并序》："王讳讷，字希声……太尉兼绛州刺史韩王元嘉……王即太尉之季子也。……以开元十七年十一月七日，薨于长安布政里之私宫也……嗣子叔珽等（后略）。"② 潘明福前揭文据此方墓志于讷下补一子叔珽。今按，叔珽既为"嗣子"，自当是以嫡子袭爵者，然《新表》、两《唐书》本传皆载嗣韩王者为叔璠。复按《嗣韩王妃京兆杜氏墓志》："有四男一女：长子叔璠，太子谕德，嗣韩王……次子叔玗，太子仆寺丞，次子叔玙，左领军卫长史，次子叔瑰，棣王府主簿。"③ 亦无名叔珽者。疑叔璠初名叔珽，后更名叔璠。今据《杜氏墓志》补入三子：叔玗、叔玙、叔瑰。

小郑王房

三一　页2059至2060　太仆少卿楚州别驾自仙　陈留郡公金州刺史虞部郎中

《唐淮南节度等使金紫光禄大夫检校尚书左仆射同中书门下平章事荥阳郡公李公家庙碑》："……李公夷简……考讳自仙，皇太仆卿、怀楚等州别驾，赠尚书右仆射……长兄翃，秘书郎，位不充量。仲兄（兄？）宗正卿，以儒术吏事，居司属之重。猷子中书舍人宗闵，以高

---

① 吴钢主编：《全唐文补遗》第八辑，第141页。
② 《新中国出土墓志·陕西（贰）》，文物出版社2003年版，第92页。
③ 同上书，第123页。

文茂行,擅掌纶之美。"①据上引碑文及《旧唐书》卷一七六《李宗闵传》,宗闵父翱与夷简为兄弟辈,故《新表》李□一支当下移一格②。自仙下可补一子秘书郎翃。又翱之终官,《新表》作金州刺史、虞部郎中,似不确,《旧唐书·李宗闵传》:"父翱,宗正卿,出为华州刺史、镇国军潼关防御使"③,当即上引碑文所言"仲克宗正卿"("克"当作"兄",疑录文有误),碑撰于元和十五年,细绎文意,此时翱尚在人世,故其终官当据《李宗闵传》更正为华州刺史、镇国军潼关防御使。

三二　页2062　嗣公岐州刺史择言以南海公璇次子继

《唐故朝散大夫司农寺丞上柱国李府君墓志铭》:"公讳□(原志缺笔且难以辨识),字藻文。五代祖郑惠王元懿(原缺笔),高祖嗣郑王璥(原缺笔),曾祖银青光禄大夫、岐州刺史、赠左仆射择(原缺笔)言,祖汴州尉氏尉劝(原缺笔),父河南府法曹参军缙(原缺笔)……公……仲弟前湖州武康尉挥……凡四男一女……长男曰嵒,前濠州文学,次曰楹,前饶州参军,次嶓,次岣(后略)。"④《新表》将择言系于安德郡公琳之下,言"以南海公璇次子继"。按《旧唐书·李勉传》:"父择言,为汉褒相岐四州刺史、安德郡公。"⑤ 是知择言确曾入嗣叔父安德公琳。但据上引墓志,其生父当为嗣郑王璥,而非南海公璇。今于择言下补一子汴州尉氏尉劝,劝下补一子河南府法曹缙,缙下补二子:司农寺丞藻文、挥,藻文下补四子:嵒、楹、嶓、岣。

道王房

三三　页2067　嗣王宗正卿微

《大唐左神武军兵曹参军陈君故夫人李氏墓志铭并序》:"曾祖微,

---

① 吴钢主编:《全唐文补遗》第五辑,三秦出版社1998年版,第6页。
② 岑仲勉先生根据《旧唐书·李宗闵传》已指出这一点,但因没有其他佐证,只能"疑误",参见《唐史余沈》卷四"小郑王房之疑误"条,中华书局2004年版,第219页。
③ 《旧唐书》卷一七六,中华书局1975年版,第4551页。
④ 《河洛墓刻拾零》,第572页。
⑤ 《旧唐书》卷一三一,第3633页。

嗣道王、宗正卿；祖晏，尚辇奉御；父洞□，宗正丞。"① 据此，于微下补一子尚辇奉御晏，晏下补一子宗正丞洞□。

三四　页2067　嗣王京兆尹实

《唐故义武军节度副使检校户部郎中兼御史中丞赐紫金鱼袋李公墓志》："李系出自皇支，道王讳元庆之后。……至贞元中，尚书大京兆讳实嗣封道王……公即王之少子也，讳浔，字礼源。……有子三人，曰季随、季长、敬本。……公之弟存者曰贞节，今为襄州长史。"② 按，李浔事迹又见于《旧唐书》卷一八《宣宗纪》"大中十一年十月"条，今据墓志知其为嗣道王实之子。除墓志所载浔、贞节外，李实还有一子名贞素，官至左金吾卫将军，见《新唐书》卷一七九本传。今据上考，于《新表》嗣道王实下补三子：义武军节度副使浔、左金吾卫将军贞素、贞节。浔下补三子：季随、季长、敬本。

恒山愍王房

三五　页2082　太子詹事玭　适之相玄宗

《唐故光禄大夫行宜春郡太守渭源县开国公李府君墓志铭并序》："公讳昌，字适之，陇西成纪人也。……太子承乾之孙，蕲春郡别驾、赠会稽郡都督、郇国公象之季子。……以天宝十三载正月十三日迁窆于河南府河南县龙门乡温泉里……一子霅，朝议大夫、太常丞，终巴陵郡别驾。霅子鼎，未立。侄男汲郡长史粹、大理评事黯、蜀郡功曹参军震、永嘉郡太守江、司议郎冰、少府监丞泳、文部员外郎廣，实犹子之名，深如父之痛。"③ 据上引志文，适之唯有一子，名霅，《新表》同。而《旧唐书》卷九九本传载："子季卿应制举，登博学宏词科"，"大历二年卒，赠礼部尚书"，"孙融，贞元十二年历官魏州节度使，卒"，与志、表全不相合。考独孤及《毗陵集》卷一一《唐故正议大夫右散骑常侍赠礼部尚书李公墓志铭并序》、《新唐书》卷二〇二《李适传》，季卿父名适，与适之一字

---

① 《西安碑林博物馆新藏墓志续编》，第476页。
② 胡戟、荣新江：《大唐西市博物馆藏墓志》，北京大学出版社2012年版，第952页。
③ 赵群、赵文成：《河洛墓刻拾零》，北京图书馆出版社2007年版，第406页。

之差而事迹绝不相类，故断非一人，史臣盖误以适为适之，进而将其子季卿误植于适之传中。这一点前人久已言及①，随着《李适之墓志》出土，可成定谳。今据墓志补入霅终官巴陵郡别驾，霅下补一子鼎。适之兄玭子见于《新表》者有粹、廙二人，据墓志可补黯、震、江、冰、泳五人。

又，《新表》李粹下载有一子佃，今据《李粹墓志》："嗣子从长并仲长等，并闻礼能学，执长称善"②，知粹有两子从长、仲长，其中之一或即佃之字。

三六　页2083　扶风郡太守昶

李昶诸子《新表》不载，刘思怡前揭文据《李液墓志》《李怀墓志》补入泽、液、浑、怀等四人。今按《唐崔林妻李氏墓志》："李氏常山愍王之后。曾祖泽，皇河南府长水县令，祖悇，皇京兆府兵曹参军，父立则，皇检校户部员外郎兼侍御史赐绯鱼袋。（后略）"末题："兄琨书并篆盖。"③ 据此可于泽下补一子京兆府兵曹参军悇，悇子检校户部员外郎兼侍御史立则，立则子琨。

吴王房

三七　页2083　左金吾将军郕国公峒

《唐故处士李府君墓志铭并序》："先君讳映，字用晦，陇西狄道人也。五代祖，吴王恪。高祖，成王千里。曾祖，天水郡王禧。祖，郕国公峒。考，成纪县男定。公……有三子：长曰景叔，幼曰景翱（后略）。"④

《唐故通直郎行□神武军兵曹参军李府君墓志铭并序》："君讳瞻，字博济，陇西成纪人也。由太宗下四世生金紫光禄大夫东都副留守郕国公讳

---

① 参见刘文淇等《旧唐书校勘记》，收入《二十四史订补》第八册，书目文献出版社1996年版，第726页；岑仲勉《贞石证史》"三坟记"条，载《金石论丛》，中华书局2004年版，第137页。

② 乔运通：《洛阳新获七朝墓志》，中华书局2012年版，第274页。

③ 赵君平、赵文成：《河洛墓刻拾零》，第572页。

④ 吴钢主编：《全唐文补遗》第三辑，三秦出版社1996年版，第231页。

峒，峒生凤翔府录事参军讳定，即君之祖祢也（后略）。"①

《唐故庐江县令李府君墓志铭并序》："府君讳稷，字播之，太宗文皇帝之后也。文皇生吴王恪，恪生嗣王祇，祇生郁王千里，千里生金吾将军、东都副留守峒，峒生凤翔府司录参军、监察御史定，金吾、司录，盖君之祖祢也。公……有子一人曰景阳，前任朝请郎、行太原府祁县主簿（后略）。"②

按，上引三方墓志潘明福在前揭文中亦曾引用，但其《李映墓志》所据《唐代墓志汇编续集》录文有阙字，故未能判定李映之父名讳。文中又言"不知瞻之父为何人，然瞻当与景阳为同辈则无疑也"，则系误读《李瞻墓志》中"祖祢"一词，按《公羊传·隐公元年》何休注："生称父，死称考，入庙称祢"，故志文中"祖祢"一词实兼指祖与父，《李稷墓志》亦称"金吾、司录，盖君之祖祢也"，即指墓志前文提及的李峒、李定二人。今综据三方墓志，郁国公峒下补一子凤翔府录事参军定，定下补三子：映、□神武军兵曹参军瞻、庐江县令稷。另《李映墓志》署名"嗣子景祥"，可据此可补齐李映三子：景叔、景祥、景翱。最后，据《李稷墓志》又可补稷一子景阳。

三八　页2085　嗣吴王巘

按《旧唐书》卷一三《德宗本纪》贞元十五年五月条："宗正卿嗣吴王巘薨。"③ 可据补嗣吴王巘终官宗正卿。

纪王房

三九　页2104　东平郡王续

《大唐故朝散大夫太子右赞善大夫徐国公李君墓志铭并序》："君讳行淹，字愔，陇西成纪人也。……曾祖太宗文武圣皇帝……祖讳慎，太子太师、贝州刺史、纪王……祖讳续，银青光禄大夫、行宗正少卿、东平郡王。……以开元十一年九月五日寝疾终于京兆宣阳里之私第，春秋

---

① 周绍良、赵超：《唐代墓志汇编续集》长庆006，上海古籍出版社2001年版，第861页。
② 周绍良、赵超：《唐代墓志汇编续集》大和040，第913页。
③ 《旧唐书》卷一三，第390页。

册。……嗣子赫等（后略）。"① 据上引志文，可补续终官宗正少卿，行淹终官太子右赞善大夫，行淹下补一子赫。

曹王房

四〇　页2121　嗣成王江南东道节度使户部尚书皋字子兰

嗣曹王皋一支世系，前揭胡可先、潘明福文皆有补正，然考订未周之处尚多，今试重做订补。李皋诸子见于《新表》及两《唐书》本传者有道古、象古、复古三人。按《李皋墓志》："王（李皋）有男七人，华而不实者二，秀而有光者五，曰太古、象古、道古、师古、遵古。"② 是知李皋共七子，二子早夭（其中之一当即见于《新表》而未见于墓志的复古），至贞元八年墓志镌刻时健在者则有太古、象古、道古、师古、遵古五人。然墓志志首贞元十五年的补刻中又提及一子执古，李皋妻《崔氏墓志》亦记"诸子太古、象古、道古、师古、执古"③，均有执古而无遵古之名。胡可先、潘明福将遵古与执古一并补入《新表》，但这样一来便与志文"华而不实者二，秀而有光者五"一句不合。今按，《李皋墓志》系时人所撰，记其诸子当不至有如此疏误。疑皋有一子初名遵古，即见于贞元八年《李皋墓志》者，后改名执古，即见于贞元十三年《崔氏墓志》及《李皋墓志》贞元十五年补刻者。又李皋早夭的另一子亦可考知，《李会昌墓志》："曹国太师之长子讳士式，以孝行名世而卒，不仕。"④ 即其人也。综据上考，今于《新表》嗣曹王皋名下补入四子：士式、太古、师古、执古（遵古）。

再来看李皋孙辈。《新表》道古下有四子：纮、绰、绍、绾，与韩愈所撰《李道古墓志》相合。然道古之子实不止四人，《李象古墓志》："公之令弟金吾将军道古哀绝人琴，言图血食，乃以己子，以续于公。……以长庆元年十一月九日，嗣子缜虔窆衣冠于洛阳先太师之茔右。"是知象古卒后无嗣，志文所言"嗣子缜"实为道古之子。又细绎前揭《李会昌墓志》，撰者李缝自叙"伯氏经略安南，先人守大宗正"，正是指时任安南

---

① 赵君平、赵文成：《秦晋豫新出墓志搜佚》，国家图书馆出版社2011年版，第501页。
② 周绍良：《唐代墓志汇编》贞元093，第1904页。
③ 周绍良：《唐代墓志汇编》贞元094，第1905页。
④ 周绍良：《唐代墓志汇编》长庆006，第2062页。

经略使的象古与任宗正卿的道古①。志文又言："吾长兄绛茹毒之前，达于海部……悉负归东洛，丧礼有差。"据此《李会昌墓志》撰者李缝及其长兄绛皆当为道古之子。此外，《李绅墓志》称志主为"今嗣曹王绛之季弟"②，是知李绅亦为道古子。

至于李皋曾孙辈，据前揭《李会昌墓志》："以官薄未娶……及尉单父也，有贾姓如□者，生长子艾。"又前揭《李绅墓志》："未娶，有三子曰宝、曰重、曰小重。"补正后的李皋一支世系当如图1所示：

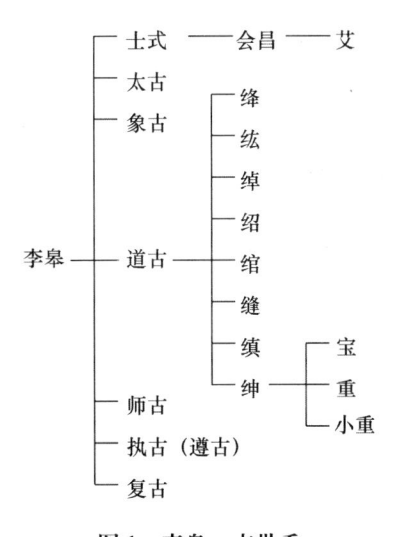

```
         ┌─ 士式 ──会昌 ──艾
         ├─ 太古
         ├─ 象古      ┌─ 绛
         │            ├─ 纮
         │            ├─ 绰
         │            ├─ 绍
李皋 ─┼─ 道古 ────┼─ 绾
         │            ├─ 缝
         │            ├─ 缜        ┌─ 宝
         │            └─ 绅 ───┼─ 重
         ├─ 师古                    └─ 小重
         ├─ 执古（遵古）
         └─ 复古
```

图1　李皋一支世系

让皇帝（宁王）房

四一　页2140　嗣王子溆

按《册府元龟》卷六〇："（贞元）十三年七月，宗正卿嗣吴王献

---

① 象古、道古兄弟历官参见《旧唐书》卷一三一本传，第3641—3642页；《全唐文》卷五六三《昭武校尉守左金吾卫将军李公墓志铭》，第5698—5700页；《唐代墓志汇编》长庆005《唐故安南都护充本管经略招讨使兼御史中丞李公墓志铭并序》，第2061页。

② 周绍良：《唐代墓志汇编》大和086，第2157页。

（巘?）奏：'简王府咨议参军嗣宁王子溆葬，请卤簿。'"① 据此可补嗣宁王子溆终官简王府咨议参军。

惠宣太子（薛王）房

四二　页2147　逢

《唐故陇西李夫人墓志》："夫人皇族也。其曾祖业，册惠仙太子，嗣薛王。祖琇任太仆少卿。父逢，进士登第，任台州刺史，移官于南。寻复以光禄少卿致仕。"② 按《新表》琇下唯载录一子逢，历官不详。《册府元龟》卷七〇〇《牧守部·贪黩》："李逢为台州刺史，元和十二年坐赃贬康州司户参军。"③ 参以上引志文所云"父逢任台州刺史，移官于南"，知李逢即李逢，当以墓志为正。今据此志可补琇终官太仆少卿，逢终官光禄少卿。

房支、世系待考者拾遗

四三　《新表》阙载之房支

《大唐故密国夫人陇西李氏墓志铭》载：

> 维元和二禩岁在丁亥四月戊午朔十七日甲辰，司徒、同中书门下平章事、岐国公杜佑妻密国夫人李氏终于上都务本里第，享年五十有二。……夫人六代祖世寿，交州都督、遂安公。五代祖仲远，光州刺史。高祖道和，左清道率。曾祖茂初，河州刺史。王父延安，陪位出身，无禄早世。皇考殿，衡州衡阳县尉。虽皇室枝属，而家代陵迟。故相麟、乐安太守少知，并四从曾伯父。

此方墓志新近出土于西安，先后经陈尚君、王连龙二位先生撰文刊布④。志主李氏本系中唐名臣杜佑之妾，后被扶为正妻并获封密国夫人，

---

① 《册府元龟》卷六〇《帝王部·立制度》，凤凰出版社2006年版，第640页。
② 吴钢主编：《全唐文补遗》第八辑，第147页。
③ 《册府元龟》卷七〇〇《牧守部·贪黩》，第8089页。
④ 陈尚君：《杜佑以妾为妻之真相》，《文史》2012年第3期；王连龙：《跋唐杜佑妻李氏墓志》，《中国国家博物馆馆刊》2012年第10期。

对此陈尚君先生已有详考，此不赘。但对于墓志提供的李氏的家世谱系，陈尚君先生则持怀疑态度，他倾向于认为这是杜佑为掩盖李氏微贱的出身而编造的。当然，陈先生的态度是慎重的，并没有遽下断言。今按，志文记载的李氏六代祖李世寿，其墓志实尚存人世，即《大唐故使持节交州诸军事交州刺史柱国遂安王墓志铭》[1]，志文所载官爵与《李氏墓志》所载正相符，其为同一人当无疑义。据志文，李世寿为"太武皇帝（高祖）再从侄，皇上（太宗）之从兄。……父，随开府仪同三司、军器大监、吉阳县开国公"。另，李世寿之孙李仁泰墓志也已出土，据此可知，李世寿父名济，"隋军器大监、秦河渭三州诸军事、吉阳公"。此外，李（世）寿还有一子名义摠，即李仁泰之父，历任"游击将军、辅德府果毅都尉、兴义府折冲、左卫郎将、右卫中郎将，寻迁左威卫将军，封怀远郡公、上柱国"[2]。参照杜佑妻《李氏墓志》，李世寿家族之谱系实斑斑可考。李氏固然出身低微，诚如陈尚君先生所言，存在伪托家世的动机，但其志中所叙谱系当有所据，不似向壁虚构。关于李世寿家族，《新表》全无记载，志言其为高祖再从侄，据此推算，则当为懿祖李天赐之玄孙、太祖李虎兄弟之曾孙，据《新表》前叙：懿祖"三子，长曰起头，长安侯，生达摩，后周羽林监、太子洗马、长安县伯，其后嗣无闻"，世寿或即其后欤？今据上考，将李世寿家族谱系制成图2：

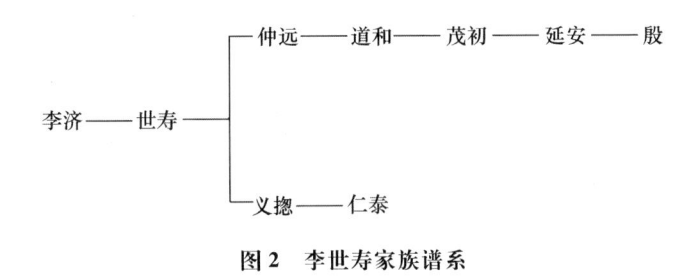

图 2　李世寿家族谱系

---

[1] 见葛承雍《新出唐遂安王李世寿墓志考释》，《唐研究》第二卷，北京大学出版社1997年版，第445页。录文又见《全唐文补遗》第七辑，第244页。

[2] 《李仁泰墓志》，收入《西安碑林博物馆新藏墓志续编》，陕西师范大学出版社2014年版，第195页。

四四　嗣郑王

《唐大诏令集》卷三九收有钱珝《嗣郑王逊大理卿等制》，郁贤皓、胡可先《唐九卿考》将其系于昭宗年间。据此可补嗣王一人，但其世系已不可考，姑附识于此。

四五　嗣虢王

《新表》所载最后一任嗣虢王为则之，据《册府元龟》卷二六九："德宗贞元二年八月以睦王府长史嗣虢王则之为左金吾大将军。"①《旧唐书》卷一三《德宗本纪下》：贞元八年四月"贬左金吾大将军嗣虢王则之为昭州司马"②。知其生当德宗在位期间。元稹《授嗣虢王溥太仆少卿制》："正议大夫行宗正丞嗣虢王溥……国族之良，雅副兹选，纠训群仆，允厘王官。"③卞孝萱先生《元稹年谱》将此封诏书系于元和十五年至长庆元年间④，当为可信。以年辈计，溥似为后则之嗣王者，唯其世系已不可考。

四六　嗣泽王

《新表》所载最后一任嗣泽王为李润，据贞元十九年《王郊墓志》志首题名"中大夫恩王府司马赐紫金鱼袋嗣泽王润撰并书"⑤，知其约当德宗、宪宗年间。李润之后泽王房子孙续有嗣封者，据《唐大诏令集》卷一二九《册回鹘彰信可汗文》，文宗大和七年遣使册封回鹘可汗时有一位嗣泽王容出任副使，武宗时此人亦曾见诸记载，《新唐书·回鹘传》："武宗即位，以嗣泽王溶临告，乃知其国乱。"⑥从年辈来看，当是继润之后袭爵者。此外据咸通四年《张观墓志》："（张观）会昌二年再娶陇西李氏，即高宗皇帝六代孙，元舅彦回，袭封嗣泽王。"⑦当是李溶之后的又

---

① 《册府元龟》卷二六九《宗室部·委任》，第3049页。
② 《旧唐书》卷一三《德宗本纪下》，第373页。
③ 《全唐文》卷六四八，第6560页。
④ 卞孝萱：《元稹年谱》，齐鲁书社1980年版，第393页。
⑤ 周绍良：《唐代墓志汇编》贞元126，
⑥ 《新唐书》卷二一七下，第6130页。
⑦ 周绍良：《唐代墓志汇编》咸通028，第2399页。

一位嗣王。综上所考，可于润下再补嗣王两人：溶、彦回。唯不能遽断上述三人是否系父子相承，姑录于此。

四七　嗣邠王

《旧唐书·哀帝本纪》："（天祐三年七月）检校工部尚书、守宗正卿、嗣邠王震停现任，落下袭封，以请告于外也。"① 据此可补嗣邠王一人，然其世系已不可考。《新表》对唐后期诸房嗣王的记载残阙颇多，对此，清人钱大昕有言："唐中叶以后宗室嗣王入仕之途益狭，谱牒散亡，史家无所征信矣。"② 从以上所补四条来看，此言诚为不虚。

本文考补略尽于此，其中必有疏误，材料遗漏者亦在所难免，这些尚祈读者指正。最后想附带提出的一点是，随着近年来新出墓志的不断刊布，此前缺失的不少唐代士族房支得以重现于世，其谱系的系统复原也逐渐成为可能。在撰写本文的过程中，笔者越发意识到有必要对《新唐书》两表的史料特征及来源重新加以认识，具体来说，即哪些房支谱牒得以保存至宋代，哪些则随着世代的推移逐渐散佚？其间原因何在？弄清这些问题，无疑对加深关于《新唐书》成书过程的认知深有裨益。

---

① 《旧唐书》卷二〇，第 807 页。
② 钱大昕：《十驾斋养新录》卷六"宗室世系表脱漏"条，上海书店出版社 2011 年版，第 125 页。

宋理宗朝前期宰相李宗勉任官履历的几点补充[*]

崔玉谦

（保定学院　文物与博物馆学院；
河北师范大学　历史文化学院）

宋理宗朝前期李宗勉官至宰相，当朝人也称其为"贤相"，有鉴于此，笔者持续追踪、关注李宗勉事迹。截至目前，笔者先后对李宗勉的仕宦经历、对于端平入洛及处置红袄军的意见及李宗勉、史嵩之二人的交恶及对其的评价，李宗勉的先世与归葬地、出生年代、与南唐李氏后代的关系、与湖州之变的处置的关系及李宗勉的理财思想、御蒙方略、与史嵩之二人关于鄂州置司的分歧、与提领江淮茶盐所的设置、李宗勉入相与嘉熙朝的政治走向、李宗勉的馆职经历及添差嘉兴府通判等方面均已取得初步的研究成果。[①] 在持续的关注过程中，笔者发现关于李宗勉的一些新问

---

[*] 本文系2017年度河北省社会发展研究课题（博士论坛专项）"宋理宗朝前期宰相李宗勉基层任职经历补论"（批准号201708110325）成果。

作者简介：崔玉谦，保定学院历史系讲师，河北师范大学中国史博士后流动站科研人员，研究方向：宋代经济史。

① 参见崔玉谦《宋理宗朝前期宰相李宗勉事迹考论》，《宁夏大学学报》2014年第1期；《宋理宗朝前期宰相李宗勉的几个问题》，《河北师范大学学报》2015年第3期；《宋理宗前期宰相李宗勉生平事迹再考》，《河北大学学报》2015年第6期；《关于宋理宗朝前期宰相李宗勉若干问题的补缀》，《宁夏大学学报》2016年第1期；《李宗勉入相与宋理宗嘉熙朝政治进程探析》（崔玉静，第二作者），《宁夏大学学报》2017年第3期；《李宗勉馆职经历与添差通判嘉兴府考论》，《宁夏大学学报》2018年第2期。

题，集中于其早期基层任职经历①，鉴于此，本文拟在已有的研究成果基础上继续梳理相关史料，再就李宗勉任黄州教授、李宗勉任职江南西路转运司干办公事、李宗勉回京任职与"嘉定献宝"及嘉定十五年大朝会等问题做探讨。

一 李宗勉任黄州教授考

虽然《宋史·李宗勉传》的字数在两千字左右，但关于其在地方任职的具体情况均没有详细记载，尤其是嘉定十四年（1221）回京之前的任经历。宋理宗继位后，李宗勉即任职通判及知州等州级官员，关于其州级以下的任职经历，传记史料的记载有所缺失，就宋代官员的升迁途径来看，州级官员以下的任职经历是必不可少的，尤其是宰辅。李宗勉于宁宗开禧元年至嘉定十四年之间先后在湖北、浙西、江西任职，《宋史·李宗勉传》有载：

> 开禧元年进士。历黄州教授、浙西茶盐司、江西转运司干官。嘉定十四年，主管吏部架阁，寻改太学正。②

从《宋史·李宗勉传》的记载来看，从开禧元年（1205）中进士至宁宗嘉定十四年（1221），李宗勉先后任黄州教授及浙西茶盐司、江西转运司干官，开禧元年进士至宁宗嘉定十四年共十六年，李宗勉的任职有过三次转变，但具体到这十六年间的变化，从现有材料记载来看，黄州教授是其最初的基层任职，传记史料则无法提供更多的信息。楼钥《攻媿集》中有这样一则记载：

---

① 近年来相关的有代表性的研究成果如：郑明宝的《王云靖康使金与"租税赎三镇"考述》（《中华文史论丛》2015年第3期）、《靖康之变康王出质金营的两个问题》（《中华文史论丛》2012年第4期）；童永昌的《晚宋四川士人的宦游与交际网路：以吴泳为中心的探讨》（《"宋都开封与十至十三世纪中国史"国际学术研讨会会议论文集》，2012年）；李宗翰、郑莉的《家族、婚姻与道学：〈仙溪志·人物传〉中的社会关系》（《唐宋历史评论》，社会科学文献出版社2017年版）；李宗翰的《衣冠世家联科第：〈仙溪志〉之编纂及其历史知识之性质》（《第二届"跨越想象的边界：族群·礼法·社会"国际学术研讨会会议论文集》，2017年）；喻学忠的《南宋名相虞允文交游考》（《十至十三世纪中国史国际学术研讨会会议论文集》，2016年）。

② 《宋史》卷四〇五《李宗勉传》，中华书局1985年版，第12234页。

> 嘉定二年，四明高君仲远来守，承开禧兵戎之余，日不暇给首谒夫子庙，叹其弗葺已甚未遑他务。与教授李君宗勉饬而新之。①

楼钥系南宋中后期四明楼氏家族的代表人物，与四明地区的多个家族均有姻亲联系，这篇《黄州贡院记》系为其姻亲四明高氏家族之高文善所作。从《黄州贡院记》的记载来看，高文善于嘉定二年（1209）任黄州知州，其主要的政绩即同时任黄州教授的李宗勉共同修缮了因战乱而被破坏的黄州贡院，从材料看高文善系新任知州，李宗勉应比高文善到任时间早。这则记载补充了李宗勉的最初基层任职经历，结合《宋史·李宗勉传》与《黄州贡院记》的记载基本可以确定李宗勉从开禧元年中进士，至迟在嘉定二年（1209）前已担任黄州教授一职②。关于教授，《宋史·职官志》《文献通考》均有载：

> 教授 景祐四年，诏藩镇始立学，他州勿听，庆历四年，诏诸路州、军、监各令立学……自是州郡无不有学。始置教授……自委运司及长史于幕职、州县内荐，或本处举人有德艺者充。……自是列郡各置教官。建炎三年，教授并罢。……二十六年，诏并不许兼他职，令提举司常切遵守。③
>
> 绍圣元年，三省立格："侍从、台谏、国子长贰，岁举堪任诸州学官一员，须尝中进士或制科，年及三十者。若制科及进士第在上五人，礼部奏名在上三人……或从太学上舍得第……凡试，两经大义各一道，以通经、善作文为合格。已经举试，中书籍其姓名，俟有阙则

---

① 楼钥：《攻媿集》卷五一《黄州贡院记》，浙江古籍出版社2013年版，第962页。
② 钱慧祥在《宋朝进士初授官制度研究》中对于开禧元年的进士初授官情况也有统计，方大琮、徐天麟皆与李宗勉系同年，二人分别授官南剑州州学教授、抚州州学教授。（《宋史·李宗勉传》中有"历黄州教授"的记载，在2016年广州宋史学术会议上，有评议人对本文提出应注意"历"字，即李宗勉在任黄州教授前是否有其他任职经历或有待阙经历，笔者也考虑到了这一点，但现有史料并不支持，虽然在南宋中后期进士初授州学教授已算优待，但结合《宋会要辑稿》的记载也并不是没有，李宗勉的两位同年皆是初授州学教授，按此来看李宗勉应是初授黄州教授）。
③ 《宋史》卷一六七《职官志七》，第3976—3977页。

选授焉。"①

结合《宋史·职官志》及《文献通考》的记载来看，教授是州一级主管教育事务的官员，南宋绍兴二十六年（1156）之后，教授一职即于各州府固定设置，一州设置一名，其执掌较北宋并未发生变化依旧是主管州学及州学生科举。州学教授的选拔方式有两种，一种是直接任命，另一种是考试选拔，直接任命的主要是进士第优异者。关于李宗勉的中举情况，《宋史·李宗勉传》并未说明，但《南宋馆阁续录》有记载：

> 李宗勉，字强父，临安府富阳人，开禧元年毛自知榜进士出身，治书。②

结合《南宋馆阁续录》的记载来看，李宗勉中进士第可谓优异，若李宗勉初次授官是黄州教授，则其所授官职相对来看还是不高的③，《宋会要辑稿》有载：

> 开禧元年五月二十二日，诏："新及第进士第一人毛自知特补承事郎、签书镇东军节度判官厅公事，第二名赵甲、第三名求淳并文林郎、节察推判官，第四名张寅之、第五名谢兴甫并从事郎、防团推判官，第六名以下、第二甲、第三甲、第〔四〕甲、第五甲并迪功郎、诸州司户簿尉。"④

结合《宋史·职官志》《南宋馆阁续录》及《宋会要辑稿》关于中举授官的记载，李宗勉于开禧元年（1205）中举后仕宦生涯的起步应是在黄州任州学教授，从南宋中后期进士初授官的情况来看，这一仕宦起点来看并不算高⑤。李宗勉离任黄州教授后至嘉定十四年（1221）回京之前

---

① 马端临：《文献通考》卷六三《职官考十七》，中华书局2011年版。
② 陈骙：《南宋馆阁录续录》卷七《官联一》，中华书局1998年版，第300页。
③ 参见钱慧祥在《宋朝进士初授官制度研究》（硕士学位论文，北京师范大学，2012年）中对于南宋进士初授官的统计，尤其是上文所引开禧元年的进士初授官情况。
④ 徐松辑：《宋会要辑稿》选举二，刘琳等点校，上海古籍出版社2014年版，第5283页。
⑤ 钱慧祥：《宋朝进士初授官制度研究》，硕士学位论文，北京师范大学，2012年。

任职浙西茶盐司、江西转运司属官,这也许是李宗勉嘉定十四年回京之前并未担任过知县与县令的缘由(由于材料有限故作此推断),这在两宋的宰执中并不多见(这在一定程度上也是科举制度政治功能加强的表现①)。

二 李宗勉任职江南西路转运司考

黄州教授系李宗勉于嘉定十二年(1219)前后担任的官职,自此之后在监司担任幕僚官,《宋史·李宗勉传》对此有简要的记载,此处不再赘引。李宗勉任职浙西茶盐司的情况,史料几乎无记载,但任职江西转运司的情况还有些许记载。江西转运司系江南西路转运司简称,关于转运司,史料有载:

> 转运使,副使,判官,掌经度一路财赋,而察其登耗有无,以足上供及郡县之费。岁行所部,检察储积,稽考帐籍,凡吏蠹民瘼,悉条以上达,及专举刺官吏之事。②

> 光宗绍熙以来,使副、运判不双除。属官有主管文字一员、干办公事人员,又有准备差遣,员多寡不一。③

结合《宋史·职官志》与《文献通考》的记载,转运司路俗称漕司路,系宋代地方行政建制中最常置且数量最多的一类路级政区。南宋中后期,每一个路级转运司直属的干办公事人员设置一名。结合上文所引《宋史·李宗勉传》的记载,李宗勉在嘉定十四年(1221)回京之前任职江南西路转运司干办公事人员,可以厘清的是其任职的时间,时人方大琮的《铁庵集》有这样一则记载:

> 十八九年前,独相公察而知之,则自江右漕幕始。④

---

① 甘霖:《宋朝科举制度的政治功能研究》,硕士学位论文,河北大学,2015年。
② 《宋史》卷一六七《职官志七》,第3965页。
③ 马端临:《文献通考》卷二七《国用考五》,第703页。
④ 方大琮:《铁庵集》卷一四《与李丞相宗勉书》,文渊阁《四库全书》,第1178册,第164页。

这是节录自《铁庵集》所收的《与李丞相宗勉书》中的一则记载，这则记载提供的关键信息即是"十八九年前"（依据这一时间点可对李宗勉任职江西转运司的时间做判断），方大琮与李宗勉系同年，初授南剑州州学教授，《与李丞相宗勉书》系方大琮写给李宗勉的书信，总共有四封，材料节录自第一封。李宗勉任宰相是在嘉熙三年即公元1239年，但其进入宰执班子并不是嘉熙三年，《宋史全文》有载：

> 以郑性之知枢密院事兼参知政事，礼部尚书邹应龙为端明殿学士、签书枢密院事兼权参知政事，左谏议大夫李宗勉为端明殿学士、同签书枢密院事。①

> 癸未，以李鸣复知枢密院事兼参知政事。李宗勉参知政事，余天锡佥书枢密院事。甲申，乔行简奏："兵财二端，尤今急务。欲以兵事委之鸣复，财用委之宗勉，楮币委之天锡。凡有利病，各务讨论。有当聚议者，容臣参酌，然后施行。"②

从《宋史全文》的记载来看，从嘉熙元年（1237）始李宗勉即已进入宰执班子，嘉熙二年（1238）五月李宗勉任参知政事分管财政，《与李丞相宗勉书》全文主要内容即财政问题，关于参知政事，《宋史·职官志》有载：

> 参知政事掌副宰相，毗大政，参庶务。……嘉泰三年，始除三员。故事，丞相谒告，参预不得进拟。惟丞相未除，则轮日当笔，然多不逾年，少仅旬月。③

从《宋史·职官志》的记载来看，参知政事也可被视为副宰相，丞相带有尊称的意思，与宋代的官制并无对应，宋代官场过呼现象严重，南

---

① 佚名：《宋史全文》卷三三《宋理宗三》，中华书局2015年版，第2723页。
② 同上书，第2731页。
③ 《宋史》卷一六一《职官志一》，第2775页。

宋中后期更是泛滥。① 结合书信来看，方大琮与李宗勉本是同年又有私谊，故在《与李丞相宗勉书》中称李宗勉为丞相也可是在李宗勉任参知政事之时。方大琮在《铁庵集》卷一四中有多篇类似《与李丞相宗勉书》的时文，先后顺序是郑清之、乔行简，李宗勉之后便是写给邹应龙，邹应龙也于嘉熙元年（1237）任"签书枢密院事"：

  嘉熙元年，拜端明殿学士、签书枢密院事。进资政殿学士、知庆元府兼沿海制置使，依旧职提举洞霄宫。②

结合《宋史·邹应龙传》的记载及方大琮在《铁庵集》中的论述顺序（论述顺序仅为说明相关时间点），"十八九年前"应理解为李宗勉任参知政事之时或端明殿学士、同签书枢密院事时，结合这一点李宗勉任职江南西路转运司干办公事则应是不晚于嘉定十一年（1218）或嘉定十二年（1219）。《铁庵集》中还收录有一封书信，这封书信也提供了关键的时间点：

  某曩备员江右计属……时嘉定辛巳冬也，今二十一年矣……又先生所举者李文清，时亦在漕幕，今虽云亡，亦幸其不辱师门也。③

这封书信系方大琮写与萧安之，信中提到了两个时间点，一个是嘉定辛巳，另一个是"今二十一年矣"。对照《二十史朔闰表》，嘉定辛巳即公元1221年，嘉定十四年（1221），对照"今二十一年矣"可知这封书信的书写时间是公元1242年即淳祐二年。信中提到了"先生所举者李文清，时亦在漕幕"④，李文清即是李宗勉，文清是其谥号，"以光禄大夫、观文殿大学士致仕，卒，赠少师，谥文清"，信中也明确提到李宗勉已于淳祐二年前过世。结合对两个时间点的分析，李宗勉系萧安之所举荐，在嘉定十四年（1221）冬季李宗勉还在江西转运司任干办公事人员。结合

---

① 杨倩描：《浅析〈宋人佚简〉中的官称过呼问题》，《兰州学刊》2016年第4期。
② 《宋史》卷四一九《邹应龙传》，第12550页。
③ 方大琮：《铁庵集》卷二一《与萧司户安之书》，文渊阁《四库全书》本。
④ 《宋史》卷四〇五《李宗勉传》，第12234页。

对方大琮两封书信的分析，李宗勉于嘉定十一年或十二年至十四年冬季任职于江西转运司。

三　李宗勉回京任职与"嘉定献宝"及嘉定十五年大朝会

李宗勉从开禧元年（1205）中进士至宁宗嘉定十四年（1221），李宗勉先后任黄州教授及浙西茶盐司、江西转运司干官，这十六年间李宗勉一直在京城之外任官，其回京是在嘉定十四年（1221），史料有载：

> 嘉定十四年，主管吏部架阁，寻改太学正。明年为博士，又明年迁国子博士。①

《宋史·李宗勉传》的记载很简单，嘉定十四年（1221）及之后李宗勉先后回京任京朝官有不止一次的任职变动，从时间上来看这几次变动均显频繁，从江南西路转运司干办公事到主管吏部架阁再到太学正、博士、国子博士，前后也就三年左右的时间，照宋代正常的官员任职变动、升迁的情况看，应是在朝廷发生重大事件时才会出现这种情况。嘉定十四年（1221）前后南宋恰好发生了重大事件，《文献通考》有这样一则记载：

> （嘉定十四年）十一月，京东、河北节制司缴进北方大将扑鹿花所献"皇帝恭膺天命之宝"，并元符三年《御府宝图》一册（时淮东制置使兼京东、河北节度使贾涉遣京东路钤辖赵拱北军大将扑鹿花献之，续令吕枏投进）。又镇江副都统制翟朝宗缴进玉宝检。时获元符玉宝，而朝宗以玉检来上，其文若合符契，乃诏以来年元日受宝于大庆殿，时又得玉玺，其文曰"受命于天，既寿永昌"。②

从《文献通考》的记载可知，徽钦二帝宝玺的回归使得南宋可以以此宣扬国家正统，宝玺是帝王的象征，这种情况下一场盛况空前的大朝会

---

① 《宋史》卷四〇五《李宗勉传》，第12234页。
② 《文献通考》卷一一五《王礼考十》。

即将拉开帷幕。结合《宋史·李宗勉传》的记载，李宗勉回京任京朝官并改任太学正再任博士、国子博士也正是在这一时间段，宝玺回归是在嘉定十四年（1221）末，由此而来的大朝会是在嘉定十五年（1222）。《续编两朝纲目备要》《宋史·宁宗本纪》均有这样的记载：

> 丁巳，诏抚谕山东、河北军民、将帅、官吏。赦天下。以受宝故也。监司、郡守上表称贺，文武官员各进秩一等。大犒诸军。①
> 丁巳，诏抚谕山东、河北军民、将帅、官吏。己未，以受宝，大赦，文武官各进秩一级，大犒诸军。②

结合上述记载来看，李宗勉回京任京朝官以及改任太学正后升迁博士、国子博士均是受到了"嘉定献宝"这一重大政治事件及之后的大朝会③的影响，"文武官员各进秩一等"也可印证这一点。新发现的《武义南宋徐谓礼文书》④有两件文书直接可印证"嘉定献宝"导致的官员直接升迁，分别是《嘉定十五年十二月日进宝赦恩转承奉郎》《宝庆元年二月日进宝赦恩转承事郎》，分别节录如下：

> 据承务郎新监临安府粮料院兼装卸纲运兼监镇城仓徐谓礼状申："元系承务郎，嘉定十五年伍月二十四日准告，因该遇进宝赦恩，特转承务郎，已于当日望阙遥谢祗受讫，申乞批书者。"⑤
> 据武义县申："据承务郎新监临安府粮料院兼装卸纲运兼监镇城仓徐谓礼状申：'元系承务郎，该遇登宝位赦恩，循转承务郎。谓礼

---

① 佚名：《续编两朝纲目备要》卷一六，中华书局 2005 年版。
② 《宋史》卷四〇《宁宗本纪四》，第 778 页。
③ 陈胜、乔楠：《史述详略之间：北宋大朝会初探》，《史学集刊》2015 年第 4 期。
④ 《武义南宋徐谓礼文书》完整记录了徐谓礼从嘉定十四年（1221）以承务郎任监临安府粮料院起，至淳祐十二年（1252）以朝散大夫知信州，三十年间的仕宦履历。尤其是"录白印纸"部分记录了徐谓礼自任京官后历任的考课内容，包括各类保状、荐状、任满交割批书、任内功过记录等，反映了一个南宋中级官员从中央到地方、从低级到中级的历官过程。
⑤ 包伟民、郑嘉励：《武义南宋徐谓礼文书》录白印纸卷一《嘉定十五年十二月 日进宝赦恩转承奉郎》，中华书局 2012 年版，第 206 页。

已于嘉定十七年十月二十八日，准告望阙遥谢祗受讫，申乞批书者。'"①

结合《武义南宋徐谓礼文书》的记载来看，徐谓礼属大朝会前仅是一个基层官吏，但其在"嘉定献宝"之后的升迁足以说明"嘉定献宝"导致的官员升迁的关系。李宗勉在这一时期已是名副其实的京朝官，《续编两朝纲目备要》《宋史·宁宗本纪》中的"文武官员"是包括他的，在嘉定十四年至宝庆初任职的频繁变动也就不足为奇了。

---

① 包伟民、郑嘉励：《武义南宋徐谓礼文书》录白印纸卷一《宝庆元年二月 日进宝赦恩转承事郎》，第207页。

古代文献研究

上海古籍出版社新整理本《毛诗注疏》《周南·召南》点校补正

孔祥军

(扬州大学　社会发展学院)

2013 年上海古籍出版社出版发行了新整理本《毛诗注疏》，据《校点前言》，此次整理以足利学校所藏南宋刘叔刚一经堂刊刻十行本《附释音毛诗注疏》为底本，并参考了包括单疏本《毛诗正义》在内的诸多善本以及前贤校勘成果。依照此说，从文献整理角度而言，此本当是集大成者，理应受到足够的重视，然而笔者在阅读过程中，发现了数量惊人的标点校勘问题。本文即针对《周南·召南》部分所见问题[1]，逐条罗列，各作补正，补者补其未逮，正者正其错谬，冀有裨于读者也。

本文主要引据文献，为省篇幅，率用简称，详情如下：

《足利学校秘籍丛刊第二·重文毛诗注疏》，汲古书院影印足利学校藏南宋刘叔刚一经堂刊《附释音毛诗注疏》，昭和四十八年出版第一卷、第二卷，昭和四十九年出版第三卷、第四卷，简称"十行本"；又此本乃上古本之底本，故行文所及又多有称之为"底本"者。

《南宋刊单疏本毛诗正义》，人民文学出版社 2012 年影印日本杏雨书屋藏南宋刊本，简称"单疏本"。

《中华再造善本丛书·附释音毛诗注疏》，北京图书馆出版社 2006 年

---

[1]　关于上古本《毛诗注疏》卷三、卷四、卷五所出现的问题，详见孔祥军《上海古籍出版社新整理本〈毛诗注疏〉卷三〈邶风·卫风〉卷四〈王风·郑风〉卷五〈齐风·魏风〉点校补正》，《中华历史与传统文化研究论丛》第二辑。

影印国家图书馆藏元刊明修本,简称"元刊明修本"。

《中华再造善本丛书·十三经注疏·附释音毛诗注疏》,北京图书馆出版社2006年影印北京市文物局藏元刊明修本,简称"文物本"。

《续修四库全书》第五六册《毛诗要义》,上海古籍出版社2002年影印日本天理大学附属图书馆藏宋淳祐十二年徽州刻本,简称"要义"。

《十三经注疏·毛诗注疏》,日本东京大学东洋文化研究所藏闽刊本,简称"闽本"。

《十三经注疏·毛诗注疏》,日本内阁文库藏万历十七年刊本,简称"明监本"。

《十三经注疏·毛诗注疏》,日本东京大学东洋文化研究所藏汲古阁刊本,简称"毛本"。

《殿本十三经注疏·毛诗注疏》,线装书局2013年影印天津图书馆藏武英殿刊本,简称"殿本"。

《景印文渊阁四库全书·毛诗注疏》,台湾商务印书馆1985年影印本,简称"库本"。

《阮刻毛诗注疏》,西泠印社出版社2013年影印上海图书馆藏嘉庆年间江西南昌府学刊本《重刊宋本毛诗注疏附校勘记》,简称"阮本",所附校勘记简称"卢记"。

《百部丛书集成·七经孟子考文补遗·毛诗》,台湾艺文印书馆1964年影印日本原刊本,简称"考文""考文·补遗"。

《四库全书珍本初集》经部二十六、二十七集《十三经注疏正字》,沈阳出版社1998年影印本,简称"正字"。

《续修四库全书》第一八〇、一八一册《宋本十三经注疏并经典释文校勘记·毛诗注疏校勘记》,上海古籍出版社2002年影印南京图书馆藏清嘉庆阮氏文选楼刻本,简称"阮记"。

《十三经注疏·毛诗注疏》,上海古籍出版社2013年整理本,简称"上古本",其校勘记简称"上古记",本校各条起首所列页码即指此本之页码,所标行数指自右向左,经文、疏文凡单行者为一行,经下《传》、笺双行小注为一行。

《中华再造善本丛书·毛诗诂训传》,北京图书馆出版社2003年影印国家图书馆藏宋刻本,简称"巾箱本"。

《中华再造善本丛书·监本纂图重言重意互注点校毛诗》,北京图书馆出版社2003年影印国家图书馆藏宋刻本，简称"监图本"。

《景印宋本纂图互注毛诗》，"国立"故宫博物院1995年影印本，简称"纂图本"。

《毛诗郑笺》，汲古书院影印日本静嘉堂文库藏抄本，平成四年出版第一卷，平成五年出版第二卷，平成六年出版第三卷，简称"日抄本"。

《中华再造善本丛书·经典释文》，北京图书馆出版社2003年影印国家图书馆藏宋刻宋元递修本，简称"释文"。

《中华再造善本丛书·尔雅》，北京图书馆出版社2002年影印国家图书馆藏宋刻本，简称"尔雅"。

《中华再造善本丛书·尔雅疏》，北京图书馆出版社2003年影印国家图书馆藏宋刻宋元明初递修本，简称"尔雅疏"。

《通志堂经解·毛诗集解》，哈佛大学燕京图书馆藏清康熙十九年通志堂刻本，简称"集解"。

《吕氏家塾读诗记》，北京图书馆出版社2003年影印国家图书馆藏宋淳熙九年江西漕台刻本，简称"读诗记"。

毛诗正义序

1. 页二，三行　非有心于爱憎

补："憎"，十行本作"增"，元刊明修本、文物本同，阮记云："闽本、明监本、毛本'增'作'憎'，案：'憎'字，是也。"检《要义》引此正作"憎"，可为阮说之证。上古本《校点前言》三"底本的确定"明确说明以日本足利学校所藏的南宋刘叔刚一经堂刊刻十行本《毛诗注疏》为底本，而此处不录原文，径改作"憎"，且不出校，脱谬甚矣！上古本类似情况数不胜数，本文所补正为此发也。

诗谱序

2. 页三，九行　诗之为言志也诗纬含神务

补：元刊明修本、文物本、闽本、明监本、阮本同，《要义》引作"诗者为言志也诗纬含神雾"，"之"作"者"，"务"作"雾"。上古本《校点前言》明确提道："这里也顺便谈谈单疏本《毛诗正义》前七卷阙失及某些阙页的补遗问题，笔者认为，最好的补救之法就是魏了翁的《毛诗要义》……用《毛诗要义》的有关部分去补单疏本的前七卷，虽然

未能百分之百地补出，但较之原先的阙失，已经大为改观了。"（第11—12）此外《挍勘所用其他参校本及前人成果》（三）"注疏本主要参校"后明明列有《毛诗要义》，则整理者显然将之视为参校本，于此却未出校，似为漏校，而此下《郑谱》前诸卷（即对应单疏本所阙之前七卷）上古记皆不涉《要义》一语，故知非漏校，而是根本未据此本来校，不知《校点前言》云云为何而发也。

3. 页七，四行　受谮亨人是衰闇之主，夷王上有孝王，书传不言，孝王有大罪恶

正：上古本如此标点，文义不通，易使人错以为书传不言夷王上有孝王，书传所不言者，孝王有大罪恶也，夷王上有孝王，但据书传所载孝王没有大罪恶，那么自然不会做出受谮亨人这种只有衰闇之主才会做的事情来，故当点作"受谮亨人是衰闇之主，夷王上有孝王，书传不言孝王有大罪恶"。

4. 页九，十三行　故将述其国土之分，列其人之先后

正：述者，述其国土之分列，亦述其人之先后也，分列与先后对文，故当点作"故将述其国土之分列、其人之先后"。

诗谱序校勘记

5. 页一一［一］　格则承之庸之"承"原作"乘"，闽本、毛本、阮本同。阮校云："明监本'乘'作'承'。案：所改是也。"今据文意及阮校改。

按：毛本无《诗谱序》，阮记、卢记皆明言："毛本此序文并《正义》悉脱"，上古记所谓毛本云云，不知从何而来？元刊明修本、文物本与底本同，作"乘"，《要义》引之作"承"，当据之以正，上古记竟不及此，而其《校点前言》明确提道："这里也顺便谈谈单疏本《毛诗正义》前七卷阙失及某些阙页的补遗问题，笔者认为，最好的补救之法就是魏了翁的《毛诗要义》……用《毛诗要义》的有关部分去补单疏本的前七卷，虽然未能百分之百地补出，但较之原先的阙失，已经大为改观了。"（第11—12页）此外《挍勘所用其他参校本及前人成果》（三）"注疏本主要参校"后明明列有《毛诗要义》，则整理者显然将之视为参校本，于此却未列之，似为漏校，而此下《郑谱》前诸卷（即对应已阙单疏本前七卷）上古记皆不涉《要义》一语，故知非漏校，而是根本未据此本来校，不

知《校点前言》云云为何而发也。

周南召南谱

6. 页一，七行　《汉书·地理志》"右扶风郡有美阳县，《禹贡》岐山在西北，周大王所居也"。

正：《汉书·地理志》无"右扶风郡有美阳县"语，此为《孔疏》叙述之语，"《禹贡》岐山在西北，周大王所居也"亦属节引，故不当全施以引号，又十行本原文作"周文王"，上古记云："'大'原作'文'，据《汉书》及闽本、明监本、毛本、阮本改。"北宋递修本《汉书·地理志》作"文"（北京图书馆出版社2003年影印国家图书馆藏本），元刊明修本、文物本、闽本、明监本、毛本、阮本皆作"文"，《要义》所引亦作"文"，上古本误改。故当点作"《汉书·地理志》：右扶风郡有美阳县，《禹贡》岐山在西北，周文王所居也"。

7. 页六，四行　初，古公亶父聿来胥宇，爰及姜女。其后，大任思媚周姜，大姒嗣徽音。

正：此句"聿来胥宇""爰及姜女""思媚周姜""嗣徽音"皆引文也，当改。

补：大姒，十行本原作"大似"，元刊明修本、文物本、阮本同；《要义》引作"大姒"，闽本、明监本、毛本同，"大似"显误，上古本竟未出校而径改底本，误甚。原句当点作"初，古公亶父'聿来胥宇'，'爰及姜女'，其后，大任'思媚周姜'，大似'嗣徽音'。"

8. 页七，七行　《周南》《关雎》至《麟斯》，皆后妃身事……《召南》《鹊巢》《采蘩》，夫人身事。

正：《关雎》《麟斯》岂可与《周南》并列？《鹊巢》《采蘩》岂可与《召南》并列？理当点作"《周南》《关雎》至《麟斯》，皆后妃身事……《召南》《鹊巢》《采蘩》，夫人身事"。

周南召南谱校勘记

9. 页一二［一］　周大王所居也"大"原作"文"，据《汉书》及闽本、明监本、毛本、阮本改。

按：北宋递修本《汉书·地理志》作"文"（北京图书馆出版社2003年影印国家图书馆藏本），闽本、明监本、毛本、阮本皆作"文"，上古记不知据何而改？又元刊明修本、文物本皆作"文"，《要义》所引亦作"文"，据此，十行本及诸本作"文"实不误，其误说或始于《正字》，阮记云："闽本、明监本、毛本同。浦镗云：大误文。以《汉书》考之，浦校是也。"浦镗《正字》先误以"文"当作"大"，阮记复据晚近刊本《汉书》以证之，可谓以非为是也。而上古记竟承其谬，又误读阮记，遂有全不符合事实之校记，又见其欲泯袭阮之迹，故矢口不提阮记也。

10. 页一二〔二〕 自由作者有别 "者"原作"不"，据阮本、库本改。

按：闽本、阮本皆作"不"，明监本、毛本、库本皆作"者"，上古记谓据阮本、库本改，一是一否，而又不引明监本、毛本，舛乱殊甚。

11. 页一二〔三〕 小大莫处 "大"原作"人"，闽本、明监本、阮本同。阮校云："毛本'人'作'大'。案：'大'字是也。"今据毛本改。

按：闽本、毛本、阮本皆作"人"，明监本作"大"，此处所谓"阮校"实卢宣旬所补，检《正字》云："'大'，毛本误'人'"，则浦镗原意毛本误将"大"改为"人"，卢宣旬误解其意，亦不提其名而据此补入校勘记，后复为上古记所承，以讹传讹，陈陈相因。据《礼记·射义》郑注及贾《疏》，此处作"大"，又十行本原文："故诗曰：曾孙侯氏，四正具举，大夫君子，凡以庶士，小人莫处，御于君所，以燕以射，则燕则誉"，此"小人"当作"小大"，小指庶士、大指大夫君子，无论小大，处于职司者，没有不来而侍御于君之处所，若作"人"，则显与上下文意龃龉。

卷一之一

周南·关雎

12. 页一，十一行 《尔雅》所释，十有九篇独云"诂训"者，诂者，古也。

正："十有九篇独云'诂训'者"，义不可晓，十有九篇，指《尔雅》所释；独云"诂训"，指题名"周南关雎诂训传第一"之"诂训"，故当点作"《尔雅》所释，十有九篇，独云'诂训'者，诂者，古也"。

13. 页一，十二行　故《尔雅序》篇云。

补："尔"，底本作"耳"，且于此字之上，有小字写作"尔"以注之，显为后人正此字之误也，上古本漏校。

14. 页二，九行　《诗》者，一部之大名。《国风》者，十五国之总称。不冠于《周南》之上而退在下者，按郑注《三礼》《周易》《中侯》《尚书》皆大名在下。孔安国、马季长、卢植、王肃之徒，其所注者莫不尽然。然则本题自然非注者移之。定本亦然。当以皆在第下足得总摄故也。

正："诗""国风""周南"，皆指篇题"周南关雎训诂传第一 毛诗国风"中之字，岂能施以书名号？《诗》《国风》如何冠于《周南》之上？又"然则"以下标点错乱，"第"字又漏加专名号，遂使原句义不可晓，故当点作"'诗'者，一部之大名，'国风'者，十五国之总称，不冠于'周南'之上而退在下者，按郑注《三礼》《周易》《中侯》《尚书》皆大名在下，孔安国、马季长、卢植、王肃之徒，其所注者莫不尽然。然则本题自然，非注者移之，定本亦然，当以皆在'第'下足得总摄故也"。

15. 页三，十二行　《豳》者，周公之事，欲尊周公，使专一国，故次于众国之后，《小雅》之前，欲兼其上下之美，非诸国之例也。《郑谱》，《王》在《豳》后者，退就《雅》《颂》并言王世故耳。

正：据此，《豳风》当是十五《国风》最末一篇，即所谓"众国之后、《小雅》之前"也。上古本于"王在《豳》后者"之"王"，加书名号，似指《王风》，则《王风》又在《豳风》之后，与上文所述方枘圆凿、自相矛盾，目睫之际，疏而不察，孔氏岂昏聩至此乎？故此"王"，当指周王之事，于大小《雅》《周颂》尽述之，所谓"退就《雅》《颂》，并言王世故耳"，原文当作"《豳》者，周公之事，欲尊周公，使专一国，故次于众国之后、《小雅》之前，欲兼其上下之美，非诸国之例也。《郑谱》，王在《豳》后者，退就《雅》《颂》，并言王世故耳"。

16. 页五，十一行　《风》之始，此《风》谓《十五国风》。《风》是诸侯政教也。下云"所以风天下"，《论语》云"君子之德风"，并是此义。〇"所以风"，如字。徐福凤反，今不用。

页一一，十行　正得失，周云"正齐人之得失也"。本又作"政"，谓政教也。两通。〇近，如字，沈音附近之近。

正：底本无此"〇"，各本注疏皆无此符号。又，上古本页五加此间隔之号，则意谓"风之始"至"并是此义"乃郑笺，"所以风"至"今不用"为陆氏《释文》，今检各本《释文》，自"风之始"以下皆是《释文》，非仅"所以风"以下也，此"○"绝当删去。页一一，所见"○"，底本亦无，当为整理者所加，其误同，亦当删。上古本妄加"○"号，篡改原文，谬孰甚焉！

17. 页一一，十四行　精诚之至，以类相感，诗人陈得失之事，以为劝戒，令人行善不行恶，使失者皆得是诗能正得失也。

正："使失者皆得是诗能正得失也"非一句，"使失者皆得"为句，故当作"精诚之至，以类相感，诗人陈得失之事，以为劝戒，令人行善不行恶，使失者皆得，是诗能正得失也"。

18. 页一二，三行　天曰神，地曰祇。

补："祇"，底本作"祇"，《要义》所引同，上古本漏校。

19. 页一六，二行　上以《风》化下，下以《风》刺上，主文而谲谏，言之者无罪，闻之者足以戒，故曰风。

正：其下《疏》文解云："在上，人君用此六义风动教化；在下，人臣用此六义以风喻箴刺君上""则六义皆名为风，以风是政教之初，六义风居其首，故六义总名为风"，则《序》中所谓"风"乃六义之总名，岂可加书名号以指其为《国风》乎？故当作"上以风化下，下以风刺上，主文而谲谏，言之者无罪，闻之者足以戒，故曰风。"

20. 页二○，五行　疾病已重，有将死之势，则医之治也用心缓。秦和之视平公，知其不可为也。诗人救世，亦犹是矣。

补："视"，《要义》引作"规"，检《左传》昭公元年："晋侯求医于秦，秦伯使医和视之，曰：疾不可为也"，则作"视"是，底本不误，上古本漏校。

21. 页二一，二行　《风》之与《雅》，各是一人所为。《风》言一国之事，系一人。《雅》亦天下之事，系一人。《雅》言天下之事，谓一人言天下之事。《风》亦一人言一国之事。《序》者逆顺立文，互言之耳。

正：《序》文云："是以一国之事，系一人之本，谓之《风》。言天下之事，形四方之风，谓之《雅》。"《疏》正解此也，而上古本所作标点，殊欠明确，使人不易明白，当点作"《风》之与《雅》，各是一人所为。《风》，言'一国之事系一人'；《雅》，亦天下之事系一人。《雅》，言'天下之事'，谓一人言天下之事；《风》，亦一人言一国之事。《序》者逆顺立文，互言之耳"。

22. 页二七，九行　《论语》云"关雎乐而不淫，哀而不伤"，即此《序》之义也。《论语注》云"哀世夫妇，不得此人，不为灭伤其爱"。

补："灭"，《要义》引作"减"，检吐鲁番出土唐写本《论语郑注》此字正作"减"["吐鲁番阿斯塔那三六三号墓文书"，文物出版社1996年版《吐鲁番出土文书（叁）》，页五七四]又揆诸原文，灭伤不成辞，则作"灭"显误，当作"减"。

23. 页二八，十三行　定本云："鸟挚而有别，谓鸟中雌雄情意至厚，而犹能有别，故以兴后妃说乐君子，情深犹能不淫其色，《传》为'挚'字，实取'至'义。故笺云'挚之言至，王雎之鸟雌雄情意至，然而有别'。所以申成毛《传》也"。

正：定本所云，当指颜师古所定之经注文本也，此处即"鸟挚而有别"，下引号届"别"而止，岂能有如此长篇文字。实在不知整理者因何竟至如此糊涂！原文当作"定本云'鸟挚而有别'，谓鸟中雌雄情意至厚，而犹能有别，故以兴后妃说乐君子情深，犹能不淫其色，《传》为'挚'字，实取'至'义。故《笺》云'挚之言至，王雎之鸟雌雄情意至，然而有别'。所以申成毛《传》也"。

24. 页三〇，三行　后妃有关雎之德，乃能共荇菜、备庶物，以事宗庙也。

页三一，一行　今后妃和谐，有关雎之德，乃能共荇菜、备庶物，以事宗庙也。

正：孔《疏》解云："言'备庶物'者，以荇菜亦庶物之一，不谓令后妃尽备庶物也"，据此，共荇菜即备庶物，共荇菜与备庶物，乃是前后相承之关系，而非截然两事，故二者之间绝不可以顿号隔开，而应作"共荇菜，备庶物"以示相继也。

25. 页三四，十五行　七字者，如"彼筑室于道谋""尚之以琼华乎而"之类也。

正："如彼筑室于道谋"，乃《小雅·小旻》诗句，亦符七字之义，上古本竟将如字置于引号之外，显误。

校勘记

26. 页三六［二］诂训传　"传"字原无，闽本、阮本同。阮校云：

"明监本、毛本'训'下有'传'字，闽本剜入。案：所补是也。"今据阮校补。

按：闽本有"传"字，阮记谓之剜入，或是，而上古记竟直谓无，误甚。《要义》录此句有"传"字，上古记又未能引之以证。又十行本原文云："自'周南'至'郑氏笺'凡一十六字，所题非一时也，'周南关雎'至'第一诗国风'元是大师所题也，'诂训'毛自题之，'毛'一字献王加之，'郑氏笺'郑自题之"，据此，若无"传"字，则不足十六之字数也。

27. 页三六［三］沈音附近之近 "之近"下原衍"厚音后本或作序非"八字，闽本、明监本、毛本、阮本同。系下节《释文》错入，据库本删。

页三六［四］ 厚音后本或作序非 此八字原错入上节"附近之近"下，闽本、明监本、毛本、阮本同。据库本移。

按：卢记云："案：此节《释音》'厚音后本或作序非'八字，当在下节"，上古记本此，而不提卢记。又明监本、毛本此八字不在"附近之近"下，已移入下节，上古记此处显为胡言，库本乃承明监本、毛本，上古记云据库本删，知孙忘祖也。

28. 页三七［五］ 风其上福凤反 "反"字下原有"告古毒反"四字，闽本、明监本、毛本、阮本同。系下节《释文》错入，据库本删。

页三七［七］ 告古毒反 此四字原脱，闽本、明监本、毛本、阮本同。系错入上节《释文》，据库本移。

按：卢记云："案：此节《释音》'告古毒反'四字，当在下第四节'告于神明者也'下"，上古记本此，而不提卢记。又明监本、毛本无此四字，上古记谓其同闽本、阮本，显为胡言。此条与上条同为《释文》错简之例，检巾箱本上条两句、此条数句经文本各在同一段落，各段之后附录《释文》，"近如字沈音附近之近"与"厚音后本或作序非"相连，"风其上福凤反"与"告古毒反"相连，南宋时《毛诗》《注》《疏》合刻之际，似将《疏》文硬插入此已附释音之经注本，而误将"厚音后本或作序非""告古毒反"同视为上句经文之释音，而在其下刻入《疏》文，故导致《释文》前后错简。若《注》《疏》合刻之际，乃以《疏》文插入经注本，而后再插入《释文》则不可能导致此类错误。故据此可推断，十行本乃以附释音经注本为底本分段插入《疏》文而成也。

29. 页三七［六］　要所言一人之心　"之"字原无，阮本同。阮校云："闽本、明监本、毛本'人'下有'之'字。案：所补是也。"今据阮校补。

按：《要义》引此亦作"要所言一人心"，无"之"字，又十行本、元刊明修本、文物本，皆无"之"字，则宋元本无此字，此字或为后人所加，岂可为是，上古本不据《要义》正阮记之误，反从之误补，甚非。

30. 页三七［一一］　诗体本无九言者　"体"原作"礼"，闽本、明监本、阮本同。阮校云："毛本'礼'作'体'。案：'体'字是也。"今据毛本及阮校改。

按：明监本作"体"，上古记谓其同作"礼"，大误，意其殆因卢记仅言毛本作"体"，遂想当然以为闽本、明监本皆同作"礼"，而不一检原书，正所谓聪明反被聪明误者也。

卷一之二

葛覃

31. 页四三，四行　我之衣服何者当见澣乎？私服宜澣之，何者当不澣乎？公服宜否？

正：公服宜否后作问号，则句义不通。本诗原作"害澣害否，归宁父母"，毛《传》云："害，何也。私服宜澣，公服宜否。"《正义》解此云："言'私，燕服'，谓六服之外常着之服，则有污垢，故须澣。公服则无垢污矣，故下《传》云'私服宜澣，公服宜否也。'"公服宜否乃肯定回答，岂有疑问之意？理当改为句号。

32. 页四三，十二行　《南山》《笺》云："姜与侄娣及傅姆同处襄公不宜往双之。"

补：检《南山》诗"葛屦五两，冠緌双止"，郑笺云："葛屦五两，喻文姜与侄娣及傅姆同处；冠緌，喻襄公也。五人为奇，而襄公往从而双之，冠、屦不宜同处，犹襄公、文姜不宜为夫妇之道"，则此处之"云"，当为"文"，阮记云："闽本、明监本、毛本同，案……浦镗云：'脱文字'，是也"，而《要义》引此《正义》，"云"作"文"，则"云"字实乃"文"字传写之讹，而非脱去"文"字，浦镗、阮说皆不确。而整理本竟漏校此条，显未参考《要义》，误甚！原句当作"《南山》《笺》：

'文姜与侄娣及傅姆同处','襄公不宜往双之'"。

33. 页四五,十八行　《丧服》《传》曰:"为昆弟之为父后者,何以亦期也。妇人虽在外,必有归宗。"言父母虽没,有时来归,故不降。

正:"何以亦期也",乃问句,非陈述句,当作"何以亦期也?"

卷耳

34. 页四六,十一行　谒,请也。卷耳,眷勉反,苓耳也。

补:底本"谒请也"后有〇,元刊明修本、文物本皆同,而"谒"讹作"蔼",则"谒请也",乃郑笺,闽本、明监本、毛本皆明确标明此三字乃郑笺,且刊为单行与此下双行判然两别,"卷耳"以下乃《释文》,今检宋本《释文》,正无"谒请也"三字,若不作分别,易使读者误认"谒请也"亦为陆氏《释文》,故原文当作"谒,请也。〇卷耳,眷勉反,苓耳也"。

35. 页四七,五行　"私谒"者,妇人有宠,多私荐亲戚。故厉王以艳妻方煽,七子在朝,成汤谢过。妇谒盛与险诐私谒,是妇人之常态,圣人犹恐不免,后妃能无此心,故美之也。

正:《正义》此处文字,须合《小雅·十月之交》方能深晓。检《十月之交》有诗句"皇父卿士,番维司徒,家伯维宰,仲允膳夫,棸子内史,蹶维趣马,楀维师氏,艳妻煽方处",笺云:"皇父、家伯、仲允皆字,番、棸、蹶、楀皆氏,厉王淫于色,七子皆用,后嬖宠方炽之时并处位,言妻党盛,女谒行之甚也",《正义》解此云:"《春秋纬》说,汤遭大旱,以六事谢过,其一云'女谒行与'。谒,请也,谓妇人有宠,谓用亲戚,而使其言得行,今七人并处大位,言妻党强盛,女谒行之甚也。"① 准此,则此处《正义》正据彼而发,"成汤谢过,妇谒盛与",乃取彼文所引《春秋纬》说,岂可点破?理当相联为句,下文所谓"圣人犹恐不免"之圣人,正指成汤也,故原文当作"'私谒'者,妇人有宠,多私荐亲戚,故厉王以艳妻方煽,七子在朝。成汤谢过,妇谒盛与。险诐、私

---

① "谓用亲戚",《单疏本》作"请用亲戚"。又[日]安居香山、中村璋八《纬书集成》辑此《春秋纬》作"汤遭大旱,以六事谢过,其一云:女谒行与,祷谒请也,妇人有宠而用亲戚,而使其言得行"(河北人民出版社1994年版,第902页),衍漏错出、舛乱殊甚,《正义》所引《春秋纬》当至"女谒行也"而止,下为《正义》之文也。

谒，是妇人之常态，圣人犹恐不免，后妃能无此心，故美之也"。

36. 页四八，十二行　襄十五年《传》引《诗》曰："'嗟我怀人，寘彼周行。'能官人也。王及公、侯、伯、子、男，采、卫、大夫，各居其列，所谓周行也。"

正：《诗》曰之后岂都是诗句？怎能一引到底？又采、卫、大夫三者岂是并列关系？又怎么能用顿号隔开？原文当作"襄十五年《传》，引《诗》曰'嗟我怀人，寘彼周行'，'能官人也。王及公、侯、伯、子、男，采、卫大夫，各居其列，所谓周行也。'"

37. 页五〇，十一行　《释山》云："山脊冈。"孙炎曰："长山之脊也。"《释兽》云："兕似牛。"郭璞曰"一角，青色，重千斤"者，以其言兕，必以兕角为之。觥者，爵称也。爵，总名，故云角爵也。

正：《诗》云："陟彼高冈，我马玄黄。我姑酌彼兕觥，维以不永伤"，毛《传》云："山脊曰冈。玄马病则黄。兕觥，角爵也。"《正义》所云正释毛《传》也，则"山脊冈"，显当点作"山脊，冈"。又云"以其言兕，必以兕角为之"，及"觥者，爵称也"，乃共释《传》解"兕觥"为"角爵"之因，"兕"即与"角"相配，"觥"即与"爵"相配，故"兕觥"即"角爵"，若将"以其言兕，必以兕角为之"视为上句，则"故云角爵也"如何有着落？今厘正之"《释山》云：'山脊，冈。'孙炎曰：'长山之脊也。'《释兽》云：'兕似牛。'郭璞曰'一角，青色，重千斤'者。以其言兕，必以兕角为之；觥者，爵称也，爵，总名；故云角爵也"。

38. 页五一，十行　旅酬无筭必有醉而失礼者。

正："筭"，底本作"箄"，"箄"为竹筏或捕鱼工具，与旅酬饮酒之事风马牛不相及也，"筭"为"筭"字之异体，"筭"即"算"，《要义》引此正作"算"，"旅酬无筭"下文同页十三行再次出现，则此处之"箄"乃上古本新造之谬也，误甚。

39. 页五一，十一行　《成》十四年《左传》卫侯飨苦成成叔，甯惠子引《诗》云："兕觥其觩，旨酒思柔。"故知飨有觥也。

补："苦成成叔"，元刊明修本、阮本同，文物本作"吉成成叔"，《左传》、闽本、明监本、毛本皆作"苦成叔"。阮记云："闽本、明监本、毛本不重'成'字，案：此盖以'苦成'为邑，'成'为谥，前人亦多言郤犨谥成者，其《左氏传》旧解与？"今检《要义》引此作"苦成叔",又《集解》卷二《卷耳》宋人李樗云:"成公十四年,卫侯享苦成叔,甯惠子曰:'兕觥其觩,旨酒思柔。'故知享有兕觥也。"乃引《疏》之文,则迭"成"者不确,阮说实误!上古本一仍底本,漏列此条。

樛木

40. 页五二,七行　樛,居虬反,木下曲曰樛,《字林》九稠反,马融《韩诗》本并作"朻",音同,《字林》已周反。

正:马融岂有《韩诗》,且马融《韩诗》相联,下文所谓"并作"无着落,"马融韩诗本"乃马融本、《韩诗》本之义,则当点作"樛,居虬反,木下曲曰樛,《字林》九稠反,马融、《韩诗》本并作'朻',音同,《字林》已周反。"

41. 页五三,九行　《禹贡》:"淮海惟扬州,厥木惟乔,厥草惟夭。"

正:整理者在"淮海"左旁加专名号,淮海不是一处,淮指淮河,海指南海,则此专名号显当断开。

螽斯

42. 页五六,五行　陆机《疏》云:"幽州人谓之春箕。春箕即春黍,蝗类也。长而青,长角,长股,股鸣者也。"

补:"股鸣",底本即十行本作"肱鸣",元刊明修本、文物本、闽本、阮本皆同,明监本、毛本作"股鸣",阮记云:"闽本同,明监本、毛本'肱'作'股',案:'股'字是也,郑《考工记·梓人》注云:股鸣,蚣蝑动股属。"《要义》引此作"股鸣",《释文》、单疏本《尔雅疏》引陆机《疏》皆作"股鸣",底本此处显讹。上古本整理者径改"肱"作"股",而不出校,既未参考《要义》,又置阮记若不见,何其疏漏草率!

桃夭

43. 页五八,十六行　《书》曰:"有鳏在下,曰虞舜。"《唐传》:孔子曰:"舜父顽,母嚚,不见室家之端,故谓之鳏。"

补:"唐传"诸本皆同,然何书竟有此书名,颇令人怀疑,检《四部丛刊》三编影印宋刊单疏本《尚书正义》卷二"传师众至言之"条云:

"《书传》称孔子对子张曰：舜父顽、母嚚，无室家之端，故谓之鳏。"则"唐"显为"书"字之讹，阮记、上古记皆失校。

校勘记

44. 页六，至六一［一］一本作最 阮本同。马瑞辰《毛诗传笺通释》卷二："《玉篇》、《广韵》并以'藂'为'丛'之俗。'聚'与'冣'古字通用。《公羊传》注：'冣，聚也。'《颜氏家训》谓冣即古聚字。《说文》：'攒，聚是也。'《小尔雅》：'冣、聚，丛也。'故《传》从木或从俗作'藂'，又通作'冣'。今本作'最'误矣。"

按：据上古本《校点前言》五（四）"采用前贤的校勘成果主要有"所列：清马瑞辰《毛诗传笺通释》，陈金生点校，中华书局1989年版（简称马瑞辰《通释》），则此处马瑞辰《毛诗传笺通释》当指此本，不知为何不用简称？又检此本《通释》原作："《玉篇》、《广韵》并以藂为丛之俗。聚与冣古字通用。《公羊传》注：'冣，聚也。'《颜氏家训》谓冣即古聚字。《说文》'攒，冣也'，《广韵》作'攒，聚'是也。《小尔雅》：'冣、聚，丛也。'故《传》'丛木'或从俗作藂，因省作聚，又通作冣。今本作最，误矣。"（页三七）上古记所引马说脱谬殊甚竟一至于此。又，非仅阮本同十行本，诸本《注疏》及《释文》皆同作"一本作最"。黄焯《经典释文汇校》第五云："案：最在泰部，与丛声义并殊，吴承仕以此为疑，黄云：最亦从取声，何不可通，盖以取在侯部，与东部固为对转耳。"（中华书局1981年版，第46页）则马说未必可信。

45. 页六一［五］言后妃嗟呼而叹 阮本同。阮校云："闽本、明监本、毛本'呼'作'吁'。案所改是也。"

按：明监本作"呼"，不作"吁"，阮记误之于前，卢记承之于后，上古本整理者亦不检核原文，遂一仍其旧，终致谬种流传。

46. 页六一［七］金罍大夫器也 阮本同。黄焯《诗疏平议》卷一云："许慎《五经异义》引《韩诗说》云：'金罍，大器也。'《正义》本'大夫器'，夫字衍。下既云诸侯大夫皆以金，此不得云大夫器也。《周礼·司尊彝》疏引无'夫'字，是也。"

按：《要义》、十行本、元刊明修本、文物本、闽本、明监本、毛本及阮本皆作"大夫器"，又《尔雅疏》引《五经异义·罍制》此文亦作"大夫器"。十行本原文云："故《异义·罍制》：韩诗说：金罍，大夫器也，天子以玉，诸侯、大夫皆以金，士以梓。"若无"夫"字，则金罍为大器，难道天子之玉罍为大大之器乎？古人遣词岂至于此？韩诗此处所云"金罍，大夫器也"，乃因解释经文诗句"我姑酌彼金罍"而发，经文意指后妃祈愿我君设飨燕之礼犒赏使臣，而用此金罍以酌酒，天子之使臣，大夫也，非诸侯也，故韩诗云金罍大夫器也，复又补充说明天子、诸侯大夫、士用罍制之异。本训义明析，何来衍文之有，黄氏自作聪明，望文生义耳。浦镗《正字》卷二十七谓《周礼疏》"韩诗说金罍大夫器""脱'夫'字"，是也！

47. 页六一[八] 则以上同用梓而加饰耳 "饰"原作"饵"，据闽本、明监本、毛本、阮本改。

按：《要义》引此作"饰"，上古记漏列之。

48. 页六一[一〇] 似葛之草草木疏云 "草"字原不重，阮本同。阮校云："毛本'之'作'类'，案《释文》云'似葛之草也'，是草字宜重。毛本亦非"据补。

按：闽本、明监本皆作"似葛类"，不独毛本也，上古记所引阮校实卢记所补，而仅举毛本，似不妥。

49. 页六一[一一] 一名巨荒，"荒"原作"瓜"，阮本同。阮校云："闽本、明监本、毛本'瓜'作'苽'。案皆误也。当作'荒'，《易释文》、《齐民要术》可证。"《诗三家义集疏》引《易·困卦》释文、臧镛堂言并作"巨荒"。今据改。

按：上古记"《诗三家义集疏》引《易困卦》释文"云云，难道《易释文》乃亡佚之书，非得从王先谦《集疏》所引方能见之？而臧镛堂言又不知何所指。检王先谦《集疏》引陈乔枞语内有小注云："'巨荒'，今文并作'巨苽'。《易·困卦释文》'苽'作'荒'，不误……臧镛堂云：'宋椠传笺本载《释文》作"巨荒"①，不误。'"（中华书局1987年版，第33页）上古记不明白具录，使读者不知所云。本经《释文》即语："蘻，本作欒，力轨反，似葛之草也，《草木疏》云：一名巨荒"，巾箱本、监图本、纂图本此皆宋椠，俱录《释文》作"一名巨荒"，阮记、

---

① 此句原本点作"宋椠《传》、《笺》本载《释文》作'巨荒'"，不知何意，臧氏所言乃指宋刊传笺本所附录之释文，乃与宋刊注疏本等有所区别，岂能将此处之传笺视为毛《传》、郑笺？毛《传》、郑笺如何能载唐人之《释文》？此处标点大谬！

卢记所撰时或无法获见此诸本，上古本《校点前言》五明明列有巾箱本及《释文》，整理者为何不引以证之？

50. 页六一［一二］降尔遐福 "尔"原作"迩"，阮本同。阮校云："闽本同，明监本、毛本'迩'作'尔'。案'尔'是也"。今按：《天保》篇作"降尔遐福"。据改。

按：阮记、卢记皆录此条，作"案尔字是也"，上古记援引阙"字"字。

51. 页六一［一三］斯尔雅作蜇 "斯"字原脱，闽本、明监本、毛本、阮本同。据《库》本、《经典释文》补。

按：巾箱本作"斯尔雅作蜇"，有"斯"字，上古记漏列。又监图本作"又尔雅作蜇"，纂图本作"尔雅作斯"，则从"斯"到"又"，从"又"至无，此间似有逐渐变化的过程，而《注》《疏》合刻本或即据纂图本插入《疏》文，故阙"斯"字也。

52. 页六二［一四］大姒嗣徽音 "姒"原作"似"，据阮本改。

按：《要义》引作"大姒嗣徽音"，又元刊明修本、文物本与底本同，皆作"似"，闽本、明监本、毛本、阮本皆作"姒"。又底本《周南召南谱》亦作"大似嗣徽音"，上古本竟未出校而径改为"姒"（页六），何此处出校，而彼处径改？

53. 页六二［一五］幽州谓之春箕 "春"原作"舂"，据阮本、《经典释文》改。

按：十行本原文作"《草木疏》云：幽州谓之舂箕"，"舂"字左旁有一小圈，右边则注了一"春"字，意味此处当作"春"，上古记对此只字未提。又，本段孔《疏》亦引陆机《疏》云："幽州人谓之春箕"，自应据之以证，上古记又不言，而仅引阮本、《经典释文》，而上古本《校点前言》五（四）"采用前贤的校勘成果主要有"列有《经典释文》凡三种，云："南朝陈陆德明《经典释文》，宋刻宋元递修本，上海古籍出版社1985年（简称宋本《释文》）。陆德明《经典释文》徐本，黄焯断句，中华书局1983年（简称徐本《释文》）。陆德明《经典释文》卢本，《丛书集成初编》本（简称卢本《释文》）。以上三种版本同时使用时，总称《经典释文》。"据此，则此条上古记所谓《经典释文》，当指所列三种。然而，检宋本《释文》却作"舂箕"（第209页），并不作"春箕"，上古本整理者颇有造假之嫌。又，巾箱本此处亦作"春箕"，上古记复漏列。

54. 页六二［一六］其股似瑇瑁叉 "叉"原作"又"，阮本同。阮校云："闽本、明监本、毛本同。案：又，当作'叉'，形近之讹。"今据阮校改。

按：上古本《校点前言》五（四）"采用前贤的校勘成果主要有"列有阮校凡两种，云："清阮元《十三经注疏校勘记》之《毛诗注疏校勘记》，《清经解》本（简称'阮校'）。清阮元《十三经注疏校勘记》之《毛诗注疏校勘记》，中华书局影印阮刻《十三经注疏》本（亦称'阮校'）。"且不说《清经解》与中华影印本阮刻《十三经注疏》均未交代版本信息，二者所录《毛诗注疏校勘记》实有本质的区别，前者是单行本《校勘记》，主要有文选楼刻本与《清经解》本，后者是阮元重刊《十三经注疏》时由卢宣旬摘录且补充前者而成之《校勘记》，岂可彼此不分、混为一谈？整理者真太过昏聩也。检《皇清经解》本《毛诗注疏校勘记》"其股似瑇瑁又"条云："闽本、明监本、毛本同。案：'又'当作'文'，形近之讹。"（凤凰出版社 2005 年影印本，第 6733 页）又，阮刻《十三经注疏》本《毛诗注疏校勘记》"其股似瑇瑁又"条云："闽本、明监本、毛本同。案：'又'当作'又'①，形近之讹。"（中华书局 1980 年影印本，第 280 页）两种《校勘记》一作"'又'当作'文'"，一作"'又'当作'又'"，皆非上古记所引阮校之所谓"'又'当作'叉'"，令人无法理解。今检本校所据阮记，即文选楼本《毛诗注疏校勘记》此处正作"'又'当作'叉'"，则上古记所谓阮校当指此本，而非其《校点前言》所言两种。考浦镗《正字》云："文误又"，则"'又'当作'文'之说"似昉于此，而"'又'当作'叉'"则似昉于阮记臆度，卢记承之而误作"'又'当作'又'"，至于《清经解》本《校勘记》则似觉察阮记之难信，遂取《正字》之说，而改作"'又'当作'文'"，错综纷纭，辗转变化，而上古记所云更是混淆视听，而竟轻改原文，谬孰甚焉！十行本原文作"陆机《疏》：幽州人谓之春箕……或谓似蝗而小，班黑，其股似瑇瑁，又五月中以两股相切作声，闻数十步是也"，其中"又"字，《尔雅疏》引《草木疏》作"又"，《要义》所引、十行本以下诸注疏本皆作"又"，则此"又"字绝非"文""叉"之讹也，则"又"

---

① "'又'当作'又'"，不辞，本校所据卢记亦然。

字属下，"其股似瑇瑁"为句，八行本《春秋正义》桓公五年经文孔《疏》引陆机《毛诗疏》云："其股状如瑇瑁又五月中"（北京图书馆出版社2003年影印国家图书馆藏宋庆元六年绍兴府刻宋元递修本），景钞单疏本《春秋正义》（《四部丛刊续编》本）同，"其股似瑇瑁"即"其股状如瑇瑁"也。

55. 页六二［一七］夭夭少壮也说文作枖　"夭夭少壮也"五字原脱，闽本、明监本、毛本、阮本同。据《经典释文》补。

按：十行本本为经注本插入《疏》文而成，其释音文字当从经注本而来，十行本原文作："桃夭，于骄反，桃，木名，《说文》作枖，云木少盛貌"，元刊明修本、文物本及以下诸本皆同。巾箱本则作"夭，于骄反，《说文》作枖，云木少盛貌"，监图本作"桃夭，于骄反，桃，木名，《说文》作枖，云木少盛貌"，纂图本同，则十行本释文当据类似监图本、纂图本之经注本，保存了文献嬗变的蛛丝马迹，上古记据《经典释文》以补之，实破坏了文献原貌，且补不胜补，可谓画蛇添足也。

56. 页六二［一八］襄二十七年传曰　"七"原作"八"，阮本同。阮校云："闽本、明监本、毛本同。案浦镗云：'七，误八。'以《左传》考之，浦校是也。"今据阮校改。

［一九］故尔雅云　阮本同。阮校云："闽本、明监本、毛本同。案：'尔'当作'小'。《小雅》者，今在《孔丛》第十一，此其《广名》文也。《狼跋》《文王》《正义》皆云：'肤，美。《小雅·广训》文。'是其证。浦镗云：'"尔雅"上脱"小"字'，非也。唐人如李善《文选注》之类，多称《小雅》。《汉书·志》云'《小雅》一篇'，误本乃作'小尔雅'耳。"

按：《要义》此两处分作"八""尔雅"，与十行本及以下诸本皆同，上古记漏列。检《正字》云："'尔雅'当作'小雅'，谓孔鲋《小尔雅》也。案：《广名》篇云：凡无妻无夫通谓之寡，寡夫曰甇，寡妇曰嫠。"据此，则浦镗亦认为当作"小雅"，并未说"尔雅"上脱"小"字，阮记误读《正字》而驳之，殊无谓也。又，宋刻《孔丛子·小尔雅第十一·广义篇》云："凡无妻无夫通谓之寡，寡夫曰甇，寡妇曰厘。"（北京图书馆出版社2004年影印上海图书馆藏宋刻本）则是《广义》篇，《宛委别藏》本《孔丛子》（江苏古籍出版社1988年影印本）同，《广名》本为《广义》后一篇，浦镗错《广义》为《广名》也，阮记不查，不明引

《正字》之文，径直称"此其《广名》文也"，误甚，上古记不加检核，又一仍其误，谬种相因也。

57. 页六二［二〇］无无主妇 原脱一"无"字，阮本同。阮校云："闽本、明监本、毛本同。案：浦镗云：'脱一"无"字。'以《礼记》考之，浦校是也。"今按：《礼记·曾子问》作"宗子无无主妇"，据补。

按：今本《礼记·曾子问》皆作"宗子虽七十，无无主妇"，上古记谓"宗子无无主妇"，不知何据。

58. 页六二［二一］踰时妇人皆得以年盛时行也 阮本同。阮校云："闽本、明监本、毛本同。小字本、相台本'踰'作'喻'，《考文》古本同。案：'喻'字是也。山井鼎云：'诸本皆误。'但据注疏本而言耳。"

按：巾箱本作"喻"，上古记漏列，监图本、纂图本皆作"喻"。又，通检《毛诗》郑笺，行文多有"兴者，喻某某"之语气者，则此书例亦可为证。

59. 页六二［二二］谓年时俱善为异 阮本同。阮校云："闽本、明监本、毛本同。案：'善'，当作'当'，考《正义》上下文可证。"

按：阮校此言不确，自十行本、元刊明修本、文物本至明清诸本皆作"善"，无文献版本依据而遽定"善"字为非，妄矣。十行本《桃夭》首章"之子于归，宜其室家"，毛《传》："无踰时者"，郑笺："宜者，谓男女年时俱当。"《正义》："毛以为……此行嫁之子，往归嫁于夫，正得善时，宜其为室家矣。郑唯据年月不同，又'宜者'谓年时俱善为异。"孔《疏》此言乃为分别毛《传》、郑笺而发，毛《传》解宜者偏重于出嫁时间为善，所谓"正得善时"也；郑笺解宜者兼顾年时与月时，即嫁娶双方年龄为善，出嫁时间亦善，所谓"年时俱善"也；此处"俱善"之善正配前文"善时"而来，乃孔《疏》释解郑笺"俱当"之义，否则孔《疏》徒重复笺语又有何意义？故此《疏》文作"俱善"不误。《正字》于此处云："善，笺作当"，而不直云误，盖见浦镗之审慎也。

60. 页六二［二四］家犹夫也犹妇也 阮本同。阮校云："闽本、明监本、毛本同。案：'犹妇'上当脱'人'字。"

按：《正字》云："《疏》'犹妇也'，上当脱'室'字"，《正义》原文："此云'家人'，家犹夫也，犹妇也，以异章而变文耳。"《正字》谓脱"室"字，不合原文文气，阮记似承《正字》而改之，检《集解》卷二录宋人李樗云："'家人'言一家之人尽以为宜也［孔氏］以'家犹夫，人犹妇'，此又不然。"据此，宋人所见孔《疏》原文当作"人犹妇"，阮记谓脱"人"字，是也。卢记"人"字讹作"入"，甚非。

卷一之三

兔罝

61. 页六五，五行　《释宫》云："一达谓之道路，二达谓之歧旁。"郭氏云："岐道旁出，三达谓之剧旁。"孙炎云："旁出歧多，故曰剧。"四达谓之衢。郭氏云："交道四出。"五达谓之康。孙炎云："康，乐也。交会乐道也。"六达谓之庄。孙氏云："庄，盛也。道烦盛。"七达谓之剧骖。孙氏云："三道交，复有一歧出者。"八达谓之崇期。郭氏云："四道交出。"九达谓之逵。郭璞云："四道交出，复有旁通者。"

正：此段疏文，实际上是将《尔雅·释宫》相关文字与郭注、孙说穿插引用，排比而成，整理者既不知彼此，又不明起始，混淆经注，乱点一气，董理文献，岂同儿戏？今正之，当点作："《释宫》云：'一达谓之道路，二达谓之歧旁'，郭氏云：'岐道旁出'。'三达谓之剧旁'，孙炎云：'旁出歧多，故曰剧'。'四达谓之衢'，郭氏云：'交道四出'。'五达谓之康'，孙炎云：'康，乐也，交会乐道也'。'六达谓之庄'，孙氏云：'庄，盛也，道烦盛'。'七达谓之剧骖'，孙氏云：'三道交，复有一歧出者'。'八达谓之崇期'，郭氏云：'四道交出'。'九达谓之逵'，郭璞云：'四道交出，复有旁通者'。"

62. 页六五，八行　庄二十八年《左传》楚伐郑，"入自纯门，及逵市。"杜预云："逵，并九轨。"案《周礼》"经涂九轨"，不名曰逵，杜意盖以郑之成内不应有九出之道，故以为并九轨。于《尔雅》则不合也。

补：郑之成内之"成"，元刊明修本、文物本同，闽本、明监本、毛本、阮本皆作"城"，揆诸上下文，显当作"城"，又宋刊单疏本《尔雅疏》引此疏文亦作"城"，上古本仍底本作"成"，而不出校勘记，误甚！

芣苢

63. 页六八，一行　王肃引《周书·王会》云："芣苢，如李，出于西戎。"王基驳云："《王会》所记杂物奇兽皆四夷远国，各贵土地异物以为贡贽，非《周南》妇人所得采。"是芣苢为马舄之草，非西戎之木也。

汉广

64. 页七二，七行　《鸱鸮》云"予室翘翘"，即云风雨所漂摇，故《传》曰："翘翘，危也。"

正：《鸱鸮》诗云："予室翘翘，风雨所漂摇"，"予室翘翘"既有引号，则"风雨所漂摇"无由不加引号，故当作"《鸱鸮》云'予室翘翘'，即云'风雨所漂摇'，故《传》曰：'翘翘，危也'。"

汝坟

65. 页七四，九行　知此"道"非"言道"之"道"者，以诸《叙》言"道"者皆为言，不为道耳。

正：整理者不知此处所谓"道"与"言道"之"道"究竟有何区别，故误加标点，遂有"言'道'者皆为言"之怪说，原句当作"知此'道'非'言道'之'道'者，以诸《叙》'言道'者皆为言，不为道耳"。

麟之趾

66. 页七八，十三行　止，本亦作趾，两通之。应，"应对"之应。

正：检宋本《释文》，"之应"为大字，"应对之应"为小注，又应对非特指，无须加引号，则此句当作"止，本亦作趾，两通。之应，应对之应"。

67. 页七九，十行　信厚如麟，时实不致麟，故张逸问《麟趾》义云："《关雎》之化，则天下无犯非礼，虽衰世之公子皆信厚，其信厚如《麟趾》之时。《笺》云：'喻今公子亦信厚，与礼相应，有似于麟'，唯于此二者时《关雎》之化致信厚，未致麟。"答曰："衰世者，谓当文王与纣之时。而周之盛德，《关雎》化行之时，公子化之，皆信厚，与礼合。古太平致麟之时不能过也。"由此言之，不致明矣。

正：此段乃孔《疏》引张逸问及郑玄之答词以证虽信厚而不致麟也，检《麟之趾·小叙》云："关雎之化行，则天下无犯非礼，虽衰世之公子，皆信厚，如麟趾之时也"，此即张逸问所谓"《麟趾》义"也，整理者不晓《疏》义，而点作"张逸问《麟趾》义云"，此下文字皆为"未致麟"而发，与《麟趾》义何干？又既是张逸问，则必有疑问，问在何处，观此不明，张逸本意乃既皆为《关雎》化行而致信厚，为何彼时致麟，此时不致？郑玄答则此乃衰世，虽有《关雎》之化，故公子皆信厚，但与彼时太平之世而致麟，仍有不同，此即所谓"不能过也"，不能过即不能达到彼时之太平也，孔《疏》下文又云："古太平时，行《关雎》之化至极，能尽人之情，能尽物之性，太平化洽，故以致麟。文王之时，殷纣尚存，道未尽行，四灵之瑞不能悉致。《序》云'衰世之公子'，明由衰故不致也。"此即阐述郑答，义遂昶达，故原文当作"信厚如麟，时实不致麟，故张逸问：'《麟趾》义云："《关雎》之化，则天下无犯非礼，虽衰世之公子皆信厚，其信厚如《麟趾》之时"，笺云："喻今公子亦信厚，与礼相应，有似于麟"，唯于此二者时，《关雎》之化致信厚，未致麟？'答曰：'衰世者，谓当文王与纣之时，而周之盛德，《关雎》化行之时，公子化之，皆信厚，与礼合。古太平致麟之时，不能过也。'由此言之，不致明矣。"

召南·鹊巢

68. 页八二，十行　案尸鸠有均一之德，饲其子。

补：饲，底本作"飬"，元刊明修本作"飼"，文物本作"饲"，闽本、明监本、毛本、阮本同；监图本作"饮"，纂图本同，宋本《释文》亦作"饮"，作"饮"是，上古本径改底本，而不出校，误甚。

69. 页八四，十行　《左传》曰，凡公女嫁于敌国，姊妹则上卿送之，公子则下卿送之。于大国，虽公子亦上卿送之。

正：《疏》文所引，乃桓公三年《左传》文，其云："凡公女嫁于敌国，姊妹则上卿送之，以礼于先君，公子则下卿送之，于大国，虽公子亦上卿送之。"则与《疏》文所引几乎相同，故当施以引号，作"《左传》曰：'凡公女嫁于敌国，姊妹则上卿送之'，'公子则下卿送之，于大国，虽公子亦上卿送之'"。

采蘩

70. 页八六，十四行　经有三"于"，《传》训为"于"，不辨上下。《笺》明下二"于"为"于"，上"于"为"往"，故迭经以训之，言"往"足矣。兼言"往以"者，嫌"于以"共训为往，故明之。

正：此段孔《疏》，释《传》、笺训"于"之异也，本诗云"于以采蘩，于沼于沚"，《传》云："于，于"，笺云："于以，犹言往以也"，所谓"迭经以训之"，乃联经文"于以采蘩"之"以"于"于"以训之之义，以明"于以"之"于"乃"往"义，非"于沼于沚"之二"于"乃"于"义，二者有别也，故此处"以"必加引号以明《疏》文释笺之旨，非通称之副词也。又"言'往'足矣"，文气与下句直贯，"兼言'往以'者"，乃指笺释"于以"之"于"为"往"，已然明了，而作"往以"的原因是，郑玄"嫌'于以'共训为往"，害怕使人误认"于以"二字即"往"义，所以用"往以"二字明之。上古本整理者，将"言'往'足矣"属上句，何割裂原文之甚也！原句当作"经有三'于'，《传》训为'于'，不辨上下。笺明下二'于'为'于'，上'于'为'往'，故迭经以'以'训之。言'往'足矣，兼言'往以'者，嫌'于以'共训为往，故明之。"

71. 页八七，十二行　祭事毕，夫人绎祭服而去髲髢，其威仪祁祁然而安舒，无罢倦之失。

正：绎，底本做"释"，今所见各本均作"释"，上古本无中生有、新滋谬误，令人无语！又下《疏》文，两次引用笺语作"祭毕，释祭服而去"，则"去"当句，"髲髢"属下也。整理者对本诗"被之僮僮，夙夜在公。被之祁祁，薄言还归"究竟何义，可谓大段不甚了了，《疏》文解之明矣，其云"言夫人首服被鬄之饰，僮僮然甚竦敬乎，何时为此竦敬？谓先祭之时，早夜在事，当视濯溉饎爨之时，甚竦敬矣。至于祭毕，释祭服，又首服被鬄之释（此释字当作饰，阮记所云是也），祁祁然有威仪，何时为此威仪乎？谓祭事既毕，夫人云薄欲还归，反其燕寝之时，明有威仪矣"。则祭日之前，夙夜，夫人首服被鬄之饰，僮僮然；正祭之时，据下《疏》所解，夫人狄衣，首服副，本诗未及此事；祭毕之后，夫人释祭服而去，又首服被鬄之饰，祁祁然。故《疏》文反复论证经文之"被"，即"髲鬄"，故"被之僮僮""被之祁祁"均指夫人首服被鬄之饰而僮僮然、祁祁然也，则何"去髲髢"之有？故谓整理者于经义大段不甚了了也。原句当作"祭事毕，夫人释祭服而去。髲髢，其威仪祁祁然而安舒，无罢倦之失"。

72. 页八八，五行　案《少牢》作"被锡"，注云：被锡，读为髲鬄。古者或剔贱者刑者之髪，以被妇人之紒为饰，因名髲鬄焉。此《周礼》所谓"次"也。

正：注云下文皆郑玄语，上古本不加引号，使人不知起讫，理当正之，作"案《少牢》作'被锡'，注云：'被锡，读为髲鬄，古者或剔贱者、刑者之髪，以被妇人之紒为饰，因名髲鬄焉。此《周礼》所谓"次"也。'"

73. 页八八，十四行　王非正祭不服衮，夫人非正祭不服狄衣明矣。且狄首服，副非被所当配耳，故下《笺》云"夫人祭毕，释祭服而去"是也。

正：《周礼·追师》云："掌王后之首服，为副、编、次"，注："副之言覆，所以覆首为之饰，其遗象若今步繇矣，服之以从王祭祀……次，次第髪，长短为之，所谓髲鬄"，副为夫人首服之饰，与王后同服以从王祭祀，故夫人正祭服狄衣，首服副，则此处"副"显当上属。又据上文四十三条所正，被指"髲鬄"，亦即《追师》之"次"，正祭之时，首服为副，祭毕之后，释祭服，而首服被鬄之饰，为次，被与次配，故《疏》文云"且狄首服副，非被所当配"，则原句当作"王非正祭不服衮，夫人非正祭不服狄衣，明矣。且狄首服副，非被所当配耳，故下笺云'夫人祭毕，释祭服而去'是也。"

74. 页八九，十一行　不约《少牢》者，以《少牢》先夕无事，所以下人君祭之日，朝乃饔人溉鼎，廪人溉甑，无主妇所视，无馈曩之文。故郑不约之。

正：下人君祭之日，文辞不顺，不知所云。检《仪礼·少牢馈食礼》，郑注有云："大夫下人君，祭之朝乃视濯，与士异"，贾《疏》云："'云祭之朝乃视濯与士异'者，亦是士卑得与人君同，祭前一日视濯，大夫尊，不敢与人君同，故与士异也。云'与士异'，亦是'下人君'，'下人君'亦是'与士异'，互换省文为义也"，又《周礼·太宰》，贾《疏》云："《仪礼·特牲》亦云：前祭日之夕，视壶濯及豆笾，士卑得与人君同，《少牢》：大夫礼，当祭日溉祭器者，下人君也。注又云'涤濯谓溉祭器及甑甗之属',知然者,案:《少牢》饔人溉鼎匕俎,廪人溉甑甗,司宫溉豆笾及勺爵,此不言匕俎、豆笾、勺爵者,'之属'中含之。"据此,所谓"下人君",实指大夫正祭之日方视濯,而人君却于祭前一日视濯,大夫下人君一等也,此乃二者之别,故《少牢》所述属大夫礼,与此诗文王之礼不合,本诗乃夫人祭前之日视濯也,故郑氏不约《少牢》也,此孔《疏》之旨,故"下人君"当断,绝不可与"祭之日"相联,则原句当作"不约《少牢》者,以《少牢》先夕无事,所以下人君,祭之日,朝乃饔人溉鼎,廪人溉甑,无主妇所视,无饎爨之文,故郑不约之"。

校勘记

75. 页九十［一］折之设反 "设"原作"役",阮本同。据《经典释文》改。

页九十［四］纣直九反 阮本同。《经典释文》"九"作"久"。

页九十［五］此以意改尔 阮本同。《经典释文》"尔"作"耳"。

按:"折之设反","设",闽本、明监本、毛本,巾箱本、监图本、纂图本同,十行本、元刊明修本、文物本、阮本皆作"役",上古记漏列诸本情况。"纣直九反",诸本皆同,上古记漏列诸本情况。"此以意改尔",诸本皆同,惟监图本作"耳",上古记漏列诸本情况。

76. 页九十至九一［九］斩而复生曰肄 "斩"原作"渐"。阮本同。阮校云:"毛本'渐'作'斩'。案:'斩'字是也。"据阮校、《四部丛刊》本改。

按:此阮校为卢记所补,不独毛本、巾箱本、闽本、明监本、监图本、纂图本皆作"斩",文物本此页为明人重修亦作"斩",元刊明修本作"渐"。上古记漏列诸本情况。检《释文·春秋左传音义四》"肄"条云:"毛《传》云:斩而复生曰肄。"又本诗上章《正义》云:"下章言条肄,肄,余也,斩而复生是为余也",《要义》引之同。则作"斩"是。

77. 页九一［一一］序本或直云麟趾 阮本同。《经典释文》云:"序本或直云'麟止'。止,本或作'趾',两通。"

按:上古本此句原文作"《序》本或直云'麟趾'［一一］无'之'字。止,本亦作趾,两通之。应,'应对'之应。《序》注及下《传》'应礼'同。"上古记既引《经典释文》至"两通",则此［一一］理当移至"两通"之后,此其误一;检上古本所据《经典释文》三种,此句皆作"《序》本或直云'麟止',无'之'字,止,本亦作'趾',两通",则上古记漏引"无之字"三字,且误"亦"为"或",此其误二;本诗《毛序》云:"《麟之趾》,《关雎》之应也",又《释文》"之应"为大字其下小注云:"'应对'之应,《序》注及下《传》'应礼'同",则上古记此处将"之"字属上,谬甚,此其误三。阮记云:"《释文》云:《序》本或直云'麟止',无'之'字。考《正义》云'此《麟趾》处末者',是《正义》本无'之'字,标起止云'麟之趾三章',衍也",此语毫无版本依据,陆元朗云"本或直云'麟止',无'之'字",则其所见本有"之"字,又《正义》明标起止云"麟之趾三章章三句",正可为证,而《疏》文所云"麟趾"者,省文也,岂可视为篇名之证?卢记又补云:"案:'或直云麟止',止字此误作'趾'",检纂图本与《释文》同,十行本、元刊明修本、文物本、阮本同作"《序》本或直云'麟趾',无'之'字,止,本亦作'趾',两通",明监本、毛本作"《序》本或直云'麟趾',无'之'字,趾,本亦作'止',两通",监图本作"《序》本或直云'麟趾',无'之'字,趾本或作'趾',两通",可谓文字纷纭,难以遽定,上古本则漏列诸本情况。

78. 页九一[一二]额也 "额"原作"頟",阮本同。阮校云:"卢本'頟'作'额',案所改是也"据改。

按:上古记此条所引阮校实为卢记,其补阮记云:"《释文挍勘》:'通志堂本同,卢本"頟"作"额",案所改是也。'"则卢氏乃转引《宋本十三经注疏并经典释文挍勘记·毛诗释文挍勘记》,上古本《校点前言》五(四)"采用前贤的校勘成果主要有"明明列有"清阮元《毛诗释文挍勘记》,《清经解》本",则此处当引《毛诗释文挍勘记》,而非阮校也。又,此处所谓"卢本",当指卢文弨《抱经堂丛书》本《经典释文》,上古记节引卢记遂使读者竟不知所谓。十行本以下诸本皆作"頟",上古本漏列诸本情况。

79. 页九一[一三]此皆君新 阮本同。阮校云:"毛本'新'作'亲',案"亲"字是也,上下文皆可证。"

按:此处所谓阮校,实卢记所补,检不独毛本,闽本、明监本亦作"亲",又《要义》引此作"亲",上古本皆漏列,作"亲"是也。

80. 页九一[一四]共有之 共,阮本作"其"。

按：十行本及以下诸本皆作"共"，上古本《校点前言》五（三）"注疏本主要参校"第一条便列"嘉庆二十年南昌府学本《十三经注疏》本《毛诗注疏》二十卷（简称阮本）"，检阮本此处作"共"，不作"其"。作"其"者，中华书局1980年影印世界书局缩印阮刻《十三经注疏》本《毛诗注疏》也。又，检民国二十四年世界书局缩印本《十三经注疏》本《毛诗注疏》，已作"其"，其书《景印阮刻十三经注疏附校勘记之五大优点》云："一，按阮刻初印本，年代已久，现在重金难觅，粹芬阁主人于清光绪初年向旧藏家购得阮刻初印本，今本局向主人商借付印，以利学子。"据此，世界书局影印底本似当为阮刻《十三经注疏》初印本，亦即嘉庆二十年南昌府学刊本，然此影印本却作"共"，不作"其"，观其书前有朱华临《重校宋本十三经注疏跋》，则其所据底本为道光六年重校本，非嘉庆初刻本，则"共"之改"其"，由来已久，或重校者为之也。则此处上古记所据阮本，究竟是重校本、世界书局本、中华本，不得而知也，可知者，必非其《校点前言》所称之嘉庆本也。

81. 页九一 [一五] 士昏礼从车二乘 "车" 原作 "军"，据阮本、《仪礼·士昏礼》改。

[一六] 妇车亦如之有裧 "裧" 原作 "供"，阮本同。阮校云："闽本、明监本、毛本同。案：浦镗云：'裧，误"供"。'以《士昏礼》考之，浦校是也。"据改。

按：《要义》引作 "车" "裧"，正当据之以证，何上古记均不言也。又前 "车"，闽本、明监本、毛本皆同，何上古记亦并不言也。

82. 页九一 [一七] 经有三于 "于" 原作 "千"，据阮本及上下文意改。

按：十行本作 "三千"，元刊明修本、文物本、闽本作 "亡羊"，明监本、毛本、阮本作 "三于"，其间历经讹变，上古记仅云据阮本，非校勘记之谓也。

83. 页九一 [一八] 主妇设两敦黍稷于俎南 "俎" 原作 "菹"，阮本同。据阮校及《特牲馈食礼》改。

按：《要义》引作 "俎"，正当据之以证，何上古记不言也。

84. 页九一 [一九] 夫人绎祭服而去髲髢 阮本同。《四部丛刊》本 "髢" 下有 "也" 字。

按：上古本之底本即十行本作 "夫人释祭服而去髲髢"，诸本皆同，惟巾箱本"髦"后有"也"字，上古本竟误"释"为"绎"，误甚！

85. 页九一［二一］文王夫人　阮本同。阮校云："闽本、明监本、毛本同。案浦镗云：'王，当"主"字误'，是也"。

按：本诗"被之僮僮，夙夜在公"，笺云："公，事也，早夜在事，谓视濯溉饎爨之事"，《正义》解此云："先夙后夜，便文耳，夜在事，谓先夕视濯溉，早在事，谓朝视饎爨，在事者，存在于此，视濯溉饎爨之事，所谓不失其职也……案：《特牲》：夕陈鼎于门外，宗人升自西阶，视壶濯及笾豆，即此所云夜也；又云：夙兴，主妇亲视饎爨于西堂下，即此所云夙也；以其夙夜之事同，故约之以为濯溉饎爨之事也。《特牲》言濯不言溉，注云：濯，溉也，即濯、溉一也，郑并言耳。《特牲》宗人视濯，非主妇，此引之者，诸侯与士不必尽同。以凡夙夜文王夫人，故约彼夙夜所为之事以明之。"若如《正字》所云易"文"为"主"，"以凡夙夜主王夫人"，又是何义？显悖辞理，而通检所知各本皆作"文王夫人"，无作"主王夫人"者，则浦说又乏文献依据，纯属无端揣测，阮记是之，亦属昏瞶。今检《要义》引《孔疏》作"以此夙夜文王夫人"，此"此"彼"凡"，一字之异，豁然开朗，"以此夙夜文王夫人"者，"以此夙夜乃文王夫人"之省文也，《正义》乃解笺义，意谓郑玄知此从事夙夜之事者实乃文王夫人，所以通过揭示文王夫人之所作所为，亦即笺语"视濯溉饎爨之事"，来表明之，此即《疏》文所谓"以此夙夜文王夫人，故约彼夙夜所为之事以明之"的确切含义，而《疏》文此前大段解释，也是要说明濯溉饎爨为夫人之事。本诗此处之笺、《疏》，正可与郑氏《周南召南谱》《疏》前后相应，《谱》云："初，古公亶父'聿来胥宇'，'爰及姜女'，其后大任'思媚周姜'，大姒'嗣徽音'[1]，历世有贤妃之助，以致其治"，《疏》云："此事皆在《大雅》也，郑言此者，以二国之诗，以后妃、夫人之德为首，《召南》夫人虽斥文王夫人，而先王夫人亦有是德，故引诗文以历言"，本诗《采蘩》为《召南》之诗，《孔疏》谓《召南》夫人为文王夫人，正与《采蘩·疏》云"以此夙夜文王夫人"相证！《谱》又云："文王'刑于寡妻，至于兄弟，以御于家'，是故二

---

[1] 大姒，十行本原作"大似"，元刊明修本、文物本、阮本同；《要义》引作"大姒"，闽本、明监本、毛本，"大似"显误，今据《要义》所引改。又，阮记、卢记，乃至上古记皆未出校。

国之诗以后妃、夫人之德为首,终以《麟趾》《驺虞》,言后妃、夫人有斯德,兴助其君子,皆可以成功,至于获嘉瑞",《疏》云:"此论二国之诗次比之意,'是故'者,缘上事生下势之称,此后妃、夫人皆大姒也,一人而二名,各随其事立称……而二风大意,皆自近及远,《周南》《关雎》至《麟斯》,皆后妃身事……《召南》《鹊巢》《采蘩》,夫人身事",据此段《孔疏》,二南所指之后妃、夫人皆太姒,太姒即文王夫人也,而《采蘩》又为夫人身事,则为文王夫人之身事,此又可证"以此夙夜文王夫人"也!本例若无《要义》存"此",岂得见《孔疏》真貌?正可谓一字千金者也,而若不深思笺、《疏》,又难知的义,故校正经疏,必据善本,又须返身原文,反复涵泳,二者不可或缺其一也!

卷一之四

草虫

86. 页九二,七行　妇人虽适人有归宗之义。

正:此《传》语,孔《疏》释云:"妇人虽适人,若不当夫氏,为夫所出,还来归宗,谓被出也",则《传》义有转折,妇人非适人皆有归宗之义,故不当为一句,当点作"妇人虽适人,有归宗之义"。

87. 页九二,十行　《易》曰:"男女觏积,万物化生。"

正:积,底本作"精",今所存各本《诗》笺无有作"积"者,此例是典型的新造之谬,上古本整理者荒唐甚矣!

88. 页九三,八行　定本云:"阜螽,蠜。依《尔雅》云。"则俗本云"蠜螽"者,衍字也。

正:孔《疏》所谓定本,当指颜师古所定《毛诗》、毛《传》、郑笺之文本,何来《尔雅》云云?此处"阜螽蠜"三字乃毛《传》文,孔颖达意指定本云"阜螽蠜",乃依据《尔雅》作解,而与俗本作"阜螽蠜螽"者不同,故"蠜螽"之"螽"乃衍文也,则原句当作"定本云'阜螽蠜',依《尔雅》云,则俗本云'蠜螽'者,衍字也。"

89. 页九四,十二行　《草木疏》云:"周、秦曰蕨,齐、鲁曰蘩。蘩,卑灭反。本又作'鳖'。俗云其初生似鳖脚,故名焉。"

正:陆玑《草木疏》何时有注音?此处之下引号,显然属"齐鲁曰蕨"而止,其后云云,乃陆德明之语,故原句当作"《草木疏》云:'周、秦曰蕨,齐、鲁曰虌'。虌,卑灭反。本又作'鳖'。俗云其初生似鳖脚,故名焉。"

采蘋

90. 页九六,三行　纳酒浆、笾豆、菹醢

正:此句为郑笺,下文孔《疏》释之云:"观于父母之家祭祀之事,纳酒浆、笾豆菹醢之礼,'酒浆'及'笾豆'皆连上'纳'文,谓当荐献之节,纳以进尸……'笾豆菹醢',菹醢在豆,笾盛脯羞,皆荐所用也,笾不言所盛,文不备耳。"据此,菹醢盛于豆,笾豆菹醢不可相隔,所纳者笾豆菹醢也,则原句当作"纳酒浆、笾豆菹醢"。

91. 页九六,十二行　"织纴组训"者,纽也、组也、纼也,三者皆织之。服虔注《左传》曰:"织纴,治缯帛者。"则纴谓缯帛也。

补:"纽",元刊明修本、文物本同,闽本、明监本、毛本、阮本皆作"纴",观孔《疏》前文所引笺文作"织纴组训",而后文所引服虔注亦为释"纴",则无从有"纽"字,又《要义》所引正作"纴",则底本作"纽"显误,上古本失校,当补。

92. 页九七,一行　纳酒浆、笾豆、菹醢

正:其误与前揭同,当作"纳酒浆、笾豆菹醢"。

93. 页九七,四行　"笾豆菹醢",菹醢在豆,笾盛脯羞,皆荐所用也,笾不言所盛,文不备耳。

补:"菹醢在豆,笾盛脯羞",元刊明修本、明监本、阮本同;文物本、闽本、毛本皆作"菹醢在笾,豆盛脯羞",检《周礼·醢人》:"醢人掌四豆之实,朝事之豆,其实韭菹、醓醢、昌本、麋臡、菁菹、鹿臡、茆菹、麋臡",据此,则菹醢在豆是也,上古本失校,当补。

94. 页九八,五行　祭不于室中者,凡昏事,于女礼设几筵于户外,此其义也与?

正:此郑笺,孔《疏》释之云:"又解正祭在室,此所以不于室中者,以其凡昏事,皆为与女行礼,设几筵于户外,取外成之义。今教成之祭于户外设奠,此外成之义。'与'是语助也。"据此,郑意甚明,旨在说明教成之祭之所以不在室中而在室外者,因其与嫁女昏事之礼相同,皆于室外以表女礼外成之义也。不知郑笺原文何处可玩出疑问之味,又不知

郑玄于此发问于何人，上古本整理者见句末有"与"字，即判其为疑问语，何其不读《疏》文所谓语助之释也！原文当作"祭不于室中者，凡昏事，于女礼，设几筵于户外，此其义也与。"

95. 页一〇〇，五行　《少牢礼》用羊豕也。经云"上利执羊俎，下利执豕俎"，下乃云"上佐食羞两铏， 取一羊铏于房中"，"下佐食又取一豕铏于房中， 皆芼"。

正：检《仪礼·少牢礼》："下佐食又取一豕铏于房中，以从上佐食受，坐设于羊铏之南，皆芼"，则"下佐食又取一豕铏于房中"与"皆芼"非连文，当隔开，故原句当作"《少牢礼》用羊豕也。经云'上利执羊俎，下利执豕俎'，下乃云'上佐食羞两铏，取一羊铏于房中'，'下佐食又取一豕铏于房中'，'皆芼'。"

96. 页一〇〇，十行　《特牲礼》云："设大羹湆于醢北。"注云："大羹湆煮肉汁，则湆汁也。"

正：郑注既云"大羹湆煮肉汁"，辞义已足，何又重复强调"则湆汁也"？检《仪礼·特牲馈食礼》"设大羹湆于醢北"，郑注云："大羹湆煮肉汁"，无"则湆汁也"，则此四字显为孔《疏》据所引郑注得出之结论，上古本整理者既不能体会《疏》文，又不肯一检原书，故有此谬！原句当作"《特牲礼》云：'设大羹湆于醢北'，注云：'大羹湆煮肉汁'，则湆汁也。"

97. 页一〇一，十五行　盖母荐之者，以《士昏礼》云："飨妇，姑荐。"郑注云："舅献爵，姑荐脯醢。"舅飨妇既，姑荐。明父礼女，母荐之可知。

正：检《仪礼·士昏礼》："飨妇，姑荐焉"，郑注："舅、姑共飨妇，舅献爵，姑荐脯醢"，据此，舅、姑飨妇，无有先后，何得点作"舅飨妇既，姑荐"，上古本整理者似乎没有读懂原文，孔《疏》于此处引《士昏礼》及郑注，意在以彼况此，公飨媳妇既然由婆荐之，则父礼女儿也当由母荐之，据彼以明此，可知也，故原句当作"盖母荐之者，以《士昏礼》云：'飨妇，姑荐'，郑注云：'舅献爵，姑荐脯醢'，舅飨妇，既姑荐，明父礼女，母荐之可知"。

98. 页一〇二，六行　自云述毛非《传》旨也。

正：既然自云阐述毛意，何得又自称非《传》旨？揆诸孔《疏》上下文可知，此乃《疏》文之评语，意谓王肃自云阐述毛义，但深析其说，实非毛《传》之本旨。故前后语意有转折，原句当作"自云述毛，非《传》旨也"。

甘棠

99. 页一〇三，十一行　食采为伯，异时连言者，以经召与伯并言，故连解之。

正：食采为伯，连言而义晦，据孔《疏》上文，"食采文王时，为伯武王时"，此即所谓异时者，而连言者，乃指郑笺"食采于召，作上公为二伯"，既食采在文王时，为伯在武王时，本时异而不可并言，今郑笺连言者，孔《疏》以为这是因为本诗"召伯"并言，故其解之亦连言，据此，原句当作"食采、为伯，异时连言者，以经召与伯并言，故连解之。"

行露

100. 页一〇七，一行　是男无家，女无夫，男女相对。男得夫女称家，以男女所以成家。

补：得，元刊明修本、文物本、阮本与底本同，闽本、明监本、毛本作"称"，《要义》引之亦作"称"。此处孔《疏》所言，乃释郑笺"令会男女之无夫家者"，男称夫，女无夫则无男；女称家，男无家则无女，男女不相成，则总谓之无夫家，故作"称"是，或因形近而讹为"得"。上古本失校，当补。

101. 页一〇七，三行　《匏有苦叶》笺云，纳采至请期用昕，明其女也。亲迎用昏，明是婿也。

正：检《匏有苦叶》，"纳采至请期用昕""亲迎用昏"皆是郑笺，则原句当作"《匏有苦叶》笺云：'纳采至请期用昕'，明其女也；'亲迎用昏'，明是婿也。"

102. 页一〇七，十二行　谓媒妁之言不和六礼之来，强委之。

正：此为郑笺，此下孔《疏》详解之云："'六礼之来强委之'者，谓以鴈币，女虽不受，强留委置之……此贞女不从，明亦以六礼委之也……言'六礼之来强委'者，以方为昏，必行六礼，故以六礼言之"，据此，则"六礼之来强委之"为句明矣，上古本整理者既点后《疏》竟忘前笺，何其昏聩如是！原句当作"谓媒妁之言不和，六礼之来强委之"。

103. 页一〇九，一行　币可备也，室家不足。谓媒妁之言不和六礼之来，强委之。

正：误同上条，原句当作"币可备也，室家不足。谓媒妁之言不和，六礼之来强委之"。

104. 页一〇九，一行　《媒氏》注云："纯，实'缁'字也。古'缁'以才为声。纳币用缁，妇人阴也。凡于娶礼，必用其类。五两，十端也。必言两者，欲得其配合之。名十者，象五行十日相成也。士大夫乃以玄纁束帛，天子加以谷圭，诸侯加以大璋。《杂记》曰：'纳币一束，束五两，两五寻。'注云：'十个为束，贵成数也。礼尚俭，两两合其卷，是谓五两。八尺曰寻，一两五寻，则每卷二丈，合为四十尺。今谓之匹，犹匹耦之云与。'"

正：据上古本整理者所作标点，则自"纯实"以至"云与"，皆为《周礼·媒氏》郑注之文，而郑玄于其《周礼》注中竟复称己作之《杂记》郑注为"注云"，岂有是理乎？检《媒氏》郑注"纯，实'缁'字也……《杂记》曰：'纳币一束，束五两，两五寻'，然则每端二丈"，又《礼记·杂记》："纳币一束，束五两，两五寻"，郑注"纳币，谓昏礼纳征也，十个为束，贵成数，两两者合其卷，是谓五两，八尺曰寻，五两五寻则每卷二丈也，合之则四十尺，今谓之匹，犹匹偶之云与"，则孔《疏》乃糅合拼接《周礼·媒氏》郑注、《礼记·杂记》郑注而为一段，上古本整理者不捡原文，以为皆为《媒氏》郑注，谬甚！又"名十者"，《媒氏》经文无以"十"为名者，"名"字当属上句，名为配合之名，乃释"两"字，故原段当作"《媒氏》注云：'纯，实"缁"字也。古"缁"以才为声。纳币用缁，妇人阴也。凡于娶礼，必用其类。五两，十端也，必言两者，欲得其配合之名，十者，象五行十日相成也。士大夫乃以玄纁束帛，天子加以谷圭，诸侯加以大璋。'《杂记》曰：'纳币一束，束五两，两五寻。'注云：'十个为束，贵成数也。礼尚俭，两两合其卷，是谓五两。八尺曰寻，一两五寻，则每卷二丈，合为四十尺。今谓之匹，犹匹耦之云与。'"

羔羊

105. 页一一一，十一行　知在位是卿大夫者，以经陈羔裘卿大夫之服，故《传》曰："大夫羔裘以居"是也。

正：经所陈则惟有羔裘，则原句当作"知在位是卿大夫者，以经陈羔裘，卿大夫之服，故《传》曰：'大夫羔裘以居'是也"。

106. 页一一二，八行　二章《传》云"緎，缝"者，《释训》云："緎，羔羊之缝。"孙炎曰："緎之为界緎。"然则缝合羔羊皮为裘缝，即皮之界緎，因名裘缝云緎。

正：缝合羔羊皮为裘也，岂是裘缝？因緎者缝也，故缝为皮之界緎，则原句当作"二章《传》云'緎，缝'者，《释训》云：'緎，羔羊之缝。'孙炎曰：'緎之为界緎。'然则缝合羔羊皮为裘，缝即皮之界緎，因名裘缝云緎"。

107. 页一一二，九行　《传》于首章先言"紽，数"者以，经云"五紽"，先解五之意，故紽数有五也。

正：以字显当属下，原句当作"《传》于首章先言'紽，数'者，以经云'五紽'，先解五之意，故紽数有五也"。

108. 页一一三，十一行　緎，缝。《尔雅》云："緎，羔裘之缝也。"音符用反。

正：此为陆德明《释文》，按照上古本如此标点，则緎为本字，缝字以下则为陆德明释语，然则检宋本《释文》，"緎缝"是大字，乃引毛《传》之语，作为本字，《尔雅》以下为双行小注，方为陆德明释语，故"緎缝"二字不可点断，原句当作"緎缝，《尔雅》云：'緎，羔裘之缝也'，音符用反"。

109. 页一一四，五行　土则麛裘、青犴褎，以狐白之外，惟麛裘素也。

补：土，元刊明修本、文物本、阮本与底本同，闽本、明监本、毛本作"士"，《要义》引作"士"，此处作"土"显误，上古本失校，当补。

校勘记

110. 页一一八［二］此祭女所出祖也 阮本同。阮校云："闽本、明监本、毛本同。小字本、相台本重'祭'字，《考文》古本同。案：重者是也。《正义》云'知此祭，祭女所出祖者'可证。"

按：监图本、纂图本重"祭"字，《要义》引《疏》文亦作"此祭祭女所出祖者"，皆可为证。

111. 页一一九［五］横污行潦 "行"原作"污"，据阮本及《左传》改。

按：十行本、元刊明修本作"污"，文物本、闽本、明监本、毛本皆作"行"，《要义》亦引作"行"，上古记何仅言据阮本改也？

112. 页一一九［六］毛氏之误 "误"原作"设"，据阮本改。

按：十行本、元刊明修本、文物本皆作"设"，闽本、明监本、毛本皆作"误"，《要义》亦引作"误"，上古记何仅言据阮本改也？

113. 页一一九［八］赤色名赤棠 "棠"原作"裳"，据阮本及上下文意改。

按：元刊明修本、文物本、闽本、明监本、毛本皆作"棠"，《要义》亦引作"棠"，上古记何仅言据阮本改也？

114. 页一一九［九］行露三章一章三句二章六句 "三"原作"二"，据阮本及上下文改。

按：十行本、元刊明修本、文物本作"二"，闽本、明监本、毛本皆作"三"，上古记何仅言据阮本改也？又，《行露》首章为三句，此为显而易见的错误，上古记却云据"上下文"改，想请问，上文在哪里？如何据法？

115. 页一一九［一一］二者皆有似而实非 "二"原作"事"，据闽本、明监本、毛本、阮本改。

按：十行本、元刊明修本、文物本皆作"事"。十行本前此笺云："物与事有似而非者，士师所当审矣"，《孔疏》总述本章经义即采笺意云："穿屋之物、速狱之事，事者皆有似而实非，士师今日当审察之。"此"事者"确当作"二者"，二者，物与事也，即穿屋之物与速狱之事，《孔疏》又解郑笺"物与事有似而非者"云："'物'，谓雀穿屋，'事'，谓速我狱，二者皆'有似'也，穿屋似用角，速狱似有室家也，'而非者'，穿乃用咮，狱乃侵陵。"此句"二者皆'有似'也"之"二者"正与前文"二者皆有似而实非"之"二者"相配，故"事"当作"二"也。

116. 页一一九［一二］因证于角核之处 角，阮本作"埆"。

按：十行本、元刊明修本、文物本、闽本、明监本、毛本皆作"角核"，《要义》引之亦作"角核"，惟阮本作"埆核"，而不明所据。检宋本《读诗记》卷三云："孔氏曰：'郑《异义驳》云：埆者，因证于埆核之处'。"则宋人所见《孔疏》有作"埧核"者。

117. 页一一九［一四］徐吾犯之妹美 "犯"原作"祀"，据阮本及《左传》改。

按：十行本、元刊明修本、文物本皆作"祀"，闽本、明监本、毛本皆作"犯"，《要义》亦引作"犯"，上古记何仅言据阮本改也？

118. 页一一九［一五］取其贽之不鸣 阮本同。阮校云："闽本、明监本、毛本同。案浦镗云：'执，误作"贽"。'以《公羊》注考之，浦校是也。"

按：十行本、元刊明修本、文物本皆作"贽"，《要义》亦引作"贽"，《集解》卷三录宋人李樗云："［孔氏］曰……《公羊传》何休云：羔取其贽之不鸣"，据此，则宋人所见均作"贽"，浦镗云误，未必然也。

119. 页一二〇［一七］韩诗作逶迤 "迤"原作"迄"，闽本、明监本、毛本、阮本同。据《经典释文》改。

按：元刊明修本、文物本、阮本与底本同，皆作"迄"，闽本、明监本、毛本作"迤"，上古记谓此三本作"迄"，不知何据？又监图本、纂图本亦作"迤"。

120. 页一二〇［二〇］笺云非雨靁也 "笺云"二字原在"也"字下，阮本同。阮校云："闽本、明监本、毛本同。案：'笺云'二字当在'非雨靁也'之上，不知者误移于下耳。"今按《云汉·传》："蕴蕴而暑，隆隆而靁，虫虫而热。"笺云："隆隆而靁，非雨靁也，靁声尚殷殷然。"据移。

按：十行本、元刊明修本、文物本、闽本、明监本、毛本以至于阮本，"笺云"皆在"也"字之下，《要义》所引亦同，则阮记以为"笺云"当在"非雨靁之上"绝无版本依据也。检本诗"殷其靁，在南山之阳"毛《传》云："殷，靁声也；山南曰阳；靁出地，奋震，惊百里，山出云雨以润天下"，《正义》解此云："此靁比号令，则雨靁之声，故云'山出云雨以润天下'，《云汉·传》曰'隆隆而雷'，非雨靁也，笺云'雨靁之声尚殷殷然'是也"。又《云汉》"旱既大甚，蕴隆虫虫"毛《传》："蕴蕴而暑，隆隆而雷，虫虫而热"，笺云："隆隆而雷，非雨雷也，雷声尚殷殷然"，单疏本《正义》解此笺云："以雷雨相将，嫌旱不得有雷，故辨之云'非雨雷'，取《殷其靁》以证之，明雷同而事别也"，综上所引可知，《殷其靁》之靁为雨靁，靁声殷殷；《云汉》之雷为旱雷，雷声隆隆；靁、雷名同而义异。为了详加区分，《孔疏》于解《殷其靁》之靁时，援《云汉》之旱雷以作比较，故引其《传》文"隆隆之雷"，遂言此隆隆之声之雷，非雨靁也，那么雨靁又是怎样呢，故又引《云汉》郑笺"雨靁之声尚殷殷然"，意在证明雨靁之声的特征是殷殷然，即本诗"殷其靁"之靁也，至此靁、雷之分，判然可知。此处"非雨靁也"，乃《孔疏》判断之语，非引彼《云汉》笺言也，下文方引之以明其义，明乎此，则知原文本不误也。故传世《注疏》各本及魏鹤山《要义》所引，皆无相异，阮记所云"不知者"，岂顾氏自谓乎！上古记承之，且引《云汉》《传》、笺以证，并误改原文，亦属只知其一不知其二者也！

卷一之五

摽有梅

121. 页一二二，一行　然则男自二十九，女自十五以至十九，皆为盛年其昏自季秋至于孟春，惟其所用，不限其月。

正：皆为盛年，指前句；其昏自季秋至于孟春，领下文；岂可联而不断？原句当作"然则男自二十九，女自十五以至十九，皆为盛年，其昏自季秋至于孟春，惟其所用，不限其月"。

122. 页一二三，四行　又诸经传所以皆云三十、二十，都不言正嫁娶之年，而皆为期尽也。孙卿《家语》未可据信。故据《周礼》三十之男，二十之女，昏用仲春也。

正：此段为孔《疏》文，本诗《小叙》云："《摽有梅》，男女及时也"，则"男女及时"是本诗主旨，而《传》、笺所释迥异，体味孔《疏》前后所述，毛从孙卿、《家语》之说以为首章"其实七兮"谓男年二十七、女年十六七，二章"其实三兮"谓男年二十八九、女年十八九，此两章皆陈男女年盛，为正昏之时，其嫁娶自秋冬至孟春，即从九月至正月皆可为昏；卒章"顷筐墍之"则谓男年三十、女年二十，此时男女已过正昏之时，所谓期尽也，于是采用蕃育之法，则仲春之时，虽已过孟春正昏之限，但因鼓励大龄男女蕃育，亦可成昏，且可不待礼而行之。而郑则以《周礼》为正，以为正昏之时在仲春之月，其时梅实未落，但本诗不陈，首章"其实七兮"谓在树者七，梅落仍少，喻孟夏也，即四月也，二章"其实三兮"谓在树者三，梅落益多，喻仲夏，即五月也，此四、五两月虽非正昏之时，但仍可行嫁娶，过此则不可复嫁；卒章"顷筐塈之"则谓梅十分皆落，梅实既尽，喻季夏，即六月，不可复婚，只得等到明年仲春，因为已经等待了一年则明年仲春之昏，可以不待礼而行之；对于男女成昏之年龄，郑则据《周礼·媒氏》"男三十而娶，女二十而嫁"，以为男女正昏之年，男三十，女二十。则前文所引"又诸经传所以皆云三十、二十，都不言正嫁娶之年，而皆为期尽也"，所谓皆云"三十、二十"，正指《周礼》等经传所谓"男三十而娶，女二十而嫁"，此句毛以为行嫁期尽之年，郑以为正嫁之年，揆诸下文"孙卿《家语》未可据信"，玩味《疏》义，自可知其旨在右郑而疑毛，故绝非肯定语气，而是反问以强调也！又《东门之杨》孔《疏》云："（《家语》）又云：冬合男女，春颁爵位，《家语》出自孔家，毛氏或见其事，故依用焉"，则孔氏不以《家语》为荀卿所作，此处所谓"孙卿《家语》未可据信"，其孙卿指前引孙卿"霜降逆女，冰泮杀止"之说，《家语》指前引《家语》"霜降而妇功成，嫁娶者行焉，冰泮农业起，昏礼杀于此"，二者判然分别，"未可据信"，言此二说不可据信也，故需点断。综上所述，原段当作"又诸经传所以皆云三十、二十，都不言正嫁娶之年，而皆为期尽也？孙卿、《家语》未可据信。故据《周礼》三十之男，二十之女，昏用仲春也"。

123. 页一二五，十行 《周礼》仲春之月，令会男女于是时也。相奔者不禁是也。

正：此句全是《周礼·媒氏》文，当加引号以明之，又"于是时也"，乃启下之语，岂可属上？原句当作"《周礼》：'仲春之月，令会男女，于是时也，相奔者不禁'，是也。"

江有汜

124. 页一三〇，八行 《士昏礼》云："虽无娣，媵先。"言侄若无侄娣，犹先媵。是士有娣，娣但不必备耳。

补："是士有娣"之"娣"，《要义》作"侄"，闽本、监本、毛本同，当作"侄"，详下，上古本失校。

正：所谓"言侄若无侄娣犹先媵"，乃承上文孔《疏》所引《仪礼·士昏礼》"虽无娣，媵先"，考郑注云："古者嫁女必娣、侄从之，谓之媵，侄，兄之子，娣，女弟也，娣尊、侄卑，若或无娣，犹先媵，容之也",又贾《疏》云:"云'侄,兄之子,娣,女弟也,娣尊、侄卑'者,解经云'虽无娣媵先'之义,以其若有姊,乃先媵,即侄也;云'犹先媵,容之也'者,对御,是夫之从者,为后。若然,侄与娣俱名媵,今言'虽无娣媵先',似娣不名媵者,但侄、娣俱是媵,今去娣,娣外唯有侄,经言'媵先'以对御为先,非对娣也,称'媵'以其侄、娣俱是媵也。"据郑注、贾《疏》所释,《士昏礼》所谓"媵先"之"媵"乃指侄,此即孔《疏》所谓"言侄","若无侄",则媵为娣,此娣相对于御妻亦为先,此即所谓"娣犹先媵",则"言侄,若无侄,娣犹先媵",文义晓畅,并无滞隘,且与上文"《士昏礼》云'虽无娣,媵先'"相接,申明媵有娣、侄之义,遂启下文"是士有侄、娣,但不必备耳"。则原句当作"《士昏礼》云:'虽无娣,媵先。'言侄,若无侄,娣犹先媵。是士有侄、娣,但不必备耳"。

125. 页一三〇,十四行　决,古穴反,又音穴。复,扶福反,并白猛反,又步顶反。

正:检宋本《释文》,复入为大字,其下小注释复音为扶福反;并流为大字,其下小注释并音为白猛反,又步顶反。据此,则原句当作"决,古穴反,又音穴。复,扶福反。并,白猛反,又步顶反"。

野有死麕

126. 页一三三,十四行　《传》曰:"尔贡包茅不入,王祭不供,无以缩酒,以供祭祀。"明其絜清。

正:本诗"白茅包之",毛《传》云:"白茅,取絜清也",又《左传》僖公四年,管仲云:"尔贡包茅不入,王祭不共,无以缩酒,寡人是征",则孔《疏》所引《左传》当届"无以缩酒"而止,据此,白茅为祭祀所用,祭祀既取絜清之物,则白茅有絜清之义,可知矣,"以供祭祀,明其絜清",乃孔氏为释毛《传》而发矣,上古本整理者既不检核原典,又不能体味《疏》义,宜其不知引至何处也。原句当作"《传》曰:'尔贡包茅不入,王祭不供,无以缩酒',以供祭祀,明其絜清"。

何彼襛矣

127. 页一三七,二行　言"虽则王姬,亦下嫁于诸侯"者,以诸侯之女嫁于诸侯是其常令,虽则王姬之尊,亦下嫁于诸侯,亦谓诸侯主也。

补："令"，元刊明修本、文物本、闽本、明监本、毛本、阮本与底本同。然检《要义》引作"今"，上古本失校。

正："诸侯之女嫁于诸侯是其常令"，"常令"之说不知何义，据《要义》所引"令"当作"今"，"今"字属下，文义始顺，原句当点作"言'虽则王姬，亦下嫁于诸侯'者，以诸侯之女嫁于诸侯是其常，今虽则王姬之尊，亦下嫁于诸侯，亦谓诸侯主也"。

128. 页一三七，十四行 《巾车》职云："王后之五路：重翟，锡面朱总；厌翟，勒面缋总；安车，雕面鹥总；皆有容盖。"注云："重翟，重翟雉之羽也。厌翟，次其羽使相迫也。勒面，谓以如玉龙勒之韦，为当面饰也。雕者，画之，不龙其韦。安车，坐乘车，凡妇人车皆坐乘。郑司农云：'锡，马面锡也。鹥总者，青黑色，以缯为之。总着马勒，直两耳与两镳。容，谓幨车。山东谓之裳帏，或曰潼容。玄谓朱总、缋总其施之如鹥总，车衡轭亦宜有焉。缋，画文也。盖，如今小车盖也。皆有容有盖，则重翟、厌翟谓蔽也。重翟，后从王祭祀所乘。厌翟，后从王宾飨诸侯所乘。安车无蔽，后朝见于王所乘，谓去饰也。《诗·国风·硕人》曰"翟蔽以朝"，谓诸侯夫人始来，乘翟蔽之车以朝见于君，以盛之也。此翟蔽盖厌翟也。'然则王后始来乘重翟矣。"

补："谓以如玉龙勒之韦"，"玉"，元刊明修本、文物本、闽本、明监本、毛本、阮本皆同。阮记云："案：浦镗云：王误玉。以《巾车》注考之，浦挍是也"，检《要义》所引正作"王"，则作"王"是。上古本失校。

正：此段孔《疏》长篇引用《周礼·巾车》及郑注，郑于注中又引郑司农之语，而上古本整理者竟将"玄谓朱总"以下直至"此翟蔽盖厌翟也"皆视为是郑司农之语，然则郑司农有称郑玄为"玄谓"之理乎？"玄谓"云云，显然是郑玄自称，以别前引郑司农之语，今人《周礼注疏》整理本两种皆以郑司农语至"玄谓"而止（北京大学出版社1999年版，第844页；上海古籍出版社2010年版，第1035页），是也。故原文当改，文烦不录。

驺虞

129. 页一四二，二行 《笺》云：君射一发而翼五豵者，战禽兽之命。

补：豬，阮本同；巾箱本、监图本、纂图本、闽本、明监本、毛本皆作"豝"，《要义》所引同。本诗"壹发五豝"，毛《传》云："豕牝曰豝"，则豝非猪，作"豝"是也，上古本失校。

130. 页一四二，七行 "葭，芦"，《释草》文。李巡曰："苇，初生。"

正：检《尔雅疏》："葭，一名华，即今芦也，苇之未成者"，则苇未成为芦，未成即初生也，则李巡所云"苇初生"正释芦也，岂可点断？故原句当作"'葭，芦'，《释草》文，李巡曰：'苇初生。'"

校勘记

131. 页一四四 [四] 贵臣贱妾也 阮本同。阮校云："闽本、明监本、毛本同。案：浦镗云'贵妾，误"贱妾"'，是也。"

按：《要义》亦作"贵臣贱妾"，上古记漏校。

132. 页一四四 [五] 知三为星者 阮本同。阮校云："闽本、明监本、毛本同。案：浦镗云'心，误"星"'，是也。"今按：据下文，"星"当作"心"。

按：《要义》引作"知三为心者"，上古记何不据此以证，而有据下文云云，显然没有参考魏了翁《毛诗正义》也。又，本诗"三五在东"，毛《传》："三，心；五，噣"，则此"知三为星者"，乃孔《疏》欲解毛《传》之语，据之本可为证，又何烦据下文！

133. 页一四四 [六] 喙在东方正月时 "喙"原作"啄"。据阮本及上下文改。

按：底本为祖，阮本为孙，岂可据孙正祖，以孙改祖？今检所见各本及《要义》皆作"喙"，则底本作"啄"，显误。

134. 页一四四 [七] 不止于心喙也 "止"原作"正"，据闽本、明监本、毛本、阮本改。

按：止，元刊明修本、文物本与底本同，皆作"正"，《要义》引作"止"，揆诸文义，当作"止"。

135. 页一四四 [八] 夫人贵而妾贱 "妾"原作"妄"，据闽本、明监本、毛本、阮本改。

按：妾，元刊明修本与底本同，作"妄"，文物本作"妾"，揆诸文义，当作"妾"。

上海古籍出版社新整理本《毛诗注疏》《周南·召南》点校补正　　175

136. 页一四五［九］前息烛后举烛　"烛"原作"独"，阮本同。阮校云："闽本、明监本、毛本'独'作'烛'。案：所改是也。"据改。

按：《要义》引作"后举烛"，当据之以正，上古记漏校。

137. 页一四五［一〇］皆互举相见之文也　"互"原作"至"。据阮本改。

按：互，元刊明修本、文物本与底本同，皆作"至"；闽本、明监本、毛本作"互"，《要义》引作"皆举相见之文也"。

138. 页一四五［一一］言侄若无侄娣犹先媵　阮本同。阮校云："此当作'言若或无娣，犹先侄媵'，用郑《士昏礼》注也。"

按：若果如阮记所云，何版本之错漏如此之甚也！然，检诸本及《要义》皆与底本同，岂皆错刊？细绎《疏》文，实不误也，所谓"言侄若无侄娣犹先媵"，乃承上文孔《疏》所引《仪礼·士昏礼》"虽无娣，媵先"，考郑注云："古者嫁女必娣、侄从之，谓之媵，侄，兄之子，娣，女弟也，娣尊、侄卑，若或无娣，犹先媵，容之也"，又贾《疏》云："云'侄，兄之子，娣，女弟也，娣尊、侄卑'者，解经云'虽无娣媵先'之义，以其若有娣，乃先媵，即侄也；云'犹先媵，容之也'者，对御，是夫之从者，为后。若然，侄与娣俱名媵，今言'虽无娣媵先'，似娣不名媵者，但侄、娣俱是媵，今去娣，娣外唯有侄，经言'媵先'以对御为先，非对娣也，称'媵'以其侄、娣俱是媵也。"据郑注、贾《疏》所释，《士昏礼》所谓"媵先"之"媵"乃指侄，此即孔《疏》所谓"言侄"，"若无侄"，则媵为娣，此娣相对于御妻亦为先，此即所谓"娣犹先媵"，则"言侄，若无侄，娣犹先媵"，文义晓畅，并无滞隘，且与上文"《士昏礼》云'虽无娣，媵先'"相接，申明媵有娣、侄之义，遂启下文"是士有侄、娣，但不必备耳"。阮记仅因前有《士昏礼》经文，便想当然以为其后定是郑注，遂自作聪明，妄下论断，上古本录之而不置可否，又于原文点作"言侄若无侄娣，犹先媵"，皆不思而致谬之甚者！

139. 页一四五［一二］水枝成渚　"枝"原作"岐"，阮本同。阮校云："小字本、相台本同，案：岐当作'枝'。"今据《四部丛刊》单注本改。

按：此条上古记，有将复杂问题简单化之嫌，阮记原文曰："小字本、相台本同，案：'岐'当作'枝'，《释文》'枝如字，何音其宜反，又音衹',考此读如字者,是也,水枝谓水之分流,如木之分枝耳,《穆天子传》所谓'枝洔',读为其宜反,又音衹,义亦无大异,不当遂作'岐'字。○按:《江赋》曰'因岐成渚',字作岐,亦同。"据此,阮记本身就有两种不同看法,○前案语,乃依据《释文》认定作"枝",○后按语,则依据郭璞《江赋》以为作"岐"亦有书证,此记前说或为顾广圻之校语,后说或为段玉裁之改订,上古记不加辨别,不作说明,断章取义,惟引顾说,未见董理经籍而粗疏如是者!今检诸本,底本作"水岐成渚",元刊明修本、文物本、闽本、明监本、阮本、监图本,皆同,为历代相沿不替之主要形态;毛本、纂图本作"歧"字,为偶见之异文;巾箱本作"枝",《释文》所引同,此亦仅为一别本耳,岂可遽凭之而改《传》文?检南宋尤袤本《文选》卷十二《海赋》"尔其枝岐潭瀹"李善注云:"《管子》:管仲对桓公曰:水别于他水入于大水及海者命曰枝……郭璞曰:水岐成洔,洔小渚也"(北京图书馆出版社 2004 年影印国家图书馆藏宋淳熙八年池阳郡斋刊本),宋刊六臣注《文选》(北京图书馆出版社 2006 年影印国家图书馆藏宋刻本)、宋刊明州本六臣注《文选》(人民文学出版社 2008 年影印日本足利学校藏本)、朝鲜奎章阁活字本六家注《文选》皆同,则枝、岐字异义别,枝者水别出且必入于大水或海洋,因成支流枝出之状;岐则水歧出而已,不必复入他水,正因不复入于他水,故停留为渚,此即本诗郑笺所谓"江水流而渚留",以喻"嫡与己异心,使已独留不行",若作"枝"何得以譬留意?又宋本《读诗记》卷三云:"毛氏曰:渚,小洲也,水岐成渚",可证宋人所见毛《传》作"岐"是也,底本不误,而作"歧"者,显因字形相近而讹也。《释文》作"枝"者,盖陆氏所见本或因《穆天子传》卷一"以饮于枝洔之中"郭璞注云:"水岐成洔,洔小渚也",遂混"岐"为"枝",此误即为《释文》、巾箱本所承,顾千里遂据《释文》以疑《传》文,段茂堂驳之,是也,上古本不详勘诸本,不斟酌段说,仅据巾箱本之误,径改《传》文,无乃太草率乎!

140. 页一四五 [一四] 包谦茆反 "茆"原作"茅",阮本同。据《经典释文》改。

按:今检《毛诗注疏》《毛诗》经注各本皆作"包,逋茅反",上古本整理者竟仅据单行本《释文》而轻改原文,混淆两大版本系统,谬甚!又宋本《经典释文·毛诗音义上》大字"苞",下小注云"逋茆反",上古本整理者据"茆"改"茅",而于"包"、"苞"二字之异,不措一词,绝可怪也!寻其思路,自应改"包"为"苞",则经文、毛《传》之"包"亦当随之而改,其自知无法应付此种局面,于是干脆对之视而不见,妄图蒙混过关,岂非掩耳盗铃乎!

141. 页一四五［一六］底本自"林中大木之处"至《何彼襛矣·序》注"总作孔"系抄配,文字多有错讹,今以阮本改配。

按:"总作孔"非《何彼襛矣·序》之郑注,而是陆德明《释文》,上古记误矣。

142. 页一四五［一七］容谓幨车"车"原作"东",据阮本及《周礼·巾车》改。

按:元刊明修本、文物本作"东",与底本同,明监本、毛本、阮本作"车",闽本此字漫漶,而《要义》则引作"容谓幨车",足证底本之误。

143. 页一四五［二一］射注及答志皆喻得贤多 阮本同,阮校云:"毛本'射'下有'义'字"。

按:此条所谓阮校,乃卢记所补,检元刊明修本、文物本、阮本无"义"字,与底本同;闽本、明监本、毛本有,细阅闽本,此处有剜改,增入"义"字之迹了然,而明监本、毛本承其而来,卢记仅列毛本,而不及始作俑者,本已疏漏,而上古记一仍其旧,岂副后出转精之义也!

144. 页一四五［二二］豜言私明其小 闽本、明监本、毛本、阮本同。按上文:"言私其豵,献豜于公",则私当为豵。又云"大兽公之,小兽私之"下文又云"献豜于公,明其大",则豜当为大兽,献于公也。故疑此"豜言私明其小"之"豜",当为"豵"字之误。

按:上古记所作按语是也,然闽本、明监本、毛本作"豵",何得与底本、阮本作"豜"者同,上古本整理者曾一检原书乎?

北京大学出版社整理本
《春秋穀梁传注疏》校点补正

张 剑

（山东大学 儒学高等研究院）

北京大学出版社 2000 年出版了整理本《十三经注疏》，《春秋穀梁传注疏》为其中之一。整理本《春秋穀梁传注疏》（简称"北大本"）是目前使用较为广泛的本子。然而，北大本当中存在若干问题，主要可以归结为以下几类。其一，过分依赖阮元《春秋穀梁传注疏校勘记》（简称"阮校"），却对阮校不加考辨。其二，部分忽视了阮校已经提出的问题，从而未能纠正若干讹误。其三，未能利用宋元刊善本，致使若干错误未能得到改正。

本文在充分利用相关文献的基础上，对北大本文字、标点方面问题稍作补正。本文论述所需各版本信息如下：

1. 《开成石经·春秋穀梁传》，《西安碑林全集》第 175 册，广东经济出版社、海天出版社 1999 年影拓本，简称"石经"。

2. 《中华再造善本丛书·穀梁春秋》，北京图书馆出版社 2003 年据中国国家图书馆藏宋刻本影印。简称"白文本"。

3. 《春秋穀梁传集解》卷第三、第四，黄永武主编，《敦煌宝藏》第十三辑，第 121 册，台湾新文丰出版公司 1985 年印行，简称"伯二五三六号"。

4. 《春秋穀梁传》，十二卷，江苏广陵书社 2013 年影印清光绪刻《古逸丛书》影刻南宋余仁仲万卷堂重订本，简称"重订余本"。

5. 《中华再造善本丛书·监本附音春秋穀梁注疏》，北京图书馆出版社2003年影印中国国家图书馆藏宋刻本。简称"宋十行本"。

6.《中华再造善本丛书·十三经注疏·监本附音春秋穀梁注疏》，北京图书馆出版社2006年影印北京市文物局藏元刻明修本，简称"元刊明修本"。

7.《十三经注疏·春秋穀梁传注疏》，日本东京大学东洋文化研究所藏闽刊本，简称"闽本"。

8.《十三经注疏·春秋穀梁传注疏》，日本内阁文库藏万历二十一年刊本，简称"监本"。

9.《十三经注疏·春秋穀梁传注疏》，日本东京大学东洋文化研究所藏汲古阁刊本，简称"毛本"。

10.《十三经注疏·春秋穀梁传注疏》，清乾隆武英殿刊本，简称"殿本"。

11. 阮元校刻《重刊宋本监本穀梁注疏附校勘记》，清嘉庆刊本，中华书局2009年影印出版，简称"阮本"。

12. 道光六年朱华临重校阮元《重刊宋本监本穀梁注疏附校勘记》，日本内阁文库藏，简称"重校阮本"。

13.《十三经注疏·春秋穀梁传注疏》，《十三经注疏》整理委员会整理，北京大学出版社2000年出版，简称"北大本"。

14. 阮元单刻本《宋本十三经注疏并经典释文校勘记·春秋穀梁传注疏校勘记》，《续修四库全书》第一百八十三册，上海古籍出版社2002年影印南京图书馆藏清嘉庆阮氏文选楼刻本，简称"阮校"。此外，卢宣旬于阮本每卷之后或有补校，简称"卢校"。

15.《中华再造善本丛书·经典释文》，北京图书馆出版社2003年影印国家图书馆藏宋刻宋元递修本，简称"宋本《释文》"。

本文以北大本为底本，北大本正文每页分上下栏，每页之中经、注、疏，字同者甚多，鉴于此，为准确标注某段文字在北大本中的具体位置，如本文称"序，第6页，上。【注】麟感而来应"，即指北大本《春秋穀梁传序》第6页上栏范《序》当中"麟感而来应"。又如"卷一，隐二年，第9页，下。【疏】夫告雷雨之异"，即指北大本《春秋穀梁传注疏》卷一隐二年第9页下栏疏文"夫告雷雨之异"。范甯《春秋穀梁传序》及范《注》，皆标作"【注】"，杨《疏》标作"【疏】"，陆氏《释文》标作"【释文】"。

1. 序，第9页，上。【注】麟感而来应

"麟感而来应"，石经、白文本、重订余本、闽本、监本、毛本、殿本作"麟感化而来应"；宋十行本、元刊明修本、阮本、重校阮本作"麟感而来应"。

按："麟感而来应"缺字，当作"麟感化而来应"，补"化"字。

石经、白文本、重订余本、闽本、监本、毛本、殿本作"麟感化而来应"，有"化"字。阮校云："麟感而来应〇宋建安本同，石经、闽、监、毛本'感'下有'化'字。"今检阮校引据诸本目录，无"宋建安本"，不知"宋建安本"所指。但阮校称"石经、闽、监，毛本'感'下有'化'字"不误，石经此处有"化"字。此外，"麟感化而来应"之疏文作"弘大先王之道，麟感化而至"，亦有"化"字。综上，此处当补"化"字。北大本未根据阮校补"化"字，误甚。

2. 序，第10页，下。【疏】选士大夫射

"夫"，宋十行本、元刊明修本、闽本、监本、毛本、阮本、重校阮本有"夫"字；殿本无"夫"字。

按："夫"字衍。

阮校云："选士大夫射〇《汉志》无'夫'字。"阮校所言是，今检北宋刻递修本《汉书》、庆元建安刘元起刻本《汉书》、宋蔡琪家塾刻本《汉书》、宋嘉定十七年白鹭洲书院刻本《汉书》、元大德路九年太平路儒学刻明成化正德递修本《汉书》（以上四种宋本、一种元本《汉书》，见于《中华再造善本丛书》）、中华书局本《汉书》，皆作"选士大射"，无"夫"字。复案《仪礼》有《大射》篇；又《周礼·天官·司裘》云："王大射，则共虎侯、熊侯、豹侯，设其鹄；诸侯则共熊侯、豹侯；卿大夫则共麋侯，皆设其鹄。"郑玄《注》曰："大射者，为祭祀射。王将有郊庙之事，以射择诸侯及群臣与邦国所贡之士可以与祭者。"按文意，大射礼者，择士而祭，益见"夫"字为衍文。殿本删"夫"字，是也。北大本未根据阮校删"夫"字，误。

3. 卷一，隐元年，第7页，上。【疏】士丧礼赠并有玄纁束帛

"帛"，宋十行本、元刊明修本、闽本、监本、毛本、殿本、阮本、重校阮本无"帛"字。

按：北大本误增"帛"字。

"束"字之下，北大本误增"帛"字。卢校云："补案：'束'下当有帛字。"北大本出校勘记云："'帛'字原无，按阮校：'案"束"下当有"帛"字'。据补。"北大本引据此则校勘记而增"帛"字。

今检阮本《仪礼·士丧礼》，无"玄纁束""玄纁束帛"，而《士丧礼》下篇《既夕礼》，有相关记载。《既夕礼》实与《士丧礼》一体，其曰："公赗：玄纁束，马两。"故而宋十行本等杨《疏》称"《士丧礼》赗并有'玄纁束'"不误，北大本未检《仪礼》原文，误信卢校，妄改杨《疏》文字，误也。

4. 卷一，隐元年，第7页，上。【疏】知生者赗赙知死者赗襚耳

后"赗"，宋十行本、元刊明修本、闽本、监本、毛本、殿本、阮本、重校阮本作"赗"字。

按：后"赗"字误，当作"赠"。

阮校云："按《公羊传注》'赗'误'赠'，《疏》云赗实生死两施，是也。"北大本引此则阮校。按阮校有误。据阮本《仪礼·既夕礼》，其云："赠者将命，摈者请出，纳宾如初。宾奠币如初。若就器，则坐奠于陈。凡将礼，必请而后拜送。兄弟，赗奠可也。所知，则赗而不奠。知死者赠，知生者赗。"《既夕礼》有"赠者将命""知死者赠"，则《公羊传注》作"赠"字不误，《穀梁传》范《注》作"赗"字反误。综上，阮校有误。北大本引阮校，而不知阮校有误，北大本当据《既夕礼》《公羊传注》改作"赠"。

5. 卷一，隐二年，第10页，下。【疏】夫告雷雨之异

"夫"，宋十行本、元刊明修本、闽本、监本、毛本、殿本、阮本、重校阮本作"天"。

按："夫"误，当作"天"。

北大本出校勘记云："'告'原作'言'，按阮校：'闽、监、毛本"言"作"告"，是也，据改'。"检阮校，其云："天言雷雨之异：闽、监、毛本'言'作'告'，是也。"北大本称其据阮校，即是读过阮校，何误"天"为"夫"也？北大本大谬。

今检中华书局 1980 年影印世界书局缩印本作"夫",其"夫"字,实则为"天"字;"天"字上多出极为细微一点,故而近似"夫"字。北大本整理者以为此字为"夫"字,非。

6. 卷一,隐二年,第 11 页,上。【注】临者能断

"者",重订余本、殿本作"事";宋十行本、元刊明修本、闽本、监本、毛本、阮本、重校阮本作"者"。

按:"者"误,当作"事"。

按文意,《疏》云:"'义者行',谓卿为司马,司马主断制也",此与"临事能断"义合。且重订余本作"事",作"事"是也。北大本出校勘记云:"'者',《穀梁经传补注》作'事'。"然而北大本未能加以判断并改正。

7. 卷一,隐二年,第 12 页,上。【注】不亲逆则例月重录之亲迎则例时

"迎",重订余本、殿本作"逆";宋十行本、元刊明修本、闽本、监本、毛本、阮本、重校阮本作"迎"。

按:"迎"误,当作"逆"。

重订余本范《注》云:"不亲逆则例月,重录之。亲逆则例时。"杨《疏》曰:"此则书月,故云不亲逆例月,亲逆例时也。"则注、疏皆称"逆"。综上,"迎"误,"逆"是。北大本当据重订余本改"迎"为"逆"。

8. 卷二,隐四年,第 20 页,上。【疏】取郓取鄫

"鄫",宋十行本、殿本作"鄑";元刊明修本、闽本、监本、毛本、阮本、重校阮本作"鄫"。

按:"鄫"字误,当作"鄑"。

宋十行本、殿本作"鄑"是。检《春秋》经文,昭公元年二月取郓;其后经文著月以书"取"者,唯有昭公四年九月取缯(缯通鄑),而经文无"取鄫"者。此"缯",《左传》经文、《公羊传》经文,皆作"鄑"。综上,杨《疏》当作"鄑"矣,宋十行本、殿本作"鄑"是,北大本作"鄫"误也。

9. 卷二，隐四年，第 21 页，上。【注】八年传曰不期而会遇

"不期而会遇"，重订余本、闽本、监本、毛本、殿本作"不期而会曰遇"；宋十行本、元刊明修本、阮本、重校阮本"不期而会遇"。

按："不期而会遇"当作"不期而会曰遇"，补"曰"字。

重订余本、闽本、监本、毛本、殿本作"不期而会曰遇"是。此外，《穀梁传》庄八年传文即作"不期而会曰遇"，有"曰"字是。

10. 卷二，隐五年，第 23 页，上。【疏】传入者至受也○释曰重发传者前起者邑今是国故重发之。

此段疏文，宋十行本、元刊明修本将其系于经"考仲字之宫"之疏上；闽本、监本、毛本、殿本改置于传文"入者内弗受也"及音义"子匠反注同"之下。

北大本于"传"字后出校勘记云："闽本同，监本作'注'字，毛本无此字。又该段疏文十行本无，阮校：'按此段疏文十行本初刻无，后补板，剜挤在下"考仲字之宫"疏上。'"

按：检宋十行本，"传入者至受也○释曰重发传者前起者邑今是国故重发之"段文字，即在"考仲字之宫"疏上。元刊明修本据宋十行本而来，仍将此段误系于"考仲字之宫"疏上。元十行此段疏文，与"考仲字之宫"疏文成双行小字，本未有剜入痕迹。卢宣旬误以为其初刻无、后补板剜挤。元刊明修本乃承宋十行本之误，并非初刻无而后剜入。北大本引卢校，却未加考辨。

11. 卷二，隐五年，第 23 页，下。【疏】为其母练冠麻衣縓缘

"为其母练冠麻衣縓缘"，宋十行本、元刊明修本、阮本、重校阮本作"为其母练冠麻麻衣縓缘"；闽本、监本、毛本、殿本作"为其母练冠麻衣縓缘"。

按：北大本"麻"字前，阙"麻"字，应作"为其母练冠麻麻衣縓缘"。

北大本出校勘记云："'麻'下重'麻'，按，阮校：'按"麻麻"误重。'据删。"北大本所引卢校有误。宋十行本、元刊明修本即作"为其母练冠麻麻衣縓缘"。此外，据阮本《仪礼·丧服》，其云："公子为其

母，练冠，麻，麻衣縓缘；为其妻縓冠，葛絰带，麻衣縓缘。"郑《注》云："麻者，缌麻之絰带也。此麻衣者，如小功布深衣，为不制缞裳变也。"是"麻""麻衣"各有所指。据此，宋十行本、元刊明修本不误，而卢校有误。北大本笃信卢校，误删"麻"字。

12. 卷二，隐五年，第 25 页，下。【疏】为十八年诸侯同围之地也

"地"，宋十行本、元刊明修本、阮本、重校阮本作"起"；闽本、监本、毛本、殿本"地"。

按："地"误，当作"起"。

阮校云："闽、监、毛本'起'作'地'，是也。"北大本引阮校改"起"为"地"。然此则阮校判断有误。检宋十行本、元刊明修本作"起"，是。按文意，襄十六年齐围鲁之成；襄十七年齐围鲁之桃、围鲁之防；襄十八年，"冬，十月，公会晋侯、宋公、卫侯、郑伯、曹伯、莒子、邾子、滕子、薛伯、杞伯、小邾子同围齐"；隐五年始作"围"字，即是襄十八年诸侯同围之起也。"起"字不误。而襄十八年围齐，与鲁地无涉，作"地"文意不通。北大本引阮校，改"起"为"地"，以不误为误也。

13. 卷二，隐八年，第 30 页，上。【注】周邑有千八国诸侯

"国"，重订余本、殿本作"百"；宋十行本此处缺字，空一格；元刊明修本在宋十行本空白处补"○"；闽本、监本、毛本、阮本、重校阮本作"国"。

按："国"字误，当作"百"。

北大本出校勘记云："'国'，《穀梁经传补注》作'百'。"北大本未能断。今以为重订余本、殿本作"百"是。殿本卷二所附考证云："'百'字，监本误作'国'，今改正"。殿本所云是，当改"国"为"百"。

14. 卷二，隐八年，第 31 页，上。【疏】周公制盟载之法谓方岳及有疑会同

"方岳及"，殿本作"凡方国"；宋十行本、元刊明修本、闽本、监本、毛本、阮本、重校阮本作"方岳及"。

按："方岳及"误，当作"凡方国"。

殿本考证云："'周公制盟载之法者，谓凡邦国有疑会同，始为之耳。'○'凡邦国'三字，监本误作'方岳及'三字，今改正。"殿本所考不误，按阮本《周礼·秋官·司盟》云："司盟掌盟载之灋，凡邦国有疑会同，则掌其盟约之载。"据此，作"凡方国"是，北大本作"方岳及"误也。

15. 卷二，隐九年，第 32 页，下。【疏】间问者，间一岁问诸侯，谓存省之属谕诸侯之志者。谕言语，谕书名，其类也。

按：北大本此段标点有误，当改作：间问者，间一岁问诸侯，谓存省之属。谕诸侯之志者，谕言语，谕书名，其类也。

16. 卷三，桓二年，第 42 页，下。【注】太庙周公庙

"太"，重订余本、宋十行本、元刊明修本、闽本、监本、毛本、殿本、阮本、重校阮本作"太"。

按：作"太"误，当作"大"。

据宋本《释文》作"大庙"。"大"，音泰。此外，《穀梁传》隐九年石经经文作："戊申，纳于大庙"，石经经文作"大庙"，故而注文作"大"为宜。

17. 卷三，桓二年，第 44 页，上。【注】桓会甚众而曰无会善无致会也

"善"，重订余本、殿本作"盖"；宋十行本、元刊明修本、闽本、监本、毛本、阮本、重校阮本作"善"。

按："善"误，应作"盖"。

北大本出校本记云："'善'，《穀梁经传补注》作'盖'。"北大本未能断也。今以为，重订余本、殿本作"盖"是。按文义，经文云："公及戎盟于唐。冬，公至自唐"，《传》云："桓无会，而其致，何也？远之也。"桓会甚众，元年会于郑之垂，二年会于宋之稷，而此处桓三年传文称其无会，盖以为会于垂、会于稷者，非致会也。何为"致会"？《注》云："告庙曰至。传例曰：'致君者，殆其往而喜其反，此致君之意义也。'"桓有弑逆之罪，非可以致宗庙，故而《传》称"桓无会"者，盖指桓无致会。今桓三年作"公至自唐"，以地致者，是危其远会戎地，喜

其得反，与中国之例不同，故以地致。综上，作"盖"是。作"善"则不通。

18. 卷三，桓五年，第 49 页，上。【疏】郑在鲁之西北

"北"，殿本作"南"；宋十行本、元刊明修本、闽本、监本、毛本、阮本、重校阮本作"北"。

按："北"误，当作"南"。

鲁在洙、泗，郑近王畿；郑在鲁之西南是也。此外，北大本出校勘记云："《穀梁经传补注》作'齐'。"若改"鲁"为"齐"，郑仍在齐之西南，而非齐之西北。改作"齐"，非。综上，疑"北"当改作"南"。对于"齐""鲁"之异说，今仍作"鲁"。

19. 卷四，桓八年，第 55 页，上。【注】夫妇叛合礼同一体所谓无敌岂施此哉

"叛"，重订余本作"判"；宋十行本、元刊明修本、阮本、重校阮本、北大本作"叛"；闽本、监本、毛本、殿本作"配"。

按：作"叛"误，当作"判"，或作"胖"。

阮校云："闽、监、毛本'叛'作'配'。○按今《仪礼》作'胖合'，古本只作'半合'，或作'判合'。"

检阮本《仪礼·丧服》，其云："夫妻胖合也。"贾《疏》云："云夫妇胖合也者……是夫妇半合为一体。"《仪礼》阮校云："是夫妇半合：《要义》同。毛本'半'作'胖'。"

据此，《穀梁传》阮校小误，《仪礼》不作"胖合"，而作"胖合"；此或为文选楼本阮校刊误。此外，据宋庆元六年绍兴府宋元递修本《春秋左传正义》桓八年孔颖达《疏》云："夫妇判合，礼同一体，所谓无敌，岂施于此哉。"范《注》或为《左传》孔颖达《疏》所引，宋元递修本《春秋左传正义》作"判"，且重订余本亦作"判"，可知作"判"亦是。

综上所述，作"判"、作"胖"皆有根据；作"胖"、作"叛"则无根据。

20. 卷四，桓十一年，第 60 页，上。【疏】今桓成君而有不命大夫嫌

有罪则故明之

"则",宋十行本、元刊明修本、闽本、监本、毛本、阮本、重校阮本作"则";殿本作"贬"。

按:"则"误,当作"贬"

北大本出校勘记云:"'则',《穀梁经传补注》无。"《穀梁经传补注》此处删"则",难以征信。按文意,经文云:"柔会宋公、陈侯、蔡叔,盟于折。"《传》曰:"柔者何?吾大夫之未名者。"经文书"柔"而不氏,殿本杨《疏》释曰:"重发传者,隐不成为君,不爵大夫,故侠卒不氏。今桓成为君,而有不命大夫,嫌有罪贬,故明之。"今按桓十一年《公羊传》何《注》云:"无氏嫌贬也",《公羊传》疏文云:"凡内大夫不书氏有二义,若未命大夫亦无氏,而此与侠是也;贬者亦无氏,即无骇与翚之属是也,故此注云'无氏嫌贬也'。"杨《疏》与《公羊传注》意合,疑杨《疏》意引《公羊传注》,且"贬""则"形近易讹,可知此处杨《疏》作"贬"是也。

此外,北大本此句当点作:嫌有罪贬,故明之。

21. 卷四,桓十三年,第 62 页,上。【注】得在龙门城下之战迫近故不地

"得",重订余本、殿本作"时";宋十行本、元刊明修本、闽本、监本、毛本、阮本、重校阮本作"得"。

按:"得"误,当作"时"。

按文意,经文云:"春,二月,公会纪侯、郑伯。己巳,及齐侯、宋公、卫侯、燕人战。"经不地,《传》曰:"其不地,于纪也",而范《注》以为穀梁子"地于纪"之说有误,重订余本范《注》云:"《春秋》战无不地,即于纪战,无为不地也",范氏复引前人之说:"郑君曰:'纪当为己,谓在鲁也,字之误耳。时在龙门,城下之战迫近,故不地。'"即范甯以为"纪"为"己"之讹,《春秋》无战不地,今不地者,以其战在己也,即谓时战在鲁之龙门,故不地。作"时"是,作"则"文意不通。

22. 卷四,桓十四年,第 64 页,下。【释文】黼音甫亦作黼

下"黼",重订余本、宋十行本、元刊明修本、殿本作"黼";闽本、监本、毛本、阮本、重校阮本作"黼"。

按：下"黼"误，当改作"黼"。

上已经称"黼音甫"，下又作"亦作黼"，是下"黼"有误。据宋本《释文》作"黼"，作"黼"是也。北大本作"黼"，误。

23. 卷四，桓十四年，第 64 页，下。【释文】齝音弗俗作绂

"绂"，重订余本、宋十行本、阮本作"獻"；元刊明修本作"徵"（案：此字为明代补板时所刻）；闽本、监本、毛本、殿本、重校阮本作"绂"。

按：作"獻"是。

检宋本《释文》作"獻"，盖刊误也，其右侧"犬"当作"发"。重订余本、宋十行本作"獻"，是也。元刊明修本作"徵"（此字系明代补板时所刻），而阮本作"獻"，或阮本据之别本。阮本作"獻"原不误，而道光六年重校阮本改为"绂"，误也。检中华书局 1980 年影印世界书局缩印本亦误作"绂"，北大本仍误作"绂"。

24. 卷四，桓十四年，第 65 页，下。【疏】宗庙之礼君亲割夫人亲舂者文十三年传文

"宗庙之礼"，宋十行本、元刊明修本、闽本、监本、毛本、殿本、阮本、重校阮本作"礼宗庙之礼"。

按："宗庙之礼"误，当作"礼宗庙之礼"，补"礼"字。

北大本出校勘记云："'宗庙之礼'上原衍'礼'字，据范注删。"北大本误删"礼"字也。检文十三年传文："礼：宗庙之礼，君亲割，夫人亲舂。""宗"前有"礼"字。北大本误删"礼"字。

25. 卷四，桓十五年，第 67 页，上。【疏】公子不正取国者则是以恶故曰入若许叔入于齐齐小白入于齐

"则是以恶故曰入"，宋十行本作"则是以恶曰入"；元刊明修本、闽本、监本、毛本、殿本、阮本、重校阮本作"则是以恶故曰入"。

按："则是以恶故曰入"误，当作"则是以恶曰入"，删"故"字。

依文意，杨《疏》云："案'齐小白入于齐'，传曰：'以恶曰入。''卫侯朔入卫'，传曰：'入者，内弗受也。'盖旧为国君而入者，则是内不受。"据此,下疏"若'卫侯朔入于卫'""郑伯突入于栎",即释"盖旧为国君而入者,则是内不受"。又下疏"则是内不受",即释"内弗受"。依照此例,公子不正取国者,若"许叔入于许""齐小白入于齐","则是以恶曰入",即释"以恶曰入"也。故而作"则是以恶曰入"是。

更从版本上证之。"故",宋十行本作"入";元刊明修本、闽本、监本、毛本作"故"。宋十行本作"则是以恶入曰入",上"入"字为衍。元刊明修本为使文义通顺,遂改上"入"为"故"字。阮本承元刊明修本之误。北大本仍误作"则是以恶故曰入",北大本当删"故"字。

26. 卷五,庄元年,第 74 页,下。【疏】五命受则

"受",宋十行本、元刊明修本、闽本、监本、毛本、殿本、阮本、重校阮本作"受"。

按:"受"误,当改作"赐"。

检宋婺州市门巷唐宅刻本《周礼》(中国国家图书馆藏,8634 号)、宋刻《京本点校附音重言重意互注周礼》(北京大学图书馆藏卷二、四—六;上海图书馆藏卷一、三、七—十二)、宋刻本《周礼》(北京大学图书馆藏)、宋刻本《纂图互注周礼》(中国国家图书馆藏)、金刻本《周礼》(中国国家图书馆藏),其《大宗伯》曰:"五命赐则。"郑《注》云:"则者,法也……五命赐之。"据此,作"赐"无疑(以上四种宋本,一种金本,皆见于《中华再造善本丛书》)。

27. 卷五,庄八年,第 85 页,上。【注】导之以德齐之以礼江熙曰邻国望我欢若亲戚何师为之

"导",重订余本、宋十行本、元刊明修本、闽本、监本、毛本、殿本、阮本、重校阮本作"导"。

按:"导"误,当作"道"。

阮校云:"闽、监、毛本同。《释文》'导'作'道'。"检宋本《释文》作"道"。按范《注》引江熙释《论语》。检宋刘氏天香书院刻本《监本纂图重言重意互注论语》、阮本《论语注疏》,其《为政》篇曰:"道之以德,齐之以礼。"与《穀梁传》音义合,故而作"道"是。北大本未引阮校,忽视阮校提出的问题,遂仍误作"导"。

28. 卷五，庄八年，第 85 页，下。【疏】导之以德齐之以礼

"导"，宋十行本、元刊明修本、闽本、监本、毛本、殿本、阮本、重校阮本作"导"。

按："导"误，当作"道"。

检宋刘氏天香书院刻本《监本纂图重言重意互注论语》、阮本《论语注疏》，其《为政》篇曰："道之以德，齐之以礼。"故而，作"道"是，作"导"误。

29. 卷六，庄二十一年，第 98 页下、99 页上。【释文】○弗目谓不题目文姜薨所也一曰弗目其罪

此十七字加"○"，重订余本、宋十行本、元刊明修本、殿本、阮本、重校阮本为陆德明《释文》文字，置于上注"而弗目其罪"后，殿本按照其自身体例，将"○"改为标目"音义"；闽本、监本、毛本删"○"，将此十七字音义与注文同刻作单行小字，置于上注"而弗目其罪"后，误作注文；北大本改为疏文，置于下疏"与常例不异是也"之后。

按：此十七字加"○"，北大本置于疏"与常例不异是也"下，误。当改置于注"而弗目其罪"之下、疏"传妇人弗目也"之上。

阮校云："此《释文》也。闽、监、毛本误入注文。"检宋本《释文》，阮校所言不误。而北大本此处误甚，北大本出校勘记云："'○弗目'至'其罪'十八字原在上注'弗目其罪'下，按阮校：'此《释文》页，闽、监、毛本误入注文。'据移。"阮校论述已经十分明晰，指出闽、监、毛本将此处"释文"误入"注文"。北大本居然根据此则阮校，移"释文"内容置于杨《疏》之中，荒谬至极。此段"释文"必不为杨《疏》，北大本显然误解了阮校。

30. 卷六，庄二十三年，第 102 页，上。【注】正谓无危惧也皆放此

"皆放此"，重订余本、宋十行本、元刊明修本、闽本、监本、毛本、殿本、阮本、重校阮本作"皆放此"。

按："皆放此"阙字，当作"他皆放此"。

检《敦煌宝藏》伯 2536 号，作"他皆放此"，义更长，疑当补"他"字。

31. 卷六，庄二十四年，第106页，上。【注】不直言赤复云郭公者恐不知赤者是谁

"不直言赤"，重订余本、宋十行本、元刊明修本、闽本、监本、毛本、殿本、阮本、重校阮本作"不直言赤"。

按："不直言赤"，北大本引阮校云："'不'，段玉裁云：''不'字疑衍。'"

段说误也。"不"字非衍文。《春秋》经文云："赤归于曹。郭公。"赤即郭公，经文不直言赤，复以郭公著上。此与杨《疏》"不直言赤，复云郭公者，恐不知赤者是谁"意相合。若删"不"字，则与经文言"赤"复言"郭公"之事实相抵牾。阮校所引段说不可信，北大本所引此则阮校，当删。

32. 卷六，庄二十四年，第106页，上。【注】以郭公着上者则是诸侯失国之例是无以见微之义

"微"，重订余本、宋十行本、元刊明修本、闽本、监本、毛本、殿本、重校阮本、作"微"。

按："微"，北大本引阮校云："段玉裁云：'微'当作'惩'。"

段说误也。作"微"字不误。按文意，范《注》以为经文书"赤"，又书"郭公"，乃是恐人不知赤者是谁，容易误以为赤是鲁国之微者，故而经文以郭公著上。范《注》乃是说明此是诸侯失国之例，非经文见微者之例。作"微"是也。而段玉裁所谓"惩"字之说，误甚。北大本引此则阮校，当删。

33. 卷六，庄二十七年，第111页，上。【注】安得而哭之今之大夫交政于中国虽欲勿哭安得而勿哭

后"安"，重订余本、宋十行本、元刊明修本、闽本、监本、毛本、殿本、阮本、重校阮本作"安"。

按：后"安"误，当改作"焉"。

阮校云："安得而哭之：闽、监、毛本同。《释文》出'焉得，音于虔反'，案，据此，则此及下文'安得而勿哭'二'安'字，《释文》本作'焉'。"阮校以为前后二"安"字皆当从《释文》作"焉"。今以为

此则阮校小误。范《注》此处实引《礼记·檀弓》,检阮本《礼记·檀弓》曰:"安得而哭之,今之大夫,交政于中国,虽欲勿哭,焉得而弗哭?"故而前"安"作"安"不误;疑后"安"当改作"焉",且作"焉"正与《释文》"焉,于虔反"合。

34. 卷六,庄二十八年,第111页,下。【疏】谓于伐卫之时国都相与交战问在何处战也

"国都",宋十行本、元刊明修本、闽本、殿本、阮本、重校阮本作"两国";监本、毛本作"两都"。

按:"国都"误,当改作"两国"。

北大本此处引阮校云:"'国都'原作'两国',按阮校:'监、毛本作"国都相与交战",是也。'据改。"按阮校有误,监本、毛本作"两都",重修明监本亦作"两都",非作"国都"。

此外,作"国都"亦误。按文意,齐人伐卫,杨《疏》云:"谓于伐卫之时,两国相与交战,问在何处战也。"若改"两国"为"国都",即云"国都相与交战",已知战在国都,又何来"问在何处战也"?所以,"两国相与交战"不误,即谓齐、卫两国相与交战。北大本改作"国都",误。

35. 卷六,庄三十二年,第117页,上。【注】诸侯必有愿从者而不之遇。遇所不遇谓远遇宋公也

前"不",重订余本作"辞";宋十行本、元刊明修本、闽本、监本、毛本、殿本、阮本、重校阮本、北大本作"不"。

"遇所不遇",重订余本、宋十行本、元刊明修本、闽本、监本、毛本、殿本、阮本、重校阮本作"所不遇"。

按:前"不"字误,当改作"辞"。此外,于"遇所不遇"后,北大本出校勘云:"'遇'字原无,据《穀梁经传补注》补。"北大本误补"遇所不遇"前一"遇"字。

前"不",余本、重订余本即作"辞"。更检《敦煌宝藏》伯2536号此段注文"诸侯必有愿从者,所辞齐桓。遇所不遇,谓远遇宋公也"。对照重订余本注文"诸侯必有愿从者,而辞之。遇所不遇,谓远遇宋公也"。伯2536号"所辞齐桓"与重订余本"而辞之"意同,"之"即指

齐桓也，且写本之中"所""而"字形相近，无法断定"所辞齐桓""而辞之"孰是孰非，但二者皆有"辞"字。传文有"辞所遇"，此段注文即释传也，作"辞"是也。然北大本"辞"作"不"，误。

此外，北大本将原本"遇所不遇"断开，将前"遇"置于句号前。而在"所不遇"前又补"遇"字，可谓荒谬之极。北大本不误补"遇"字，且当改"不"为"辞"。

36. 卷六，庄三十二年，第117页，下。【注】某所未详

"某"，重订余本、殿本作"甯"；宋十行本、元刊明修本、阮本、重校阮本作"其"；闽本、监本、本作"某"。

按："某"误，当改作"甯"。

北大本引阮校云："闽、监、毛本'其'作'某'，是也。'详'改'许'，非。"今以为阮校称"许"当为"详"，是；然其以为"其"应作"某"，非。"其""某"皆误，当作"甯"，此范甯自称不知郑君之说矣。据《敦煌宝藏》伯2536号作"甯"，与重订余本同，作"甯"是也。

37. 卷六，闵二年，第121页，上。【疏】此庄公薨未二十二月

"未"，宋十行本、元刊明修本、重校阮本作"来"；闽本、监本、毛本、殿本、北大本作"未"。

按："未"误，当改作"来"。

北大本引阮校云："'未'原作'来'，闽、监、毛本'来'作'未'，是。"此则阮校判断有误，"来"不当改作"未"；作"来"，即指自庄薨始，至此有二十二月。上疏云"至此始二十二月，未满三年"，若改作"未"，前已称"至此始二十二月""未满三年"，此又称"未二十二月"，矛盾也。故当作"来"，与"至此始二十二月"合。此则阮校有误，而北大本引此则阮校，改"来"为"未"，以不误为误也。

宗教文化研究

迦耶达啰(Gayadhara)在藏活动地域查考[*]

柴 冰

(东北大学秦皇岛分校 社会科学研究院)

一 迦耶达啰(Gayadhara)及其行迹介绍

迦耶达啰(Gayadhara)是印度的最后一位大成就者,出身于在印度并不太受欢迎的"书字者"(Kāyastapa)种姓,曾为东方孟加拉国国王的"书字官"。后被道果法传人阿跋都底巴(Avadhūti)收为弟子,赐喜金刚等密法灌顶,并传以完整的道果法。[①] 此外,还曾师从捺啰呱法师(Nāropa)、铭得哩斡巴(Maitrīpa)、锡兰瑜伽女Candramāla等,在义理及修法上皆有极深造诣。传说可以将金刚铃、金刚杵等置于半空,自己也可以在空中跌跏坐。其来西藏传法,西藏著作甚至这样解读——他虽为大成就者,但也要赚取金钱来养活他的诸多孩子们。[②]

迦耶达啰入藏传法的次数存在很大的争议,主要由于文献记载中他经常更换名字,以不同身份传法。据沈卫荣先生的梳理,他的名字已知的有

---

[*] 本文为国家社科基金青年项目"乾隆皇帝御制藏、满、蒙、汉四体合璧《首楞严经》第九、十卷对勘与研究"(15CZJ022)成果;河北省社会科学基金 2015 年度青年项目"乾隆三十六年热河普宁等八寺获颁藏文《大佛顶如来密因修正了义诸菩萨万行首楞严经》之第十卷对勘及考述"(HB15ZZ020)成果;中央高校基本科研业务费"《大佛顶如来密因修证了义诸菩萨万行首楞严经》之第九、十卷蒙、汉文本对勘及考述"(N152301001)成果。

[①] Cyrus Stearns, *Luminous Lives: The Story of the Early Masters of the Lam' Bras Tradition in Tibet*, Studies in Indian and Tibetan Buddhism, Boston: Wisdom Publications, 2001, pp. 47 – 48.

[②] Ibid., p. 50.

"红足班智达"（Paẓfita dmar po zhabs）、"红阿阇黎"（Qtsa ra dmar po）、"红衣"（Lwa ba dmar po）、La ba'i na bza' can、"红衣班智达"（Paẓfita Lwa ba dmar po can）和 Spring gyi shugs can 等等。[①] 但由于迦耶达啰是萨迦派所奉道果教授传承中最后一位印度传人，也是进藏第一个传讲道果教授的印度人，萨迦派著作的记述被更多的采信，即迦耶达啰共有三次至西藏传法，分别由卓弥、桂·枯巴拉哉、结觉·达哇欧色所邀请。

具体来说，综合《青史》[②]《土观宗派源流》[③] 的记述，结合沈卫荣先生的《西夏文藏传续典〈吉祥遍至口合本续〉源流、密意考述（上）》[④]、Stearns Cyrus 的 *Luminous Lives: The Story of the Early Masters of the Lam' Bras Tradition in Tibet* 及 Ronald M. Davidson 的 *Tibetan Renaissance: Tantri Buddhism in the Rebirth of Tibetan Culture*[⑤]，迦耶达啰在西藏的三次活动可以表述如下：

第一次，先给卓弥译师传递了消息，卓弥在贡塘迎接他，并一路求教，将其迎请到莫姑隆（Mu gu lung），经三年，已将圆满教授传毕，但卓弥认为不符五年之约，于是迦耶达啰住满了五年，随即返回印度，并答应卓弥不再将道果法传授给其他西藏论师。

第二次，为桂·枯巴拉哉所迎请。桂译师本为卓弥学生，但向卓弥求法所需花费甚多，于是他决定前往印度向铭得哩斡巴（Maitrīpa）求法。在尼泊尔时，遇到迦耶达啰。迦耶达啰谎称自己就是铭得哩斡巴（Maitrīpa），因而被迎请。被发现欺瞒后，他声称他的教法优于铭得哩斡巴（Maitrīpa），桂译师也对他的教法心生敬爱，于是继续求教。他们从卓谟来时，和卓弥相遇，又请返道西上。

第三次，主要活动于西藏西部。以至于香巴噶举的建立者琼波南交声称与他一起去了 Toling，其为 gugé 的大寺院。在阿里由结觉·达哇欧色迎

[①] 沈卫荣：《西夏文藏传续典〈吉祥遍至口合本续〉源流、密意考述（上）》，《西夏学》第2辑，宁夏人民出版社2007年版，第92—98页。
[②] 廓诺·迅鲁伯：《青史》，郭和卿译，西藏人民出版社2003年版，第127页。
[③] 土观·洛桑却吉尼玛：《土观宗派源流》，刘立千译注，民族出版社2000年版，第106页。
[④] 沈卫荣：《西夏文藏传续典〈吉祥遍至口合本续〉源流、密意考述（上）》，《西夏学》第2辑，宁夏人民出版社2007年版，第92—98页。
[⑤] Ronald M. Davidson, *Tibetan Renaissance: Tantri Buddhism in the Rebirth of Tibetan Culture*, New York: Columbia University Press, 2005.

请，在到达后藏时，卓弥已经逝世。迦耶达啰此后去了卡热，为结觉的弟子娘·窘波献礼侍奉，预感到自己即将逝去，要求将自己送往 Thod phu，那里有卓弥的两位弟子。后在那里逝世。

这三个迎请、求教并与迦耶达啰合译佛教经典的西藏大师，在西藏教法史上都地位显赫。卓弥对喜金刚密法在西藏的传播贡献巨大，密集部续典的传播则颇赖桂·枯巴拉哉之力。结觉·达哇欧色则是传六支瑜伽法的西藏学者，第一个译传时轮教法的人。他们的很多译作都是与迦耶达啰合作完成。

而他们迎请迦耶达啰的时间时值 11 世纪，藏传佛教后弘期，所谓的西藏文艺复兴时期开端一段时间之后。以大译师仁清桑波为代表的第一批往印度求法的西藏译师们，21 人死了 19 人。卓弥出家时，仁清桑波已年近 50 岁。而卓弥迎请迦耶达啰是在他从尼泊尔学习十三年回到西藏之后，也就是说迦耶达啰来西藏传法时，已有初步的仁清桑波等人弘扬佛教的基础，但很多教法并未传入西藏，这也是卓弥、玛尔巴等人去印度求法的原因，也是桂·枯巴拉哉等人想要去印度学得殊胜教法的原因。

作为师承诸名师的印度最后一位大成就者，迦耶达啰具有足够的吸引力。尤其作为道果法的嫡系传人，阿跋都底巴（Avadhūti）的亲炙弟子，他被西藏译师们屡次迎请也就不足为奇了。

二　文献所载迦耶达啰（Gayadhara）在西藏活动的地名查考

就迦耶达啰活动地域而言，我们已知的信息还是比较有限的。目前涉及的西藏地名有：贡塘、莫姑隆（Mu gu lung）、卓谟、gugé、阿里、后藏、卡热、Thod phu。此外，第二次来藏时，在卓谟与卓弥相遇，又被邀请西上，这个西上的地方很可能仍是卓弥的驻锡地莫姑隆（Mu gu lung）。

1. 贡塘

查考起来，有两个贡塘。一个是贡塘寺，位于今西藏自治区拉萨市蔡公堂乡，距拉萨市 11 公里。向·尊珠扎巴继建立了蔡巴寺之后，在其弟子的帮助下于公元 1187 年（藏历第三绕迥之火羊年）创建。一是今日喀则地区吉隆县，11世纪时，松赞干布的吐蕃王朝崩溃后，其子孙逃到吉隆，建立了小国贡塘王国。当时称芒域贡塘地区。

因为11世纪时，卓弥在贡塘迎接迦耶达啰入藏，贡塘寺是12世纪时才建立，且地处今拉萨市，与当时的中印、中尼边境较远，所以不大可能是卓弥与迦耶达啰初见的那个贡塘。而今吉隆县，在古代它曾是吐蕃与南亚的交通要道，尼泊尔赤尊公主进藏，松赞干布派人到"芒域"迎亲，"芒域"就是吉隆在西藏古史中所记载的名字。因而，卓弥迎接迦耶达啰的贡塘应该就是位于今日喀则地区，地处中尼交界的吉隆县。

2. 莫姑隆（Mu gu lung）

莫姑隆（Mu gu lung）是卓弥自尼泊尔求学归来后的驻锡地，他接到迦耶达啰后，即一路求教直至达莫姑隆（Mu gu lung）。他们共同研习佛典五年，之后迦耶达啰返回印度。

莫姑隆（Mu gu lung）位于今日喀则地区拉孜（Lhatsé）县南部，芒喀（Mangkhar）的河谷。古代属拉堆绛地区。选择这个地方来建寺，一是由于卓弥本人出生于拉堆，二是由于这里是芒喀河与藏布江的交汇处。

3. 卓谟

《青史》里提到的地点是卓谟。即桂译师与迦耶达啰相遇于尼泊尔后一起入藏，遇到卓弥的地方。对应的藏文应该是 Gro mo，即今西藏自治区南部日喀则地区的亚东县。亚东，藏语意为"卓木"，刚好和卓谟的藏语发音相契。其地处西藏南部边境，向南呈楔状伸入邻国印度和不丹之间。

4. 在卓谟遇到卓弥后西上的地点

分析了卓谟应为今亚东县，就可以理解为何是西上，卓弥的驻锡地莫姑隆（Mu gu lung）对于亚东来说确实是西北方向。

5. gugé

香巴噶举的建立者琼波南交声称与迦耶达啰一起去了 Toling，其为 gugé 的大寺院。由于这一声称的前提是迦耶达啰第三次来藏主要时间待在西藏西部，因而，名叫 Toling 且位于西藏西部的大寺院极有可能是托林寺。从语音的角度来看，托林与 Toling 在藏语里的发音契合，且托林寺所在地扎达县确实位于西藏西部，今属阿里地区。在象泉河流域。是当年古格王朝王城所在地。古格与 gugé 的藏文发音也是相合的。就历史而言，托林寺始建于北宋时期，是古格王国（公元 10—17 世纪）在阿里地区建造的第一座佛寺。早期属于宁玛派，后皈依噶举派。15 世纪古格阿旺扎巴任法台时改宗格鲁派。时值 11 世纪，香巴噶举派创始人与迦耶达啰一起去这一重要寺庙也很有可能。

6. 阿里

今西藏西部。北界新疆，东界后藏，东南邻尼泊尔，西南邻印度。宋代称为纳里，元代称纳里速古鲁孙。藏语意为阿里三部。旧指古格（在今阿里西南部）、布浪（在今阿里东南部普兰一带）、芒域（在今拉达克地区），这是由吐蕃王室后裔统治的三个小王国。"阿里"藏语意为属下。①

7. 后藏

西藏境内一区域名，藏语为"藏"，即中区"卫藏"中之"藏"地。清朝初年始译称"藏"为后藏，一直沿用至今。后藏即指以札什伦布所在地日喀则为中心的地区，大致相当于今日喀则地区辖地。②

8. 卡热

卡热的地点有两种可能。一是今山南地区浪卡子县卡热乡，与日喀则地区、拉萨市接壤。但这个理由薄弱，仅是发音一致。此外，Ronald M. Davidson 在 *Tibetan Renaissance：Tantri Buddhism in the Rebirth of Tibetan Culture* 中讲述，迦耶达啰预感到死亡，要求将其送往那座山的山顶上。既然是特指 "that mountain"，很可能此山即位于卡热这个地方，或者卡热根本就是山名，迦耶达啰所在的地方临近此山。

---

① 史为乐主编：《中国历史地名大辞典》，中国社会科学出版社 2005 年版，第 1387 页。
② 谢启晃、李双剑、丹珠昂奔主编：《藏族传统文化辞典》，甘肃人民出版社 1993 年版，第 337 页。

9. Thod phu

Thod phu 也是迦耶达啰逝世的地方，应与"那座山的山顶"相对应。Thod phu 从语音上讲很难着手，从义理上讲，thod 是"上部、顶部"[①]，phu 是"沟头"[②]。

加之 Ronald M. Davidson 在在 *Tibetan Renaissance: Tantri Buddhism in the Rebirth of Tibetan Culture*[③] 中提及 Kharak Töpu，Töpu 与 Thod phu 主要是转写上的差异，因而 Thod phu 应该也是位于卡热。也就是说 Töpu 对应"顶"，Kharak 就应该对应"that mountain"。与 Kharak 发音相对应的山，很有可能是位于今西藏自治区江孜县东部的 kharila，译言"卡惹拉"。位于浪卡子县与江孜县界上。卡热乡与卡惹拉山虽今一个地属浪卡子县，一个位于浪卡子县县界，但一个位于最北部，一个位于最西部，中间还是很有一段距离。而且迦耶达啰在卡热时，有结觉的弟子娘·寡波服侍，他要求逝世前去见自己的"儿子们"，卡热的人心想，他的儿子都在印度，想去 Töpu 是为了见卓弥的弟子。质疑道："难道我们不是你的儿子吗？"[④] 从这个角度看，卡热和 Töpu 还是很有区别。但是与今卡热乡最近也最著名的山是勒金康柔，将卡热确定为今卡热乡依然十分缺乏依据。毕竟卡热乡的沿革难以勘定。Kharak Töpu 更像是一个特指的表达。或者即使只是山脚与山顶的区别，能让卡热的人们心里嘀咕，也显现出他们对迦耶达啰的亲近和敬爱。而迦耶达啰在逝世前决意与卓弥的弟子们一起，或者也反映了他此前来藏与卓弥愉悦合作，情谊深厚，以及对卓弥的赏识与肯定。

三 迦耶达啰（Gayadhara）三次入藏的地域分析

结合之前的分析，可以对迦耶达啰（Gayadhara）在西藏三次活动的地域有所理清。

[①] 张怡荪主编：《藏汉大辞典》，民族出版社 2006 年版，第 1194 页。

[②] 同上书，第 1712 页。

[③] Ronald M. Davidson, *Tibetan Renaissance: Tantri Buddhism in the Rebirth of Tibetan Culture*, New York: Columbia University Press, 2005, pp. 182–183.

[④] Ibid., p. 167.

第一次入藏，卓弥在贡塘（今日喀则地区，地处中尼交界的吉隆县）迎接他，一路求教至卓弥的驻锡地莫姑隆（位于今日喀则地区拉孜县南部），经过五年的合作及教学相长，迦耶达啰（Gayadhara）返回印度。

第二次入藏，桂译师与他一道从尼泊尔到卓谟（今西藏自治区南部日喀则地区的亚东县），再遇卓弥，之后再至卓弥的驻锡地莫姑隆（位于今日喀则地区拉孜县南部）。

第三次入藏，主要活动于阿里地区，与香巴噶举创始人琼波南交一起去了古格的大寺院托林寺（今阿里地区扎达县），又被结觉·达哇欧色迎请，在卡热（或为卡惹拉山，位于今浪卡子县与江孜县界上，即今日喀则地区与山南地区交界处）被结觉的弟子娘·窘波侍奉，后逝世于Kharak Töpu（意即卡热山顶）。

以今天的行政区划而言，迦耶达啰（Gayadhara）的活动区域主要集中于今西藏自治区的阿里地区及日喀则地区，尤其是日喀则地区。而以11世纪时的西藏地区区划来看，就略有不同。譬如贡塘，在古时是属于芒域，即阿里三围之一的。至少在米拉日巴（1040—1123）生活的时代依旧是如此。

就阿里地区与日喀则地区在西藏自治区的位置而言，它们与印度、尼泊尔接壤，在有限的藏文史籍的记载中，迦耶达啰（Gayadhara）入藏的第一站吉隆、亚东、扎达都是边境县。其活动区域也局限在和印度、尼泊尔接壤的地区，其他地区未曾踏足。这既与地理因素有关。也与当时西藏地区的教法形势有关，在经历朗达玛灭佛以来的所谓黑暗时期后，佛教正处于渐次恢复的时期，而阿里地区是佛法再次弘扬的基地之一，为上路弘传的大本营。整个西藏虽获得一些教授，但行为错乱。卓弥、桂·枯巴拉哉、结觉·达哇欧色三人本身的出生地及活动地域也主要在今日喀则地区，或许也是迦耶达啰（Gayadhara）在此活动的一个直接原因。

而迦耶达啰（Gayadhara）三次入藏，将印度的教法尤其是道果法传入西藏，后弘期藏传佛教的四大教派之一萨迦派以之为不共教法，促使了这一教派的兴起，也为萨迦派在诸派别中脱颖而出，日后为元朝统治者所赏识，做了教法上的准备。作为学识渊博的大成就者，其所传入的其他密续类的教法，为后弘期佛教在西藏的兴盛注入了新的血液，增添了新的内涵。考察他在西藏的活动，希冀对了解西藏当时的佛教发展情形有所裨益。

中国古代职官制度史专题

两汉关内侯的官秩变迁

师彬彬

(许昌学院 魏晋文化研究所)

两汉二十等爵制是身份等级,用于维护政治身份和社会等级地位;若干石的禄秩是官职等级,用于保障行政,阎步克老师称为"爵—秩体制"①。"爵—秩体制"是两汉官僚体制和政治等级结构的重要组成部分,二十等爵制与官秩在社会等级秩序中拥有主导地位并发挥了一定的政治功能。汉代的爵位和官秩不仅与有爵者经济权益、政治影响与社会声望的变迁密切相关,而且成为确定统治集团成员政治身份和社会等级地位的两项重要根据,但具有官重爵轻的趋势。

汉代继承了西周"以德诏爵,以功诏禄,以能诏事"②的历史传统,西汉初期已出现"(高帝)行赏而授位也,爵以功为先后,官用能为次序"③与"吏官庳(卑)而爵高,并以宦皇帝者爵比赐之"④的政治现象。伴随政局变动、官僚体制发展与二十等爵制演变,两汉官秩和爵位呈现日益分离的趋势。例如,"(汉景帝后元元年)三月,赦天下,赐民爵

---

* [基金项目] 本文是2012年度国家社会科学基金一般项目"二十等爵制与秦汉吏民等级研究"(项目编号:12BZS019)的阶段性研究成果之一。

① 学术界关于汉代"爵—秩体制"的概念及其形成演变问题的研究,参见阎步克《从爵本位到官本位:秦汉官僚品位结构研究》,生活·读书·新知三联书店2009年版,第33—87页。

② (汉)郑玄注,(唐)贾公彦疏,彭林整理:《周礼注疏》卷三六《夏官·司士》,上海古籍出版社2010年版,第1186页。

③ (汉)班固:《汉书》卷一八《外戚恩泽侯表》,中华书局1962年版,第677页。

④ 彭浩、陈伟、[日]工藤元男主编:《二年律令与奏谳书——张家山二四七号汉墓出土法律文献释读》,上海古籍出版社2007年版,第212页。

一级，中二千石诸侯相爵右庶长"。颜师古注引如淳曰："虽有尊官未必有高爵，故数有赐爵。"①

官秩属于汉代重要的社会等级序列，官秩变迁既反映了职官等级关系变动，又体现了官僚体制发展。两汉皇帝在大多数时期对官吏的官秩变迁拥有最终裁决权，反映了"赏罚之柄，此上之所以使也"②。官秩变迁成为汉代皇权对官吏实施政治管理和身份控制的一项重要措施，在两汉初期、汉武帝时期与两汉末期比较常见。

两汉的官秩变迁成为衡量统治集团成员政治身份和社会等级地位演变的一项重要依据，并与官吏经济权益、政治影响和社会声望的变动密切相关。汉代官秩变迁继承了"明主之吏，宰相必起于州部，猛将必发于卒伍"③的历史传统，具有鲜明的时代特征。

迄今为止，学术界对两汉官秩变迁问题的研究对象大多偏重于官员④，然而对关内侯官秩变迁的考察尚未开展。本文运用"二重证据法"、群体考察与个案分析相结合的研究方法，将政局演变、礼制发展、法律变动、统治集团变动、二十等爵制演进、社会等级秩序调整与两汉关内侯的官秩变迁紧密结合。笔者在梳理史料与总结已有研究成果的基础上，以获爵官秩、最高官秩与最终官秩为切入点梳理汉代关内侯官秩变迁的形式、特征、演变规律、政治功能及其深层原因。探讨这一问题不仅有助于全面理解两汉关内侯的仕途状况、皇权与高爵群体之间的关系变动，而且可以深化我们对政局变迁、官僚体制发展和二十等爵制演进的认识。

---

① 《汉书》卷五《景帝纪》及颜师古注，第150页。

② 许维遹撰，梁运华整理：《吕氏春秋集释》卷一四《义赏》，中华书局2016年版，第282页。

③ （清）王先慎撰，钟哲点校：《韩非子集解》卷一九《显学》，中华书局2016年版，第503页。

④ 参见陶希圣、沈巨尘《秦汉政治制度》，商务印书馆1936年版；严耕望《中国地方行政制度史——秦汉地方行政制度》，上海古籍出版社2007年版；阎步克《品位与职位：秦汉魏晋南北朝官阶制度研究》，中华书局2009年版；薛志清《秦汉社会流动研究——以官员为中心》，中国社会科学出版社2016年版；邹锦良、李坚《跨越"鸿沟"：西汉官员迁转途径探论》，《北方论丛》2008年第3期；邹锦良、戴春芳《西汉官员迁转条件探论》，《求索》2008年第4期；薛志清、马利雅、田亚如《汉代官员社会流动论析——居延汉简所见汉代官员升迁与罢黜》，《河北北方学院学报》（社会科学版）2014年第6期；邹锦良《西汉官员迁任问题研究》，硕士学位论文，南昌大学，2007年；许红晓《西汉高级官吏迁补常例问题研究——以丞相、御史大夫、九卿为中心》，硕士学位论文，华南师范大学，2010年。

两汉官秩变迁既具有一定规律并日趋规范，又呈现阶段性与制度化的特征。如汉成帝时期，"博士选三科，高（第）为尚书，次为刺史，其不通政事，以久次补诸侯太傅"①。另如哀帝建平年间，大司空朱博奏言："故事，选郡国守相高第为中二千石，选中二千石为御史大夫，任职者为丞相，位次有序，所以尊圣德，重国相也。"②再如哀帝建平二年（前5），御史大夫朱博奏言："故事，（部刺史）居部九岁举为守相，其有异材功效著者辄登擢，秩卑而赏厚，咸劝功乐进。前丞相（翟）方进奏罢刺史，更置州牧，秩真二千石，位次九卿。九卿缺，以高第补。"③又如，"（东汉章帝）建初〔初〕，（郑弘）为尚书令。旧制，尚书郎限满补县长令史丞尉。弘奏以为台职虽尊，而酬赏甚薄，至于开选，多无乐者，请使郎补千石〔令〕，令史为长。帝从其议"④。此外，台湾学者严耕望先生认为："汉世任职多起于地方属吏，贤俊之士多获乡誉，由郡守贡于中央，曰孝廉，曰茂才。处散则补三署诸郎，任职则除尚书侍郎、诸卿令佐。既习律令威仪中都故事，则出补令长，敷政有里。三年考绩，或直迁刺史、守、相。或再入京师，除闲散则为大夫、议郎，谏讽左右；秉机枢，则任尚书、诸校、中郎将等职。然后出补守相，宰制千里。守相高第，擢任九卿，亦有超至三公者。"⑤两汉关内侯的官秩变迁主要取决于政局变动、统治集团变迁、官僚体制发展、二十等爵制演变和社会等级秩序调整，并与关内侯个人的功劳、政治能力、政治身份、社会声望、道德品行及其和皇帝之间的关系变迁密切相关。

汉代关内侯拥有官秩使爵位和官僚体系紧密结合在一起，从而提高了高爵群体的政治身份和社会等级地位。两汉部分入仕关内侯的官秩变迁比较频繁，既反映了"大材者执大官位，小材者受小官位，如其能，宣治之至也"⑥的政治理念，又体现了"不能致功，虽有贤名，不予之赏；官

---

① 《汉书》卷八一《孔光传》，第3353页。
② 《汉书》卷八三《朱博传》，第3405页。
③ 同上书，第3406页。
④ 《后汉书》卷三三《郑弘传》，中华书局1965年版，第1155页。
⑤ 严耕望：《中国地方行政制度史——秦汉地方行政制度》，第333页。
⑥ （清）苏舆撰，钟哲点校：《春秋繁露义证》卷二八《爵国》，中华书局1992年版，第237页。

职不废，虽有愚名，不加之罚"①的赏罚原则。汉代关内侯的官秩变迁经历了从皇权主导到权臣支配的进程，不仅反映了统治集团内部的政治矛盾与权力斗争趋于激化，而且在各个阶段产生了不同的政治功能。

一 两汉关内侯的获爵官秩

学术界对汉代关内侯的获爵官秩问题关注较少并存在一定争议②，这一问题有待深入考察。两汉部分关内侯获爵时并无官秩，以不入仕者为主导。汉代关内侯的获爵官秩可考者从万石到百石不等，并大多在比二千石以上。两汉关内侯与获爵官秩之间并没有必然联系和严格的等级对应关系，反映了官秩与爵位呈现日益分离的趋势。汉代官员并非达到比二千石以上就一定拥有关内侯爵位，关内侯一般需要皇帝以颁布制书并派遣使者赐予金印紫绶的形式而获得。

两汉功臣型关内侯的获爵官秩相对较低，而外戚恩泽型关内侯的获爵官秩大多较高。汉代不同类型关内侯的获爵官秩状况不仅反映了高爵群体的分化与重新组合，而且体现了多种社会势力在统治集团中拥有不同的政治地位和社会身份。

（一）西汉关内侯的获爵官秩

西汉关内侯的获爵官秩可考者从万石到百石不等，但大多在比二千石以上。西汉关内侯的获爵官秩普遍较高，但关内侯与获爵官秩之间并没有

---

① （清）苏舆撰，钟哲点校：《春秋繁露义证》卷二一《考功名》，第178页。
② 朱绍侯先生的《从〈二年律令〉看与军功爵制有关的三个问题——〈二年律令〉与军功爵制研究之三》［《河南大学学报》（社会科学版）2003年第1期，后收入《军功爵制考论（增订版）》，商务印书馆2017年版］认为《二年律令》保存了西汉高后二年（前186）制定的爵级与官秩的全面对比关系，关内侯的地位相当于郡守与九卿一类的二千石官员；从《汉书》卷九七上《外戚传上》中西汉元帝制定的嫔妃与官、爵级别的对比关系来看，关内侯的地位相当于中二千石的官员。日本学者西嶋定生先生的《中国古代帝国的形成与结构——二十等爵制研究》（中华书局2004年版）认为汉代赐爵关内侯者，官秩高低并不固定。阎步克先生的《品位与职位：秦汉魏晋南北朝官阶制度研究》（中华书局2009年版）认为两汉关内侯没有相应的官秩，它与百官的相对地位借助朝位确定。顾江龙先生的《汉唐间的爵位、勋官与散官——品位结构与等级特权视角的研究》（博士学位论文，北京大学，2007年）认为西汉中后期的御史大夫与关内侯相对应，政府固定赐御史大夫爵关内侯。王玉喜先生的《爵制与秦汉社会研究》（博士学位论文，山东大学，2014年）依据《大乐律》，认为西汉关内侯对应的禄秩等级是二千石。

必然联系与严格的等级对应关系。西汉不同类型关内侯的获爵官秩具有身份性和阶段化的特征,不仅反映了政局变迁、官僚体制发展、统治集团演变、高爵群体的分化与重新组合,而且和关内侯个人的功劳、政治素质、政治身份、社会声望、道德品行及其与皇帝之间的关系演变密切相关。西汉部分关内侯获爵时并无官秩,以不入仕者为主导,并以免职者作为补充。

西汉军功型关内侯的获爵官秩可考者较高,以二千石为主导,并以比二千石、中二千石为补充。例如,"孝文帝元年,举故吏士二千石从高皇帝者,悉以为关内侯,食邑二十四人,而申屠嘉食邑五百户"①。二千石的开国功臣成为西汉前期赐爵关内侯的主要对象,不仅反映了"(高帝)行赏而授位也,爵以功为先后,官用能为次序"②的政策导向,而且体现了政府重视维护军功集团的政治支柱地位。如武帝元朔五年(前124),"将军李沮、李息及校尉豆如意有功,赐爵关内侯,食邑各三百户"③。另如武帝元狩四年(前119),"李敢以校尉从骠骑将军击胡左贤王,力战,夺左贤王鼓旗,斩首多,赐爵关内侯,食邑二百户"④。再如昭帝始元六年(前81),"大鸿胪(田)广明将率有功,赐爵关内侯,食邑"⑤。又如元帝竟宁元年(前33),因率军诛匈奴郅支单于之功,"赐(西域)副校尉陈汤爵关内侯、黄金百斤"⑥。

西汉事功型关内侯的获爵官秩具有阶段性与严格等级化的特征,从比六百石到中二千石不等。例如,"孝武征和三年,(袁)生曾孙幹,斩贼公先勇拜黄门郎,封关内侯,食遗乡六百户"⑦。另如宣帝地节元年(前69),"(侍中中郎将金安上)颇与发举楚王(刘)延寿反谋,赐爵关内侯,食邑三百户"⑧。再如宣帝时期,"二千石有治理效,辄以玺书勉厉,

---

① 《史记》卷九六《张丞相列传》,中华书局2014年修订版,第3251页。
② 《汉书》卷一八《外戚恩泽侯表》,第677页。
③ 《史记》卷一一一《卫将军列传》,第3542页。
④ 《史记》卷一〇九《李将军列传》,第3476页。
⑤ 《汉书》卷七《昭帝纪》,第224页。
⑥ 《汉书》卷九《元帝纪》,第282页。
⑦ (宋)洪适:《隶释》卷六《国三老袁良碑》,收入《隶释·隶续》,中华书局1985年版,第70页。
⑧ 《汉书》卷六八《金日磾传》,第2963页。

增秩赐金，或爵至关内侯"①。宣帝时期，郡守国相因事功而赐爵关内侯可考者仅二人：胶东相王成、颍川太守黄霸②。又如成帝河平元年（前28），"上曰：'东郡河决，流漂二州，校尉（王）廷世堤防三旬立塞。其以五年为河平元年。卒治河者为著外繇六月。惟延世长于计策，功费约省，用力日寡，朕甚嘉之。其以延世为光禄大夫，秩中二千石，赐爵关内侯，黄金百斤。'"③此外，哀帝建平元年（前6），"哀帝即位，遣中郎谒者张由将医治中山小王。由素有狂易病，病发怒去，西归长安。尚书簿责擅去状，由恐，因诬言中山太后祝诅上及太后。……张由以先告赐爵关内侯"④。

西汉定策型关内侯的获爵官秩以中二千石为主导，并以比二千石、二千石作为补充。如宣帝本始元年（前73）正月，论定策功，诏曰："赐右扶风（周）德、典属国（苏）武、廷尉（李）光、宗正（刘）德、大鸿胪（韦）贤、詹事（宋）畸、光禄大夫（丙）吉、京辅都尉（赵）广汉，爵皆关内侯。德、武食邑。"⑤另如平帝元始元年（1）正月，"太仆王恽等二十五人前议定陶傅太后尊号，守经法，不阿指从邪；右将军孙建爪牙大臣，大鸿胪（左）咸前正议不阿，后奉节使迎中山王；及宗正刘不恶、执金吾任岑、中郎将孔永、尚书令姚恂、沛郡太守石诩，皆以前与建策，东迎即位，奉事周密勤劳，赐爵关内侯，食邑各有差。"⑥

西汉外戚型关内侯的获爵官秩较高，可考者皆为中二千石。如元帝永光三年（前41）诏曰："羌虏桀黠，贼害吏民，攻陇西府寺，燔烧置亭，绝道桥，甚逆天道。左将军光禄勋（冯）奉世前将兵征讨，斩捕首虏八千余级，卤马、牛、羊以万数。赐奉世爵关内侯，良邑五百户，黄金六十斤。"⑦另如成帝永始二年（前15）十二月诏曰："前将作大匠解万年奏请营作昌陵，罢弊海内，侍中卫尉（淳于）长数白宜止徙家反故处，朕

---

① 《汉书》卷八九《循吏传》，第3624页。
② 《汉书》卷八九《王成传》，第3627页；《汉书》卷八九《黄霸传》，第3631页。
③ 《汉书》卷二九《沟洫志》，第1688—1689页。
④ 《汉书》卷九七下《孝元冯昭仪传》，第4007页。
⑤ 《汉书》卷八《宣帝纪》，第239—240页。
⑥ 《汉书》卷一二《平帝纪》，第348—349页。
⑦ 《汉书》卷七九《冯奉世传》，第3300页。

以长言下公卿,议者皆合长计。首建至策,民以康宁。其赐长爵关内侯。"① 西汉外戚型的关内侯规模较大并享有较高的获爵官秩,不仅反映了"汉家旧典,尊崇母氏"②的历史传统,而且体现了外戚集团势力的发展与皇权对外戚的政治优待。

西汉中后期,帝师型的关内侯获爵官秩可考者从比六百石到万石不等。例如,"元帝即位,征(高密相孔)霸,并以师赐爵关内侯,食邑八百户,号褒成君,给事中,加赐黄金二百斤,第一区,徙名数于长安"③。另如,"成帝即位,征(东平内史张)禹、(博士郑)宽中,皆以师赐爵关内侯"④。再如,"成帝末年,立定陶王为皇太子,并以(师)丹为太子太傅。哀帝即位,为左将军,赐爵关内侯,食邑"⑤。又如,"哀帝为定陶王时,(韦)赏为太傅。哀帝即位,赏以旧恩为大司马车骑将军,列为三公,赐爵关内侯,食邑千户"⑥。西汉帝师型的关内侯获爵官秩较高,反映了最高统治者信奉"国之将兴,尊师而重傅"⑦的政治理念。另外,西汉太后师傅因恩泽而赐爵关内侯可考者只有昭帝时期官秩为中二千石的夏侯胜。昭帝元平元年(前74),"(大将军霍)光以为群臣奏事东宫,太后省政,宜知经术,白令(夏侯)胜用《尚书》授太后。迁长信少府,赐爵关内侯"⑧。

此外,西汉丞相赐爵关内侯可考者仅哀帝时期的平当,属于因官职而赐爵。哀帝建平二年(前5),"以冬月,赐(丞相平当)爵关内侯"。颜师古注引如淳曰:"《汉仪注》御史大夫为丞相,更春乃封。故先赐爵关内侯。"⑨

西汉部分关内侯获爵时并无官秩,以不入仕者为主导。例如,"(高后)三年,(故城)侯(尹开)方夺侯,为关内侯"⑩。另如宣帝甘露三

---

① 《汉书》卷九三《淳于长传》,第3730—3731页。
② 《后汉书》卷三四《梁统传》,第1172页。
③ 《汉书》卷八一《孔光传》,第3353页。
④ 《汉书》卷八一《张禹传》,第3348页。
⑤ 《汉书》卷八六《师丹传》,第3503页。
⑥ 《汉书》卷七三《韦贤传》,第3115页。
⑦ 《汉书》卷七八《萧望之传》,第3287页。
⑧ 《汉书》卷七五《夏侯胜传》,第3155页。
⑨ 《汉书》卷七一《平当传》,第3051页。
⑩ 《史记》卷一八《高祖功臣侯者年表》,第1090页。

年（前51），"（义阳侯厉温敦）坐子伊细王谋反，削爵为关内侯，食邑千户"①。再如平帝元始二年（2），"赐故曲周侯郦商等后玄孙郦明友等百一十三人爵关内侯，食邑各有差"②。又如孺子婴居摄元年（6），"（王）莽白太后下诏曰：'惟（宗室刘）嘉父子兄弟，虽与（安众侯刘）崇有属，不敢阿私，或见萌牙，相率告之，及其祸成，同共雠之，应合古制，忠孝著焉。其以杜衍户千封嘉为师礼侯，嘉子七人皆赐爵关内侯。'"③

另外，西汉部分入仕的关内侯获爵时并无官秩。如高后八年（前180），"诸中宦者令丞皆为关内侯，食邑五百户"④。另如武帝元光六年（前129），"（车骑将军卫）青至笼城，斩首虏数百。……唯青赐爵关内侯"⑤。再如，"成帝初即位，擢（史）丹为长乐卫尉，迁右将军，赐爵关内侯，食邑三百户，给事中"⑥。

（二）东汉关内侯的获爵官秩

东汉关内侯的获爵官秩可考者从万石到百石不等，但大多在比二千石以上。东汉功臣型与恩泽型关内侯的获爵官秩具有身份性和严格等级化的特征，不仅与关内侯个人的功劳、政治身份及其与皇帝之间的关系密切相关，而且反映了政局演变、官僚体制发展和二十等爵制的调整。伴随政局演变、官秩与二十等爵制呈现日益分离的趋势，东汉关内侯和获爵官秩之间并无必然联系与直接的等级对应关系。

东汉军功型关内侯集中于战事频繁的光武帝时期、献帝时期，获爵官秩可考者从二千石到百石不等。如光武帝建武十五年（39），"时董宪裨将屯兵于鲁，侵害百姓，乃拜（鲍）永为鲁郡太守，永到，击讨，大破之，降者数千人。帝嘉其略，封为关内侯"⑦。另如献帝建安九年（204），

---

① 《汉书》卷一七《景武昭宣元成功臣表》，第673页。
② 《汉书》卷一二《平帝纪》，第353页。
③ 《汉书》卷九九上《王莽传上》，第4086页。
④ 《史记》卷九九《吕太后纪》，第514页。
⑤ 《汉书》卷五五《卫青传》，第2472—2473页。
⑥ 《汉书》卷八二《史丹传》，第3378页。
⑦ 《后汉书》卷二九《鲍永传》，第1019页。

"（校尉许褚）从围邺，力战有功，赐爵关内侯"①。再如献帝建安十年（205），"太祖破南皮，（护乌丸校尉阎）柔将部曲及鲜卑献名马以奉军，从征三郡乌丸，并以功封关内侯"②。又如献帝建安十七年（212），"陇右平定，太祖封讨（马）超之功，侯者十一人，赐（凉州参军杨）阜爵关内侯"③。

东汉事功型关内侯的规模较大，获爵官秩可考者从中二千石到三百石不等。例如，"（光武帝建武）七年，诏书以为（姑臧长孔）奋在姑臧治有绝迹，赐爵关内侯"④。另如灵帝中平五年（188），"时寇贼陆梁，州境雕残，（豫州牧黄）琬讨击平之，威声大震。政绩为天下表，封关内侯"⑤。再如献帝建安三年（198），"太祖破吕布于下邳，（张）辽将其众降，拜中郎将，赐爵关内侯"⑥。又如献帝建安九年（204）四月，"易阳令韩范、涉长梁岐举县降，赐爵关内侯"⑦。又如献帝时期，"（太守杜）畿在河东十六年，常为天下最。（魏）文帝（曹丕）即王位，赐爵关内侯"⑧。

东汉帝师型关内侯可考者仅明帝时期的桓荣、章帝时期的邓彪，二人的获爵官秩分别为中二千石、上公。如明帝永平二年（59）三月，"封（太常桓）荣为关内侯，食邑五千户"⑨。另如章帝章和二年（88）三月，"和帝即位，并以（邓）彪为太傅，录尚书事，赐爵关（中）〔内〕侯"⑩。东汉帝师型关内侯拥有较高的政治身份和社会等级地位，反映了最高统治者信奉"国之将兴，尊师而重傅"⑪ 的政治理念。

东汉外戚型关内侯者可考者仅光武帝时期的阴兴，获爵官秩为比二千

---

① 《三国志》卷一八《魏书·许褚传》，中华书局1982年第2版，第542页。
② 《三国志》卷八《魏书·公孙瓒传》，第247页。
③ 《三国志》卷二五《魏书·杨阜传》，第702页。
④ （汉）刘珍等撰，吴树平校注：《东观汉记校注》卷一四《孔奋》，中华书局2008年版，第584页。
⑤ 《后汉书》卷六一《黄琬传》，第2041页。
⑥ 《三国志》卷一七《魏书·张辽传》，第517页。
⑦ 《三国志》卷一《魏书·武帝纪》，第25页。
⑧ 《三国志》卷一六《魏书·杜畿传》，第497页。
⑨ 《后汉书》卷三七《桓荣传》，第1253页。
⑩ 《后汉书》卷四四《邓彪传》，第1496页。
⑪ 《汉书》卷七八《萧望之传》，第3287页。

石。"（建武）九年，（阴兴）迁侍中，赐爵关内侯。"①

东汉宦官型关内侯可考者规模较大，本文推测宦官型关内侯的获爵官秩以六百石为主导。如灵帝时期建宁元年（168），"（宦官）十一人皆为关内侯，岁食租二千斛"②。

东汉功臣家属型关内侯获爵官秩可考者仅献帝时期的典满，获爵官秩为比二千石。献帝延康元年（220），"（魏）文帝（曹丕）即王位，并以（功臣典韦子）满为都尉，赐爵关内侯"③。

东汉宠臣型关内侯的获爵官秩可考者以比二千石为主导，集中于东汉中后期。例如，"（光武帝）建武初，（丁恭）为谏议大夫、博士，封关内侯"④。另如安帝时期，"及邓太后临朝，（班昭）与闻政事。以出入之勤，特封子（中散大夫曹）成关内侯"⑤。再如献帝延康元年（220），"（魏）文帝（曹丕）即王位，（刘廙）为侍中，赐爵关内侯"⑥。又如献帝延康元年（220），"（魏）文帝（曹丕）即王位，赐（征西将军司马郭淮）爵关内侯"⑦。

东汉官职型关内侯可考者规模较小并仅见于光武帝时期，二人的获爵官秩皆为万石。如光武帝建武五年（29），"（侯霸）代伏湛为大司徒，封关内侯"⑧。另如，"（建武）二十七年，（赵熹）拜太尉，赐爵关内侯"⑨。

东汉嗣爵型关内侯可考者规模较小并仅见于桓帝时期，二人的获爵官秩分别为六百石和四百石。如桓帝延熹二年（159），光禄勋陈蕃上劝疏桓帝，"帝颇纳其言，为出宫女五百余人，但赐（尚书令建成侯黄霸后）儁爵关内侯"⑩。另如，"《汉纪》桓帝延熹三年，追录高祖功臣李必后黄门丞李遂为晋阳关内侯也"⑪。

---

① 《后汉书》卷三二《阴兴传》，第1131页。
② 《后汉书》卷七八《宦者列传·曹节传》，第2524页。
③ 《三国志》卷一八《魏书·典韦传》，第545页。
④ 《后汉书》卷七九下《丁恭传》，第2578页。
⑤ 《后汉书》卷八四《列女传》，第2785页。
⑥ 《三国志》卷二一《魏书·刘廙传》，第616页。
⑦ 《三国志》卷二六《魏书·郭淮传》，第734页。
⑧ 《后汉书》卷二六《侯霸传》，第902页。
⑨ 《后汉书》卷二六《赵熹传》，第914页。
⑩ 《后汉书》卷七八《宦者列传·郑众传》，第2513页。
⑪ 《史记》卷九五《灌婴列传》《史记索隐》姚驷案，第3234页。

东汉不入仕的关内侯并无获爵官秩,政治身份和社会等级地位较低。如东汉时期,"(翟)歆当嗣爵(临沮侯),并以母年老国远,上书辞让。诏许,乃赐关内侯"①。另如,"(章帝)建初中,(芜湖侯傅昌)遭母忧,因上书,并以国贫不愿之封,乞钱五十万,为关内侯。肃宗怒,贬为关内侯,竟不赐钱"②。

另外,东汉少数入仕的关内侯获爵时并无官秩。例如,"和帝即位,并以(邓)彪为太傅,录尚书事,赐爵关(中)〔内〕侯。(和帝永元)五年春,(太傅关内侯邓彪)薨于位,天子亲临吊临"③。另如献帝建安十三年(208),"(傅巽)客荆州,并以说刘琮之功,赐爵关内侯"④。再如献帝建安十三年(213),"会奉诏命,聘贵人于魏,(丞相曹操)因表留臻参丞相军事。追录臻父旧勋,赐爵关内侯"⑤。

汉代不同类型关内侯的获爵官秩状况主要取决于政局变迁、统治集团演变、官僚体制发展、二十等爵制变动、社会等级秩序调整、各种政治集团势力兴衰,并与关内侯个人的功劳、政治能力、政治身份、社会名望、道德品行及其与皇帝之间的关系变动密切相关。两汉不同类型关内侯的获爵官秩状况不仅反映了高爵群体的分化流动,而且体现了各种社会势力之间依附与制衡并存的权力格局。汉代不同类型关内侯的获爵官秩状况既成为皇权调整社会等级结构和维护不同政治集团势力基本平衡的一项重要措施,又产生了巩固政权基础、加强中央集权与增强统治集团凝聚力的社会功能。

二 两汉关内侯的最高官秩

两汉关内侯的最高官秩不仅成为关内侯个人任职的最高纪录,而且与家族的社会声望和家庭成员的仕途状况密切相关。汉代关内侯的最高官秩

---

① (汉)刘珍等撰,吴树平校注:《东观汉记校注》卷一九《翟歆传》,第879页。
② 《后汉书》卷二二《傅俊传》,第782页。
③ 《后汉书》卷四四《邓彪传》,第1496页。
④ 《三国志》卷六《魏书·刘表传》裴松之注引《傅子》,第214页。
⑤ 《三国志》卷二二《魏书·卫臻传》,第647页。

从万石（如汉哀帝时期的丞相平当①、东汉光武帝时期的大司徒侯霸②）到比六百石（如汉哀帝时期的中郎谒者张由③）不等，并具有身份化、阶段性、严格等级化和鲜明时代性的特征。

（一）西汉关内侯的最高官秩

西汉关内侯的最终官秩具有多元化的特征，反映了政局演变、统治集团变动、官僚体制发展、二十等爵制变迁与社会等级结构调整。如武帝元狩五年（前118），"（郎中令关内侯李）敢从上雍，至甘泉宫猎"④。另如宣帝时期，"（太子太傅关内侯夏侯胜）年九十卒官，赐冢茔，葬平陵。太后赐钱二百万，为胜素服五日，并以报师傅之恩，儒者以为荣"⑤。

西汉关内侯的最高官秩可考者集中于西汉后期，并从比六百石到万石不等。例如，"（元帝初元二年）夏四月丁巳，立皇太子。赐御史大夫（陈万年）爵关内侯"⑥。另如元帝竟宁元年（前33），"（关内侯邴）显为吏至太仆，坐官秏乱，身及子男有奸赃，免为庶人"⑦。再如元帝竟宁元年（前33），"拜（博士关内侯郑宽中）为诸吏光禄大夫，秩中二千石，给事中，领尚书事"⑧。又如哀帝建平二年（前5），"以冬月，赐（丞相平当）爵关内侯"⑨。此外，"哀帝为定陶王时，（韦）赏为太傅。哀帝即位，赏以旧恩为大司马车骑将军，列为三公，赐爵关内侯，食邑千户"⑩。西汉关内侯的最高官秩呈现等级性和严格身份化的特

---

① 《汉书》卷七一《平当传》载哀帝建平二年（前5），"以冬月，赐（丞相平当）爵关内侯。"（第3051页）
② 《后汉书》卷二六《侯霸传》载："（光武帝建武）十三年，（大司徒关内侯）霸薨。"（第902页）
③ 《汉书》卷九七下《孝元冯昭仪传》载哀帝元寿二年（前1），"哀帝崩，大司徒孔光奏'（中郎谒者关内侯张）由前诬告骨肉，（中太仆史）立陷入入大辟，为国家结怨于天下，以取秩迁，获爵邑，幸蒙赦令，请免为庶人，徙合浦'云"。（第4007页）
④ 《史记》卷一一一《卫将军列传》，第3553页。
⑤ 《汉书》卷七五《夏侯胜传》，第3159页。
⑥ 《汉书》卷九《元帝纪》，第282页。
⑦ 《史记》卷九六《张丞相列传》，第3256页。
⑧ 《汉书》卷八一《张禹传》，第3348页。
⑨ 《汉书》卷七一《平当传》，第3051页。
⑩ 《汉书》卷七三《韦贤传》，第3115页。

征，既反映了关内侯可以通过入仕进入政权体系并发挥较大的政治影响，又体现了部分入仕的高爵群体拥有较高的政治身份和社会等级地位。

（二）东汉关内侯的最高官秩

东汉关内侯的最高官秩具有多元化的特征，反映了政局演变、统治集团变动、官僚体制发展、二十等爵制变迁与社会等级秩序调整。例如，"（光武帝建武）十三年，（大司徒关内侯侯）霸薨"①。另如光武帝时期，"（武都太守关内侯孔）奋以（弟）奇经明当仕，上病去官，守约乡间，卒于家"②。再如，"（建武）二十三年，（卫尉关内侯阴兴）卒，时年三十九"③。又如，"（建武）中元元年，（司徒关内侯冯勤）薨……勤七子。长子宗嗣，至张掖属国都尉"④。此外，明帝时期，"（故太常关内侯桓）荣卒，帝亲自变服，临丧送葬，赐冢茔于首山之阳"⑤。东汉前期关内侯的最高官秩可考者从中二千石到万石不等，不仅反映了关内侯群体的分化与重新组合，而且体现了部分高爵阶层可以通过入仕而获得较高的政治身份和社会等级地位。

而献帝时期，关内侯的最高官秩可考者从比二千石到二千石不等。如建安二十一年（216），"魏国既建，（军谋祭酒关内侯王粲）拜侍中"⑥。另如，"（太守杜）畿在河东十六年，常为天下最。（魏）文帝（曹丕）即王位，赐爵关内侯"⑦。

三 两汉关内侯的最终官秩

汉代关内侯的最终官秩不仅是个人任职的最终纪录，而且对其能否享

---

① 《后汉书》卷二六《侯霸传》，第902页。
② 《后汉书》卷三一《孔奋传》，第1099页。
③ 《后汉书》卷三二《阴兴传》，第1131页。
④ 《后汉书》卷二六《冯勤传》，第911页。
⑤ 《后汉书》卷三七《桓荣传》，第1253页。
⑥ 《三国志》卷二一《魏书·王粲传》，第598页。
⑦ 《三国志》卷一六《魏书·杜畿传》，第497页。

有致仕待遇①和恤典状况②均产生了重要影响。如汉平帝元始元年（1）春正月，"（令）天下吏比二千石以上年老致仕者，参分故禄，并以一与之，终其身"③。另如，"（东汉）公、将军、特进（薨）皆赐器，官中二十四物。使者治丧，穿作，柏椁，百官会送，如故事。……公、特进樟棺黑漆。中二千石以下坎侯漆。朝臣中二千石、将军（薨），使者吊祭，郡国二千石、六百石以下至黄绶（薨），皆赐常车驿牛赠祭。宜自佐史以上达，大敛皆以朝服"④。两汉关内侯享有致仕待遇和恤典可考者官秩普遍较高，从比二千石到万石不等。

（一）西汉关内侯的最终官秩

西汉关内侯的最终官秩不仅反映了政局变动与官僚体制发展，而且和统治集团演变、二十等爵制调整密切相关。如武帝元狩五年（前118），"（郎中令关内侯李）敢从上雍，至甘泉宫猎。骠骑将军（霍）去病与（卫）青有亲，射杀敢"⑤。另如宣帝时期，"（太子太傅关内侯夏侯胜）年九十卒官，赐冢茔，葬平陵。太后赐钱二百万，为胜素服五日，并以报师傅之恩，儒者以为荣"⑥。

西汉关内侯的最高官秩可考者集中于西汉后期，从比六百石到万石不等。如元帝初元二年（前47）冬，"（故前将军关内侯萧）望之有罪死，有司请绝其爵邑。有诏加恩，长子伋嗣为关内侯。天子追念望之，不忘每岁时遣使者祠祭望之冢，终元帝世"⑦。另如元帝时期，"复以（关内侯丙显）为城门校尉"⑧。再如成帝时期，"会（诸吏光禄大夫关内侯郑宽中）

---

① 学术界关于汉代官吏致仕待遇问题的研究，参见余明远《官吏"致仕"成制于西汉的社会条件分析》，《天水师专学报》1997年第1期；张艳玲、李锋敏《两汉时期官吏的致仕制度》，《温州大学学报》（社会科学版）2011年第2期；刘庆《礼与汉代致仕》，《史学月刊》2011年第3期；高彦君《西汉官吏的致仕》，《太原师范学院学报》（社会科学版）2016年第4期；王文涛《秦汉社会保障研究——以灾害救助为中心的考察》，中华书局2007年版，第174—194页；昌菲菲《关于汉代官员致仕问题的历史考察》，硕士学位论文，华东师范大学，2012年。
② 参见师彬彬《两汉关内侯的恤典》，《咸阳师范学院学报》2016年第5期。
③ 《汉书》卷一二《平帝纪》，第349页。
④ （晋）司马彪：《续汉书·礼仪志下》，收入《后汉书》，第3152页。
⑤ 《史记》卷一一一《卫将军列传》，第3553页。
⑥ 《汉书》卷七五《夏侯胜传》，第3159页。
⑦ 《汉书》卷七八《萧望之传》，第3289页。
⑧ 《汉书》卷七四《丙显传》，第3149页。

疾卒，谷永上疏"①……又如哀帝建平三年（前4）春，"上使使者召，欲封赐（丞相关内侯平）当。当病笃，不应召。……后月余，卒"②。此外，哀帝元寿二年（前1），"哀帝崩，大司徒孔光奏'（中郎谒者关内侯张）由前诬告骨肉，（中太仆史）立陷人入大辟，为国家结怨于天下，并以取秩迁，获爵邑，幸蒙赦令，请免为庶人，徙合浦'云"③。

（二）东汉关内侯的最终官秩

东汉关内侯的最终官秩不仅具有阶段性严格等级化的特征，而且反映了政局变迁、二十等爵制调整与官僚体制发展。例如，"（光武帝建武二十年）夏四月庚辰，大司徒（关内侯）戴涉下狱死"④。另如光武帝时期，"（武都太守关内侯孔）奋以（弟）奇经明当仕，上病去官，守约乡间，卒于家"⑤。再如，"（建武）二十三年，（卫尉关内侯阴兴）卒，时年三十九"⑥。又如，"（建武）中元元年，（司徒关内侯冯勤）薨"⑦。此外，明帝时期，"（故太常关内侯桓）荣卒，帝亲自变服，临丧送葬，赐冢茔于首山之阳"⑧。东汉前期关内侯的最终官秩可考者从二千石到万石不等，不仅反映了部分关内侯群体可以通过入仕而拥有较高的政治身份和社会等级地位，而且体现了高爵阶层的分化与重新组合。

而献帝时期，关内侯的最终官秩可考者从比二千石到二千石不等。例如，"（献帝建安）二十二年春，（魏国侍中关内侯王粲）道病卒"⑨。另如献帝时期，"（太守杜）畿在河东十六年，常为天下最。（魏）文帝（曹丕）即王位，赐爵关内侯"⑩。

另外，汉代少数关内侯的获爵官秩、最高官秩与最终官秩三者相同，反映了"爵—秩体制"的复杂性。汉哀帝时期，关内侯张由的获爵官秩、

---

① 《汉书》卷八八《张山拊传》，第3605—3606页。
② 《汉书》卷七一《平当传》，第3051页。
③ 《汉书》卷九七下《孝元冯昭仪传》，第4007页。
④ 《后汉书》卷一下《光武帝纪下》，第72页。
⑤ 《后汉书》卷三一《孔奋传》，第1099页。
⑥ 《后汉书》卷三二《阴兴传》，第1131页。
⑦ 《后汉书》卷二六《冯勤传》，第911页。
⑧ 《后汉书》卷三七《桓荣传》，第1253页。
⑨ 《三国志》卷二一《魏书·王粲传》，第599页。
⑩ 《三国志》卷一六《魏书·杜畿传》，第497页。

最高官秩和最终官秩均为比六百石（担任中郎谒者）。另如，"哀帝为定陶王时，（韦）赏为太傅。哀帝即位，赏以旧恩为大司马车骑将军，列为三公，赐爵关内侯，食邑千户，亦年八十余，并以寿终"①。哀帝时期，关内侯韦赏的获爵官秩、最高官秩与最终官秩均为万石（担任大司马车骑将军）。再如东汉光武帝建武五年（29），"（侯霸）代伏湛为大司徒，封关内侯。在位明察守正，奉公不回。十三年，霸薨，帝深伤惜之，亲自临吊"②。光武帝时期，关内侯侯霸的获爵官秩、最高官秩和最终官秩均为万石（担任大司徒）。又如，"（太守杜）畿在河东十六年，常为天下最。（魏）文帝（曹丕）即王位，赐爵关内侯"③。献帝延康元年（220），关内侯杜畿的获爵官秩、最高官秩与最终官秩均为二千石。

两汉关内侯的官秩变迁不仅反映了关内侯个人经济权益、政治身份与社会等级地位的演变，而且与其政治影响、社会声望的变迁密切相关。汉代不同类型关内侯的官秩变迁具有阶段性和多元化的特征，外戚恩泽型关内侯的爵位变动更加频繁。两汉皇帝对关内侯群体的官秩变迁拥有最终裁决权，既反映了关内侯群体具有较高的政治身份、社会地位与较丰厚的经济权益，又体现了皇权对高爵阶层拥有强大的政治支配性和身份控制力。

汉代关内侯的官秩变迁不仅经历了从皇权主导到权臣支配的进程，而且在各个阶段产生了不同的社会功能。两汉关内侯的官秩变迁历程既反映了皇权与权臣对高爵群体官秩变迁权的激烈争斗，又体现了统治集团内部的政治矛盾与权力斗争趋于激化。汉代关内侯官秩变迁的政治功能主要取决于高爵群体官秩变迁的运行机制，并与政局变迁、统治集团演变、二十等爵制调整、不同政治集团势力兴衰密切相关。

频繁的官秩变迁成为两汉皇帝对关内侯群体实施政治管理与身份管理的一项重要措施，调整了统治集团构成并确定了高爵群体在社会等级秩序中的政治身份和社会等级地位。汉代关内侯的官秩变迁既成为皇权保持高爵阶层及统治集团成员生命力的一项重要手段，又产生了加强中央集权、维护社会稳定、调整官僚体制、维持社会等级秩序、推动社会阶层流动、巩固政权统治基础与增强统治集团凝聚力的政治功能，在两汉中前期尤为

---

① 《汉书》卷七三《韦贤传》，第 3115 页。
② 《后汉书》卷二六《侯霸传》，第 902 页。
③ 《三国志》卷一六《魏书·杜畿传》，第 497 页。

显著。

然而由于法律严酷、频繁而残酷的权力斗争，两汉关内侯的官秩变迁也存在赏罚不公、赏重于罚、赏罚滞后、受臣干预较大和增加国家财政负担等弊端，在一定程度上激化了统治集团成员之间的政治矛盾与权力斗争。以上弊端的存在直接干涉了皇权对汉代关内侯群体的政治支配性与身份控制力，从而不利于加强中央集权、巩固政权基础、调整二十等爵制与维持社会等级秩序，在两汉后期比较明显。此外，两汉末期的权臣王莽、曹操父子分别通过以西汉平帝、东汉献帝名义下诏书的形式对关内侯群体的官秩变迁拥有最终裁决权。这一政治现象的出现扩大了两汉末期权臣的政治影响力和社会声望，不仅助长了高爵阶层对皇权的离心力，而且严重干涉了皇权运行机制并推动了政权更迭进程。

但就整体发展而言，汉代关内侯官秩变迁所产生的社会功能的积极方面仍然占据主导地位。两汉皇帝通过控制关内侯拥有较高官秩规模、削减或剥夺官秩的重要权益（如任子）等多项身份管理措施，不仅降低了关内侯官秩变迁所产生的社会功能的负面影响（如增加国家的财政负担、削弱高爵群体生命力、激化统治集团内部的政治矛盾与权力斗争），而且有助于增强皇权对高爵群体的政治支配性与身份控制力。

四　结　语

综上所述，汉代部分关内侯并不入仕，关内侯与获爵官秩之间并无必然联系与严格的等级对应关系，反映了爵位与官秩趋于分离。两汉关内侯的获爵官秩从万石到百石不等，可考者以比二千石以上为主导。汉代关内侯的最高官秩既是关内侯个人一生任职的最高纪录，又与其家族的政治地位及社会声望、家庭成员的入仕状况密切相关。两汉关内侯的最终官秩是个人一生任职的最终纪录，并对其能否享有致仕待遇和恤典状况均产生了重要影响。汉代少数关内侯的获爵官秩、最高官秩和最终官秩相同，反映了"爵—秩体制"的复杂性。

两汉关内侯的官秩变迁不仅反映了关内侯个人经济权益、政治身份与社会等级地位的演变，而且与其政治影响和社会声望的变迁密切相关。汉代不同类型关内侯的官秩变迁具有阶段性和多元化的特征，外戚恩泽型关内侯的爵位变动更加频繁。两汉不同类型关内侯的官秩变迁状况不仅反映了高爵群体的分化和重新组合，而且体现了各种政治集团之间依附和制衡并存的权力格局。这一政治现象的出现成为汉代皇权维护不同政治势力基本平衡的一项重要管理措施，具有巩固政权基础、加强中央集权和增强统治集团凝聚力的社会功能。

汉代关内侯的官秩变迁主要取决于政局变迁、官僚体制发展、统治集团演变、二十等爵制调整、各种政治势力兴衰，并与关内侯个人的功劳、政治身份、社会名望、道德品行及其与皇帝之间的关系变动密切相关。两汉大多数时期，皇帝通过颁布诏书的形式对关内侯的官秩变迁拥有最终裁决权。这一政治现象的出现既反映了汉代关内侯群体拥有较高的政治身份与社会等级地位，又体现了皇权重视对高爵阶层实施奖惩、政治管理和身份控制。

两汉关内侯的官秩变迁已经形成一套比较完备的管理制度并趋于规范化，反映了政府重视对高爵群体实施政治管理与身份控制。汉代关内侯的官秩变迁不仅以法律规定作为一项重要依据，而且以政权强制力保障实施。两汉关内侯的官秩变迁与权力运行机制密切相关，并经历了从皇权主导到权臣支配的进程。汉代关内侯的官秩变迁既反映了皇权和权臣之间的政治矛盾与权力斗争趋于激化，又在各个阶段产生了不同的社会功能。

但就整体发展而言，汉代关内侯官秩变迁所产生的社会功能的积极方面仍然占据主导地位。两汉皇帝通过控制关内侯拥有较高官秩规模、削减或剥夺官秩的重要权益（如任子）等政治管理措施，不仅减少了关内侯官秩变迁所产生等弊端，而且有助于增强皇权对高爵群体的政治支配性和身份控制力。汉代关内侯的官秩变迁是高爵群体政治管理制度的重要组成部分，既成为政府维持统治秩序与调整社会等级结构的一项措施，又体现了皇权对高爵群体限制和利用并存的政策导向。

南朝都城行政官员研究

——以建康令为例*

权玉峰　张　磊

（首都师范大学　历史学院；郑州中学）

建康①作为宋、齐、梁、陈四个王朝的都城，是南方政治、经济、文化的中心，在南朝史上具有举足轻重的地位。关于建康的研究一度成为学界关注的焦点，成果不断涌现。这些研究主要涉及都城选址、空间分布、城市经济、水陆交通、生态环境、宗教文化、行政管理等多个方面，取得了积极有益的成果。②近年来，学界对建康地区的行政管理有所关注，主要集中在扬州刺史、丹阳尹的研究上③，而建康的直接管理者建康令则鲜有学者关注。建康令作为京邑首县的地方长官，在京师的政局中发挥了重要的作用。研究南朝时期的建康令，对于探讨南朝都城的管理，明了都城

---

*　本文为2016年首都师范大学高水平学术创新与优秀学位论文培育计划"南朝建康令研究"成果。

①　此建康指建康县，下同。南朝京师为建康、秣陵两县，以建康县为主，宫城、都城在建康县，外廓一部分在秣陵县。关于京师都城、宫城、外廓的分布，参见卢海鸣《六朝都城》，南京出版社2002年版，第70—86页。

②　建康这几方面的研究较为充分，参见卢海鸣《六朝都城建康研究状况综述》，《南京理工大学学报》（社会科学版）2005年第1期；张可辉《百年来六朝建康研究举要》，《南京晓庄学院学报》2013年第6期。

③　相关研究有熊清元《南朝之扬州刺史及其治所考析》，《黄冈师专学报》1994年第2期；何毅群《东晋南朝丹阳尹考论》，硕士学位论文，南京大学，2006年；何毅群《东晋南朝丹阳尹述论》，《南京晓庄学院学报》2008年第1期。

政治在中央政权稳定中的作用都有重要的历史意义。本文全面钩稽南朝诸史纪传及其他史书等有关记载，对南朝建康令的职掌、选任、地位等有关问题予以讨论。

一 建康令的职掌

"京邑是四方之本，安危所在"①，京师的稳定与否直接维系政权安危。南朝京师的地方行政组织分州、郡、县三级，各层级长官分别是扬州刺史、丹阳尹、建康令。刘淑芬认为扬州刺史、丹阳尹多兼为宰辅，总管朝政，而不管京师行政，真正管理京师的官员是秩千石、官七品的建康令。②

县令作为县一级行政首脑，于一县事无所不综。秦汉时期，县令长"皆掌治民，显善劝义，禁奸罚恶，理讼平贼，恤民时务，秋冬集课"③，也就是说民政、司法、治安、财政等是县令长的主要职掌，南朝时期同样如此。普通县令长的职能以民政、财政为重，陈琳国先生提出南朝县令长课考"以输入赋税多少为主"④。但建康令的职掌与一般县令有所不同，其以治安、司法为核心职掌，以财政、民政为辅助职掌，以军事、外交等活动为特殊职掌。试论证如下。

（一）核心职掌

建康令的职掌以治安、司法为核心。京师地区治安任务繁重，时人认为"天下殷实，四方辐辏，京邑二县，号为难治"⑤。治安方面，建康令的职责是打击权贵、缉拿盗寇。县令是直接的治民官，但建康令所面临的"民"不同于一般的"县民"，陈寅恪先生认为，与北朝有所不同，南朝

---

① 《魏书》卷六八《甄琛传》，中华书局1974年版，第1514页。
② 刘淑芬：《六朝时代的建康——市廛民居与治安》，《六朝的城市与社会》，学生书局1992年版，第149—150页。胡阿祥亦有类似的观点，他认为"丹阳尹虽居建康，与京师行政却措意甚少"（《南京通史·六朝卷》，南京出版社2010年版，第158页）。
③ 《后汉书》志二八《百官志五》，中华书局1965年版，第3622—3623页。
④ 陈琳国：《魏晋南北朝政治制度研究》，文津出版社1994年版，第266页。
⑤ 《宋书》卷一〇〇《自序》，中华书局1974年版，第2462页。

士族多居住在京城。① 打击权贵是建康令治安管理工作的首要任务,多数建康令在此方面有突出表现。宋后废帝时,顾宪之铁面无私,严厉打击权贵及其下属的违法行为,其任建康令"至于权要请托,长吏贪残,据法直绳,无所阿纵"②。齐明帝时沈徽孚为建康令,其奉法无私,即使王公的亲信违背道德时也敢于制止,皇太孙萧昭业宠信马澄"逼求姨女为妾……徽孚诃而遣之"③。另外,从豪强对建康令的态度,也能看出建康令在维持地方治安过程中,对豪强的打击力度。梁武帝时,江革任建康令期间"为治明肃,豪强惮之"④。缉拿盗寇亦是建康令治安工作的重要内容。南朝时期建康县人口众多,以建康县为主的京师地区人口曾达"一百五十万以上"⑤,各色人物鱼龙混杂导致贼盗激增。赵伯符"总领义徒,以居宫城北,每有火起及贼盗,辄身贯甲胄,助郡县赴讨"⑥,这说明建康城贼盗频发,擒拿时还需借助外界力量。顾宪之"为建康令。时有盗牛者,被主所认,盗者亦称己牛,二家辞理等,前后令莫能决。宪之至,覆其状,谓二家曰:'无为多言,吾得之矣。'乃令解牛,任其所去,牛径还本主宅,盗者始伏其辜"⑦。他巧妙地处理盗窃事件,有利于地方稳定。从建康令的选任也能看出缉拿贼盗是建康令的重要职责。陈后主时,因京师贼盗频发,乃以萧引为贞威将军、建康令。朝廷在建康下设东、西、南、北、左、右"六部尉",以增强建康令的治安管理职能。对威胁地方治安的事件未能做出有效处理,建康令往往会受到处罚。如沈文秀为寻阳王鞭杀私奴被免官,丘珍孙因境内劫发不禽被免官,王兴之因南郡王义宣诸子逃藏郡界被免官。

  司法方面,建康令负责管理建康狱。治安与司法是相辅相成的,建康地区治安亦与司法紧密联系在一起。刘宋仅建康县有狱丞,这说明建康县

---

  ① 万绳楠整理:《陈寅恪魏晋南北朝史讲演录》,贵州人民出版社2012年版,第281页。权家玉提出建康社会在南朝具有"独尊地位"(《画地为牢:南朝政权的京畿化与政局演变》,《厦门大学学报》2016年第5期)。
  ② 《梁书》卷五二《止足·顾宪之传》,中华书局1973年版,第758页。
  ③ 《南齐书》卷一一《后妃上·郁林王何妃传》,中华书局1972年版,第331页。
  ④ 《梁书》卷三六《江革传》,第523页。
  ⑤ 严耕望:《南北朝三个都城人口之估测》,《严耕望史学论文集》,上海古籍出版社2009年版,第1038页。
  ⑥ 《宋书》卷四六《赵伦之传附子伯符传》,第1390页。
  ⑦ 《梁书》卷五二《止足·顾宪之传》,第758页。

治安任务颇重。梁武帝天监元年（502），"五月乙亥夜，盗入南、北掖，烧神虎门、总章观，害卫尉卿张弘策"①，建康地区治安受到威胁，同年八月比照"廷尉三官"置"建康三官"，替代"建康丞"协助建康令管理建康狱。在建康狱的管理中，建康令负总责，《隋书》有详细的记载，"建康旧置狱丞一人。天监元年，诏依廷尉之官，置正、平、监，革选士流，务使任职。又令三官更直一日，分受罪系，事无小大，悉与令筹"②。虽然建康狱由建康三官管理，但事情不分大小均要与建康令商讨，可见建康令在管理中负总责，并有最终的决定权。如陶子锵"兄尚，宋末为幸臣所怨，被系"③，建康之劳彦远了解实情后将其兄释放。

（二）辅助职掌

财政、民政为建康令的辅助职掌。财政方面，发展经济、征收赋税是建康令的重要职掌。南朝时皇帝曾多次下诏鼓励地方官推动当地农业发展，为赋税的征收做准备。发展农业经济、征收赋税是地方官课考的重要标准，自然也是他们的重要职掌。陈霸先防守建康时，以"粮运不继，三军取给，唯在京师"④为由，任命心腹孔奂为建康令，负责筹备军粮，说明建康令负有征收赋税之责。值得注意的是，建康县是宫殿和官府区所在地，也是富人聚居的地区，刘淑芬先生认为"建康城没有耕地就是一大特色"⑤，这说明发展农业经济并不是建康令的核心职掌。

民政方面，建康令的职掌主要是救助百姓。遇到灾荒，百姓生活困难，如任其发展会影响京城治安，故救助百姓是建康令的重要职责。中央政府也多次下诏命建康令救助百姓。宋文帝元嘉二十一年（444）"霖雨弥日，水潦为患，百姓积俭，易致乏匮。二县官长及营署部司，各随统检实，给其柴米，必使周悉"⑥。因为水灾，民众生存困难，县令及其他官员检核百姓的情况予以柴米。救助不利时，建康令甚至会受到惩罚，大明八年（464）宋孝武帝下诏"去岁东境偏旱，田亩失收。使命来者，多至

---

① 《梁书》卷二《武帝纪中》，第38页。
② 《隋书》卷二六《百官志上》，中华书局1973年版，第729页。
③ 《南史》卷七四《孝义下·陶子锵传》，第1844页。
④ 《陈书》卷二一《孔奂传》，中华书局1972年版，第284页。
⑤ 刘淑芬：《六朝建康的经济基础》，《六朝的城市与社会》，第136页。
⑥ 《宋书》卷五《文帝纪》，第92页。

乏绝。或下穷流冗，顿伏街巷，朕甚闵之。可出仓米付建康、秣陵二县，随宜赡恤。若济拯不时，以至捐弃者，严加纠劾"①。这是中央政府为解决干旱造成的饥荒而采取的措施，应由京师两县的官员来执行，说明救助百姓是当地县令的重要职责。

（三）特殊职掌

除此之外，建康令还有一些特殊职掌。特殊职掌主要表现在率领军队，参与军事、外交等活动。率领军队是建康令的重要职掌之一。"令长之职，于县事无所不总，兵政自不例外。汉末以降，兵戈扰攘。县令长之兵权自益加重，无待赘论。故三国以降，县令长有加将军校尉者"②，严耕望先生认为县令加将军号是兵权加重的表现。我们对建康令加将军号的情况进行梳理，在南朝可考的43位建康令中，明确可知加将军号者10人（见下表）。

表1　　　　　　　　　建康令加将军号统计

朝代	人物	将军号	品级	文献出处
宋	萧道成	武烈将军	六品	《南齐书·高帝纪上》
齐	刘系宗	龙骧将军	七品	《南齐书·幸臣·刘系宗传》
齐	纪僧真	建武将军	八班	《南齐书·幸臣·纪僧真传》
齐	吕文显	宁朔将军	十三班	《南齐书·幸臣·吕文显传》
齐	何远	辅国将军	十四班	《梁书·良吏·何远传》
梁	乐法才	招远将军	九品、二班	《梁书·乐蔼传附子法才传》
梁	刘潜	戎昭将军	八品	《梁书·刘潜传》
梁	孔奂	贞威将军	七品、七班	《陈书·孔奂传》
陈	沈孝轨	宁远将军	十三班	《陈书·儒林沈洙传》
陈	萧引	贞威将军	七品、七班	《陈书·萧允传附弟引传》

---

① 《宋书》卷六《孝武帝纪》，第134—135页。
② 严耕望：《中国地方行政制度史·魏晋南北朝地方行政制度（上）》，上海古籍出版社2007年版，第328页。

由表1可见，建康令加将军号，品级可考者有6人，七品者有3人，占一半之多。以梁班制来看，建康令担任者最高为十三班，最低为二班，特征不明显。建康令为七品官，说明朝廷通常赋予建康令与其品级相当的将军号，建康令率领军队应是以维持京师治安为务。陈后主时，京师盗贼频发，萧引被任命为贞威将军、建康令，加将军号当是为打击京师贼盗、维持治安提供便利。

参加军事、外交等活动是建康令的特殊职掌。当都城面临军事威胁时，建康令会率兵参战。侯景进攻建康时，"建康令庾信率兵千余人屯航北"①。建康地区组织庞大的禁卫军系统是主要的军事力量，即便在地方上军权亦多掌握在扬州刺史、丹阳尹手中，建康令的军事职权并不重。外交活动，如侯景之乱前梁武帝遣建康令谢挺"使北通好"，陈武帝时建康令沈孝轨"奉使关内"②。说明奉命出使是建康令的特殊职掌之一。

二　建康令的选任

建康地区的稳定与否，直接关系到中央的统治。建康令权力大、责任重，因此朝廷重视建康令的选任。葛洪在《抱朴子》中论述了县令长选任的重要性，其文云：

> 三台九列，坐而论道；州牧郡守，操纲举领。其官益大，其事愈优。烦剧所钟，其唯百里。众役于是乎出，诛求之所丛赴。牧守虽贤，而令长不堪，则国事不举，万机有阙。其损败，岂徒止乎一境而已哉！令长尤宜得才，乃急于台省之官也。③

可见与州郡长官相比，地方县令长是直接的治民官员，其选任得当与否直接维系国事的兴衰，与尚书省官员相比，葛洪甚至认为县令长的选任更为重要。建康令的选任与政权稳定的关系更为密切，其选任更受到统治者重视。主要有以下四个标准。

---

① 《梁书》卷五六《侯景传》，第842页。
② 《梁书》卷三八《朱异传》，第539页；《陈书》卷三三《儒林·沈洙传》，第436页。
③ （东晋）葛洪撰，杨明照笺注：《抱朴子外篇笺注下》，中华书局1997年版，第49页。

(一) 出身于世家大族

魏晋南北朝时期，在官员任命过程中，官员自身的能力和条件起了很大作用，但官员的家世背景对此也有一定的影响，有时甚至会起到主导作用。我们将南朝建康令的家族信息整理如下：

表2　　　　　　　　　　南朝建康令家族情况①

时代	入传/无传	南人/北人	可考人数	高门士族	一般士族	庶族
宋	9/4	8/5	10/77%	5/50%	5/50%	0
齐	8/4	5/7	11/92%	2/18%	4/37%	5/45%
梁	10/4	2/12	11/79%	6/55%	5/45%	0
陈	2/2	2/2	3/75%	3/100%	0	0
南朝	29/14	17/26	35/81%	16/46%	14/40%	5/14%

由表2可知南朝时期建康令多数人在正史中入传，无传人数仅为有传人数的一半。就南北而言，宋、齐、陈时建康令人数大体相当。而梁代建康令北人力量远强于南人。究其原因，梁武帝时期是南朝文化发展的鼎盛时期，士族文化尤为突出，而北方士族文化实力强于南方，故北人任建康令远多于南人。就出身而言，出身可考者有35人，占可考总人数的81%。这35人中，高门士族有16人，占可考人数的46%；一般士族有14人，占可考人数的40%；庶族5人，仅占可考人数的14%。这说明就整个南朝而言，建康令的担任者以士族为主。就士族等级而言，高门士族与一般士族人数大体相当。具体到各代而言，宋、梁、陈出身可考的建康令皆为士族，仅齐有庶族任建康令，且占南齐建康令可考人数的45%。

梁代明确规定建康令属官"正、平、监，革选士流，务使任职"②，我们推测建康令的选任亦当有此规定。不可考者有王兴之、刘遐、劳彦

---

① 南宋时周应合曾对南朝建康令担任者进行梳理，得出可考者19人（《景定建康志》，南京出版社2009年版，第1133页）。笔者曾对其整理进行考补，得出南朝可考者为43人（《〈景定建康志〉所载南朝建康令考补》，《史志学刊》2017年第5期）。本表依据以上梳理制作。

② 《隋书》卷二六《百官志上》，第729页。

远、羊瞻、王仲欣、王复、谢挺、沈孝轨等人。从这些姓氏来看，为士族的可能性颇大。如王复，没有记载出自何家族，但《颜氏家训》云："建康令王复性既儒雅，未尝乘骑，见马嘶歕陆梁，莫不震慑，乃谓人曰：'正是虎，何故名为马乎？'"①陈寅恪先生据此认为他是梁腐朽士族代表②，当属士族。沈孝轨，出使死于北周，"建康令沈孝轨门生陈三儿牒称主人翁灵柩在周，主人奉使关内，因欲迎丧"，左丞江德藻云"孝轨既在异域，虽已迎丧，还期无指，诸弟若遂不除，永绝婚嫁，此于人情，或为未允"③，一方面此故事附于吴兴沈氏沈洙传，另一方面沈孝轨有"诸弟"及"门生"，说明他家族不小，出自吴兴沈氏的可能性较大。值得注意的是南齐庶族建康令中刘系宗、纪僧真、吕文显三人在《南齐书·幸臣传》，徐泓在《南史·恩幸传》，多为皇帝的幸臣，这更证明了庶族如果没有皇帝的特殊照顾，难以官拜建康令。

（二）具有丰富的地方治理经验

上文提到京师地区治理难度大，非一般人所能胜任，故建康令的担任者多具备丰富的地方治理经验。由政绩突出的地方长官直接迁为建康令者有江秉之、刘秀之、纪僧真、吕文显、刘系宗、刘玄明、徐泓、傅翙、江革、刘潜、沈浚、庾持12人。如江秉之"为永世、乌程，以善政著名东土。征建康令"④；刘秀之历任无锡、阳羡、乌程令，"并著能名"，后"迁建康令"⑤；刘玄明"有吏能，历山阴、建康令，政常为天下第一"⑥；刘潜为"阳羡令，甚有称绩，擢为建康令"⑦。这些人所任的永世、乌程、山阴等县皆位于扬州及其附近。在京畿附近的大县有治理经验，为他们胜任建康令奠定了基础。其他建康令迁入官虽不是地方长官，但仕履中曾担任地方官并有突出政绩，如张永、沈文秀、丘灵鞠、褚球、傅岐等人。

---

① （南北朝）颜之推撰，王利器集解：《颜氏家训集解》，中华书局1993年版，第322页。
② 万绳楠整理：《陈寅恪魏晋南北朝史讲演录》，第170页。
③ 《陈书》卷三三《儒林·沈洙传》，第436—437页。
④ 《宋书》卷九二《良吏·江秉之传》，第2269页。
⑤ 《宋书》卷八一《刘秀之传》，第2073页。
⑥ 《南史》卷七〇《傅琰传》，第1707—1708页。
⑦ 《梁书》卷四一《刘潜传》，第594页。

（三）具备刚正不阿、厉志廉洁的优秀品格

魏晋南北朝时期，品行是课考官员的三大要素之一。[①] 建康令在维持治安过程中，需要面对宗室、外戚、显宦、士族等，担任者既要面对京城内权贵的以势凌人，又要面临这些人的拉拢，故刚正不阿、奉公廉洁成为建康令选任的重要标准。建康令的担任者多具备这种品质，如江秉之，"所得禄秩，悉散之亲故，妻子常饥寒"[②]。陆徽死后，宋文帝下诏称"徽厉志廉洁，历任恪勤，奉公尽诚，克己无倦"[③]，顾宪之"性又清俭，强力为政，甚得民和，故京师饮酒者得醇旨，辄号为'顾建康'，言醖清且美焉"[④]。何远"与贵贱书疏，抗礼如一。其所会遇，未尝以颜色下人，以此多为俗士所恶。其清公实为天下第一"[⑤]。褚球"性公强"，对于世家大族、高官显宦"无所屈挠"[⑥]。不畏强权的优秀品格，这是保证建康令职能充分发挥的重要因素，因此成为建康令选任的标准之一。

（四）有较高的文化素养

地方官重要职责之一是教化百姓，如果官员自身没有一定的文化素养，则难以胜任对于当地的管理。建康令所治理的"民"包括士族、显宦等，在管理这些文化素养略高的"民"的过程中，对建康令本身文化水平也有较高的要求。更重要的是，建康令负责建康地区的司法事务，而司法文案等的阅读和撰写，需要有一定的文化知识，因此较高的文化水平是建康令的特点之一。多数建康令出自文化世家，如贺道力、丘珍孙、丘灵鞠、羊瞻、钟岏、庾信等。其他建康令亦多具备较高的文化素养。萧子显是南朝的著名史学家、文学家，著有《南齐书》作为正史传世。孔奂"好学，善属文，经史百家，莫不通涉"[⑦]。甚至以兵将世家出身的张永亦

[①] 王东洋：《魏晋南北朝考课制度研究》，社会科学文献出版社2009年版，第2页。
[②] 《宋书》卷九二《良吏·江秉之传》，第2270页。
[③] 《宋书》卷九二《良吏·陆徽传》，第2268页。
[④] 《梁书》卷五二《止足·顾宪之传》，第758页。
[⑤] 《梁书》卷五三《良吏·何远传》，第779页。
[⑥] 《梁书》卷四一《褚球传》，第590页。
[⑦] 《陈书》卷二一《孔奂传》，第283页。

具有较高的文化素养，他"涉猎书史，能为文章，善隶书，晓音律"①。除此之外，《全宋文》《全齐文》《全梁文》《全陈文》《隋书》等记载，建康令中尚有陆徽、刘秀之、萧道成、顾宪之、纪僧真、江革、王仲舒、刘潜、钟屺、庾持等人有著述传世，说明文化素养是选任建康令时的一个重要标准。

三　建康令的地位

从建康令的任职待遇、任官去向、与帝王关系等，可以看出南朝时建康令具有较高的政治地位。

（一）待遇优厚

建康令作为京师地区的行政官员，待遇优厚。主要表现在官品等级、俸禄收入、舆服制度等方面。建康令官品等级高、俸禄优厚。建康令为七品，较之其他县令八品、九品为高。②南朝时期，官员俸禄没有明确的记载。一般情况下地方官俸禄要高于中央官，地方官的收入与当地经济发展水平有直接关系。如担任广州刺史的官员收入往往比较高，"南土沃实，在任者常致巨富，世云'广州刺史但经城门一过，便得三千万'"③，建康令同样如此。南朝时期建康县的人口要远多于其他县，以建康县为主的京师地区人口曾达一百五十万以上，其经济发展水平远远超过其他地区。建康令乐法才"不受俸秩，比去任，将至百金，县曹启输台库。高祖嘉其清节，曰：'居职若斯，可以为百城表矣'"④，从其获得嘉奖的情况来看，这百金应是建康令纯粹的正俸收入，可见建康令的收入之高。

建康令有特殊的舆服待遇。"礼"是中国政治文化的核心观念，舆服是其中的重要组成部分，不仅仅涉及职位的等级安排，也具备技术意义和行政功能。⑤在京师，建康令"是京辇土地之主，或检校非违，或赴救水

---

① 《宋书》卷五三《张茂度传附子永传》，第1511页。
② 《隋书》卷二六《百官志上》，第745—746页。
③ 《南齐书》卷三二《王琨传》，第578页。
④ 《梁书》卷一九《乐蔼传附子法才传》，第303—304页。
⑤ 阎步克：《中国古代官阶制度引论》，北京大学出版社2010年版，第193页。

火,事应神速,不宜稽驻"①,分享御史中丞的专道。这既方便了建康令处理公事,又极大地提高建康令的威信。在车驾制度上,建康令享有卤簿,不同于一般官员。上文我们提到萧诞"永明中为建康令,与秣陵令司马迪之同乘行,车前导四卒,左丞沈昭略奏:'凡有卤簿官,共乘不得兼列驺寺。请免诞等官'"②,此事为建康令萧诞违反舆制,"并行"被弹劾,从侧面反映建康令享有卤簿出行的待遇。我们认为建康令分享御史中丞的专道,并享受卤簿可以提高建康令在京师的权威,为其行使职能提供便利。参加礼仪活动时,建康令也有独特的朝服。"诸县署令、秩千石者,兽爪鞶,铜印环钮,墨绶,朝服,进贤两梁冠。长史朱服,诸卿尹丞、建康令,玄服。"③ 而建康令与诸卿尹丞一样是"玄服",明显区别于其他县令,显示出建康令特殊的政治待遇。

(二) 去向以升迁为主

建康令的去向以升迁居多,且多迁为清要之官。去向可考者有25人,品级获得升迁者有20人。卸任建康令后,乐法才任太舟卿,张稚才任司农卿,庾信任御史中丞,这3人的新官职皆为三品,比建康令高了四品之多。刘潜、沈浚任中书郎,孔奂任太子中庶子,孙廉任尚书右丞,这4人的新官职皆为四品,比建康令高了整三品。从建康令去任后,萧道成、刘系宗任后军将军,纪僧真为左右郎将,这3人的新官职为五品,比建康令高二品。陆徽任司徒左西掾,刘秀之、张永、沈文秀任王府录事参军,褚球任王府咨议参军,丘灵鞠任通直郎,顾宪之、萧子显任王友;吕文显任长水校尉,何远任步兵校尉,这10人的新官职皆为六品,高于建康令一品。同品迁出者仅江秉之1人,出为领军司马。江革迁出官为中书舍人,为八品低于建康令一品。总的来说,去任建康令后官员品级提升幅度大,且这些官皆为中央官,降职或免官者极少。唯一的一例降职,江革入为中书舍人,南朝中书舍人官品虽低但十分机要,实际地位不低于建康令。

建康令的官职地位。我们整理建康令的任职年龄及最高官职,以此来观察建康令在官员仕宦生涯的地位。任职年龄大致可考者有17人,任职

---

① 《宋书》卷一五《礼志二》,第411页。
② 《南齐书》卷四二《萧湛附弟诞传》,第747页。
③ 《隋书》卷一一《礼仪志六》,第224页。

时江秉之 44 岁，陆徽 41 岁，刘秀之 43 岁，张永任 36 岁，萧道成 32 岁，沈文秀 33 岁，顾宪之 40 岁，纪僧真 47 岁，何远 32 岁，褚球 39 岁，萧子显 37 岁，刘潜 50 岁左右，庾信 34 岁，庾持、沈浚 40 岁左右，孔奂 43 岁，刘系宗 61 岁。其中 35—50 岁者有 12 人，占 71%。可以说多数人在中年时期任建康令。建康令最高官职可考者 30 人，官至三品以上 24 人，萧道为南齐开国皇帝，刘秀之至尚书右仆射，萧子显至侍中，孔奂至中书令，江革、褚球、刘潜至各部尚书，刘玄明、纪僧真、张稚才、乐法才、吕文显、庾持、刘系宗至九卿，孙廉至御史中丞，丘灵鞫至东观祭酒，傅岐至中领军，萧诞至左卫将军，庾信至骠骑大将军，沈徽孚至骠骑将军。沈文秀至平南将军、怀州刺史（庾信、沈文秀以在北朝所任最高官职为准），张永至侍中、使持节、都督南兖徐青冀益五州诸军事、征北将军、南兖州刺史。低于三品者仅有 6 人，萧引至吏部侍郎，陆徽至持节、督益宁二州诸军事、宁朔将军、益州刺史，顾宪之至征虏长史、行南兖州事，江秉之至临淮太守，何远至信武将军、监吴郡，傅翙至骠骑咨议。这些职务基本为实职，可以说建康令是高层官员在中年所担任过的一个中层职务。

（三）在重大政治事件中的影响不可忽视

南朝政权更迭频繁，能否有效地控制建康地区直接关系到中央的稳定。作为中层官员，建康令虽不能在重大政治事件中发挥决定性的作用，但其影响亦不可忽视。如刘宋末年，"卜伯兴谋其夜共攻齐高帝，会彦节事觉，秣陵令刘实、建康令刘遐密告齐高帝，高帝夜使骁骑将军王敬则收杀之"[1]。若非都城两位地方官员的警觉，萧道成极有可能被谋杀，南朝的历史进程也可能改写。南齐末年，萧衍"既破朱雀军，以（何远）为建康令"[2]，以心腹控制建康城，为萧衍进一步的行动奠定了基础。陈朝初年，"齐遣东方老、萧轨等来寇，军至后湖，都邑搔扰，又四方壅隔，粮运不继，三军取给，唯在京师，乃除奂为贞威将军、建康令。时累岁兵荒，户口流散，勍敌忽至，徵求无所，高祖克日决战，乃令奂多营麦饭，以荷叶裹之，一宿之间，得数万裹，军人旦食讫，弃

---

[1] 《南史》卷一三《宋宗室及诸王上·长沙景王道怜传附孙彦节传》，第 356 页。
[2] 《梁书》卷五三《良吏·何远传》，第 777 页。

其余，因而决战，遂大破贼"①。建康令孔奂提供的军粮是陈霸先战胜敌军的重要基础。

四　小结

通过以上考述，对于南朝建康令可以得到如下几点认识。

建康令的职掌，涉及治安、司法、财政、民政等多个方面。由于京城地区治安稳定的重要性，维持治安、管理司法是建康令的核心职掌，这与一般地方官以赋税收入为重有很大的不同。征收赋税、救济百姓仅为辅助职掌。率领军队，参与军事、外交等活动是建康令的特殊职掌。

建康令职权重要，故朝廷重视建康令的选任。主要有四个标准：作为清要官建康令多由士族担任，如果没有皇帝的特殊照顾庶族难以任此职，建康令属官建康正、平、监选任时要求出身士族，建康令的选任亦当有此规定。作为南朝第一大县，建康县人员复杂，治理难度大，只有地方治理经验丰富之人才得以胜任，故此成为建康令选任时的标准之一。在维持治安过程中，建康令的担任者既要面对京城内权贵的以势凌人，又要面临这些人的拉拢，故刚正不阿、奉公廉洁成为建康令选任的重要标准。地方官重要职责之一是教化百姓，如果官员自身没有一定的文化素养，则难以胜任对于当地的管理，故具有较高文化素养同样成为建康令选任的标准之一。

南朝时期建康令具有较高的政治地位。首先，建康令作为京师地区的行政官员，待遇优厚。具体体现：其官品等级高，俸禄优厚，享有特殊舆服制度。其次，建康令的去向以升迁居多，降级及免官较少。任职者在仕宦生涯多官至三品以上高官，任建康令多在其中年时期，可以说建康令是高层官员在中年所任过的一个中层职务。再次，南朝政权更迭频繁，能否有效地控制建康地区直接关系到中央的稳定。作为中层官员，建康令虽不能在重大政治事件中发挥决定性的作用，但亦不可忽视。

---

① 《陈书》卷二一《孔奂传》，第283页。

宋代吏部尚书籍贯分布与特征探析

惠鹏飞[*]

（信阳师范学院　历史文化学院）

　　北宋首位吏部尚书张昭为前朝旧臣，吏部尚书任职期间仍然主管吏部事宜，吏部尚书为实际职务；张昭自吏部尚书致仕之后一直到元丰官制改革期间，吏部尚书变更为阶官。不再真正领吏部事，直到元丰官制改制之后三省六部九寺五监职能得以恢复，吏部尚书才重新成为职事官。领吏部实际事务。有鉴于此，本文考察宋代吏部尚书籍贯分布作如下划分：凡是文官阶达到吏部尚书和职事官为吏部尚书者均统计在内，但不统计元丰改制后寄禄官阶由文官阶吏部尚书易为金紫光禄大夫的官员。因此，本文考察籍贯的官员包括北宋元丰改制前的张昭与文官阶达到吏部尚书官员以及元丰改制后职事官为吏部尚书者。又因南宋地域缩小、诸多方面同北宋发生变化，本文在讨论时将宋代分为三个时期：元丰改制前的北宋前期（960—1082）、元丰改制后到靖康二年的北宋后期（1082—1127）、南宋时期（1127—1279）。

　　宋代可考吏部尚书共计222任。其中，三次担任吏部尚书者1人，即洪拟；两次担任吏部尚书者22人，即王曾、陈执中、文彦博、李清臣、曾孝宽、许将、唐恪、卢法原、李光、沈与求、孙近、张焘、晏敦复、汪应辰、胡沂、郑侨、楼钥、刘德秀、袁说友、许应龙、赵以夫、叶梦鼎。因此，宋代吏部尚书实际可考人数为198人。此外，卢法原在北宋后期与南宋初期均任职吏部尚书，为避免重复统计，只在北宋后期统计卢法原籍

---

[*] 惠鹏飞，男，河南平顶山人，历史学博士，信阳师范学院历史文化学院讲师，主要研究方向：宋史。

贯，南宋时期对其不再予以统计。根据李之亮先生书中统计的吏部尚书官员名单①，又重新全部进行判断、去掉李先生误以为吏部尚书者，又增加一些考证出来的吏部尚书者。

目前，学界对宋代吏部尚书群体研究较少，仅见马晓菲先生《唐宋吏部尚书沿革探析》②对北宋59名吏部尚书籍贯、出身等内容进行了一定研究，不过南宋时期吏部尚书并没有涉及，而且更加侧重通过对北宋吏部尚书群体的分析论证唐宋吏部尚书的沿革问题。此外，笔者对宋代吏部尚书的种类与职掌、任期、兼官、迁入官、迁出官、致仕等做了一定的研究。据此，拟对两宋吏部尚书籍贯分布作一全面探讨，并呈请方家指正。

一 宋代吏部尚书籍贯分布与呈现的特征

对宋代吏部尚书的籍贯分布展开考察，必然涉及两个标准的问题。一是籍贯的确定标准，以其祖父所在地还是以其出生地为准；另一是地图的确定标准，以北宋地图还是南宋地图还是分开确定，而且即使确定北宋或南宋地图标准后又以哪个时间段内的地图为标准。为了解决这一问题，本文对宋代吏部尚书籍贯分布的确定标准拟以其祖父所在地为标准。这是因为南宋不少吏部尚书从北方移居到南方，他们籍贯应当在北方；另外，也能够解决在比较籍贯分布时可能出现混沌的情况。南宋同北宋相比疆域缩小，可以认为被包含于北宋疆域。从这个角度来看，南宋吏部尚书籍贯都可以在北宋疆域图中找到。经过考察，南宋前期吏部尚书抑或籍贯本来就是南方某路，抑或从北方迁居过去从而籍贯仍在北方；南宋后期吏部尚书籍贯所在地位置、地名与北宋大多一致，所在路级机构与北宋也大多没有改变。因此，本文将采用统一地图标准，不再区分南北宋。目前，关于宋代比较详细、权威的地图为谭其骧先生主编的《中国历史地图集·宋辽金时期》，本文即采用《中国历史地图集·宋辽金时期》中政和元年（1111）宋代行政区划为标准。

前文已讲，宋代可考吏部尚书共222任，其中3次担任吏部尚书者1人，两次担任吏部尚书者22人，宋代吏部尚书实际可考人数为198人。

---

① 参见李之亮《宋代京朝官通考》，巴蜀书社2003年版。
② 马晓菲：《唐宋吏部尚书沿革探析》，硕士学位论文，山东大学，2009年。

根据《宋史》《东都事略》《隆平集》《宋会要辑稿》《南宋馆阁录·续录》以及吏部尚书本人的《行状》《墓志铭》和地方志等关于宋代吏部尚书籍贯分布的主要史料，现将宋代吏部尚书籍贯分布做表如下。

表1　　　　　　　　宋代吏部尚书籍贯分布一览

时期 籍贯	北宋前期	北宋后期	南宋时期
成都府路		苏轼　宇文粹中 苏辙　王时雍	费士寅　宇文绍节　李埴　魏了翁 高定子　常楙
潼川府路			李鸣复　游似
永兴军路	寇准	吕大防	王之奇
广南东路			崔与之　李大性
河北东路	张昭　宋白	王震	权邦彦
河北西路		李清臣　韩忠彦	
河东路	文彦博		
淮南东路			胡松年　刘大中　周麟之　王希吕
淮南西路	吕夷简	王孝迪	魏杞
江南西路	王钦若　陈执中 王安石	邓润甫　彭汝砺	胡直孺　晏敦复　董德元　洪遵　刘才 邵　周必大　萧燧　赵汝愚　罗点 刘德秀　章鉴　陈仲微　韩元吉
江南东路	夏竦	刘拯	张焘　罗汝楫　张杞　陈康伯　汪应辰 金安节　周执羔　程大昌　程珌　汪逵 吴潜　饶虎臣　江万里
京畿路	宋琪　向敏中 王拱辰	时彦	
京东西路	张齐贤　赵槩	傅尧俞	路允迪　吕颐浩
京东东路	王曾	赵挺之　李梲	
京西北路	吕蒙正　冯拯	孙永　邢恕　张克公 许光凝　谢克家	席益　贺允中
京西南路		王襄	

续表

时期 籍贯	北宋前期	北宋后期	南宋时期
荆湖南路			丁应奎
福建路	曾公亮　吴充	曾孝宽　苏颂　许将 林希　黄履　叶祖洽 温益　徐铎　林摅 余深	周武仲　郑滋　林大鼐　叶颙　陈俊卿 龚茂良　留正　蔡洸　郑丙　颜师鲁 郑侨　许及之　傅伯寿　袁说友　颜棫 杨炳　任希夷　徐应龙　朱著　陈卓 许应龙　徐荣叟　杜杲　赵以夫 徐清叟　张磻　颜颐仲　蔡抗　陈显伯 常挺
两浙路	丁谓	范纯仁　王存　胡宗愈　陆佃　何执中 虞策　朱谔　管师仁 蒋猷　何志同　唐恪 卢法原　卫仲达 梅执礼　莫俦	刘珏　卢法原　洪拟　李光　沈舆求 孙近　吴表臣　张纲　王师心　叶义问 徐嚞　何溥　凌景夏　陈之茂　陈良祐 胡沂　汪大猷　张津　李彦颖　余端礼 楼钥　叶翥　张釜　钱象祖　黄由 丁常任　卫泾　陆峻　林大中　曾映 张伯垓　薛极　陆德舆　余天锡 赵彦悈　袁甫　赵与懽　金渊　钱相 赵与𫍯　史宅之　陈垲　王爚　叶梦鼎 陈昉　洪焘　程垓　陈宜中　刘黻 王应麟　周三畏
不可考			杨烨　赵性夫　徐栗

从以上统计可以看出，宋代吏部尚书的籍贯分布有以下几种特征。一是总体上看，宋代吏部尚书籍贯分布区域并不平衡，主要分布在以两浙路和福建路为主的南方五路。参照北宋政和元年（1111）二十四路可见利州路、夔州路、广南西路、荆湖北路、秦凤路之外皆有官员出任吏部尚书，总人数及比例由高到低为两浙路66人，占33.33%；福建路42人，占21.43%；江南西路18人，占9.09%；江南东路15人，占7.65%；成都府路10人，占5.10%；京西北路9人，占4.59%；京畿路4人，占2.02%；京东西路5人，占2.55%；河北东路、淮南东路均为4人，占2.04%；永兴军路、淮南西路、京东东路均为3人，占4.59%；潼川府

路、广南东路、河北西路均为2人，占1.02%；河东路、京西南路、荆湖南路均为1人，占0.51%。可见，宋代吏部尚书籍贯分布区域不平衡，籍贯为两浙路、福建路、江南西路、江南东路、成都府路者总数达151人，占可考籍贯人数的76.26%，将近八成。特别是籍贯为两浙路、福建路两路者总数达108人，占可考籍贯人数的54.55%，将近六成。两浙路、福建路、江南东路、江南西路、成都府路都属南方，由此宋代吏部尚书籍贯分布主要集中于南方五路。而南方五路中的两浙路与福建路，更是宋代吏部尚书籍贯的集中分布区域。

二是纵向上看，宋代吏部尚书籍贯在北宋前期分布较为分散，北宋后期两浙路与福建路异军突起，南宋时期两浙路与福建路优势更加明显，南方逐渐占据绝对优势。北宋前期除张昭之外吏部尚书基本作为官阶存在，不领实际职务，故其不需按照宋朝差遣不断的更换制度，不少官员可以很长时间以吏部尚书为本官阶。因此北宋前期一百余年总共才20位可考吏部尚书，占两宋吏部尚书总人数198人的10.10%，吏部尚书籍贯分布也较为分散、平均，京畿路、江南西路均以3人为榜首，均占总人数的15%。纵观南北方，永兴军路、河北东路、河东路、京西北路、京东东路、京东西路、京畿路等北方路一共12人，占北宋前期吏部尚书20人的60%，具有一定优势。北宋后期元丰改制后吏部尚书成为职事官从而变动加快，出任吏部尚书者也急剧增加。这一时期尽管共计45年可考吏部尚书却有47位，占两宋吏部尚书总人数198人的23.74%，是北宋前期人数的2倍之多，尽管时间不及北宋前期的一半。这一时期吏部尚书籍贯分布不再平衡，两浙路和福建路两路以25人占吏部尚书总人数的53.19%，可谓异军突起。其他各路则较为分散、平均，从1人到5人不等。以成都府路、淮南西路、江南东路、江南西路、两浙路、福建路的南方吏部尚书总计33人，占北宋后期吏部尚书总人数47人的70.21%；南宋时期，南方可考吏部尚书总人数达132人，占两宋吏部尚书总人数198人的66.67%，正好2/3的比例。南宋时期吏部尚书籍贯分布继续不平衡势头，北宋后期凸显出来的两浙路、福建路两路继续领跑，以81人的总数占据绝对优势，占据这一时期吏部尚书总人数的61.36%，而江南西路与江南东路也异军突起，以26人占据19.70%的比例，其他各路则较为分散、平均，从1人到5人不等。南北方面，以成都府路、潼川府路、广南东路、江南东路、江南西路、淮南东路、淮南西路、荆湖南路、福建路、两浙路的南方吏部尚书共123人，占南宋时期吏部尚书总人数的93.18%，南方占据了绝对的优势。

三是横向上看，宋代吏部尚书籍贯分布的十九路在各个时期也存在差异。吏部尚书籍贯为两浙路在北宋前期仅有1人，北宋后期增加到15人，南宋时期更是达到51人，这一变化速度和比例达到空前。同样吏部尚书籍贯为福建路也较为相似，北宋前期为2人，北宋后期增加到10人，南宋时期激增到30人。而吏部尚书籍贯为江南东路、江南西路、成都府路等几路都呈现出不断增加的趋势，不过没有两浙路、福建路那么明显。相对而言，其他诸路抑或三个时期人数很平均，诸如永兴军路、淮南西路三个时期均为1人；抑或某个或两个时期没有而某个时期有几人，诸如潼川府路仅南宋时期出现2人，再如荆湖南路仅南宋时期出现1人，又如河北西路仅北宋后期出现2人。

二 宋代吏部尚书籍贯分布特征分析

宋代吏部尚书籍贯分布呈现上述特征，有以下原因。一是北宋前期吏部尚书人数太少而且大多不领实际职务，籍贯分布特点并不明显。北宋前期可考吏部尚书共20人，其中第一位吏部尚书张昭"领选事，凡京官七品以下犹属铨筦。自昭致仕，始用他官权判，颇变旧制"[1]。其他19位吏部尚书均为文官阶，并不领实际职务。这一时期吏部尚书人数很少，占两宋可考吏部尚书总人数198人的10.10%，时间却有122年，占两宋320年的38.13%。

这一时期，以京畿路和江南西路3人为最多，其余各路为1—2人不等。张昭历仕后唐、后晋、后汉、后周，"宋初，拜吏部尚书"，为前朝旧官；[2] 宋琪之父宋赞"仕宋，连移寿阳、延安二镇，皆表为从事"[3]。故宋琪得以于乾德四年（966）"召拜左补阙、开封府推官"[4]。宋琪之父为前朝旧官，后仕宋逐渐成为宋太宗藩邸。夏竦，"初魏公（夏竦之父）

---

[1] （清）徐松辑，刘琳、刁忠民、舒大刚、尹波等校点：《宋会要辑稿》职官一一之五六，上海古籍出版社2014年版，第3343页。
[2] 《宋史》卷二六三《张昭传》，中华书局1977年版，第9091页。
[3] 《宋史》卷二六四《宋琪传》，第9121页。
[4] 同上。

死，朝廷录孤以公为润州丹阳县主簿。景德四年，登贤良方正能直言极谏科"①，早时以恩荫入官，之后中贤良方正科，为夏竦个人努力的结果。陈执中为陈恕之子，陈恕为宋代"理财专家"，"先朝陈恕领三司十余年，至今称能治财赋者，以恕为首"②。因此，陈执中得以"以父恕任，为秘书省正字"③。在此之外其他17人均为进士出身，并且吕蒙正、王曾、王拱辰3人均为状元，而其他官员抑或在科举中位列三鼎甲，抑或至少为科举甲科。

因此北宋前期吏部尚书籍贯分布特点并不明显，与这一时期吏部尚书人数过少而且大多并不领实际职务有很大关系。这一时期吏部尚书由于仅为官阶，作为官品、俸禄的标准和迁转途径，并不能很清晰地反映当时朝廷的用人特点，尤其是17人均为科举进士出身，考中进士与个人的努力有很大关系。此外，北宋前期122年总共才20位吏部尚书并且籍贯分散在12路，显然具有较大偶然性。

二是王安石变法对南方士人的提拔与南方经济的发展，为北宋后期两浙路与福建路等南方地区吏部尚书人数急剧增加的重要原因。北宋后期共45年，时间同北宋前期相比仅占了1/3有余，而吏部尚书人数却为47人，是北宋前期吏部尚书人数的2倍有余。故这一时期吏部尚书开始呈现出一定特点，即两浙路、福建路同前期相比吏部尚书人数急剧增加，南方开始占据优势。两浙路与福建路两路以25人占这一时期吏部尚书总人数的53.19%，增长十分明显。其他各路则较为分散、平均，从1人到5人不等。北宋前期南方人位居高官较少，广大士大夫对南人排挤也较为猛烈。直到王安石变法期间大量启用支持变法的官员，无论南、北方，无论出身高低，只要全身心本着"富国、强兵"目的即可受到重用。因此，大批南方士人得以开始在重要官职上崭露头角。王安石得力助手诸如曾布、章敦、吕惠卿、吕嘉问等都是南方人。曾布，"字子宣，南丰人"④，

---

① （宋）王珪：《华阳集》卷四七《夏文庄公竦神道碑铭》，丛书集成初编本，商务印书馆1936年版，第450页。

② （宋）李焘：《续资治通鉴长编》卷一九六，嘉祐七年五月丁未，中华书局2004年版，第4753页。

③ 《宋史》卷二八五《陈执中传》，第9601页。

④ 《宋史》卷四七一《曾布传》，第13714页。

南丰（今江西南丰）在江南西路；吕惠卿，"字吉甫，泉州晋江人"①，晋江（今福建泉州）在福建路；李定，"字资深，扬州人"②，扬州（今江苏扬州）在淮南东路；吕嘉问为寿州（今安徽凤台）人，寿州在淮南西路；邓绾，"字文约，成都双流人"③，双流（今四川双流）在成都府路；章敦，"字子厚，建州浦城人"④，浦城（今福建浦城）在福建路。因此，这一时期吏部尚书籍贯分布集中在诸如两浙路、福建路、江南西路、成都府路等南方地区。"谚曰：'天上天堂，地下苏杭。'又曰：'苏湖熟，天下足'"⑤，这是两浙路经济发达的有力体现。宋代科举取士数量、规模都是前后朝代无可比拟的，而官至吏部尚书者也大多科举出身，科举就必然涉及教育，只有良好的教育才有可能中第。两浙路能够以15人独占鳌头，这与两浙路经济的发达是分不开的。

京西北路从2人到5人，翻了一番有余；京西南路从无到1人；成都府路从无到4人；河北西路从无到2人。由于宋代吏部尚书大多科举出身，故与科举制度的变化有很大关系。熙宁四年（1071）二月中书言："仍于京东、陕西、河东、河北、京西五路先置学官，使之教导。其礼部所增进十奏名，止取五路进士充数，所贵合格者多，可以诱诸科向习进士……五路先置学官，中书选择逐路各三五人，虽未仕，有经术行谊者，亦许权教授，给下县主簿、尉俸。愿应举者亦听，候满三年，有五人奏举，堂除本州判、司、主簿、尉，仍再兼教授。"⑥ 熙宁时期，宋朝对五路科举给予不少照顾，五路通过科举中第人数开始增加，京西北路、京西南路、成都府路、河北西路出任吏部尚书者也开始打破零的纪录或者有所增加。相反，京畿路作为京师所在之路，这一时期吏部尚书仅有1人，与前期3人相较还有所下降，这反映出宋朝并不因为开封为京师就给予特殊照顾，从这一角度来看宋代吏部尚书的选任较为公平。

---

① 《宋史》卷四七一《吕惠卿传》，第13705页。
② 《宋史》卷三二九《李定传》，第10601页。
③ 《宋史》卷三二九《邓绾传》，第10597页。
④ 《宋史》卷四七一《章敦传》，第13709页。
⑤ （宋）范成大撰，陆振岳点校：《吴郡志》卷五〇《杂志》，江苏古籍出版社1999年版，第669页。
⑥ （宋）李焘：《续资治通鉴长编》卷二二〇，熙宁四年二月丁巳，中华书局2004年版，第5334—5335页。

三是北方优秀士人的南迁与宋代文化重心的南移，是南宋时期吏部尚书籍贯分布更加集中在两浙路、福建路等南方地区的重要原因。南宋时期可考吏部尚书共132人，吏部尚书籍贯分布继续不平衡势头，北宋后期凸显出来的两浙路、福建路两路继续领跑，以81人的总数占据绝对优势，占据这一时期吏部尚书总人数的61.36%，而江南西路与江南东路也异军突起，以26人占据19.70%的比例，其他各路则较为分散、平均，从1人到5人不等。这种趋势大致有两个主要原因。

一个原因是伴随着北宋的灭亡，大批北方的宗室、士大夫、百姓纷纷南迁，他们当中有不少官员身居要职抑或非常优秀，而他们后世中也有很大机会出任吏部尚书；同时，疆域缩小到以南方为主，也使得吏部尚书出任者以南方士人为主。另外一个重要原因是宋代文化重心的南移，程民生先生指出南方文化"以前所未有的速度迅猛崛起"，南方"文化普及，居民整体文化素质较高"[①]。南方科举逐渐与北方相抗衡，大批南方士人通过科举中第，也就使得南方士人更有可能出任吏部尚书之类的要职。北方地区因为经历较多战乱，经济发展受到严重影响，再者宋与辽、夏经常处于对峙状态，学习环境相对不够安定，而北方士人又较不擅长诗赋等进士科的主要考试内容，所以从北宋后期开始北方士人在科举中的优势逐渐丧失，科举及第的比重出现了南北易置的转折。而到了南宋时期，部分北方地区又与金、西夏和之后的蒙（元）屡次交锋，更加剧了北方地区的衰败，也就更加无法保证良好的生存、学习环境。《容斋随笔》记载："嘉祐中，吴孝宗子经者，作《余干县学记》，云：'古者江南不能与中土等，宋受天命，然后七闽二浙与江之西东，冠带诗、书，翕然大肆，人才之盛，遂甲于天下。'"[②] 南方诸路尤其是福建、两浙、江东、江西四路科举兴盛，与之相应的这一时期福建、两浙、江东、江西四路可考吏部尚书共计107人，占据南宋可考吏部尚书129人的82.95%，从而占据绝对优势，这与洪迈所讲的"七闽二浙与江之西东"相吻合。

成都府路由北宋后期4人增加到6人，潼川府路（北宋政和元年之前为梓州路）由无到2人，永兴军路、河北东路仍然保持1人，京东西路由

---

① 程民生：《宋代地域文化》，河南大学出版社1997年版，第88—90页。
② （宋）洪迈撰，孔凡礼点校：《容斋随笔·四笔》卷五《饶州风俗》，中华书局2005年版，第682页。

1人增加到2人，这与北宋熙宁年间开始实施的"五路"科举照顾有关，延续了北宋后期的势头，都有不同程度的增加。其他路则变化不大。

三 宋代吏部尚书籍贯分布与唐代的异同

董劭伟先生在《唐代吏部尚书研究》中，对唐代吏部尚书籍贯分布考证并总结如下特征：一是"有唐一带吏部尚书籍贯主要集中于北方四道"，这北方四道所占比例分别为"关内道36.52%、河南道27.83%、河北道16.52%、河东道8.7%"；二是"唐代吏部尚书各道人数的情况与两《唐书》列传人物数量较为对应"；三是唐代"前期（吏部尚书）人数主要集中于关内与河北2道，中期则相对分散……后期仍以关内、河南两道人数最多"[①]。唐代吏部尚书籍贯分布主要集中于北方四道，到了宋代前期由于诸多原因吏部尚书籍贯分布较为分散平均，但还是能够看出北宋前期吏部尚书籍贯分布在一定程度上延续了唐代吏部尚书籍贯的分布特征。北宋前期吏部尚书籍贯分布以京畿路和江南西路各为3人占据15%的比例占据榜首，在南北方面，北方以60%的比例超过南方。也就是说，北宋前期吏部尚书籍贯分布同唐代吏部尚书籍贯分布具有相似性，但是已经不像唐代北方能够占有那么高的比例。然而到了北宋后期，吏部尚书籍贯分布已经不再集中于北方地区，南方的比例达到70.21%。南宋时期，吏部尚书籍贯分布于南方的比例更是达到95.45%。唐代关内道的榜首位置，到了宋代被两浙路所取代。

总的来说，唐代吏部尚书籍贯分布主要集中于北方地区，宋代前期延续了这一趋势。到北宋后期南方开始崛起，南宋时期吏部尚书更是几乎都来自南方。唐宋之间吏部尚书籍贯分布的变化，与两个因素关系密切。一是经济重心的变化。唐代经济重心在北方，到了宋代南方地区不断发展，尤其是在经济方面，对此许多学者已有诸多研究。宋代经济中心开始逐渐向南移动，到了南宋最终完成经济重心的转移，而经济作为政治的基础，良好的经济能够带动当地各个方面的发展，也包括人才的培养。二是科举的变化。唐代科举取士并不很多，士族还拥有较大特权，诸如山东士族、

---

① 董劭伟：《唐代吏部尚书研究》，中国社会科学出版社2012年版，第178—179页。

陇右士族。"唐代吏部尚书担任者绝大多数出身于士族阶层",[①] 也就是说唐代吏部尚书由科举入仕者并不多,而宋代吏部尚书中 80.15% 由科举入仕,这就很大程度上抑制了士族的发展,也在更大程度上体现了科举取士分布的特点。宋代南方科举盛于北方,这在许多学者著述中已有论证[②],很大程度上也能够解释为什么宋代吏部尚书主要源于南方。唐朝关内道在很多时期名列前茅,拥有同样地位的宋代京畿路却没有像唐代那样,仅在北宋前期维持着微弱的优势。从唐宋吏部尚书这一官职出任者籍贯分布的对比,可以管窥其他高级官员的籍贯地域分布应当同样符合以上推断。这种变化不仅是官员籍贯分布上的变化,更是王朝政治、经济、文化等方面变化的体现。

[①] 董劭伟:《唐代吏部尚书研究》,第 213 页。
[②] 诸多研究中,以程民生先生《宋代地域文化》颇具代表性。

地域文化史研究

清咸丰元年归化城钱法探析

——以咸丰元年十月初十归化城副都统衙门钱法章程碑为中心[*]

吴 超 霍红霞[**]

(扬州大学 社会发展学院)

清代，内蒙古地区的商业贸易已经不仅仅局限于通贡、互市的狭小范围，而是有大批的汉族商人进入蒙古族地区进行贸易，并影响蒙古族的商业发展。汉族商人结成商帮，深入蒙古各地进行贸易。商帮中以山西商帮形成较早，其以归化城为中心，垄断内蒙古西部市场乃至外蒙古市场。

清末归化城土默特地区的货币交易中，钱行渔利舞弊现象非常严重，因此该地区出现了"九八钱""七六钱"等短陌钱的交易方式，即以九十八文、七十六文铜钱充抵一百文铜钱，到清末更甚，出现了十八文顶百的现象。而"归化城副都统衙门钱法章程碑"的出土，又进一步验证了该地钱法混乱。

该石碑的发现非常偶然，2006年4月15日，在呼和浩特市玉泉区辛辛板村一建筑垃圾中发现，故石碑的具体出土地尚不清楚，但是从其行文来看，该石碑应该是在呼和浩特市旧城出土的。[①]

---

[*] 本文为国家社科基金："清代归化城土默特蒙古的人地关系研究"（项目编号：13XMZ014）阶段性研究成果。

[**] 吴超，蒙古族，历史学博士，扬州大学社会发展学院教授，主要从事历史文献研究。霍红霞，扬州大学社会发展学院副教授，主要从事档案学研究。

① 该碑为第一次发现，没有被其他文献所记载，现为一村民收藏。

笔者实地测量，并且拍照留存。该石碑长1.7米，宽0.7米，厚0.16米。全碑共存16行文字，行长1.29米，行宽0.6米，大字4厘米，小字2.5厘米。碑头的"流芳"为10厘米的大字，全碑的文字为朱色。石碑有部分残损，其余部分保存完整。碑文全文如下：

1. 流芳

2. 五级纪录十次【1】觉罗清【2】为出示晓谕严事照得归化地方人烟辐辏，商

3. 贾云集，向来买卖交易及兑换银两用四底足数【3】久已，屡奉

4. 前道藩宪【4】议定章程，各社【5】通融周兑抽拔现钱，原恐奸商行使短钱数之法，莫善焉，无如行之日久，百弊

5. 丛生，以致银价日增，钱数渐短，甚至七六钱算一百者【6】，此等恶习，上蠹【7】

6. 朝廷之钱法，下病商民之生计，殊堪痛恨，本府【8】莅任斯土，既已洞悉，其情不得不急，为整顿以除积弊，当传

7. 谕各社乡等筹议钱法章程，去后，挚据十二社乡乡总郭青山【9】等以整理钱法，莫善于遵照

8. 前藩道宪所定旧章，通融周兑抽拔现钱等情，禀覆前来，随传集各社乡总等到案，当案讯明，业将高抬

9. 虐价把持行市之贾，丰社总领【10】等分别枷责，示儆，谕令钱社与十一社通融，周兑抽拔现钱，不论现钱

10. 拔兑，均以四底足钱数。由钱主自便应过帐之家，通行过帐，易换银钱不准勒掯【11】亦不准行使短数钱

11. 文。其十一社如有存钱之家，亦不准勒逼，尽数搬取现钱，取具十二社乡总遵结【12】在卷。诚恐憝【13】不畏法

12. 之徒，阴奉阳违，仍使短数钱文，合亟出示，严禁为此示，仰阖属商民人等一体知悉，自示之后，该十二

13. 社内商贾一体遵照，断定章程通融週兑，抽拔现钱，其商民人等往来交易，行使钱文，各须均宜四底

14. 足数，倘有敢违，行使短数钱文，一经察出或被告发，定行按律从重治罪，本府【12】为整顿地方起见，言为

15. 法随，决不姑宽，尔等毋以身试法，后悔莫及，凛之，慎之，毋违，特示

16. 右仰通知
17. 咸丰元年十月初十日　立

一　碑文注释

【1】□加五级纪录十次：此为"议叙"制度。据《钦定兵部军需则例》卷三载："出征立功人员除分别攻城跳船前进等项例载有授职赏银者，仍照例遵行外，其余军前所立功绩将列出众人员，给以功加一等，纪录五次，兵丁赏银六两；一等军功人员给以功加一等，纪录二次，兵丁赏银五两；二等军功人员给以功加一级，纪录一次，兵丁赏银三两；三等军功人员给以纪录三次，兵丁赏银一两；四等军功人员给以纪录二次；五等军功人员给以纪录一次。"[1] 罗尔纲在《绿营兵志》第十二章《议叙与惩戒处分》中写道："绿营官兵有军功则议叙。掌绿营议叙的机关为兵部。凡议叙军功，行间将帅著有劳绩有特旨优恤的，由兵部复议奏请随时酌定。……凡出众效力的，准功加一等，纪录五次。立一等功的，准功加一等，纪录二次。二等，加一级，纪录一次。三等，纪录三次。四等，纪录二次。五等，纪录一次。立功多的积算，授以世职。"[2]

【2】觉罗清：人名。据《中国皇家文化汇典》载："觉罗：清皇族称谓之一，清制，皇族依血缘的亲疏近远分为宗室和觉罗。清太祖努尔哈赤之父显祖塔克世的叔伯兄弟支子孙为觉罗，腰束红色带子以为标志。觉罗犯罪革退者，褫其红带，给以紫带，附记于红册，纂修玉牒时附名册后，所生子女均由本旗保送宗人府入册，以免日久湮没，并免选秀女时混入。"据《云冈金石录》所载同治十二年（1873）《重修庙宇碑记》载："觉罗清：候选盐运、同绥远城理事府觉罗清，助银一十两。"[3]

【3】四底足数：孔祥毅在《金融票号史论》中，引咸丰十年（1860）山西百货商人行会组织聚锦社在归化城南茶坊关帝庙所立碑文载："孔方之法，则以千为贯，必足为归。斯世乃归化城则异甚。向来创

---

[1]　长岭、景善等纂修：《钦定兵部军需则例》卷三《续修四库全书》，第857册，上海古籍出版社2002年版。
[2]　罗尔纲：《绿营兵志》，商务印书馆2011年版，第329页。
[3]　张焯撰：《云冈石窟编年史》第十三编《清代记事》，文物出版社2006年版，第363页。可知，觉罗清应为绥远城理事同知。其他文献，不见"觉罗清"的记载。

使钱市每千底缺四元，商民两便，至善焉。自钱行渔利舞弊，行使短数钱文，大凛成规，致使银价日昂，百物皆贵。凡国计农需，往来交易，莫不制肘，从此雀角鼠牙，屡次兴讼。虽蒙前上宪断定良规，历有牌记，案结可稽，无如本社之执事者，趋公不敏，停止抽拨，遂至宝丰社谿壑难盈，行使短钱，甚至以四十八文顶百数。"经营府"断令聚锦社用钱之家，向宝丰社该债之户，遂自引兑抽拨，搬取现钱，每铺付给一千不越二十千之数，庶几索需者不致勒逼，负累者不致抗违焉。夫钱固以四底足数为止，而抽拨者永无休息"①。据此可知所谓"四底足数"应是指实足钱数。据同治元年（1862），归化城海窟龙王庙内《重振四农民社碑记》载："以往历任厅主免草豆，整钱法，为四方兴利除害。"可是，"归化城钱法，农民之害者久矣，自会首郭保赴省上控藩台陈大人整饬而后，年远弊深，虽有廉明厅主，奸商胥吏舞弊不能革矣。自咸丰九年，行使之钱五十余文为一百，农民之用皆足数以五十而抵百，四乡之受害曷可胜道哉"。"十年春，庚府署理归化，……欲于无可如何之时，设万民乐制之法，不信难平其整钱也。"以"六十文为始，每朔望加钱一文。由是行之四底足数无难致矣。行之几年，而街市流通诚不易之法也"②。可知归化城土默特地区不足百钱当百钱使是非常普遍的，而这个问题，农民深受其害。因此历任道藩均整顿钱法。

【4】道藩宪：指道台、藩台。道台，"清代道员别称。亦称'道台'、'观察'。明清地方各道主官通称。明初布政、按察二司以辖区广大，由布政司官左右参政、参议分理各道钱谷，称为'分守道'；按察司佐官副使、佥事分理各道刑名，称为'分巡道'。此为道员称谓之始。清乾隆时裁参政、参议、副使、佥事等名，专设分守、分巡道，多兼兵备衔，管辖府、州，成为省以下，府、州以上的高级行政长官。此外又设督粮、盐法诸道。清末，更于各省设置巡警、劝业二道，各司其专职。北洋政府时曾分一省为数道，设置道尹"③。藩台，又称"藩司"，布政使别称。"明、清各省承宣布政使司主官，掌一省政令、财赋。明洪武九年（1376）改行中书省为承宣布政使司。宣德以后，全国府、州、县等分统于两京和十

---

① 孔祥毅：《金融票号史论》，中国金融出版社2003年版，第160—161页。
② 同上。
③ 《辞海》（第六版），上海辞书出版社2009年版，第1314页。

三布政使司，每司设左、右布政使各一人，为一省最高行政长官。后因设总督、巡抚等官，权位渐轻。清代始正式定为督、抚属官，专管一省财赋、人事，与专管刑名的按察使并称'两司'。康熙六年后（1667），每省设布政使一员，不分左右。又改明制，于直隶亦设布政使，江苏则设二员，分驻江宁、苏州。光绪二十五年（1899）定全国布政使共二十人。"①

【5】社：先秦时初指土地神，亦指祭祀土地神的场所，后逐渐演变为地方基层组织或民间团体。此处之社，当指商社。②

【6】七六钱算一百者：即七十六钱抵一百文钱。参见"四底足数"。

【7】蠹：蠹《唐韵》《集韵》当故切，《韵会》《正韵》都故切，丛音妒。《说文》木中虫也。《庄子·人闲世》以为门户则液樠，以为柱则蠹，是不材之木也。《注》虫在木中谓之蠹。又《前汉·南粤传》桂蠹一器。又《续博物志》积谷则生蠹。又蠹书。《穆天子传》天子东游，次雀梁，蠹书于羽陵。《注》暴书中蠹虫，使不藏匿也。《徐陵·玉台新咏序》辟恶生香，聊防羽陵之蠹。又《尔雅·释虫》蝤，毛蠹。《注》即蝎也。《说文》作蠹，省作蠹，象蚰在木中形。《集韵》亦作蠹。《韵会》别作蠹，非。③

【8】本府：《云冈金石录》所载同治十二年（1873）《重修庙宇碑记》载："觉罗清：候选盐运、同绥远城理事府觉罗清，助银一十两。"④ 故，此处应指归化城理事府。

【9】乡总郭青山：乡总，即总领。见"四底足数"引同治元年（1862），归化城海窟龙王庙内《重振四农民社碑记》，载"会首郭保赴省上控藩台陈大人整饬而后"。此处之"乡总郭青山"与"会首郭保"，有何关系不得而知。

【10】丰社总领：丰社，应指宝丰社。见"四底足数"引咸丰十年（1860）山西百货商人行会组织聚锦社在归化城南茶坊关帝庙所立碑文载："……遂至宝丰社豀壑难盈，行使短钱，甚至以四十八文顶百数。"宝丰社就是山西商人行会。由于市面沙钱流通掺杂，宝丰社为了维护钱业

---

① 《康熙字典》，上海辞书出版社2007年版，第207页。
② 杨讷：《元代农村社制研究》，《历史研究》1965年第4期。
③ 《康熙字典》，第1079页。
④ 张焯：《云冈石窟编年史》第十三编《清代记事》，第363页。

利益，采取以不足数钱文顶百钱的办法。据孔祥毅《金融票号史论》载："光绪十七年，绥远将军克蒙额按光绪六年规定，以五十五文顶百，贴画告示说：归化城买卖之患，在于钱行窃利，而钱商之窃利在于钱法之无定章。自光绪六年，山西巡抚曾批定五五抵百，历任道厅皆借因时制宜为词，不肯实力奉行，以塞私径，因而钱商逞诈取巧，以罔市制，各行受制，莫可如何。去年冬令，钱底愈乱，银价有名无实，钱数则需多济寡，街市不通，后民交困……经将军传问归化十四社，独有宝丰社不遵规约。经调查后断定，仍按前山西巡抚批示，凡各行交易，无论现钱、拨兑，概以五十五文顶百行使，各行在钱往来，均按向来四标公议，并且银两借贷利息与钱文借贷利率要一致。由十五社（十四商社加上钱行宝丰社）出具甘结，并勒石三贤庙，一体遵行。"[①]

【11】勒掯：（1）强迫。《京本通俗小说·错斩崔宁》："我自半路遇见小娘子，偶然伴他行一程，路途上有甚皂丝麻线，要勒掯我回去？"（2）故意为难。《西游记》第八四回："哥，你勒掯那个哩？不做和尚也容易，只消半年不剃头，就长出毛来也。"（3）勒索。关汉卿《鲁斋郎》第一折："休想肯与人方便，衡一片害人心，勒掯了些养家钱。"[②]

【12】结：指甘结。指旧时交给官府的一种字据，表示愿意承担某种义务或责任，如果不能履行诺言，甘愿接受处罚。

【13】憨：同惛，顽悍。

二　钱法章程

这件碑文为咸丰元年（1851），归化城土默特地区因"奸商行使短钱数之法"导致"银价日生，钱数渐短"，这种做法导致百弊丛生，"商民抱怨"，因此归化城开始整顿钱法。从"屡奉前道藩宪议定章程"可以推知，归化城土默特地区行使"短钱数之法"由来已久，故其上文"买卖交易及兑换银两用四底足数久已"之说是一种冠冕堂皇的说法，而实际情况并非如此。否则不用"屡奉前道藩宪议定章程"，此所议定章程应是钱法章程。

---

① 孔祥毅：《金融票号史论》，第160—161页。
② 《辞海》（第六版），第1314页。

觉罗清到任之后，亦开始整顿钱法，而咸丰元年（1851）归化城土默特地区的所通行的为"七六钱算一百"。而觉罗清到任后，传谕各社乡"筹议钱法章程"，其筹议的结果，据十二社乡乡总"郭青山"等的禀覆，要求各商社实行"前道藩宪所议定的旧章"，行使"四底足数"之钱法，"周兑抽拨现钱"，并将"虚价把持行市之贾，丰社总领等分别枷责"。要求"十二社乡总"出具保结，要求"钱社与十一社通融，周兑抽拨现钱，不论现钱拨兑，均以四底足钱数。由钱主自便应过帐之家，通行过帐，易换银钱不准勒掯亦不准行使短数钱文。其十一社如有存钱之家，亦不准勒逼，尽数搬取现钱"。该碑文亦规定如有违反"从重治罪"，但并没有规定如何治罪，显然具体可执行性还是大打折扣的。虽然归化城理事同知觉罗清取得十二乡社总领出具甘结，保证行使"四底足数"之钱法，但并没有施行。

因此在上引"四底足数"时，咸丰十年（1860），聚锦社在归化城南茶坊关帝庙又立碑文，直指"钱行渔利舞弊，行使短数钱文"并成为约定俗称的规矩。虽然有"断定良规"，亦有"牌记"和"案结可稽"，但是宝丰社依然行使短钱之法，此时钱数为"四十八文顶百数"。十年间，归化城土默特地区钱法从咸丰元年的"七十六文顶百数"降至"四十八文顶百数"。据同治元年（1862），归化城海窟龙王庙内《重振四农民社碑记》载："自咸丰九年，行使之钱五十余文为一百，农民之用皆足数以五十而抵百，四乡之受害曷可胜道哉……十年春，庚府署理归化……欲于无可如何之时，设万民乐制之法……六十文为始，每朔望加钱一文"，可知咸丰九年（1859），归化城行钱已降到"五十文抵百"，到咸丰十年则降至"四十八文抵百"，而咸丰十年，欲行"六十文抵百"已不可能成功。可以想见，银钱均被钱行抽拨而去，老百姓承受了非常大的经济压力。

对于这种行使短钱之法的情况，阿·马·波兹德涅耶夫《蒙古及蒙古人》中写道：

> 喇嘛在收租时，只用"满钱"，也就是用分量十足的制钱，一文顶一文计算；而不是按呼和浩特现行的钱币来算钱。因为按现行的钱币，文钱只是票面单位，一百文钱有时只顶五十个制钱，有时甚至只

顶四十五个制钱。①

《土默特志》第四章《经济志》中写道：

> 铜钱，清代本地区流通的是清朝所铸的方孔圆形黄铜钱，亦称通宝。官铸的有样钱、制钱、白钱、黄钱、红钱、普尔钱等，私铸的有沙壳、风皮、鱼眼、砂板、鹅钱、水浮钱等。各朝皇帝所铸铜钱大小、轻重、质量都不一样，如康熙钱、乾隆钱、光绪钱等。铜钱品种繁多，成色、重量与大小皆不一，减重钱、劣钱虫吃市场，钱与银的比价亦不断变化，于是就出现了钱价。钱价不断涨落，投机者便趁机大搞银钱买卖，他们垄断市面，操纵市价，官方限制罚办而不止，人皆呼之为"虎盘"，虎盘生意在钱市上做，归化城的钱市在大什字，银钱商每早便赴钱市开盘定钱价、汇水、利率等。清代后期，铜钱在本地区常以次带好夹混使用，一个时期市面上流通八十钱，即100个钱内80个大钱夹混20个小钱；还有一个时期流通"二七"钱、"三六"钱等。满钱即全部是大钱，交纳公款、纳税时用。"满钱"还有一个意思，就是指十足的钱数，是针对城钱而言的（银钱比值经常变动，在实际交易时以几十个钱顶一百个使用，不足数的钱叫短陌钱，在归化城叫城钱，足百即为满钱）。归化城的钱法屡有变动，在清初以96文当作百文使用，术语"九六抵百"，乾隆时以80抵百，1880年55抵百，1897年落至30、28抵百、24抵百（白银1两折合二四城钱3吊，实际只值满钱720文），光绪末年落至18抵百。多少抵百，不光与年代有关，亦与地域有关，如光绪末年归化城钱18抵百，而毕克齐则是68抵百。②

显见，咸丰元年（1850）整顿钱法之章程并没有施行下去。同治朝及光绪朝，归化城土默特地区的钱法如《蒙古及蒙古人》和《土默特志》

---

① ［俄］阿·马·波兹德涅耶夫：《蒙古及蒙古人》（第二卷），刘汉明、张梦玲、卢尼译，内蒙古人民出版社1983年版，第89页。
② 土默特左旗《土默特志》编纂委员会编：《土默特志》，内蒙古人民出版社1997年版，第309—310页。

所载愈加混乱。光绪十七年（1891），时任绥远城将军克蒙额按光绪六年（1880）规定，以五十五文顶百，并贴出告示：

> 归化城买卖之患，在于钱行窃利，而钱商之窃利在于钱法之无定章。自光绪六年，山西巡抚曾批定五五抵百，历任道厅皆借因时制宜为词，不肯实力奉行，以塞私径，因而钱商逞诈取巧，以罔市制，各行受制，莫可如何。去年冬令，钱底愈乱，银价有名无实，钱数则需多济寡，街市不通，后民交困……经将军传问归化十四社，独有宝丰社不遵规约。经调查后断定，仍按前山西巡抚批示，凡各行交易，无论现钱、拨兑，概以五十五文顶百行使，各行在钱往来，均按向来四标公议，并且银两借贷利息与钱文借贷利率要一致。由十五社（十四商社加上钱行宝丰社）出具甘结，并勒石三贤庙，一休遵行。①

光绪十五年（1889）在三贤庙，政府协同归化城十五社，毁沙钱铸成铜牌，永禁沙钱行使。其碑文如下：

> 夫制钱之内掺使沙钱，本于禁例，近年归城间行掺使，迄今愈行愈广，蒙道宪安府主炳出示严禁，并会乡耆等酌量改除后，公议存沙钱者，到三贤庙换取制钱，斤两相抵，永绝后患。如再有不法之徒，仍蹈故辙，禀官究治，决不宽恕，恐年远无据，将沙钱耗铸铜碑，俾阖邑周知，以照儆戒而资永遵云。②

但是，此法并没有能阻挡归化城土默特地区钱下跌的势头，"光绪二十三年（1897），以三十、二十八顶百，光绪二十四年（1898），市面流通尽为鱼眼沙钱，往往数十吊现钱，可以斗筲提之。后来官府不得不先允以二五顶百，不准掺用沙钱，勒石以示遵。但后竟落到十八文顶百"③。由此可见，清末，归化城土默特地区的经济受到非常沉重的打击，除了有商人投机获利之外，亦同当时列强入侵、社会动荡的社会大背景相关。

---

① 孔祥毅：《金融票号史论》，第160—161页。
② 同上。
③ 同上。

三 归化城的社

学者们对归化城地区社的研究成果较多,[①] 也有学者对归化城的社进行论述,如《清代北部边疆民族经济发展史》对归化城土默特地区的社作了记录:有"七大社、八小社、九外社之分",多为毛皮货加工行业、米面酒油粮食加工业、金融典当业、旅馆、饭馆、茶社、运输业。加入社团行业约有500余家。计七大社:宝丰社钱业23家,当行社典业12家,醇厚社杂业80余家,聚锦社粮食30余家,青龙社碾坊30余家,伏虎社面坊50余家,集锦社外藩运输业30余家。八小社:集议社靴鞋业20余家,毡毯社毡坊10余家,威镇社皮革加工作坊30余家,生皮社羊马皮房10余家,兴隆社驼马店20家、羊马社牛羊店6家,仙翁社饭馆10家,聚仙社茶馆10余家。九外社,多系流动性质行业,常往来于归化城者有200余家商贩,皆附属于以上七大社、八小社。清代中后期,归化城共有商号约1200余家,其中加入行业社团者,不及500家。[②]

总之,归化城土默特地区钱法,在清末受到极大的打击。虽然政府屡次对钱法进行整顿,但在钱行逐利、劣钱盛行及当时社会大背景之下,钱法的整顿并没有取得预想的效果。最终在钱价屡整屡跌,老百姓承受极大的经济压力下,整顿钱法章程变成一纸空文。

[①] 关于归化城社的研究,可见阅陈东升《清代旅蒙商初探》,《内蒙古社会科学》1990年第3期;冯君《清代归化城商业贸易的兴衰及其影响》,硕士学位论文,内蒙古师范大学,2007年;田宓《从随营贸易到条约体系——清代边疆秩序与归化商人研究》,《内蒙古大学学报》2012年第5期。

[②] 卢明辉主编:《清代北部边疆民族经济发展史》,黑龙江教育出版社1994年版,第171页。

清代贵州科举家族与社会流动

王 力

(贵州民族大学 文学院)

科举家族的多少是衡量地方社会文教水平的因素之一，张杰认为构成科举家族的三个必要条件是："世代聚族而居，凭借家族组织支持族人参加科举考试"，"从事举业人数众多，而且世代应举"，"至少取得举人或五贡以上功名"[1]。方芳将"科举家族"的界定标准定为"有2个以上进士"[2]，标准更为简单直接。总体而言，前者标准相对考虑更为全面，本文拟借鉴其思路。

明代贵州虽然举人、进士人数均居全国后列，但在长期积累之下也形成了少数科举家族，如贵阳越氏、王氏、徐氏。贵阳越氏家族中，越昇为家族文化奠基者，他曾任播州司训导，教诲有方，播俗为之一改。自其曾孙越英起，家族开始了应举成功之路，越英中弘治十年（1497）乡试，累官至泸州知州，其三子均中举人，其中越民望，嘉靖十九年（1540）举人，官知县；民表，嘉靖二十五年（1456）举人，除云南定远知县；民牧，嘉靖二十八年（1458）举人，累官剑川知州。两代出了四个举人，旁支也有优异的科举成绩，"其族又有民范者，嘉靖三十一年举人，官同知；民范弟民乐，嘉靖三十四年举人；民乐弟民瞻，皆官知县。民范子应扬，隆庆四年举人，官州判；民乐子应虞，万历七年举人，官知县；民瞻子应甲，万历十年举人，官知州。又有民化者，嘉靖四十三年举人，官知县；民化子应宾、应

---

[1] 张杰:《清代科举家族》，社会科学文献出版社2003年版，第24—45页。
[2] 方芳:《清代科举家族地理分布的特点及原因》，《济南大学学报》2009年第5期。

捷，皆万历十六年举人，皆官知州。最后乃有其杰、其彦。其彦，其杰弟也，万历三十八年举人，未仕而卒"①。贵阳王尊德家族中，王尊德中万历三十二年（1604）进士，其弟王命德万历四十三年（1615）举人，其三子承祯为康熙二年（1663）贵州解元，承祥为康熙九年（1670）进士，承祜为康熙十八年（1679）进士。家族跨越两朝而收获鼎盛科名。贵阳徐氏家族中，大魁中嘉靖四年（1525）举人，其子徐讲为万历十六年（1588）举人，徐讲子卿伯万历四十一年（1613）进士，卿伯三子中徐必远于崇祯六年（1633）中举人，易代后于顺治六年（1649）中进士，徐必遵为康熙十五年（1676）进士，改庶吉士，徐必昇崇祯九年（1636）举人。卿伯孙徐缤康熙二十年（1681）举人，徐时成康熙二十九年（1690）举人。

一 《清代硃卷集成》贵州士子家族类型分析

随着人口的增长，清代的贵州科举家族已明显多于明代，但研究时需注意贵州的特殊背景，明代贵州移民众多，以至郭子章称"军若民乔居者久之，历祖父长子孙，即同土著，舍此无贵州矣"。清代情况有所变化，但依然是移民流入比较频繁的省份，不少人仍是他省乡贯而有贵州户籍。有些家族一支在黔而另外之支则在原籍，若以"世代聚族而居"衡量，恐会造成大量案例被排除在外，因此应将部分移民家族的原籍之支考虑在内。另外，清代贵州的进士数量六倍于明代，社会总人口也远远多于明代，全面考察科举人才已有缺乏史料的障碍，像明代那样把几乎所有进士的籍贯、生平都查清已不太可能，因此不能再以全部进士群体为分析对象。

近年学界分析科举人才群体时多采用《清代硃卷集成》的数据，如张杰《清代科举家族》一书、蒋金星博士论文《〈清代硃卷集成〉的文献价值和学术价值研究》、方芳博士论文《〈清代硃卷集成〉研究：以进士履历档案为中心》、林上洪博士论文《清代科举人物师承研究：以〈清代硃卷集成〉会试卷履历中心》、郑若玲博士论文《考试与社会之关系研

---

① （清）周作楫修，萧琯等纂：《贵阳府志》卷七三，《明诸越传第七》，咸丰二年（1852）刻本。

究——以科举、高考为例》、倪丽萍硕士论文《清代的五贡与地方社会》①，均依据硃卷中丰富的履历信息展开研究，虽然数量上不能涵盖全部，却是目前相对适宜的方式。本文也拟借助此套集成中的贵州部分来分析科举家族及社会流动情况，采取逐个分析与综合分析结合的方式考察。

《清代硃卷集成》中涉及贵州人物24人，其中进士9人，为姚廷清、苑秘桂、周涛、周鹤、周范、谭钧培、戴锡之、丁良佐、刘溥；举人12人，为何炘、陈凤楷、龚继昌、程祖寅、蹇念典、蹇念猷、路瑄、戴榆芳、傅夒、黄厚成、陈国祥、陈凤冈；选拔贡3人，为袁思韡、谢鸿藻、杨振烈②。其中姚廷清、刘溥二人履历信息缺失，蹇念典、蹇念猷二人为亲兄弟，周涛、周鹤为亲叔侄，数据上归为同一个家族，去除之后总计为20个家族。各人履历详略情况不一，但基本都能反映出家族成员历代科举情况。这20个家族的科举情况大致可以分为以下几类：一种是读书世家，应举者代不乏人；一种是世代读书应举但获取功名者少；一种是家族旁支读书应举成功者多，而本支很少或几乎没有，直到履历当事人一代才初获功名；一种是前代读书人少，多从事其他职业，到履历当事人最近一两代才应举业。下面分别述之。

（一）读书世家

第一种包括傅夒、周涛、周鹤、周范、蹇念典、蹇念猷、路瑄、黄厚成、袁思韡等诸家。这些家族均从数代之前即开始读书应举，有些还有较高的职衔，如傅夒，其始祖傅太什是唐长沙节度使，世居于湖南。支祖傅友德，因明初立下军功，被封征南将军、颍川侯，追封丽江王，其家遂由湘乡先徙宿迁，继迁上元，于明末入湖广。其本支一世祖傅恩，明崇祯辛未科榜眼，翰林院学士，历官湖广布政使，殉节于任。二世祖应科，由湖广入黔，可能并无功名，而二世伯祖应元考中顺治丙戌科进士，任翰林院

---

① 上述学位论文的出处与时间分别为：蒋金星，浙江大学，2004年；方芳，浙江大学，2006；林上洪，厦门大学，2011年；郑若玲，厦门大学，2006年；倪丽萍，厦门大学，2009年。
② 顾廷龙主编：《清代硃卷集成》，成文出版社1992年版，全书共420册，其中贵州人物分布情况为：第4册：刘溥；第6册：周涛；第7册：姚廷清、苑秘桂；第18册：周范；第20册：周鹤；第23册：谭钧培；第75册：戴锡之；第84册：丁良佐；第351册：何炘、陈凤楷；第352册：龚继昌、程祖寅、傅夒、黄厚成、蹇念典、蹇念猷、路瑄、戴榆芳、陈国祥、陈凤冈；第408册：袁思韡、谢鸿藻、杨振烈。

检讨。三世祖一代科名繁盛，嫡亲三世祖攀魁中康熙丙子科举人，历任云南昭通府知府，诰授朝议大夫，其妻罗氏也诰封恭人。三世伯叔祖攀龙康熙辛卯科举人，攀麟康熙壬申科进士，浙江候补知府，攀銮康熙甲子科进士。四世祖一代本支功名较低，而旁支颇盛，考中大批举人，其四世祖天相为吏员，五世祖傅侯为庠生，而四世伯叔祖天奇康熙癸酉科举人，天章、天职、天位、天颜、天彦、天爵皆为康熙癸酉科举人，天祥、天秩岁贡生，天从邑庠生。五世伯叔祖中傅榛、傅栗、傅桐、傅仕伦皆庠生。傅梓、傅佩岁贡生。傅仪乾隆甲寅科举人，历任四川乐至县知县。傅儒乾隆甲寅科举人，伟俊乾隆庚申科举人，傅信、傅倚仙乾隆戊午科举人。六世中，其太高祖傅鸿勋，诰封奉政大夫，晋封荣禄大夫。六世伯叔祖又说、承说、希说、宗说、继说、光说、宪说、裔说、师说、遵说、祖说、方说、鸿基、鸿要、鸿恩、鸿义、鸿佑、桂、梅、椿、廷说多人均为庠生。鸿业、鸿伦、鸿德皆乾隆戊子科举人。第七世中几乎无人取得高级功名，但应举业的人数相当多，其高祖光彝岁贡生，候选教谕，诰封奉政大夫，晋封荣禄大夫。高伯叔熙、焘、炳、照、烈、煐、炯、炘、煓、燦、近光、庭光、文光、龙光、炜、焠、煟、燡、炎、焞、煌、焕、熊、爛、瑶、琨、源、沛、德修、占鼇均为庠生，说明家族的读书风气普遍较好。此外还有武职傅荣、傅云，历任湖北郧阳镇总兵，赏戴花翎，诰授武功将军。第八世功名有所回升，还出过地方文化名人。其曾祖傅潢嘉庆庚午科举人，辛未科进士，历任直隶、博野、丰润、满城、广西、兴安、苍梧等县知县，全州、西隆州等州知州，思恩府百色同知，充乙未恩科广西乡试同考试官，著有《一朵山房诗集》十六卷，《傅氏庭训》四卷行世，是清中期贵州知识分子中的优秀人物。曾伯叔祖涝、沆皆道光甲辰午科举人，傅沆大挑一等，历任四川安县、昭化、黔江、筠连等县知县，诰封奉直大夫。祖寿彭增贡生，诰赠奉直大夫，尚不算优秀。胞叔祖寿彤则是黔人中仕学皆优的人物之一，道光甲辰恩科贵州乡试亚元，大挑二等癸丑科进士，朝考一等翰林院庶吉士，授职检讨，历任河南、归德、南阳、开封等府知府，河南按察使司按察使署理，河南布政使司布政使，赏戴花翎，诰授通议大夫，晋封荣禄大夫，其著述有《古音类表》九卷，《孔庭学裔》四卷，《孝经述》四卷，《澹勤室诗集》六卷，后来曾刊为《澹勤室全集》行世，经史修养均属黔中上乘。其父辈因为适逢咸同之乱，科举无途，但多数也谋得一些候补职位，其父傅岐太学生。四川补用县丞，例增修职郎，诰赠奉政大夫。嫡堂叔屺孙，字竹湘，前任湖北武黄同知，赏戴花翎，钦加盐运使，衔湖北候补知府，诰授中宪大夫。嵩孙，字竹溪，候选知府。从堂叔严，武学生，候补卫千总。元基，四川试用分县。岑，五品军功。崟，尌，湖南候补巡检。嶟，业儒。傅崑在同治年间重新开科后中丁卯科举人，任贞丰州教谕。崇、廕、岳孙、岷孙等人虽未有功名，所谓"业儒"表明其依然以读书为业。傅夔这一代中，本人考中举人，而兄弟辈多人非"业儒"即"幼读"。可以看出，傅氏家族中读书人众多，多代均有获取功名者，中间还出过本地知名人物，如傅潢、傅寿彤二人均为贵州优秀学者。家族举人、进士的数量不少，而且正处幼年的一代也在从事读书应举之业，表明家族文化传递具备延续性。

周家本来是四川涪州人，其始祖迁入贵阳后以卖饭为生，自周士杰起方有读书记录，拥有贡生身份的他曾任黔西州学正，成为教育从业人员，从而深刻影响到后代科举成绩。士杰生两子周瀛和周涛，其兄士俊两子周澍和周淳，除国学生周瀛外，其余三人均取得举人以上功名。时人曾赞周家科甲之盛称："余少闻贵筑周氏科目之盛，当嘉庆间同榜兄弟二人，道光甲辰如之。其伯仲诸父子侄先后甲乙榜相望，里人谓其家泥金帖色未淡，而新旧更换，如门外桃符，信然。"① 经过几代积累之后，周家已成为典型的科举家族。

蹇家自蹇念典八世祖麟仁始，由重庆迁居贵州遵义，"世居郡城"，自曾祖一代开始取得科举功名，并代代延续。曾祖蹇柏中乾隆甲寅恩科乡试副榜，貤赠修职郎，晋赠资政大夫。祖蹇臣道光辛巳恩科副榜，乙酉科举人，甲辰科大挑二等，曾任务川县教谕，国子监学正衔，诰封资政大夫。父亲蹇谔道光丙午科举人，癸丑科大挑，立二等军功，获候选知县同知衔，咸丰五年（1855）剿办桐梓县余匪阵亡，追赠道衔世袭云骑尉，奉旨本籍建立专祠，诰赠中宪大夫。其叔蹇阖，前署四川彭山县知县，茂州直隶州知州，特授忠州直隶州知州，赏戴花翎，四川即补道盐运使司衔。蹇诜，候选训导，国子监学正衔。到了蹇念典这一代，除了念典、念猷同科中举，家族中兄弟辈多人在读，刻印硃卷时其胞弟念勋及嫡堂弟念咸均为庠生，后蹇念勋中光绪元年（1875）举人，当时还"业儒"的蹇

---

① （清）杨树：《澡雪堂文集》卷七《广西布政使桂平梧郁道周公墓表》，《清代诗文集汇编》第747册，上海古籍出版社2011年版，第432页。

念恒也于光绪二十年（1894）中举。子侄当时年幼，后来蹇先陶也中了光绪二十九年（1903）举人。可以看出，蹇氏家族在科举人数上不及傅家，但仍可称得上是科举世家，多代均有读书应举之人，亦不乏五贡以上的科名。

路瑄家族原籍江苏宜兴县，后迁贵州大定府毕节县，履历中最早的太高祖一辈已有人获取功名，其太高祖康洲没有读书应举记录，他的兄弟路瀛洲则是岁贡生。下一辈家族举业获得突破，其高祖路裕升未应举，伯叔高祖彦升、储升都是太学生，路裕升的堂兄弟元升和同升雍正丙午科同榜中举，路元升还是当科解元，又后中乾隆丙辰科进士，任福建汀州府上杭县知县，敕授文林郎，路同升则中乾隆丙辰科明通进士，历任开泰县教谕、镇宁州学正、思州府教授，敕授文林郎。其他堂兄弟中，书升、方升、允升、仲升均庠生，皇震为廪生。自此以后家族应举者尤多，获取功名者也随之增长，渐渐繁荣。曾祖路鄼太学生，堂伯曾祖路邵乾隆戊子科举人，辛丑拣发浙江，历任黄岩、鄞县、仙居县知县，又提升玉环同知，诰授奉政大夫。其余堂兄弟中路邦为岁贡生，郊、邴、邰、廓皆庠生。祖父路斯观及弟路斯履均未应举，堂兄弟中则出了两位举人和一位贡生，路斯亮，乾隆乙卯科举人，拣选知县，貤赠奉直大夫。路斯云，嘉庆甲子科举人，丁丑科大挑二等，借补湄潭县训导，敕授文林郎。路斯京，附贡生，覃恩诰赠中宪大夫、户部主事加四级。斯维、斯九、斯顺、斯昭、斯年为廪生，斯达、斯照为太学生。其父路祥奎，岁贡生，即选训导，路瑄在履历还特别指出其父"道光乙酉科房荐"，即获得了同考官推荐，只是最终没被录取为举人。嫡堂叔鸿逵，太学生。九逵、志逵、荣逵、钊逵、中逵、青雪、仲逵均为庠生，康逵为岁贡生，道光甲辰科堂备，义逵是天文生。这一代出了举人、进士各一，其中路骧逵是道光庚子科举人，觉罗官学汉教习，咸丰癸丑科大挑二等，贵筑县教谕，署遵义府教授，敕授文林郎。其堂伯叔路孟逵，嘉庆戊辰恩科举人，甲戌科进士，山西榆次县知县，丙子科山西乡试同考官，敕授文林郎，覃恩诰封中宪大夫户部主事加四级。

路瑄本生代中有两位堂兄弟科举成绩优秀：路璋，道光乙未恩科举人，丙申恩科联捷进士，户部广西司主事兼云南司行走，广东司正主稿，海疆军需局总办，覃恩诰授中宪大夫；路璜则是道光壬辰恩科举人，乙巳恩科进士，历任河南祥符、武陟、舞阳、辉县、鄢陵、商城、郾城、安徽淮宁县知县，信阳州知州。历充咸丰辛亥恩科河南乡试同考官、同治丁卯科河南乡试同考官、咸丰己未恩科文闱外收掌官，赏戴花翎，诰授朝议大夫。此外还有多位生员及候选官吏。子侄辈中除了年纪特别幼小者，均已走上举业道路，其中路朝霖、路朝桢与路瑄为同科举人。廪生路朝栋在道光丙午、乙酉两科乡试中均曾获考官推荐。朝黻、朝缨、朝绅、朝瑗、朝襄、朝均、朝安均为附生，朝樑、朝勋、朝润、朝藩、朝贤、朝纲、朝彦、朝肜、朝联、朝杰、朝直、朝英、朝桀、朝俊、朝蔚、朝冕、朝纶、朝典、朝阳、朝望、朝辅等俱业儒。路氏家族科举与仕宦均称兴盛，出过众多读书之人，每一代都有人中举人或进士，有一批中高级官员，仕宦生涯也广及各地，可算地方望族，是典型的科举家族。

袁思韠入黔始祖应福是四川举人，分发云南知县，由滇入黔，其弟袁应钟也是四川举人。接下来两代读书而功名较低，高祖仕秀为国学生，例赠武略骑尉。曾祖显华例赠武略骑尉，诰封文林郎，真正奠定应举传统的是其祖父辈，家族男性成员均投身于举业，祖袁国珍为乾隆癸卯举人，例授武略骑尉，诰封文林郎，晋封奉政大夫。嫡伯祖亨，岁贡生镇远训导，敕授文林郎。胞伯祖鸿勋，廪膳生。父亲一代中，"父如崧，字寿廷，太学生。应赠文林郎。胞伯如澍，字沛庭，太学生。如明，字鉴堂，太学生。如枚，字荫庭，郡庠生，候选分县。如凯，字升庭，嘉庆庚午举人，辛未联捷进士，前广西梧州府怀集县知县。署上林县知县，龙胜分府。敕授文林郎，诰封奉政大夫"。本人一代应举风气更为浓厚，成绩也比前代有所进步。其兄袁思韩道光乙未恩科举人，甲辰大挑二等，又于袁思韠考拔贡的当科中进士，江西万安县知县，署星子县定南清军府南康分府，钦加同知衔。袁思幹道光己亥科举人，拣选知县。其他则有袁思韡太学生，袁思翰廪膳生，袁思韠庠生。就履历内容来看，袁氏家族总人口似乎不多，但基本每代均有读书人，获取五贡以上功名者也不少，表明其家族有良好的文化氛围，称得上是科举家族。

（二）读书人多，有功名者少

第二种类型代表家族有程祖寅、戴锡之、陈凤冈、谢鸿藻诸家。

程祖寅家族原籍湖北黄冈县，康熙间始入黔。前两代无功名，自高祖程师典起初获功名，为乾隆元年（1736）贡生，朝考一等第一名，分发安徽县丞，敕授修职郎。曾祖以方，增生，例赠文林郎。祖步青，乾隆甲寅恩科副榜，候选教谕。父履元，道光辛巳恩科副榜，候选教谕。旁支中有个别读书应举者，"胞伯履中，恩贡，候选直隶州州判。胞叔履端，增生"。其余均无读书记录。程氏家族出过有一定功名的读书人，人数较少且功名不高，但家族的文化传递未断层，每一代均有人读书应举，算是潜在的科举家族。

谭钧培家族原籍广东高州府茂名县。"始祖德源，由都总管领兵克寇，入黔之黎阳遂家焉。"曾祖谭会文无功名，祖述康，貤赠文林郎，翰林院庶吉士加一级。父人杰，字越凡，号汉三，道光壬辰恩科举人，拣选知县，敕授文林郎翰林院庶吉士加一级。家族其他男性成员情况如下："堂伯义、经、忠、乾、书、仁、开德。胞叔人凤，号鸣梧，道光乙酉科拔贡，积学早逝，例赠徵仕郎。胞兄崧培、鸿培，早逝……堂兄芳培，岁贡生，遵例报捐训导，历署石阡、湄潭、兴义、清镇训导。恩培，增生。树培，庠生。馨培，庠生。仁培，景云，景星，景恒，景楳，景柏，景华，景秀。堂弟景禄，景福。堂侄启霖，廪生，屡膺号荐。启渭，六品军功蓝翎。启心，廪生，军功保举训导。启桢，廪生，屡膺号荐。"谭钧培本人做过督抚一级的官员，个人功业可谓成功，其家族有读书人，前辈也有获取功名的记录，但整体成绩不佳，生员占了较大比重。

戴锡之家族原籍江西吉安府庐陵县，和戴榆芳一样自认始祖是唐人戴叔伦，而其家族入黔则早得多，入黔始祖天祐于宋度宗咸淳二年由江西吉安遣黔，是贵州移民中极早的一类。

其二世祖子旭、三世祖万全、四世祖松年、五世本房祖世康、七世祖此瑄、太高祖士魁、高祖志、曾祖元顺均无读书应举记录，六世祖灏为明代岁贡生，八世祖上彩为廪生。履历中称其祖戴有存"绩学未遇……纂有家训、家谱等书"，表明其读书而应举不顺。其父戴世伟以孝闻名，但只是位太学生。可见其本支总体缺少读书人。家族旁支则有相当数量的读书人，兹列其履历所记内容如下：

> 二世伯祖子美，宋授镇远土知州，明洪武间改授铜仁府省溪副长官司，子孙世袭事实详省志。子华。
>
> 五世伯叔祖世雍，世熙，世亨。
>
> 七世，伯叔祖愈奇，岁贡生，云南归化县知县。愈达，嘉靖癸卯科举人，四川彭水县知县。廷诏，万历戊子科举人。若春，岁贡生，

云南大理府教授。

八世伯叔祖璧，岁贡生，四川富顺县主簿，崇祀本县乡贤祠，详县志。弼，岁贡生，江西南城县知县。南岭，河南南阳县驿丞。

太高伯祖士志，庠生。

高伯叔祖志揆，志湖，志玕，志裕，庠生。志慧，庠生。

曾伯叔祖元福，元容，元兴，元玺，元朋。

伯叔祖有怀，享寿九十有七，恩赐九品顶戴。有芳，享寿八十有二，恩赐九品顶戴。有成，有武，有科，有林，有祥，有庆。

堂伯叔世常，世伦，世启，世望，世宽。

胞叔世昌，字鸣岗，早逝，妣饶，奉旨旌表节孝。世传，榜名炳南，字文轩，武庠生。

堂兄弟之璋、之琨、安之、型之、陶之、镕之、铸之、淑之、引之、遵之，俱业儒。

嫡堂兄匡之，字辅臣，优行，廪生。直之，字清臣，廪生，己丑恩科荐卷。

堂侄朝言，朝选，朝聘，俱业儒。

从堂侄相朝、盛朝、立朝、熙朝，俱业儒。

再从堂侄孙安仁、体仁、居仁。

房族伯叔世翰，道光乙酉科拔贡，甲辰恩科举人，主讲铜仁铜江书院，著有《读易堂集》刊行。荣士、立纲，六品军功。述椿，庠生。金镛，庠生。述崇。

房族兄弟，金兰，岁贡生。应受，廪生，军功保候选知县。之琦，庠生。之瑞，太学生。恩膏，庠生。之英，庠生。之栋，庠生。之圣，庠生。之元、之福、翊忠，增生。绅印，廪生。恩深，庠生。奎光，咸丰壬子科举人。应铨，咸丰辛酉科拔贡。应铸，岁贡生。应镛，廪生。之举、之芳、寿棠，廪生。幹廷，庠生。字清，庠生。榆芳，戊子乡榜同年。桂鑫，戊子乡榜同年。和鸣，庠生。镜光，庠生。

房族朝昌，恩贡生，候选教谕。朝连，庠生。龙光，廪生。瑞祯，岁贡生，候选训导。绶荣，岁贡生。文焕，岁贡生。明炀，千总。文光，庠生。文开、立山，庠生。朝昕，太学生。文藻，庠生。文万，庠生。鼎亨，戊子同年武举。观国，戊子同年武举。亨，同治癸酉科武举。连云，光绪丙子科武举。翰勋，廪生。一清，庠生。文睿，恩者。重熙，庠生。文兰，庠生。献廷，增生。文纲，监生，保府经。

族侄孙仁育，恩贡生。廷清，廪生。仁禄，廪生。仁兴，庠生。仁钊，庠生。炜棠，庠生。锡霖，庠生。修礼，庠生。如柏，庠生。燮阳，增生。燮和，庠生。昌期，庠生。仁良，庠生。人爵，光绪辛卯科武举。人和，廪生。人俊，恩贡生。仁厚，太学生。仁辅，从九品。国恩，廪生。炳金，庠生。国秀，庠生。澄清，庠生。达源，庠生。扬休，庠生。鸿猷，廪生。辅廷，庠生。

其本支读书人虽少，整个家族则世代多读书人，读书风气浓厚，只是获取功名者少，算得上科举家族但非显赫的一类。

陈凤冈原籍江西南昌府丰城县。始祖其鹤，丰邑岁贡。入黔始祖昭颐、太高祖良柱均无读书记录，其他几代中除高祖陈文义为庠生，曾祖华崧、祖定国、父应升亦无功名。旁支情况略好，"叔太高祖良栋，良辅，太学生。叔高祖文魁，庠生，文礼、文兴、文信，太学生。叔曾祖华间，武生。堂叔应煐，太学生，应贵、朝贵，从九。胞兄凤仪，己丑恩科举人，注册拣选知县。凤鸣，六品军功。嫡堂兄弟凤诏，太学生，胞侄金麟，业儒。炳麟、寿麟，幼读。玉麟，幼读"。看得出陈家历代均有人读书应举，但获取功名者很少，在陈凤冈本人一代之前，基本都只是生员身份，因此算不上是科举家族。

谢鸿藻原籍江西抚州府金溪县，履历中特别强调了其始祖谢枋贞、伯始祖枋得"宋端平进士"的身份，以及入黔始祖即其曾祖谢呈书的事迹，看得出其家族确有读书传统，几乎历代不绝，除十一世祖士登无读书记录，其余有："十二世祖居易，太学生，敦行孝友，博学不仕。高祖兼五，太学生。曾祖呈书，太学生。祖迺愚，例赠文林郎，善诗，著有《锦斋诗集》，兵后遗失。父振梧，号峄山，太学生，博学不求仕进，兼善岐黄，著有《峄山诗赋词草》待梓。"旁支中有"伯高祖魁五，太学生。伯曾祖玉书，太学生。麟书，太学生。伯叔祖渊愚，拔贡生，刲股奉亲，柳愚，太学生。振远，岁贡生。胞伯祖起愚，太学生。堂伯叔鹤群，廪生。胞伯叔英梧，太学生。胞姑母适张，太学生。堂兄惠勋、宁勋、儒勋、卢勋，廪生。维、殿、青，俱业儒。嫡堂兄恩植，太学生。恩榆，太学生。恩锡，太学生。文明，庠生。文蕃，廪生。胞兄弟沂藻，太学生。文藻，廪生。凤藻，庠生。螭藻、凫藻、龙藻，俱业儒"。

谢氏家族是典型的读书人多而成功者少，代代均有众多应举之人，但几乎都停留在生员阶段而无进展，算得上文化世家而不能称为科举家族。

（三）旁支强，本支弱

戴榆芳家族原籍江西抚州府临川县，自认始祖为唐代大历、贞元年间有诗名的戴叔伦，文化起点不可谓不高。戴榆芳本支少有读书应举之人，倒是旁系中读书人众多，也有一批获取五贡以上功名者，从整个家族看，基本可算是科举家族。其入黔始祖可能是其太高祖戴廷弼，是一位庠生，后诰赠文林郎，例晋奉直大夫。高祖戴方宏、祖戴钟骥与父戴漳均无功名，皆依例貤赠文林郎而已。只有曾祖景元为国学生，例赠征仕郎，并未中举。旁支中出过数量众多的读书人，举人有嫡堂伯叔曾祖允元，乾隆壬午举人，大挑一等，历任直隶新河、赤城、三河等县知县，升任昌平州知州。伯祖戴登元，道光乙酉拔贡，庚子举人，拣选知县。戴德谦，道光戊子举人。从堂伯叔中，戴恩泽为庚子举人，国子监学政，历署安顺府教授，黄平州学正，同知衔候选知县。戴沅为道光丁酉举人，挑取誊录湖南宝庆府同知。此外还有大批国学生及庠生，出过两位乡试经魁。堂兄戴桂鑫与戴榆芳为同榜举人。

何炘与戴榆芳家族情况相似，也是本支读书人少，而旁系读书及应举业成功者多。其家族原籍江西清江县，可能自履历中称"始祖"的何天宠一代入黔，何天宠本人无功名，接下来三代均为庠生，包括其二世祖其奇、高祖致远、曾祖继圣。祖父何腾龙与父亲何易均无功名，腾龙貤封儒林郎，何易捐职库大使，翰林院庶吉士，应诰儒林郎。本支获取主要在何炘本人一代，除何炘中举外，其胞兄锦章，嘉庆癸酉科拔贡，署云南府水利同知。胞弟荣章，道光乙酉科本省乡试解元，己丑进士，钦点翰林院庶吉士，任直隶清河县知县。是本支中为数不多的亮点。旁支中则五贡以上功名者甚多，如：堂伯曾祖思孔，岁进士，诰封朝议大夫。堂伯叔祖如钟，乾隆己卯科举人，大挑一等，历任河南鲁山、洛阳、祥符等县知县，许州直隶州知州，广东廉州府知府，护理高廉兵备道，诰授朝议大夫。如钧，乾隆甲子科举人，历任直隶隆平县知县，诰授文林郎。堂伯泌，乾隆丁未进士，翰林院编修，主讲贵山书院。玢，乾隆戊申举人，任河南信阳州州判，汝州州同。玮，乾隆甲寅恩科举人，广顺州学正。学林，乾隆癸丑进士，翰林院编修，湖广道监察御史，户科给事中庚申科江南大主考，湖南提督学政、浙江杭嘉湖道，诰授中宪大夫。瀚，乾隆壬子举人，任云南开化县知县。珣，嘉庆戊辰进士，钦点翰林院庶吉士，历任刑部福建司主事、广西司员外、福建司郎中、广西南宁府知府。洪宪，嘉庆戊辰举人，拣选知县。堂兄应杰，嘉庆壬戌进士，翰林院编修。应绂，道光戊子举人，己丑会试取中誊录。森之，嘉庆己卯举人，拣选知县。

另一种相反的情况，也放在此节对照介绍，这就是陈国祥家族。陈国祥家族属于本支有一定科举积累而旁支成绩不佳，其家原籍浙江绍兴府会稽县，祖籍直隶宣化府赤城县黄泥岭，自太高祖陈继业一代入黔，至高祖陈以信两代无读书记录，自第三代起应举业并取得初步成功，其曾祖陈孙谋，榜名翼良，由廪生中式，中道光辛巳恩科第六名举人，祖父陈启彬没有功名，父亲陈后琨却大获成功，先中光绪丙子贵州乡试亚元，再于癸未科中进士，钦点翰林院庶吉士，选授湖南清泉县知县，辛卯科乡试同考试官。钦加五品衔，署理巴陵县知县，准补龙阳县知县。可能是因为家族人丁不旺，旁支读书人不多，履历中仅提到叔曾祖陈孙枝、陈孙武两位均为庠生，候选训导，陈孙竹为国学生。陈氏家族中，陈国祥本支代代有读书人，也有人中举人其父亲陈后锟还是庶吉士，而家族旁系则科名不盛，少有五贡以上的功名。此种类型在科举家族中属于规模较小的一种。

（四）前代少读书人

丁良佐家族的记载比较简略，读书人很少，出现了一批候选州县低级官员，可能是捐纳而得，家族几无科名。其家族原籍江西南昌府丰城县，自高祖揆庄起入黔。履历中完全没提到前几代有读书行为，"曾祖师倪，诰封朝议大夫。祖园芝，派名方第，字阁中，诰封朝议大夫。父荣泰，派名兆春，字护堂，诰授奉直大夫"。旁支中出现了一批候选低级官员，有"胞伯叔祖方泽，知府衔湖南即补直隶州。方成，候选府经历。堂叔祖方钊，同知衔候选知县。嫡堂伯叔兆熊，候选府经历。兆德，花翎同知衔山东莱芜县知县，历署海阳、泗水、郯城、禹城等县知县。堂叔兆凤，候选巡检。嫡堂兄弟良庆，蓝翎候选县丞。良玉，候选府经历"。除丁良佐本人外，履历中的读书记录仅有"胞弟良辅，业儒。良和，国学生。纶恩，国学生。良富，幼读"。

龚继昌家族原籍江西抚州府金谷县下溆里，自祖父辈入黔，其履历中几乎看不到家族中读书应举的痕迹，其男性成员信息如下："太高祖，讳仲章。高祖，讳达良。曾祖，讳德近。祖，讳恒先，处士，始迁黔，例赠文林郎。殳永祖，处士，潜心医理，以济人为快，邑人称之，例赠文林郎。曾伯叔祖德远、德明。伯叔祖恒占、恒茂、恒泰、恒丰。堂伯叔德祖、朝祖、光祖、墁祖、任祖。胞叔连祖。堂兄弟坤宗、垣宗、城宗。族兄弟维纲，邑廪生，维钧，邑廪生。堂侄纯青、纯武、纯谟、纯粹、纯缙、纯德、纯亮。"无论本支还是旁系，龚家历代几乎没有读书应举之人，"处士""潜心医理"可能是对其无业或从医身份的美化表达，直到龚继昌本人一代家族才算有了科名上的突破，显然这样的家族称不上科举家族。

陈凤楷家族原籍浙江山阴县，可能自曾祖一代入黔，履历中的记载很是简单，"曾祖讳廷兰，例赠文林郎。曾祖妣氏章，例赠孺人。祖讳世隆，例赠文林郎。祖妣氏郾，例赠孺人。父讳烈，例赠文林郎。母氏刘，例赠孺人。叔祖禹玉。胞叔熙，裁成教养，备极苦心。堂伯叔照、焕、德馀。族叔钟祥，辛卯科举人，现任宗人府教习。钟美。嫡堂弟鹤楷。堂弟鸿楷。堂侄元聪。娶陆氏，候选从九品，爱林公长女"。履历中唯一一位有功名的陈钟祥是清代贵州举人中的优秀人物，但从"族叔"的称谓看，应该与陈凤楷家不够亲近，可能是在列履历时为避免家族科名空白的尴尬而强行补入的内容。而整个家族的记载如此简单，也可能是因为读书人少的无奈之举。

杨振烈家族原籍江西南昌府丰城县，自曾祖俊庵始入黔籍，祖东池，诰封奉政大夫。父鸿遫，号仪轩，赏戴蓝翎补用同知，福建即补知县，诰授奉政大夫，从其著有《江淮从军诗》这一信息看应该是位军人。家族的社会关系也多与行伍有关，且有数人殉难，"胞伯叔祖方礼，太学生，秀纯，优廪生，即选训导，屡荐未售，严气正性，从游多成材，咸丰、同治间督办团务，桑梓赖保全数年，殂后远近感泣。胞叔鸿源，号清亭，赏戴蓝翎，特授福建漳州城守营守备，前署福建漳州城守营都司。鸿恩，绩学早逝。胞兄振霖，号泽之，五品衔县丞，原娶从九陈公福元之女，继娶花翎副将阵丧金陵钱公国恩之女。振铺，八岁解吟咏，惜殇。嫡堂伯鸿敏，殉难，鸿作，殉难石阡"。直到杨振烈本人一代才渐有读书风气，却连生员都很少，"堂兄振云、振权、振猷、振远，俱业儒。嫡堂弟振嵩，幼读，振泰，幼。胞侄先璋，幼读，先璠，幼。堂侄先彬、先钧、先焘、先搏、先萃、先谦、先復、先鼎，俱幼读"。杨家总体可算一个军人家族，历代多有办团练、获军功者，但读书人很少，最高功名仅是振烈本人的拔贡，缺乏应举成功的例子，算不上科举家族。

苑秘桂原籍安徽池州府贵池县，始祖苑效明是个职员，高祖洪惠是太学生。曾祖国贞情况未见于硃卷履历，可能无业。祖应举，职员，貤赠武信骑尉。父时伟，原任镇远右营守备，军功加级。家族中其他人有读书行为的仅有其堂叔时伸与其胞兄馨桂，前者是庠生，后者是廪生且早逝。几代中家族仅出过少量读书人，若非苑秘桂本人考中进士，家族科举事业几无可述，这样的家族当然算不上科举家族。

综合上述信息，可制成20家族获取功名时间表：

姓名	首获五贡以上功名	代际记载	首获举人以上功名	代际记载
傅夔	一世祖	一世	一世祖	一世
蹇念典、蹇念猷	曾祖	五世	祖父	六世
龚继昌	本人	六世	本人	六世
程祖寅	高祖	三世	本人	七世
黄厚成	曾祖	四世	曾祖	四世
陈国祥	曾祖	四世	曾祖	四世
陈凤冈	本人	七世	本人	七世
路瑄	父亲	五世	本人	六世
戴榆芳	本人	六世	本人	六世
何炘	本人	七世	本人	七世
陈凤楷	本人	四世	本人	四世
袁思韠	始祖	一世	始祖	一世
谢鸿藻	本人	七世	本人	七世
杨振烈	本人	五世	本人	五世
周涛	父亲	四世	本人	五世
周鹤	祖父	四世	父亲	五世
周范	太高祖	二世	高祖	三世
苑秘桂	本人	六世	本人	六世
谭钧培	父亲	四世	父亲	四世
戴锡之	六世祖	六世	本人	十四世
丁良佐	本人	五世	本人	五世

注：1. 周鹤为周涛之侄，二人履历对周涛之父周士杰表述详略不一，兹据周鹤较详之记录认定周士杰为贡生。

2. 蹇念典、蹇念猷二人为亲兄弟，故归入同一条信息。

3. 袁思韠之兄思韩为举人，故应视为本人一代已中举。

统计全部数据，代际总数量为91，涉及21家，所得数据为4.3，则获取五贡以上功名的平均代际数为4.3代，以20年为一代计，约需86年。获取举人以上功名代际总数量为113，平均数为5.4，以20年一代计，约需108年。张杰依据《清代硃卷集成》（以下简称硃卷）对23名陕西举人进行相关统计分析，所得结论为"总计23名举人中，有6人的直系祖先没有功名，占总数26%。23名举人直系亲属中，获得功名所用时间最长者16代，最短的2代，平均所用时间为5.6代，每代人以20年计算，则需要112年的时间才能完成垂直流动"[①]。陕黔两省各类数据对比来看，基本一致而黔省略优，获取功名所用时间最长14代，最短1代，略短于陕西，完成垂直流动的时间仅差4年，几乎可以忽略差距，两省平均为110年。

二 科举家族形成中的社会流动

关于社会流动，《简明不列颠百科全书》称之为"与社会阶级相联系的一个状况就是社会流动。其广泛的意义是社会中不同的个人、家庭或集团的移动。这种移动指从一种职业到另外的职业，从国家的一个地区转到另一个地区"[②]。这两种移动在科举活动中都比较常见，既有职业的，也有地域的移动。从水平流动的角度看清代贵州科举家族，依然要充分考虑其移民众多的特殊性，上列诸家族全部为移民之后，久则十余代，短则两三代。在考察明代贵州科举的水平流动时，仅有据可查的移民之后就占到九成左右，若以硃卷中的案例为依据，则比例已变成了百分之百，充分表明水平流动在清代贵州科举中是比较普遍的。这与清代贵州吸引移民数量更多的背景有关，较之明代数倍增长的人口多为移民而来，从事举业的这部分就成了科举水平流动的主力军。

相比之下，垂直流动的程度更能看出科举对家族生活状态及身份地位的影响，兹以贵筑黄家为例进行个案分析，考察其形成原因及垂直流动的影响。

贵筑黄家的家族简历有两种重要资料来源，一是其家谱《枫林黄氏

---

① 张杰：《清代科举家族》，社会科学文献出版社2003年版，第228页。
② 《简明不列颠百科全书》第7册，中国大百科全书出版社1986年版，第120页。

家乘》①，一是黄厚成硃卷履历，内容基本吻合，其中涉及家族成员的履历信息如下：

> 始祖考讳贵海，元末自江西瑞州府上高县迁居湖南醴陵县枫林市。
>
> 始祖妣氏，傅、邓。
>
> 太高祖考讳承典，貤赠文林郎，晋赠奉直大夫，晋赠朝议大夫，晋赠中宪大夫，诰赠中议大夫，诰赠光禄大夫。
>
> 太高祖妣氏罗，貤赠太孺人，晋赠太宜人，晋赠太恭人，诰赠太淑人，诰赠一品夫人。
>
> 高祖考讳运裳，国学生，詹事府主簿衔，敕赠文林郎，诰赠奉直大夫，晋赠朝议大夫，诰赠中议大夫，诰赠光禄大夫。
>
> 高祖妣氏匡，敕赠太孺人，诰赠太宜人，例赠太恭人，诰赠太淑人，诰赠一品夫人。
>
> 曾祖讳辅辰，派名安轸，乡榜名梓，字星北，号琴坞。道光壬午科举人，乙未科进士，吏部主事员外郎，中掌考工司印，京察一等，截取记名以知府用分发山西，奏办团练以道员遇缺题奏，钦加盐运使衔，赏戴花翎。两奏署山西冀宁道，特授陕西凤邠道，奏办西同凤延邠乾鄜七府州营田事宜，诰授中议大夫，晋授光禄大夫，特旨入祀陕西名宦祠、贵州乡贤祠，国史循良列传，著有《营田辑要》进呈，御览遗集待刊。
>
> 曾祖妣氏左，善化县学廪生望亭公女，诰赠淑人，晋赠一品夫人。
>
> 祖讳彭年，字敬一，一字子寿。道光癸卯科顺天乡试举人，乙巳恩科进士，丁未科补行殿试，翰林院庶吉士，散馆授职编修，本衙门撰，武英殿纂修，国史馆协修，功臣馆纂修，主讲保定莲池书院，奏请总纂《畿辅通志》书成，特授湖北安襄郧荆兵备道，署湖北粮储道，升任湖北按察使，调授陕西按察使，升任江苏布政使。钦加头品顶戴，护理江苏巡抚，己丑恩科江南乡试监临，调授湖北布政使，诰授光禄大夫，国史循良列传，著有《载经堂经义》三十卷，《陶楼文

---

① （清）黄辅辰等：《枫林黄氏家乘》，清末刻本，贵州图书馆及上海图书馆均有收藏。

集》六十卷，《五颂老人诗集》四十卷，《陶诗注》待刊，《弟子职集解》一卷，《黄札疏证》一卷，《紫泥日记》一卷已刊行世。

祖妣氏陶，原任玉田县知县讳源昭公女，诰封一品夫人。

祖妣氏刘，道光乙酉科拔贡，刑部主事，原任湖南辰州府知府，掌湖南道监察御史，大兴讳位坦公女。诰封一品夫人，旌表孝行。

父讳国瑾，字艾孙，一字再同。光绪乙亥恩科顺天乡试举人，丙子恩科进士，翰林院庶吉士，散馆授职编修，本衙门撰文，文渊阁校理，国史馆协修，功臣馆纂修，会典馆书图两处总纂，钦加侍讲衔，诰授朝议大夫，以奉先大父讳毁，卒国史孝友列传。著有《国风次第考》一卷，《说文段注订补》二卷，《夏小正集释文》集八卷待刊。

母氏傅，前直隶玉田县知县、贵筑筱泉公讳潢孙女；道光癸丑翰林、原任河南按察使署布政使青余公讳寿彤女；钦加盐运使衔，湖北即补知府，前任武黄同知印屺孙胞妹。敕封恭人。

胞伯曾祖安泰，国学生，詹事府主簿，例授征仕郎，貤赠奉直大夫，诰赠奉政大夫。

辅廷，原名绍基，嘉庆戊辰科举人，道光丙戌科会试大挑一等，分发山西，历任平鲁、平遥、垣曲县知县，历署河津、陵川县知县，朔州知州。敕授文林郎，晋封奉政大夫，貤赠朝议大夫。

辅相，原名杞，道光丁酉科顺天乡试举人，覆试一等，乙巳恩科进士，分发广西即用知县，历署陆川、博白县知县，横州知州，保升直隶州知州。特授镇安府知府，赏戴花翎，历署南宁府知府、右江道、左江道，殉节武宣，奉旨优恤世袭云骑尉，国史有传，诰授中宪大夫。

胞伯叔祖葆谦，国学生，貤赠儒林，诰赠朝议大夫。

晋龄，又龄，葆恒俱殇。

嫡堂伯叔祖政钧，道光甲午科举人，选授广东南雄州知州，署陵水、灵山县知县。

桐勋，道光辛卯顺天乡试举人，钦取国子监学政学录。钦取内阁中书，方略馆校阅，国史馆分校，甲辰科进士，分发甘肃知县。

嵩望，候选府经历军功保举知县，钦加同知衔。

韬，湖北荆州府经，历署安陆府经历、蕲州州判、襄阳县县丞。

鹤年，附贡生，候选训导。

嵩祝，国学生。

书年，附贡生，四川候补知县。钦加同知衔，赏戴花翎。

韶年，江苏徐州府经历，钦赏六品兰翎，奏留广西知县。

祺年，道光庚子科举人，宗学教习，分发安徽知县，钦加同知衔，赏戴花翎，保陞直隶州，历任宣城、颍上县知县，历署四川直隶州知州。

逢年，广西候补县丞，署荔浦县知县。

福生，候选从九。

胞伯国瑸，出嗣胞伯祖蕴山公讳葆谦，钦加三品衔，在任候升知府，湖北襄阳府同知，回避签掣安徽，补授徽州府同知衔，署徽州府知府，卓异引见，归知府班，即补奉调办理湖北铁政局务，改归原省，保奏奉旨补缺后以道员即补。

胞叔国璪，国学生，绩学，早逝，著有《鸣鹤小草》待刊，貤赠奉直大夫，国史馆誊录，议叙通判，改官即补知县分发直隶，现充分审局谳员，永定河防、淮军转运两局收支所。

从堂伯叔杏先，夭。茀臻，四川候补县丞。国珍、茀照，候选巡检。国瑛、国珩，国学生。国珣、国瑱、国佑、国琦、国珖，邑庠生。国仕、国焘，两淮候补盐大使。国清，国学生。国珵，四川候补从九。国和，业儒。

胞弟章成，出嗣胞叔湘翘公讳国璪。

会成、润成，出嗣胞叔湘翘公讳国璪。贞成，俱殇。

博成，幼业儒。

嫡堂兄康官，易成俱殇。信成，国学生。绪成，殇。

嫡堂弟树成，业儒。靖成，出嗣胞叔湘翘公讳国璪。武成、驯成，俱幼业儒。

再从堂兄振桂，湖北候补县丞。振璠、振琪，业儒。

再从堂侄启宗、启祥、启蕃，俱幼业儒。

胞姑，长适前湖北按察使、遵义唐威恪公讳树义长孙，国学生讳焯长子，国学生蜀君讳我垣，庚午科荐卷。

次适贵州镇远县知县、署古州同知湖北彭公讳汝玮长子；特授山东莱州府知府端怀印念宸。

三适永定河道贵筑李公讳朝仪子，辛卯科举人子强印端楷。

四适四川候补道遵义蹇公讳阎第五子,本科举人仲常印念恒。

五适湖广总督、现署两江总督南皮张公印之洞倒,附生印荣。

六待聘。

胞姊,适前内阁学士兼礼部侍郎衔、诰授光禄大夫海丰吴公讳式芬孙;钦加二品衔,历署河南开归陈许道、南汝光道、开封府知府印重熹第四子,癸巳恩科顺天乡试举人稼生名齒。

胞妹,次适前翰林院侍讲学士,署都察院右副都御史,丰润张公印佩纶次子,附生,字高侯,名学潜。

三待聘。

四字特授直隶大名府知府,长沙陈公印启泰子。

五幼待聘。

娶唐氏,嘉庆丙子科举人,大挑一等,历官至湖北布政使司,布政使,护理湖北巡抚。道光乙酉科湖北监临官,引退家居,咸丰三年诏起,帮办湖北抚辑事宜,旋补授湖北按察使,专办军务,殉难金口,予谥威恪,赐骑都世职,入祀甘肃名宦祠、国史列传,遵义唐公讳树义曾孙女;道光乙酉科举人、前任云南巡抚、见督办云南矿务大臣印炯孙女;太学生印我墉长女。

子

女一 幼在襁。①

黄家原籍江西瑞州,元末迁至湖南醴陵,再迁入黔,其获得举人以上成绩自黄辅辰起,而其文化积累则应从黄辅辰之父黄运裳算起。硃卷中将黄贵海列为始祖,实即自赣入湘始祖,黄家正是他在元末自江西瑞州府上高县迁居湖南醴陵县枫林市。他及其子黄承典都没有科举及入学记录,虽然第二代黄承典有一系列的头衔"貤赠文林郎,晋赠奉直大夫,晋赠朝议大夫,晋赠中宪大夫,诰赠中议大夫,诰赠光禄大夫",也不过是在子孙任官后接受的封赠。第三代黄运裳头衔中除了和其父亲承典一样的部分外,还有"国学生",说明其有国子监读书的经历或身份,是家族中较早的读书人。自第四代起,家族的科举成绩渐渐步入辉煌。黄运裳四个儿子中有三人中举并产生两位进士,黄辅廷为嘉庆十三年(1808)戊辰科举

---

① 硃卷履历书写比较注重格式,其间有小字,此处罗列未作区分,均使用同一字号。

人；黄辅相为道光十七年（1837）丁酉科举人、乙巳科进士；成就最高的黄辅辰以"黄梓"之名参加道光壬午科贵州乡试，中举后又于道光乙未科中式进士。第五代中以黄辅辰之子黄彭年声名最著，为道光二十三年（1843）癸卯科顺天乡试举人、乙巳科进士；其堂兄弟中又有黄政均、黄桐勋、黄祺年三人中举。第六代中黄彭年子国瑾为光绪乙亥举人、丙子进士；黄厚成即为国瑾之子，属于家族第七代。

代际	进士	举人	五贡	生员	业儒
第一代					
第二代					
第三代					黄运裳
第四代	黄辅相　黄辅辰	黄辅廷		黄安泰	
第五代	黄彭年	黄政均　黄桐勋　黄祺年	黄鹤年　黄书年	黄葆谦　黄嵩祝	
第六代	黄国瑾　黄国瑸			黄国璪　黄国珩　黄国清	黄国和
第七代		黄厚成		黄信成	黄武成　黄驷成　黄振琪　黄启宗　黄启祥　黄启藩

注：硃卷无黄国瑸，据陈定祥《清黄陶楼先生彭年年谱》"五十四岁 光绪丙子二年"条补入，见《新编中国名人年谱集成》第二辑，台湾商务印书馆1978年版，第34页。

黄家入黔自黄运裳起，"……再迁贵筑，遂家焉"①。此时黄家尚算不上家族，只是个小型家庭，自黄运裳起至黄厚成共五代，人口增加，内部分支渐多，基本称得上一个中小规模的家族。此五代中共出进士4人、举人9人、贡生2人、生员8人、业儒者7人，自黄辅辰一代起，每代均有获得举人以上功名者。

在产生进士之前，黄家处于贫寒境地，关于黄辅辰读书生涯的多处记载均强调其困窘，尤其是食屑糠麦麸的生活细节常被提及，其子黄彭年在纪念母亲的文章中说家中当年"严冬披破絮，夜则藉草而卧，和麦麸作

---

① （清）郭嵩焘：《黄琴坞先生墓表》，（民国）《贵州通志·人物志》"黄辅辰传"附，1948年铅印本。

饼，煮糠为粥，或食而吐，饥则更啖之"①，在叙述父亲生平事迹时更近一步描述了当时的状况，"己卯先祖母匡太淑人弃养，先伯父兑榴公、石香公游粤，斗南公馆于花氏，以家事属先君，仅遗钱四百，米两斗，家中至和麦麸作饼，煮糠为粥以食，衣不蔽体"②。这样的细节也出现在亲朋所撰文字中，"少贫，读书自刻苦，遭父丧，徒步走云南三千里告贷所亲，得三十金归葬，自是贫益甚，至屑糠以食"③，"夫人躬井臼佐之，食不给，则屑糠和麦麸为粥以继；又不给，则就邻舍孔生撷园中桃实生啖之"④。黄家似乎没有特别好的谋生之道，不是商人，也非力田起家的地主，截至黄辅辰这一代，仅仅提到家庭成员中有人教馆为生，表明在第一代科举成功者产生前，家庭经济不佳。黄辅辰兄弟几人通过科举出仕改变了家庭的贫困状况，虽然黄辅辰入仕后"然被服操履如寒生时"的节俭事迹颇为时人嘉许，但后辈们确实已不需要再以类似父辈的寒酸状态读书应考，后辈文章中再也没有特别强调过经济的拮据。自黄彭年一代起，家族中的读书人明显增加，到黄厚成一代时，几乎所有年轻人都在读书应举，除了成年已中试者，未成年者也多被描述为"业儒"，经济状况的改善为后代人消除了生存压力，有更好的条件投身于科举事业。

不仅经济，人文环境的改变也得益于一代人的奠定，黄辅辰年少时家乏藏书，常常要借书手抄，"从友人借史、汉、诸子，手抄积数十卷"⑤，"日夜自砥于学，无所得书。故湖北布政使唐公树义少与友善，时携小童负书麓就公，公遂以博览经史，周知古今事变，慨然有志经世之学"⑥。而到黄彭年时，他号称"博学多通"，曾主讲陕西的关中书院和直隶莲池书院，在其学识积累过程中，藏书数量应该不再是其局限，甚至可能成了家庭应考的优势条件。第三代到第五代黄家人撰述颇多，据黄厚成

---

① （清）黄彭年：《先妣左淑人事略》，《陶楼文钞》卷五。
② （清）黄彭年：《先府君行略》，《陶楼文钞》卷五。
③ （清）郭嵩焘：《黄琴坞先生墓表》，（民国）《贵州通志·人物志》"黄辅辰传"附，1948年铅印本。
④ （清）刘蓉：《陕西盐法凤邠道黄君墓志铭》，（民国）《贵州通志·人物志》"黄辅辰传"附，1948年铅印本。
⑤ 同上书。
⑥ （清）郭嵩焘：《黄琴坞先生墓表》，（民国）《贵州通志·人物志》"黄辅辰传"附，1948年铅印本。

砆卷记载，黄辅辰有《营田辑要》《御览遗集》，黄彭年有《戴经堂经义》三十卷、《陶楼文集》六十卷、《五须老人诗集》四十卷、《陶诗注》《弟子职集解》一卷、《黄札疏证》一卷、《紫泥日记》一卷，几乎可谓著作等身，黄国瑾则有《国风次第考》一卷、《说文段注订补》二卷、《夏小正集释》一卷、《训真书屋诗文集》八卷。学术文化的积累为后人求学带来了很大的便利，黄辅辰少年时一度因贫困请不起教师而失学，后来受业于当地文化名人傅潢，才有机缘接触优质学术文化资源。值得注意的是，黄辅辰、黄彭年两代求学记录中未有人有早慧表现，而到黄国瑾时则开始有此类表现，黄国瑾八九岁在私塾中读书，其祖父黄辅辰教以诗古文辞，已能做到下笔成章。"一日偶值先曾祖作画，先君侧立占一绝，先曾祖喜极，遂以诗录入画幅赐先君。"① 这可能也得益于家族文化的积淀。

科举或可凭借一己之力达到成功，科举家族的形成则多有赖于某种文化习惯或传统，有些直接涉及读书求学，也有些则为提高家族凝聚力而存在。在黄氏家族中，苦读与重孝可谓最重要的精神信条，在代际延续中支撑起了家族文化之脉。自第四代起，家族中所有取得功名者几乎都有关于苦读的记载。黄辅辰因为应童子试仅被录取为佾舞生，大感耻辱，"入楼上读书，七阅月未尝就寝，倦甚则斜倚案上假寐而已"。在以糠为食的日子，他恬然安之，诵读不辍。邻居孔馀三也是一位贫而好学之人，两人读书之声常常隔窗相闻，成为佳话。他一生手不释卷，并以同样标准教诲子弟后人，临终前为孙子黄国瑾书联"读书有种子，立志为名儒"，十八日则又"召国瑾至前，谕曰'务名非所以示子孙'，为易书下联曰'力学为真儒'"②。黄国瑾"生平无他嗜好，书画之外初无长物，性喜读书"，年轻时与其兄"互相讨论经史百家异同得失，孜孜不倦，博引旁征，务在阐发其说，故持论每不相下，披阅研索，尝夜分不寐"，将家族的读书风气发扬光大。

黄家尤为重视孝行，自黄辅辰起，几代人均有孝行事迹，后人在为前人写行状之类的文章时，都表现出相当的赞赏态度。黄辅辰自小便表

---

① （清）黄厚成：《先府君行略》，《中华历史人物别传集》第71册，线装书局2003年版，第28页。

② （清）黄彭年：《先府君行略》，《陶楼文钞》卷五。

露出"孝"的天性,"嘉庆壬戌年,先祖母匡太淑人有疾,先君时方五岁,侍枕侧,至夜半不寐,先祖惊抱持之。先是外祖左望亭先生遇先君逆旅中,奇其貌,及闻姻家述先君天性至孝,遂以吾母左淑人许字"①。而其侍父葬父之事甚至带了些传奇色彩,"先君院试时,先祖患噎嗝之症已笃,侍疾目不交睫者数旬。先祖弃世后,家贫无以为葬,先君徒步走云南,访李都司德普,贷得三十金营葬。先君体素羸弱,甫抵安顺,足肿困卧,梦先祖来抚摩患处,惊觉,病立止。往返三千里无所苦"。黄国瑾《训真书屋遗稿》开头有《国史孝友本传》,录其孝行。其弟无子,他将其视为家庭的巨大缺憾,努力寻求解决之道。先是将自己的二儿子黄章成过继为其子,不幸的是黄章成九岁时就夭折了,于是又将自己的四儿子黄润成过继过去,但黄润成很快也殇了。由于二儿子黄会成之前已夭折,五子黄贞成、六子黄博成尚未出世,家中仅有大儿子黄厚成一人,他深为焦虑,唯恐兄弟无后,直到另一位弟弟将其次子过继,他才稍稍宽心。黄家人对长辈逝世表现出莫大的伤痛,记述患病去世经过也比较详细,令人印象深刻的是,一旦自己在为长辈治病过程中犯下失误,都会表现出深度自责与痛悔。黄彭年侍奉父母已属用心,但自认在双亲治病问题上未能做到最佳,以致贻误。"彭年侍奉无状,无以悦淑人心;淑人病,又不能察脉知证,早为施治,不孝之罪,其可逭耶?"②他将母亲不治归因于自己不懂医,而为父治病时又认为医者失误也是自己不懂医理所致,"七月二十八日,感激时事,心火上炎,二十九日陡患癃闭,转成遗溺,八月间调理渐瘥。九月初间复感风寒,医者误投凉剂,元气遂至大亏……十一月初六日申刻,遂弃不孝长逝。呜呼痛哉!以先君高年,久病近百日,而书画不辍,使非不孝误进医药,未必遽至不起。不孝不知医,往岁既误吾母,今又误吾父也,可胜悔乎!"③

家族中对"孝"的恪守到黄国瑾一代达到极致,遇父丧时恰值他病重,自京赴湖北的旅程耗尽了最后的心血,于奔丧的第六日去世。其子黄厚成在纪念文章中强调根本原因在于自己所请医者误投药物,自我批判之

---

① (清)黄彭年:《先府君行略》,《陶楼文钞》卷五。
② (清)黄彭年:《先妣左淑人事略》,《陶楼文钞》卷五。
③ (清)黄彭年:《先府君行略》,《陶楼文钞》卷五。

词又甚于黄彭年："先大父方任苏藩，忽患中风之疾。先君在京闻电信，即日束装往省在途，旬余目不交睫，抵苏，先大父已愈，而先君齿堕其五。时先君方从事会典馆，先大父以会典皆朝廷掌故，命先君速还成之，故先君还京后纂辑益致力，庚寅以纂典过劳积劳成疾。七月陡患痰饮，医者误投姜附热药致肺胃之火上炎，疾转增甚。时正值会典馆招考誊录生，考生每人须各授一题资其测画，先君力疾起为拟题，自圜象方舆以迄礼制乐律诸大端，分门别类至百余道之多，兼有本衙门派撰之文事繁，病剧，呕血数升，自秋徂冬，恐怕贻先大父忧，不敢禀告，惟日服清瘟之剂调摄渐愈。二月闻先大父见背凶耗，一恸几绝，立时呕血之症复发，病遂增剧。辛卯舆疾奔丧到鄂后，谓伯父铁生、叔父秦生曰'不意复得见棺与兄弟相聚，虽死无憾，但扶柩安葬哀启行述，知兄弟缘以俟我，今生恐怕不能终此大事，罪甚罪甚，奈何奈何！'言之呜咽。易箦前一夕犹勉强手撰先大父哀启，未成，谓伯父叔父曰'宜足成之'。计先君自二月十八日到鄂见丧后，仅及六日而病势已垂危，中外医皆言疾入膏肓束手无策，是后医药罔效，延至二十四日酉时遂弃不孝等长逝。呜呼痛哉！先君之年方逾强仕，兼之平日精力强固，神智坚凝，审此次抱病之由，虽始以积劳致疾，继以遭忧转剧，然使不孝能稍知医，加意调理，未必不可摄疾使愈，自憾事奉无状，人子之道曾不能稍尽万一。于先君病起之初遽误进医药，终致吾父不起，不孝之罪殆不可胜数矣。"[①]自黄辅辰至黄厚成，家族的每一代人都表现出对孝行的高度重视，反映出家族浓重的道德自律感，以孝修身利于家族长辈意志的代际传递，在重视读书应举的家族就利于将读书应举的风气传递下去，以情感力量推动家族事业，在家族发展过程中有不可替代的作用。

在家族垂直流动的过程中，前代的科举积累对后代的流动有相当的帮助，以贵筑黄家为例，第三代黄运裳曾就读于国子学，虽未中乡会试，却有助于下代子弟们开阔视野，甚至寻找到新的应试途径。第四代应考时黄辅辰、黄辅廷在贵州参加乡试，黄辅相就已在顺天应举。而在辅辰几人任官后，族中子弟在顺天参加乡试者占了多数，如黄彭年、黄桐勋、黄国瑾。另一个影响因素是文化家族的联姻。当家族有了一定社会地位后，其社交网络会随之变化，婚姻关系是其中极

---

① （清）黄厚成：《先府君行略》，《中华历史人物别传集》第71册，第28页。

为重要的一环。科举家族在有人取得功名前，并不一定与文化家庭联姻，一方面自己未必视其为必要，另一方面文化家庭也多缺乏与之联姻的积极性。而在某一代人取得功名后，后代的择偶条件也会升高到与自家相称的门第，要求的社会地位更高自不必说，对配偶家族的文化要求也明显高于前代。黄厚成硃卷里虽然提到自黄贵海开始的三代祖母，但完全没有涉及其娘家的文化背景，一般来讲，这意味着家族中无值得一提的文化因素。在父亲黄运裳成为国学生后，黄辅辰已有机会迎娶较低级别的文化家族成员，其岳父左光南为湖南善化县学廪生，左光南之父左本有则曾中式举人，官衡阳教谕。黄彭年的姻亲较之父辈又高出一层，其两任夫人陶氏和刘氏分别是"原任玉田县知县讳源昭公女"和"道光乙酉科拔贡、刑部主事，原任湖南辰州府知府、掌河南道监察御史大兴讳位坦公女"，黄国瑾一代则已能与地方知名文化家族联姻，其夫人姓傅，是傅寿彤的女儿、傅潢的孙女，傅潢、傅寿彤父子均出身进士，为贵州知名经史学者。黄厚成妻子则来自遵义唐氏，其曾祖唐树义曾任湖北布政使，祖父唐炯曾任云南巡抚，家族在遵义乃至贵州颇有影响。不单是家族男性成员，黄家女性也多嫁与知名家族，黄彭年的几个女儿分别嫁给了遵义唐树义长孙唐我垣、镇远知县彭汝玮之子彭念宸、贵筑李朝仪之子李端楷、遵义蹇訚之子蹇念恒、张之洞的侄子张荣，除了二女儿所嫁的彭家稍逊，其他唐、李、蹇家均为黔中望族，张之洞更是清末国家重臣，家族的文化修养很高，都出现过大批习文之人。黄国瑾的几个女儿分别嫁给了内阁学士吴式芬的孙子吴峒、翰林院侍讲张佩纶的儿子张学潜、前国史馆编修陈启泰之子。傅氏家族中，傅蘷本人所取两房为"钱氏，太学生中书衔，讳式如公之女，河南补用通判钱长福之妹，候选县丞钱长熙之姊。继娶刘氏，咸丰乙酉拔贡壬子顺天乡试举人，前任安微、休宁、桐城、芜湖等县知县，讳履中公之孙女。候选主事，讳澄公长女"。蹇氏兄弟中，"念典娶冯氏，监生名钧公女。念猷娶张氏，道光戊戌科进士，原任江苏松江府知府，讳廷杰公孙女，原任广东西□县知县，讳源公长女"。上列之路瑄家族自祖父一代起已与有功名之家联姻，"祖妣吴氏，安徽潜山县县丞讳铎公孙女，贡生讳开后公女，安徽祁门县知县，讳开元公，恩贡生，讳开世公，四川汉州吏目，讳开翔公胞侄女，拔贡生，广东候补直隶州州判，讳琎公，庠生，讳珣公,贡生,讳金公嫡堂妹,例赠宜人"。"母吴氏,庠生,讳闳勋公孙女,钦赐正八品讳云公女,庠生讳袍武公、庠生讳镇国公堂妹,例赠宜人。继母金氏,廪生讳殿儒公孙女,钦赐正八品讳砾元公女,例封宜人。"本人先娶陈氏,两位内兄均为庠生,继娶国学生刘延厚之女,几位内兄有庠生,有贡生,有候选知县,有蓝翎卫千总,虽不显赫,也已不是寻常百姓之家。这些姻亲关系的形成,均与家族的文化地位、政治地位有关,若非本身家族有功名积累,与功名之家联姻恐概率很小。

综上而论,家族的经济状况、文化习惯乃至道德品格的塑造与传递等因素都可能影响家族的垂直流动,而人际社会则与家族科举成绩存在互相影响的关系。

近现代档案整理与研究

耀华玻璃公司产品商标变迁考述*

王莲英　董劲伟

(东北大学秦皇岛分校　社会科学研究院)

耀华玻璃，是由近代第一家中外合资企业"耀华机器制造玻璃股份有限公司"生产的玻璃产品。耀华玻璃公司由中国近代著名实业家周学熙于1922年发起创建，1924年建成投产，总公司设于天津，总工厂设于秦皇岛，是我国最早使用当时世界上最先进的佛克法专利技术、用机器连续生产玻璃的近代中外合资企业，使我国玻璃行业由传统手工业生产水平跨入使用先进技术设备进行大批量生产的行列。耀华玻璃公司年生产能力达到十五万标准箱，产品不仅畅销全国，而且远销美国、日本、东南亚等国家和地区，成为中国玻璃工业的龙头企业。

商标是用来区别不同经营者的品牌或服务的标记，是企业品牌形象的主要组成部分，也是建立产品信誉的重要基础。作为视觉符号，商标要以精炼的形象传达企业文化和产品功能等信息。注册商标对于企业来说是极其必要的，能够为企业提供法律保障。近年来，关于近代商标发展变迁的相关研究，主要集中于商标的法律发展史、商标的艺术设计、商标故事等角度，并有《中国近代商标简史》[①]等著作问世，商标史的相关研究逐渐成为文化领域独具特色的一块。

本文所选取的研究对象为耀华玻璃商标，而玻璃商标的相关研究在商

---

* 本文为教育部人文社会科学研究项目(17YJCZH169)"民国耀华玻璃公司档案整理与研究——兼论近代京津冀协同发展"的中期成果。

① 左旭初：《中国近代商标简史》，学林出版社2003年版。左旭初先生在商标史研究方面论著颇丰，并依托自身多年收藏的商标资料，开办对外开放的"左旭初商标博物馆"。

标史中鲜有涉及。笔者将依托秦皇岛市档案馆藏耀华档案，对耀华玻璃商标的变迁历史做一详细梳理。耀华玻璃公司从创立至今经过了近百年的发展历程，作为玻璃工业的龙头企业，耀华商标的产生、发展、演变经历了几个不同的阶段，通过本文可以从中窥见小小的商标变迁背后所折射出的不同的时代背景和企业发展的需求。

一 耀华玻璃商标产生于中国《商标法》诞生之前

如前所述，耀华玻璃公司创建于1922年，但当时的北洋政府还没有属于官方的正式的《商标法》，由于半殖民地半封建社会的性质，我国法律体系极不完善。自1903年清政府在商部设立商标注册局后，就"参考东西各国成例，明定章程"[1]，所以近代中国的商标法律与西方各国的如出一辙。1904年《商标注册试办章程》被清政府批准，成为代行的商标法律。直到1923年5月3日，北洋政府颁布《商标法》和《商标实施细则》，我国才有了正式的可施行的《商标法》。同年5月16日，北洋政府农商部商标局成立，专门办理商标注册事务，"夙在国内营业者无论中外商人，如欲表彰自己所生产、制造、加工、拣选、批售或经纪之商品，专用一定之商标，均须依法呈请注册方足以杜假冒而维信用"[2]。近代商标法律制度的建设使商民的商标权益保护意识得到了提升。

由时间段限上可以看出，耀华玻璃公司成立之时，正式《商标法》尚未产生，但公司的商标早已在农商部备案。1924年3月3日，新成立不久的商标局给耀华玻璃公司发来公函，"各商所用商标前经农商部备案，原属暂行办法，究未取得商标专用权，自《商标法》公布施行，商标局依法成立后，各商理应将备案商标依法呈请，以便实行注册，藉巩其法赋之权利"。在这段时间，耀华对于备案商标并没有在第一时间进行注册登记，所以商标局通过各种渠道进行催促，通知耀华应"将所用商标来局依法呈请注册"，"长此迁延殊有未合"，"如该商标现仍继续使用并

---

[1] 《大清新法令》第四卷，《商部奏拟定（商标注册试办）折》，商务印书馆2011年版，第203页。

[2] 秦皇岛市档案馆藏耀华档案：《耀华商标注册专卷》，1923—1924年，《商标注册事务所函》，档案号：183-1-50-1。

欲取得专用之权利者"，务必于1924年3月31日之前将在农商部备案的商标依法补缴各费并补送图样、印板到局，超过规定期限以后"认为自甘放弃，应将旧案取销，一面日久案悬致起纷拏"[1]。因此，在限定时间内，耀华玻璃公司将原在农商部备案的商标进行了正式注册登记，即"阿弥陀佛"商标。所以，此商标经历了最早从农商部备案到1924年正式登记的过程。

二 "阿弥陀佛"商标

1924年3月9日，耀华机器制造玻璃股份有限公司用"阿弥陀佛"[2]商标，到商标局申请注册，"图系白地黑纹绘佛像一尊，端坐于莲台上，佛身及佛顶绘有大小光圈二个"[3]，由商标局审定。此商标"专用于《商标法施行细则》第三十六条第十五类'玻璃及其制品之商品'"[4]。同年4月10日，商标局将第723号商标审定书发给耀华公司。根据《商标法》规定，申请审定后的商标"应先登载于《商标公报》俟满六个月，别无利害关系人之异议或经辨明其异议时，始行核准"[5]。《商标公报》由农商部商标局根据当时商标业务工作需要，于1923年9月15日正式向中外各界发行，由农商部商标局编印出版。北洋政府所发行的《商标公报》共124期。[6] 4月15日，《商标公报》第八期上刊载了耀华玻璃公司的商标信息，审定商标为第551号。[7]（见图1）

---

[1] 秦皇岛市档案馆藏耀华档案：《耀华商标注册专卷》，1923—1924年，《商标局公函》，档案号：183-1-50-1。

[2] 关于为何选择"阿弥陀佛"作为耀华玻璃的商标图样，有这样一种说法，即原企业发起人中有人笃信佛教，对于企业产品商标的选择就暂时选定了"阿弥陀佛"作为标志，但真实原因为何尚没有明确史料。

[3] 秦皇岛市档案馆藏耀华档案：《耀华商标注册专卷》，1923—1924年，《商标审定书》，档案号：183-1-50-1。

[4] 同上。

[5] 同上。

[6] 左旭初：《〈商标公报〉简史》，《回眸》2004年第12期。《商标公报》第八期和第三十期有耀华商标的记载，秦皇岛市档案馆珍藏了这两期。

[7] 秦皇岛市档案馆藏耀华档案：《商标公报》，1924年，档案号：183-1-51-2。

图 1　"阿弥陀佛"商标

1924年12月12日，商标局批第2141号通知发给耀华公司，指出因在规定期限内"未有据有人提出异议，应即准予注册"①，并发给注册证，正式核准生效。

耀华公司虽成立于1922年，但直到1924年8月15日，耀华工厂才正式点火生产，正式注册商标的诞生对于投产后的耀华产品的生产、经营、推销起到了重要的权益保护的作用。

---

①　秦皇岛市档案馆藏耀华档案：《耀华商标注册专卷》，1923—1924年，《商标局批》，1924年12月15日，档案号：183-1-50-1。

三 "阿弥陀佛"商标被"双套金刚钻式"商标取代

虽然"阿弥陀佛"商标注册证产生,但其真正应用的时间并不长,不到半年即被新的商标——"双套金刚钻式"商标(见图2)所取代。更换商标的具体原因在档案中并没有明显体现,但更换事实是明确的,而且"双套金刚钻式"商标至今仍是耀华集团玻璃产品的标志,其存在已有近百年的历史。

图 2 "双套金刚钻式"商标

可以推断的是,耀华玻璃公司更换商标应该更多的是出于商品宣传和销售的角度考虑,更需要结合近代商标发展的趋势,因此对暂用的"阿弥陀佛"商标进行了更换。当时类似企业及相关企业的商标可作为参考(见图3、图4)。

图 3　日本旭硝子株式会社商标

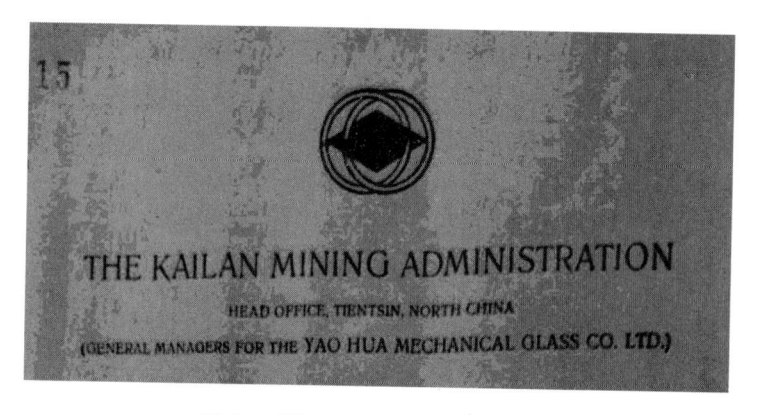

图 4　开滦"双环内套黑钻"商标

图 3 为日本的旭硝子株式会社的产品标志，作为三菱子公司、当时亚洲颇具实力的大玻璃公司，旭硝子所使用的注册商标具有现代设计风格，体现了玻璃的特点，可辨识度高。而图 4 为开滦"双环内套黑钻"商标，正式启用于 1921 年，由开滦总经理瓦尔德·那森在其朋友为开滦设计的商标基础上进行修改后最终成型。圆环代表两家采矿公司，即 1912 年合并的开平矿务有限公司和北洋滦州官矿有限公司，圆环交接的地方代表开

滦矿务总局,菱形黑钻代表煤炭工业。[1] 开滦煤矿商标兼具象征意义、设计美感和行业的特点,具有代表性。开滦与耀华之间关系密切,[2] 这极有可能在后来的商标理念上产生认同感而对商标变化产生影响。总之,这些近代企业的商标设计反映了当时商标发展的潮流,特别是在工矿业等相关领域,其设计特点多兼具时代性、标志性与象征性。

1925年4月15日出版的《商标公报》第三十期、"审定商标"第十五类中的第2453号即"双套金刚钻"牌[3](见图5)。1925年10月16日,耀华商标正式由"阿弥陀佛"牌改为"双套金刚钻式",公司领取了农商部商标局第4946号商标注册证。[4]

图 5

---

[1] 任荣会:《开滦"双环"商标溯源》,政协唐山文史网,http://www.tszx.gov.cn/tszxwsw/index.aspx?sublanmuid=862&id=535。
[2] 关于耀华与开滦之间的密切关系,笔者将有专文阐述。
[3] 秦皇岛市档案馆藏耀华档案:《商标公报》,1925年,档案号:183-1-79-1。
[4] 秦皇岛市档案馆藏耀华档案:《秦皇岛耀华玻璃厂各部沿革册》,1938年,档案号:183-2-101。

"双套金刚钻式"的商标由两片平放和竖立的晶莹玻璃组成,造型设计紧密结合了宣传对象,高度概括了事物的特征,精简美观,可辨识度强,可以向大众清晰传达商标所要展现的内涵,用无声的符号起到产品推销的作用,与国际接轨,与之前的"阿弥陀佛"商标相比较,优势明显。第一,"阿弥陀佛"商标单纯的侧重于中国传统的绘画艺术,且以宗教人物形象为标志,与产品本身的相关性不强。第二,耀华玻璃产品力求拓展海外市场,这就需要考虑商标的国际性,即接受程度的广泛化,从东西方文化的差异性来看,用"阿弥陀佛"商标对于中国玻璃产品走向世界市场推动作用小,从而影响销量,因此在商标设计上,不仅要考虑国内的风俗习惯,也要考虑远销海外可能产生的风俗习惯与宗教信仰上的差异。而"双套金刚钻式"商标则兼具艺术性与宣传推广的实用性,能够体现出时代所赋予的国际化的审美观。

"双套金刚钻式"商标体现出明显的民族性,尽管是中外合资的企业,但近代中国经济的发展是在深重的民族灾难中艰难前行的,具有强烈民族意识的民族企业家们意在振兴民族企业,商标的设计往往能反映这种民族情怀和时代背景。"耀华"二字醒目地树立在商标中间,其意为"光耀中华",这也是耀华创办的初衷,即改变中国玻璃主要依靠进口的落后现状,创造中国玻璃工业发展史上的壮举。这样的商标设计使"耀华"的企业名称不仅容易被牢记,也能让人感受到民族企业家的爱国主义情怀。

"双套金刚钻式"商标兼具中西方符号和元素,这与"耀华机器制造玻璃股份有限公司"的中外合资企业身份相符合,既有传统文字符号,又有英文字母符号,适应产品出口的商标外观需求。

四 "双套金刚钻式"商标的变化

1938年1月,在伪政权冀东政府建设厅实业科的冀东《各项商标调查》表中,关于耀华玻璃公司的商标更换历史有所记载,"双套金刚钻"商标曾于1925年10月领取北洋政府农商部商标局的商标注册证,南京国民政府成立后,1933年6月9日向国民政府实业部商标局换领新的注册证,注册证号为20794,使用年限为1933年5月15日到1953年5月14日。① 抗战胜利后，身处敌伪控制区的耀华玻璃公司奉中国全国工业协会天津区分会通知，"中外商民执有中央政府商标注册机关发给之注册证或审定书而经敌伪组织查验、加盖戳记或加注其他字样或经换发文件者，应即呈缴经济部商标局查核，一律予以换发"②。因1933年11月公司董事部曾委托协董以开滦矿务总局总理名义全权代表公司将商标向"满洲伪国登记"③，所以耀华商标需要经过换发才能合法。

1949年1月，天津解放，3月23日，耀华公司收到华北人民政府工行字第2号令、天津市工商局工字第217号通知，"有鉴于我公营企业某些生产品例如纸烟盒的商标上以及某些公营工厂商品的招牌上袭用外国文字或拼音字，这是一种殖民思想作风的残余反映，必须加以改革，现在各大中城市均获解放，今后公营工厂、商店的招牌上及公营企业一切生产品上或其商标上除出口商外一律只准写中国字，禁止任何外国文字或其拼音字。各地接令后，应立即将公营企业生产品的装饰、商标、招牌等加以检查，严格改正，并对私人工商业进行教育，使她们改正"④。6月14日，公司董事部发文，为贯彻华北人民政府有关规定，经第十一次董监联系会公议，"本公司系公私合营，商标上原有之英文字母Y、H二字自应即日遵令取消，俟将来恢复出口时拟再另加英文译名"⑤。并附上更改后及专备出口使用之商标图样各一份（见图6、图7）。

---

① 秦皇岛市档案馆藏耀华档案：《秦皇岛耀华玻璃厂各部沿革册》，1938年，档案号：183-2-101。
② 秦皇岛市档案馆藏耀华档案：《中国全国工业协会天津区分会来函》，1946年10月18日，档案号：183-1-664-5。
③ 秦皇岛市玻璃博物馆藏耀华档案：《耀华玻璃公司第六十二次董、监事联席会议事录》，1933年11月22日，《耀华玻璃公司议事录》，第五册。
④ 秦皇岛市档案馆藏耀华档案：《天津市人民政府工商局通知》，1949年3月23日，档案号：183-1-1055。
⑤ 秦皇岛市档案馆藏耀华档案：《董事部函》，1949年6月14日，档案号：183-1-1065-6。

图 6　1949 年后更改之商标图样

图 7　1949 年后专备出口使用之商标图样

1949年8月3日，耀华玻璃公司申请更换商标注册证，耀华玻璃公司获天津市人民政府工商局批示，以第20794号"双套金刚钻式"牌商标注册换领新证。[①] 12月1日，经华北人民政府工商部审定核准并由中央贸易部转发工商部第378号商标注册证（注册证原件悬挂在总所），[②] 所以此时的商标已经去掉了英文字母"YH"的新注册商标。自此之后，耀华玻璃产品的"双套金刚钻式"商标造型就基本保持不变了。

1950年，我国《商标注册暂行条例》和《商标管理条例实施细则》颁布。同年11月11日，耀华玻璃公司将原378号注册证上缴，申请中央私营企业局核准注册。[③] 1951年2月1日，发给第1595号商标注册证，使用期限为二十年。1958年，上海耀华玻璃分厂建成投产，与秦皇岛工厂共同使用耀华商标。但1963年起，商标注册即换发新证，公司原1595号商标注册证已注销，应由原工厂向所在地工商部门申请商标注册。耀华公司申请使用的"双套金刚钻式"商标，因秦皇岛、上海两厂同时在使用，注册问题出现新情况。[④] 经过建筑材料工业部玻璃陶瓷局1965年11月17日核示，向天津市工商行政管理局说明两厂同时使用同一商标情况，并继续在天津总公司所在地办理商标注册手续。[⑤] 换发商标注册证申请手续于1965年12月20日办理完竣。

党的十一届三中全会以后，中国耀华玻璃公司随着产品种类的不断扩大，80年代多次取得国家工商行政管理局商标局新的注册商标，分别为210533号、201573号、212218号、212430号、291021号的注册商标。[⑥] 2002年，主导产品"耀华"牌浮法玻璃被国家工商总局认定为"中国驰

---

① 秦皇岛市档案馆藏耀华档案：《天津市人民政府工商局批示》，1949年8月8日，档案号：183-1-1058。
② 秦皇岛市档案馆藏耀华档案：《换领新注册商标及照片》，1949年12月10日，档案号：183-1-1379-9。
③ 秦皇岛市档案馆藏耀华档案：《更换商标注册申请书》，1950年11月11日，档案号：183-1-1143-10。
④ 秦皇岛市档案馆藏耀华档案：《关于商标注册换证问题的报告》，1965年10月26日，档案号：183-1-2162-3。
⑤ 秦皇岛市档案馆藏耀华档案：《申请换发注册证函》，1965年10月26日，档案号：183-1-2162-5。
⑥ 耀华玻璃厂志编纂委员会编：《耀华玻璃厂志》，中国建筑材料工业出版社1992年版，第145页。

名商标"（见图8）。

图 8 "中国驰名商标"耀华

商标是企业的形象，即 Corporate Identity，缩写为 CI，如果讲中国的 CI 之路，耀华"该是中国民族工业中最早把商标文字图形、企业名称、企业文化形象统一在一起的"[①]。这样的商标设计集产品特征、艺术性与时代性于一身，成为近代以来引领中国玻璃行业大发展的显著标志，饱经沧桑、历久弥新，为百年耀华增光添彩。比正式的《商标法》诞生还要早的耀华商标，跟随着历史的大潮几经变化，始终是玻璃行业龙头企业的标签、品牌的象征，这应该是耀华创始人"光耀中华"初衷的最好回报，也是时代变迁、国家发展的历史见证。

---

① 李德芳：《论"耀华"牌的树帜——中国耀华玻璃集团公司总经理李德芳写给世界妇女大会的执行报告》，《耀华年鉴》编审委员会：《耀华年鉴1994》，第231页。

散藏北洋淑兴渔业股份有限公司档案概述[*]

崔玉谦　吕天石

（保定学院　文物与博物馆学院，河北师范大学历史文化学院；河北大学　历史学院）

保定市档案馆馆藏的保定商会档案，是保定商会自1908年至1956年近半个世纪从事经济、政治、文化、教育及社会活动的珍贵记录，是研究近代保定、河北省乃至华北区域社会经济史、日本侵华史的重要历史文献。但在《保定商会档案》（20册）与《保定商会档案辑编》（25册）[①]中也夹藏有部分与保定、保定商会基本无关的档案，涉及民国初年的北洋淑兴渔业股份有限公司[②]的两份档案即是其中之一，有鉴于此，笔者依据

---

[*] 本文系河北省人文社会科学研究重大课题攻关项目"民国时期京津冀文化研究成果整理与研究"（批准号：ZD201631）阶段性成果；2017年河北省研究生创新资助项目"李鸿章的拉美认识与早期中拉关系的研究"阶段性成果。

[①] 鉴于保定商会档案的极大学术价值，为改变这批历史文献藏在深闺人未识的状况，自2008年11月起，在保定市政府和河北大学有关领导的支持下，经过专家论证和对编纂体例的讨论后，由保定市档案局提供档案支持，河北大学宋史研究中心组织师生数十人进行了大量繁复的命名、分类、编排和数番校对修订，历时五年时间，先后于2012年5月由河北大学出版社出版了《保定商会档案》（20册），于2013年12月由北京燕山出版社出版了《保定商会档案辑编》（25册）。

[②] 已有的涉及北洋军阀官僚的私人经济活动的研究成果可参见魏晓明的《论北洋军阀的私人经济活动》（硕士学位论文，南开大学，1983年）、《试论北洋军阀官僚的私人经济活动》（《近代史研究》1985年第2期）、《北洋政府官僚与天津经济》（《天津社会科学》1986年第4期）、《北洋军阀官僚堂名简述》（《积沙集》，中国档案出版社2001年版）、《从王郅隆后代析产案看一个北洋军阀官僚的经济活动》（《南开学报》1995年第2期）等，但在相关研究成果中均未提及北洋淑兴渔业股份有限公司，也没有涉及北洋军阀官僚对水产业的投资经营。

影印图版将两份档案录文整理①。但涉及北洋淑兴渔业股份有限公司的档案笔者发现除了《保定商会档案》（20册）中刊布的两份之外，在《天津商会档案汇编1912—1928》②中也收录有一份涉及北洋淑兴渔业股份有限公司的档案；同时在《中华全国商会联合会会报》《农商公报》③刊布的法令、公文、文牍中也有几件涉及北洋淑兴渔业股份有限公司，现将几份档案依次列出。

《北洋淑兴渔业有限公司招股简章》[④]

北洋淑兴渔业有限公司招股简章十八条：

计开：

一、本公司定名为北洋淑兴渔业有限公司，一切股本参照南洋公司办理。

二、本公司呈奉农林部批准立案，一切营业办法及各项章程另订刊布。

三、本公司总事务所设在天津南市街富有里，凡认本公司股份者，直接向事务所接洽。

四、本公司商标，以地球图为记。

五、本公司图记文曰"北洋淑兴渔业有限公司"，此图记为调动银钱发行货物一切函单之用。

---

① 分别为《保定商会档案夹藏〈北洋淑兴渔业股份有限公司简章〉》《保定商会档案夹藏〈北洋淑兴渔业股份有限公司营业计划书〉》，收入董劭伟、柴冰主编《中华历史与传统文化研究论丛》（第3辑），中国社会科学出版社2017年版。

② 《天津商会档案汇编1912—1928》（全四册）系中国近代经济史资料丛刊之一，由天津档案馆等整理，天津人民出版社于1992年10月出版。

③ 《中华全国商会联合会会报》系民国初年商会联合会同人倡办，商会联合会事务所主办发行，出版地为北京。《农商公报》系民国初年农商部主办发行的农业经济管理刊物，出版地为北京。详情可参考徐建生、徐卫国的《清末民初经济政策研究》（广西师范大学出版社2001年版），徐建生的《民国时期经济政策的沿续与变异（1912—1937）》（博士学位论文，中国社会科学院研究生院，2001年），徐卫国的《抗战时期中国公路建设述论》（《制度、生态与经济发展国际学术研讨会暨中国经济史学会年会论文集》，河北大学，2016年）。

④ 参见《天津商会档案汇编1912—1928》第三册，第3017—3018页。此件档案无纪年，但在《天津商会档案汇编1912—1928》中有注明：原文无纪年，据估计在民国元年下半年。

六、本公司股份以一百万元为额，先招足五十万元，由发起创办人等合出现洋十万元，招集四十万元，每股银洋十元，官利常年八厘，以交股次日起息，一切权利无论官绅商庶及渔民、渔户入股者，一律均平，毋稍轩轾。

七、本公司专集华股，不附洋股，如有华人影射洋股者，一经察觉，立将该股注销。

八、本公司特设优先股，以十万元为额。凡首先入股者，每十股照加一股，以昭优先之利益，足额后均作正股，此项优先股在第六条招集四十万元内。

九、本公司所招股银，概存银行储蓄，以昭慎重。

十、本公司招足五十万元后，于第二期续招五十万元，届时登报广告。

十一、本公司所得赢余，除官利外，按十六成分派，以一成报效北洋渔业行政经费，以二成作在事人员花红，以二成为总协理及各经理酬劳，以四成归公积，以七成归股东均分。

十二、入股自一股至十股、百股、千股，均听其便，其极贫渔民无力出资者，由公司雇用，照给薪资，以免向隅。

十三、凡交股随时掣给收条、股票、股折为据，其股息另行定期发息，届时登报告知。

十四、本公司每届年终结帐，次年正月刊布帐略，如有余利，准三月初一号为始，按股凭折分给。

十五、本公司收买鱼港地址，均照时值公平给价，其业主亦不得故意居奇。

十六、本公司为推广渔业起见，凡有愿将已有船网、港地、池沼各产业入股者，经本公司勘定合用，均可作价入股。

十七、本公司公举总理一员、协理一员，董事、查帐人、各分公司董事无定额，均常川在公司任事［办事另定规则］。

十八、本公司办法另拟有详细说略，凡愿任本公司股分者，请至事务所细阅［本公司寓天津南市街富有里，电话321号］。

发起人　冯国璋

创办人　王新一　张子衡　仇福庆　卢馥瀛
　　　　徐忠清　赵庆荣　张玉潭　郭俊藻
　　　　王鸿藻　李润田　张书森　王树槐

《据张献廷登禀称承受北洋淑兴渔业公司请咨行保护希查照转饬》[①]

为咨行事：据北洋淑兴渔业股份有限公司总理张献廷等禀，称本公司于民国元年由各创办人合资报部核准注册在案，两载迄今，成效鲜见。今由献廷会同该公司经理徐忠清招集股东会议，议决改组新公司，已收股本银二十万元，仍承受前北洋淑兴渔业股分有限公司名义，推献廷为总理，拟于天津设立总公司，烟台设立分公司，除缮具《计划书》《概算书》，暨公司法令、简章职员履历等禀请鉴核外，并请咨行直隶、山东两省巡按使备案保护等情，查该公司改组情形尚无不合，应先准予备案，除《简章》暨《计划书》有未妥处，另行批示、改订、禀核，并遵章变更注册外，相应咨行贵巡按使查照，先行饬属保护可也，此书。

《北洋淑兴渔业公司予注册给照由》[②]

据呈：已悉查该公司前经工商部核准注册、有案，系股本银十万元。现拟改组增加股银总额为一百万元，先由改组创业人认集股银二十五万元，核阅所报简章等项，除原章第十一条所订分利办法并未详及官息一项，该条内先提存四成为公积金，句下应改为次付官息，余再分若干成，分配云云。第十六条内，得由股东三分之二以上之提议，句应改

[①] 此条档案系《中华全国商会联合会会报》第3卷第5期，第5—6页，时间系1916年12月16日，标题下有"农商部咨直隶、山东巡按使"。

[②] 此条档案系《农商公报》第1228号，编号前有"令直隶实业厅"，时间系1919年6月14日，现为《农商公报》第5卷第12期，第13页。

为得由股份总额十分之一以上股东提议；该章末条后应添一条文曰：本《章程》末业事宜悉遵照《公司条例》《股份有限公司规定》办理外，其余大致尚合，应准改正、注册、合行填发执照，一纸合行，该厅转给具领此令。

《请饬查北洋淑兴渔业烟台分公司已否开办并有无成绩覆部考核由》[1]

为咨行事案，查上年十二月间本部核准北洋淑兴渔业股份有限公司在烟台设立分公司一案，曾经咨请保护，并于本年一月一日准咨称已饬知胶东道尹转饬福山县知事及水上警察，并沿海各属一体保护各在案，迄今将及一载。此项公司未识已否，实力举办有无成绩，相应咨行。

贵省长查照转饬查明，覆部以咨，考核此咨。

《据禀承受北洋淑兴渔业公司准予备案简章有应修改处计划各项须另案禀核文》[2]

据北洋淑兴渔业公司禀，暨各附件均悉所称：该分公司承受前北洋淑兴渔业股份有限公司名义改组新公司，拟于天津设总公司、烟台设分公司，禀请备案，并请分咨保护。等情查核、改组情形尚无不合，应准备案。惟核阅各附件除《简章》第二条分公司名称应标明"股份"二字，第四条规定鱼市场揽入渔业行政范围应即删去，第六条关防字样应改为图记，第八条规定官息应叙明无赢余时不以本金分派，第九条标题未协应即酌改，第十一条规定公积金不应先将官息提出，第十二条规定

---

[1] 此条档案系《农商公报》第2695号，编号前有"咨山东省长"，时间系1916年11月10日，现为《农商公报》第3卷第5期，第18页。

[2] 此条档案系《农商公报》第2770号，编号前有"批张献廷"，时间系1916年12月16日，现为《农商公报》第2卷第6期，第22—23页。

投票选举权应每一股有一权,第十三条查账人应改为监察人并须将董事监察人之额数任期分别订明。以上所指各节均应按照《公司条例》分别改正、禀核外,所有《计划书》中所列渔业组合与渔会名义相混淆,又资本接济渔船、渔具制造所以及养鱼港、渔业研究所等范围极广,均非一时所能兼营,应俟该公司办有成效时另案禀核。该公司现既改组扩充资本期望营业、发达,既不可不延有专门人才帮同办理,而现收股银数目亦应将收足实数,详细声明,遵照注册《规则》禀请变更注册,至所请咨行保护一节该公司既未完全成立,本难照准。本部为提倡渔业起见,不能不从宽办理,姑准所请先行分咨直隶、山东两省饬属保护,合行批示遵照此批。

《据张献廷等禀称承受北洋淑兴渔业公司请咨行保护希查照转饬由》[①]

为咨行事,据北洋淑兴渔业股份有限公司总理张献廷等禀,称本公司于民国元年由各创办人合资报部,核准注册在案,两载迄今,成效鲜见。今由献廷等会同该公司经理徐忠清招集股东会议,议决改组新公司,已收股本银二十万元,仍承受前北洋淑兴渔业股份有限公司名义,推献廷为总理,拟于天津设立总公司、烟台设立分公司,除缮具《计划书》《概算书》,暨公司简章、职员履历等禀请鉴核外,并请咨行直隶、山东两省巡按使备案保护,等情查该公司改组情形尚无不合,应先准予备案,除《简章》暨《计划书》有未妥处另行批示、改订、禀核并尊章变更、注册外,相应咨行。

贵巡按使查照先行饬属保护可也,此咨

[①] 此条档案系《农商公报》第3205号,编号前有"咨直隶、山东巡按使",时间系1916年12月16日,现为《农商公报》第2卷第6期,第13页。

《批北洋淑兴渔业股份有限公司》[1]

即据声称继续筹办仰即速进行由

呈悉即据声称继续筹备,不敢迟缓等情仰即迅速极力进行,过期开办以副本部提倡维持之意此。批。

---

[1] 此条档案系《农商公报》第345号,时间系1916年12月16日,现为《农商公报》第2卷第6期,第23页。

关于中比合办时期"耀华公司"企业性质问题的探讨[*]

彭 博 王莲英

（东北大学 马克思主义学院；
东北大学秦皇岛分校 社会科学研究院）

"耀华机器制造玻璃股份有限公司"（以下简称"耀华公司"）由周学熙等民族实业家创办，筹建于1921年，至1949年新中国成立共经历了三个时期，即中比合办时期、中日合办时期及官商合办时期。1921年周学熙与秦皇岛玻璃公司（比利时）达成中比合资办厂协议，签订《华洋合股合同》。耀华成立时的资本，中比各占50%，中方股金主要由滦州矿物公司各股东由分得的红利所筹集的"新事业基金"款项中拨交，比方股金主要是以转让"弗克法"专利相抵充。1936年比方将股份转售日本，至此，耀华公司由中比合办变为中日合办。对于1921年到1936年中比合办时期的"耀华公司"是否属于民族资本主义企业的问题，笔者在这里进行简单的探讨，榆枋之见，敬请方家批评指正。

帝国主义列强的入侵截断并扭曲了近代中国民族资本主义发展的正常路径，汪敬虞认为"半殖民地、半封建社会中出现的民族资本主义不可能与本国的封建主义和入侵的资本主义相绝缘而产生"[①]，这是近代中国民族资本主义发展过程中的特点之一。"外资"从客观角度而言，是近代

---

[*] 教育部人文社会科学研究项目(17YJCZH169)"民国耀华玻璃公司档案整理与研究——兼论近代京津冀协同发展"的中期成果。

[①] 汪敬虞：《论中国资本主义两个部分的产生——兼论洋务企业和中国资本主义的关系问题》，《近代史研究》1983年第3期。

中国民族资本主义发展的催化剂。甲午战争失败签订《马关条约》后允许列强在华投资设厂，列强对华经济侵略由商品输出变为资本输出，这一时期外资纷纷在中国东部沿海地区及各通商口岸设厂，严重挤压民族资本主义企业生存发展的空间。在民资企业资本有限、管理和技术都较为落后的情况下，清政府为赔付巨额战争款项，不得不借用外国资本，或借外债，或招洋股，试图与洋商分利。由此诞生了近代中国较早的一批中外合资企业。为防止所招洋股把控主要经济部门，清政府在路矿要政方面以"示洋股之限制，保华商之利权"的名义颁布《矿物铁路公共章程》，规定"须先有己资或华股十分之三，才能借用外资"，后来这一规定在《赠订矿务章程》中改为"华洋各半"，但未能成功实施。至民国建立，据《耀华玻璃公司第十一次股东常会记录》记载，"国民政府已拟有中外合办之公司草案尚未公布，但可适用矿业条例中外合办之公司，其草案第十三条规定：中国股东至少须居股本总额百分之五十一，外国人股额则不得超过股本总额百分之四十九"。在近代中国特殊的国情下，中外合资企业作为帝国主义列强与近代中国政府"相互妥协"的产物，在资金、管理、技术等方面客观上推动了近代中国民族资本主义的发展进程。由此，将部分中外合办形式的企业纳入民族资本主义企业的行列就具有一定的合理性。"耀华公司"采用中比合办的形式，将其视为民族资本主义企业的原因如下：

（一）依据《公司条例》《公司注册规则》等法律，耀华公司在建立初期即制定了《耀华机器制造玻璃股分有限公司章程》（以下简称《公司章程》），其中第一条规定，"本公司定名为耀华机器制造玻璃股分有限公司，按照中国股分有限公司条例呈由北京农商部核准注册为中国股分有限公司"。耀华公司筹建时，由中国资本团与秦皇岛玻璃有限公司（比利时）签订《华洋合股合同》，关于股额一项规定："本公司股本总额暂定为中国通用银元壹百贰拾万元，每股计银元壹佰元，共计壹万贰千股，由甲乙两方各认陆千股，计甲种股分陆拾万元归甲方投资，乙种股分陆拾万元归乙方投资，均一次交足。将来增添股本时仍由甲乙两方平均投资……"之后由于建厂成本等问题又扩招优先股，依然由中比双方对半购入，股本总额增至二百五十万元。在限定中比双方股额之后，《公司章程》第六条又规定："……甲种纯系华人所投资，不得转售或抵押与他国人民"，此项即保证了耀华公司股额至少有50%由中国人掌控。另外，在耀华第3—4—162号档案里一封"对部分股东请求召开临时董事会一事的回函"中载明："……查本公司宗旨即为发达实业……故乙种股票任何国籍人民虽可购买而甲种却限定华人，其目的即为本公司股票可尽为华人所有，而外籍最多不能超过全股额二分之一，以上也故为我国实业发达计。"且这时期历届股东大会上股东们也经常提及"耀华玻璃公司乃一中国之公司"。即使后期比方将其股份售卖予日方，至少耀华只是由中比合办转变为中日合办，名义上依然属于中外合资企业。

（二）耀华公司每年召开一次股东常会，中外股东权利平等，双方共同参与公司重大事项的决定。《公司章程》规定："股东会无论甲种乙种股票，每股有一选举权，到会之股东或其代表须逾股分全额三分之二以上始能开会，所议事件或选举以列席股权三分之二以上之多数决之。"此条规定即保证了中比双方股东的合法权益，确保耀华公司最高决策的科学公正，满足中比两方共同的利益诉求。耀华公司"每年度营业之决算定于阳历十二月"，股东的分红是严格按照股东所占股额多少进行分配，中比双方无有偏差。《公司章程》中规定"本公司每年除将各项营业费支付之外，倘有盈余先提二十分之一以上为公积金，再提优先股正利八厘，然后再提普通股正利八厘，其余分作十成，以六成为股本红利，以二成为特别公积金，以二成为董监人职员等之花红，其分配花红规则另订之……"

（三）中比合办时期的耀华公司采用最新的"弗克法"生产玻璃，不仅大大降低了该时期国外玻璃的进口数量，摆脱了当时国内依赖玻璃进口的局面，而且所产的玻璃出口亚洲各国，抢占国际市场，推动了近代中国玻璃工业的发展。据《耀华玻璃厂志》记载，耀华玻璃厂建立之前，国内虽曾在湖北武昌、山东博山、江苏宿迁创建过平板玻璃作坊和厂家，特别是山东博山曾达14家，每年总产达2万箱，但因一直使用相传数十年而又无改进的人工吹制工艺，生产出产品抵不过舶来品优良，于1910年先后停产倒闭，此后国内所需玻璃只得全部依赖于进口。1913年进口玻璃623万平方米，1914年增至908万平方米。进口玻璃主要来自比利时，其次是日本。耀华玻璃厂1924年9月投产，1925年共生产16万标准箱玻璃，以后几年均超过20万标准箱。1931年单窑生产能力达27.3万标准箱，并且产品质量好，能与进口玻璃竞争。1933年1月，2号窑建成投产，使玻璃产量增加一倍。1936年中比合办结束时玻璃产量达到44.7万标准箱。中比合办的后半期耀华玻璃一直占有国内市场的60%—75%。①

综上,"耀华公司"虽然是一家中比合办公司,但完全是出于中比双方共同利益驱动的相互自愿的公平合作,不存在"殖民性"与"压迫性",且有利于近代中国玻璃工业的发展,推动了中国近代化的进程,因此可将其纳入民族资本主义企业的行列。

虞和平提出"由于近代中国是一个半殖民地国家,外资在中国的活动是帝国主义侵华活动的一个组成部分"。② 笔者以为,对待外资问题不能一概而论,尽管近代中国是一个半殖民地半封建的社会,但不意味着外资就与侵略画等号,具体问题具体分析才符合历史研究的客观要求。因此,对一个企业是否是民族资本主义企业的判断不能单纯从其出资方一个角度而言,笔者并不否认部分中外合办企业名为中外合办,实为帝国主义列强打压民族资本主义工业的工具,攫取中国利益,掠夺中国资源。然而也不乏如耀华这类单纯出于共同利益诉求而组建的中外合办企业,有利于促进近代中国民族资本主义的发展。对这一时期民族资本主义企业的判断要多方面的考量,不能单从"民族"二字的表面意思去理解,更重要的是长远来看,从历史的角度深层次挖掘"民族"的含义,其是否促进近代中国工业化的发展,推动了中国近代化的进程。

---

① 孙宝存、赵维舟主编:《中国耀华玻璃集团公司》,当代中国出版社1994年版,第2—6页。
② 虞和平:《中国近代资产阶级的产生和形成》,中华工商联合出版社2015年版,第271页。

秦皇岛港藏日文档案选译
——从秦皇岛港向日本、伪满、朝鲜输出煤炭情况函件(1943—1944)*

齐海娟　张　阳　董劭伟

(东北大学秦皇岛分校　外国语言文化学院；
东北大学秦皇岛分校　外国语言文化学院；
东北大学秦皇岛分校　社会科学研究院)

　　秦皇岛港为清朝政府于1898年自开的通商口岸，是渤海北岸的天然不冻良港，是军、渔、商兼而有之的重要港口。1900年，英国骗占了当时中国最大、技术最先进的开滦煤矿及其所属秦皇岛港，后英日相互勾结，自九一八事变直至中日战争全面爆发，日本帝国主义利用秦皇岛港输入大批侵略军队、作战物资，掠夺了大量资源。1941年12月8日太平洋战争爆发，日本借战争之机，加紧对华侵略，全面接收了秦皇岛港，对其进行野蛮统治与经济掠夺。本文选译了1943—1944年日军按照物资动员计划掠夺开滦煤炭资源的部分往来函件。记述了日军全面侵占秦皇岛港时期(1941.12—1945.8)利用秦皇岛港掠夺煤炭运往日本、朝鲜等地的基本情况。本选译一方面旨在为日本侵占秦皇岛港、掠夺开滦煤炭

---

*　①本文为2017年度教育部人文社会科学研究青年基金项目"秦皇岛港藏日军侵占时期外文档案翻译、整理与研究"(项目批准号：17YJCZH139)的阶段性成果。②为便于阅读，本译文采用新体字，由上而下的横文格式；原文为日文旧体字，自右及左的竖文格式。脚注以及表下注均为编译者注。③本选译译自秦皇岛港史志科档案室所藏开滦外文档案，营运管理卷——"秦经理处对日本运煤之函电"，原卷号2811，现卷号36，外文卷号C-1067。

资源提供有力证据,另一方面为学界对开滦煤矿、秦皇岛港及其日本侵华问题的相关研究提供有价值的第一手档案史料。

(一)
抄送　矿务局局长、港务局局长、东京事务所所长
军管开滦①总北18第484号
昭和十八年②八月二十四日　　　　　　　　　　北京事务所所长
　　　　　　　　　　　　　　　　　　　　　　　永井克太郎

副经理
岩村仙弥 先生

(昭和)十八年度开滦煤炭对日物动③数量变更通知函

关于函题之事,北京大使馆矿山科下达通知,内容如下,敬请知悉。

炭种	日本	朝鲜	计
洗粉	1500	—	1500
特粉	90	230	320
一号粉	140	120	260

注:(单位千吨);原表为竖表,本横表为译者作。

(二)
抄送 矿务局局长、港务局局长、东京事务所所长

---

① 1900年10月,英国以"开平矿务局"的名义骗取对秦皇岛港的统治权,成立开平矿务局秦皇岛经理处。1941年12月8日,太平洋战争爆发,当日军从英国手里以武力全面接管开滦矿务总局及其所属秦皇岛港。1942年11月,开滦矿务总局对内改为军管理开滦矿务总局,对外为军管理开滦炭矿。1943年1月1日,秦皇岛经理处也随之改称,对内为军管理秦皇岛港务局,对外为军管理开滦炭矿港务局。

② 本选译为尊重原文,纪元依然采用日本天皇年号纪元。昭和元年为公历1925年,故昭和十八年为1943年,昭和十九年为1944年。

③ 是"物资动员计划"的简称,是日本为应对战时需要所实施的经济统制手段之一。日本侵华战争爆发后的1938年,日本颁布《国家总动员法》,1941年,又颁布了《物资统制令》,1942年进行了全面总动员,集中发展军事工业。1943年以后物动计划全面完成,1944年后,军需省将年度物资供给计划变更为每季度计划。后随着战况的恶化,难以实现,直至日本战败,此计划也随之消亡。

军管开滦总北 18 第 553 号

昭和十八年九月十一日　　　　　　　　　　　　　北京事务所所长

　　　　　　　　　　　　　　　　　　　　　　　　永井克太郎

副经理
岩村仙弥 先生

（昭和）十八年度开滦煤炭对日物动数量变更函

现采纳大使馆栗林工程师九月十日发表的意见，对日物动计划做如下变更，特此通知。

炭种地区	日本	朝鲜	计
洗粉	1500	—	1500
特粉	90	230	320
一号粉	140	120	260

注：（单位千吨）；原表为竖表，本横表为译者作。

（三）

抄送 矿务局局长、港务局局长、东京事务所所长

军管开滦总北 18 第 557 号

昭和十八年九月十一日　　　　　　　　　　　　　北京事务所所长

　　　　　　　　　　　　　　　　　　　　　　　　永井克太郎

副经理
岩村仙弥　先生

第三、四季度对日供给请求件

九月十日于北支军运输统制总部召开了供给会议，关于开滦煤炭之事决定如下，敬请知悉。关于确保特洗粉矿山之事，应谨慎留意军方命令。

供给请求数量（单位千吨）

月	日本	朝鲜
十月	160	18 ※20
十一月	170	18 ※20
十二月	170	18 ※20

注：原表为竖表，本横表为编者作。

备考

吾定当尽全力确保洗粉向日本本土的供应，但亦需视情况而定，若洗粉无法发出，将以特粉或一号粉代发，此虽为物动计划规定之外，但无奈之举还望军方及大使馆海涵。

向朝鲜供应每月 18 千吨特粉、※20 千吨一号粉，此一号粉依照军队需求供应。

（四）
抄送 矿务局局长、港务局局长、东京事务所所长
军管开滦总北 18 第 913 号
昭和十八年十一月八日　　　　　　　　　　　　北京事务所所长
　　　　　　　　　　　　　　　　　　　　　　　　永井克太郎

副经理
岩村仙弥 先生

开滦煤炭下半年物动计划改订件

现接到大使馆矿山科通知，昭和十八年度下半年对国内（日本）、朝鲜、满洲输送开滦煤炭的物动计划改订如下，特此联络。

炭种	日本	朝鲜	满洲
洗粉15%	80		15
特洗粉12%	402		65
一号粉	208		117
特粉		112	
一号块			162
二号块			216

注：（单位千吨）；原表为竖表，本横表为编译者作。

（五）
抄送 矿务局局长、港务局局长
军管开滦总北 18 第 1047 号
昭和十八年十一月二十七日　　　　　　　　　　北京事务所所长
　　　　　　　　　　　　　　　　　　　　　　　　永井克太郎

销售部长

余明德　先生

十二月向日本、满洲、朝鲜运输的煤种件

按照军方运输统制总部指示，关于十二月向日本、满洲、朝鲜运输煤种如下，为确保发货，敬请留意。

记

对日特洗粉	85000	
一号粉	35000	
	120000 吨	
对满特洗粉	20000	
一号块	30000	
二号块	29000	
一号粉	24230	
	103230 吨	
对鲜特粉	19000 吨	

以上

（六）

抄送　秦皇岛港务局局长

开滦 7503 号

昭和十九年四月十日　　　　　　　　　　　运营局销售部长

　　　　　　　　　　　　　　　　　　　　　　　余明德

北京事务所所长

永井克太郎　先生

四月份向日本输出煤炭供需情况件

开滦煤炭贩卖公司①与军方、大使馆取得联络，获若干指示。首题之

---

①　日本将煤炭视为重要战略物资，所以在中国每占领一处煤矿后，即由军部实行"军管理"。有两种形式，一种是由日本军队直接管理，一种是委托日本公司代为管理。开滦煤炭贩卖公司为卢沟桥事变爆发的 1937 年 7 月，由日本钢铁公司、日本钢管公司、大阪化学工厂、日本化学工业公司及东京瓦斯公司在东京联合成立，主要负责同英国资本家商洽开滦煤输日事宜，开始掠夺开滦煤炭。

件，通知如下：

电　文（四月二十日附）

最近除八幡、釜石、昭和①以外的工厂，皆因北支煤炭断货而陷入供应紧张状态，尤其四月份因当地车辆调度计划工作无法开展，更为难上加难。连日来，军需省及其相关各局，苦苦寻求解决良策，与当地及关东军部联络，遂决定停止四月份向元山运送开滦煤炭，与此同时，向秦皇岛运送的71千吨，包括特别配送在内，均利用船只运输。总动员局长椎名、煤炭部长山口在视察完煤矿后，做出了将原计划四月份维修矿井和洗煤机之事延期的英明决定，并取消三月份货船超出42千吨的部分。

以上

（七）
抄送　销售部长、北京事务所所长、天津事务所所长
0-1067号
昭和十九年四月十二日　　　　　　　　　　　　　　港务局局长
　　　　　　　　　　　　　　　　　　　　　　　　　柴田一美

营运局长
岩村仙弥　先生

四月份向日本运输煤炭事宜

关于首题之事，敬请参照四月十日贵局销售部长致北京事务所所长的开滦7503号（抄送　本局）信函

现将自开滦煤炭贩卖公司的电文（下记）移文如下，与军方及大使馆联络后获以下几点指示，望执行之。

记

"最近除八幡、釜石、昭和以外的工厂，皆因北支煤炭断货而陷入供应紧张状态，尤其四月份因当地车辆调度计划工作无法开展，更为难上加

---

① "八幡制铁所""釜石制铁所""昭和制钢所"分别成立于1897年、1886年、1917年。1934年，官营的八幡制铁所、釜石制铁所与三菱制铁、富士制铁等其他一些民营的制铁所合并，成立日本制铁株式会社。昭和制钢所原名满铁鞍山制铁所，1933年更名为昭和制钢所。日本战败后，昭和制钢所被废止。

难。连日来，军需省及其相关各局，苦苦寻求解决良策，与当地及关东军部联络，遂决定停止四月份向元山运送开滦煤炭，与此同时，向秦皇岛运送的 71 千吨，包括特别配送在内，均利用船只运输。总动员局长椎名、煤炭部长山口在视察完煤矿后，做出了将原计划四月份维修矿井和洗煤机之事延期的英明决定，并取消三月份货船超出 42 千吨的部分。"

此处另有船舶运营会支那科十一日发给当地运营会驻扎人员的电文，附文如下：

记

"四月计划由秦皇岛运往釜石 18000 吨、川崎 22000 吨、横滨 7000 吨、共计 47000 吨，另有物动计划外，特别增产用发往八幡的 33000 吨，共计 80000 吨。"

对照两份电文，自开滦煤炭贩卖公司发函后，中央改变意见，遂决定按本函文实施，且将四月一日以后本港船运情况汇报如下：

日升丸	3100 吨	大阪
荣城丸	10200 吨	大阪
荣久丸	10200 吨	广畑
汐首丸	4740 吨	广畑
成利号	1560 吨	若松
梭罗市丸	10444 吨	川崎
合计	40244 吨	

前述运营会的电报所提到的 80000 吨，四月中旬刚刚运走，本日去往八幡预定入港的飞鸟山丸所运的 10200 吨，虽之前贵方已提出增运的要求，但无奈目前一号粉处于无存炭的现状。

如您所说，现场工作部门的使命为确保一定的煤炭储备，无论何时如何调度船只均能应付，为保此态势，极大提高战时的航运效率确为本职。

然据自在本局实施陆送转换的大方针确定以来的动向推测，当地与东京中央当局并未密切联络、据运营会方面的信函可知，如对本港适当调度船只之事，未作事先说明。除最近自本局运往元山的 3 万吨，改运至当地外，未收到任何向当地增运的命令，且事实上也并不存在增运的可能，望知悉。因此，作为现场工作机关的弊局，若真如前述确有调度船只的必要时，敬请速与北京当局取得联络，若自东京的电报对此确凿无误，吾将竭力推进向当地增运的紧急方策。

对以上所述本日无法送达之事，特以电话联络，断想您已知悉，为防万一，再次加以确认。

另，继而船只调度之事一经明确立即电报通知。

以上

(八)

电话联络确认

昭和十九年四月十九日　　　　　　　　　　　　　　　港务局局长

运营局长　先生

本日 10 点半本局荒木向贵职发件如下：

"当地运营会就月末前向日本利用船只运输煤炭情况通知如下：

进港日	船名	运输地	吨数	炭种
四月二十五日	日升丸	名古屋	3200	特洗粉
四月二十六日	利川丸	八　幡	11200	一粉
四月二十六日	山照丸	川　崎	10500	特粉
四月二十八日	安利丸	吉　浦	2200	特粉
四月二十八日	大彰丸	八　幡	11200	一粉
四月三十日	庐山丸	川　崎	9200	特粉
四月三十日	大寿丸	川　崎	11200	特粉
四月三十日	飞鸟山丸	八　幡	11200	一粉
合　　计			3200	特洗粉
			33100	特粉
			33600	一粉

与此相对，本日储炭额为：

			4557	特洗粉
			10616	特粉
			14724	一粉

故而，需加急增运特粉及一粉"

以上

（九）

抄送 矿山科长先生、港务局局长、北京事务所所长

开滦 6254 号

昭和十九年四月二十六日　　　　　　　　　军管理开滦矿物总局

　　　　　　　　　　　　　　　　　　　　最高监督官　白川一雄

大日本帝国驻北京大使馆

交通部长　长久保俊夫先生

向满洲船运煤炭事宜

听闻近日该方龟井企划部副部长访问贵部之时，与南云嘱托进行了会谈，有意借用往来于满洲国营口运送矿柱的船只从秦皇岛运送开滦煤炭，吾觉此法可行，然定需装卸货物，现将码头设备附之如下，烦请诸位费心，拜托各位。

此致

　　　　　　　　　　　　　　　　　　　　　　　　　　　　敬礼

记

一、为秦皇岛港现有码头设备能够承担大型轮船装卸，需必要的建造，如货船，船侧低，将船舶直接停靠不方便装卸，需使用附绳的船台。建造材料方面望尽快着手，当然难度显而易见。依贵方要求，目前借与华北煤炭贩卖公司用于运输天津、塘沽间煤炭的两艘船只，因急用故命之返还，且上述货船除此外，以备机动帆船装卸的附绳船台、轮船焚烧燃料煤堆以及遇空袭等万一事态致轮船滞留时使用。

二、若万一上述货船未能及时返还，烦请物色一长度约 75 尺的浮栈桥（若小型为两个），以备不时之需。

进而，在系船设备完善之前可尽其所能完成无设备装卸。

　　　　　　　　　　　　　　　　　　　　　　　　　　　　再敬

附录 档案原文

（一）

寫　鑛務局長、港務局長、東京事務所長

軍管開灤總北一八第四八四號

　　昭和十八年八月二十四日　　　　　　　　　　　　北京事務所長
　　　　　　　　　　　　　　　　　　　　　　　　　　永井克太郎

副經理

岩村仙彌殿

十八年度開灤炭對日物動數量變更通知ノ件

首題ノ件ニ關シ北京大使館鑛山課ヨリ左記ノ通リ通知アリタルニ付御了承相煩度

炭種	內地	朝鮮	計
洗粉	一、五〇〇	――	一、五〇〇
特粉	九〇	二三〇	三二〇
一號粉	一四〇	一二〇	二六〇

注：（單位千瓲）；原表為豎表，本橫表為編譯者作。

（二）

寫　鑛務局長、港務局長、東京事務所長

軍管開灤總北一八第五五三號

昭和十八年九月十一日　　　　　　　　　　　　　　北京事務所長
　　　　　　　　　　　　　　　　　　　　　　　　　永井克太郎

副經理

岩村仙彌殿

十八年度開灤炭對日物動數字變更ノ件

對日向物助計畫左記ノ通リ變更サレタル旨大使館栗林技師ヨリ九月十日發表アリタルニ付御通知申上ク。

炭種向地	內地	朝鮮	計
洗粉	一、五〇〇	――	一、五〇〇

续表

炭種向地	內地	朝鮮	計
特粉	九〇	二三〇	三二〇
一號粉	一四〇	一二〇	二六〇

注：（单位千砘）；原表为竖表，本横表为编译者作。

（三）
寫　礦務局長、港務局長、東京事務所長
軍管開灤總北一八第五五七號
昭和十八年九月十一日　　　　　　　　　　北京事務所長
　　　　　　　　　　　　　　　　　　　　永井克太郎

副經理
岩村仙彌殿

第三、四半期對日向配給要請ノ件

九月十日北支軍輸送統制本部ニ於テ首題配給會議開催サレ開灤炭ニ對シ左記ノ通リ決定シタルニ付御諒承相成度特洗粉礦山確保ニ付キ時ニ注意万軍ヨリ指示アリタリ為念

配給要請數量（單位千噸）

月	內地	朝鮮
十月	一六〇	一八 ※二〇
十一月	一七〇	一八 ※二〇
十二月	一七〇	一八 ※二〇

注：原表为竖表，本横表为编译者作。

備考

對內地向洗粉確保ニ全力ヲ盡シタルモ諸般ノ都合ニ依リ洗粉積出不可能ナルトキハ、特粉又ハ一號粉ヲ物動枠外ニテ代積スル事ニ同席上ニ於テ軍並大使館ノ諒解ヲ得タリ

朝鮮向每月一八千砘ハ特粉、※二〇千砘ハ一號粉此ノ一號粉ハ軍配

給ニ依ルモノトス

(四)
寫　鑛務局長、港務局長、東京事務所長
軍管開灤總北一八第九一三號
昭和十八年十一月八日　　　　　　　　　　　　　　　北京事務所長
　　　　　　　　　　　　　　　　　　　　　　　　　永井克太郎

副經理
岩村仙彌殿

開灤炭下期物動計畫改訂ニ關スル件

十八年度下期對日、鮮、滿向開灤炭物動計畫左記ノ通リ改訂サレタル旨大使館礦山課ヨリ通知受ケタルニ付御連絡申上ク

炭種	日本	朝鮮	滿洲
洗粉　一五％	八〇		一五
特洗粉　一二％	四〇二		六五
一號粉	二〇八		一一七
特粉		一一二	
一號塊			一六二
二號塊			二一六

注：（单位千瓩）；原表为竖表，本横表为编译者作。

(五)
寫　鑛務局長、港務局長
軍管開灤總北一八第一〇四七號
昭和十八年十一月二十七日　　　　　　　　　　　　　北京事務所長
　　　　　　　　　　　　　　　　　　　　　　　　　永井克太郎

營業部長
余明德殿

十二月對日、滿、鮮向炭種ニ關スル件

十二月對日、滿、鮮向炭種ニ關シテ左ノ通リ軍輸送統制本部ヨリ指示アリタルニ付積出確保ニ御留意相煩度

記

對日特洗粉	八五、〇〇〇
一號粉	三五、〇〇〇
計	一二〇、〇〇〇噸
對滿特洗粉	二〇、〇〇〇
一號塊	三〇、〇〇〇
二號塊	二九、〇〇〇
一號粉	二四、二三〇
計	一〇三、二三〇噸
對鮮特粉	一九、〇〇〇噸

以上

（六）

寫　秦皇島港務局長

開灤七五〇三號

昭和十九年四月十日　　　　　　　　　　　運營局營業部長

余明德

北京事務所長

永井克太郎殿

四月分對日向輸出炭需給關係ニ關スル件

首題ノ件ニ關シ左記ノ通リ開灤炭販賣會社ヨリ通知有，タルヲ以テ軍、大使館ニ連絡何分ノ指示願度

電文（四月二十日附）

最近八幡、釜石、昭和外需要工場皆北支炭入荷減ノタメ緊急狀態ニ陷リ殊ニ四月現地配車計畫テハ到底作業維持出來ヌタメ大問題トナリ居リ、連日軍需省其他關係當局テ打開策ニ腐心シタル結果、四月開灤炭元山送リ取止メ代リニ秦皇島ヘ七一千噸送リ特別口配給ヲ含メ船ニテ積取ル事ニ決リタ、現地及ヒ關東軍宛連絡スルコトニナリタ」四月坑內及

ヒ洗炭機修理ヲ延期サセル意見モ有力ナルモ椎名（？）總動員局長、山口石炭部長炭鑛視察ノ上考慮スルコトトナリタ」三月船四二千ヲ超ヘル分ハ取消ス

以上

（七）
寫　營業部長、北京事務所長、天津事務所長
〇――〇六七號
昭和十九年四月十二日　　　　　　　　　　　　　　　　港務局長
柴田一美
運營局長
岩村仙彌殿

四月分對日向輸出炭ニ關スル件

首題ニ關スル貴局營業部長出北京事務所長宛四月十日附書面開灤七五〇三號（寫當局）御參照被下度

右ニ據レバ開灤炭販賣會社ヨリノ入電（左記）ヲ移牒シ軍、大使館ニ連絡ノ上何分ノ指圖方要請シ居レリ

記

「最近八幡、釜石、昭和ノ外需要工場皆北支炭入荷減ノ為緊急狀態ニ陷リ殊ニ四月現在配車計畫ニテハ到底作業維持出來ヌ為大問題トナリ居リ連日軍需省其他關係當局ニテ打開策ニ腐心シタル結果、四月開灤元山送リ取罷メ代リニ秦皇島へ七萬一千瓲送リ特別口配給ヲ含メ船ニテ積取ル事ニ決ッタ、現地及關東軍宛連絡スルコトニナッタ

四月坑内及洗炭機修理ヲ延期サセル意見モ有力ナルモ椎名總動員局長、山口石炭部長炭鑛視察ノ上考慮スルコトニナッタ

三月船四萬二千瓲ヲ超ヘル分ハ取消ス」

然ル處船舶運營會支那課ハ十一日附當地運營會駐在員宛左記ノ通リ架電シ來レリ

記

「四月計畫秦皇島釜石一八、〇〇〇瓲、川崎二二、〇〇〇瓲、横濱七、〇〇〇瓲、計四七、〇〇〇瓲、別ニ特別増産用計畫物動外八幡三

三、〇〇〇瓲、合計八〇、〇〇〇瓲」

　　両者ヲ對比スルニ曩ノ開灤炭販賣會社發電以後中央ノ意見更ニ變化シ遂ニ本電ノ如ク實施スルコトニ決定シタルモノト想像セラル、然ル處更ニ　テ四月一日以後ニ於ケル當港積出狀態ヲ見ルニ左ノ如シ

日昇丸	三、一〇〇瓲	大阪
榮城丸	一〇、二〇〇瓲	大阪
榮久丸	一〇、二〇〇瓲	廣畑
汐首丸	四、七四〇瓲	廣畑
成利號	一、五六〇瓲	若松
スラカルタ丸	一〇、四四四瓲	川崎
合計	四〇、二四四瓲	

　　右ノ内前記運營會ヨリノ電報ニヨル八萬屯ハ四月中新ニ輸出スルモノト解釋セラルル次第ナルガ本日入港豫定ノ飛鳥山丸積八幡向一〇、二〇〇瓲ニ對シテハ曩ニ貴方ニ增送方要請セル一號粉貯炭皆無ナル現狀ニアリ

　　御諒知ノ如ク現業機關ノ使命トシテハ常ニ相當ノ貯炭ヲ確保シ何時如何ナル配船ニ對シテモ之ニ卽應シ得ルガ如キ態勢ヲ確立シ置キ戰ノ運航能率ヲシテ極度ニ昂上セシムルガ如ク努力スルハ正ニ當然ノ義務ナリ

　　然ルニ曩ニ當局ニ於テ陸送轉換ノ大方針確立以來ノ動向ヲ見ルニ現地ト東京中央當局トノ連絡密接ナラザルモノノ如ク運營會方面ヨリ來ル通信ニ依レバ當港ニ對シ相當ノ配船アルガ如ク解釋サルルニ拘ラズ現地輸送當局ヨリハ最近元山向ケ三萬屯ヲ當地向ケニ振リ替ヘタル以外何等當地向增送ノ指令ニ接セズ且事實上モ增送ノ傾向更ニナキコト御諒知ノ通リナリ。斯クテハ現業機關タル弊局トシテハ若シ前記ノ如キ配船アリタル場合如何ニ之ニ對處スベキヤ處置ナキ次第ナレバ、貴職ニ於テ至急北京當局ト打合セ若シ東京ヨリノ電報ガ眞實ナレバ當地向ケ增送方緊急御取計ヒ願度此段申進ス

　　右ニ對シテハ本日不取敢電話ヲ以テ連絡シ置キタルニ付御旣承ノ事トハ存ズルモ茲許確メ上グ

　　追而今後ノ配船ニ就テハ判明次第早刻電信ニテ御通知申上可シ

以上

(八)

電話連絡確メ

昭和十九年四月十九日　　　　　　　　　　　　　　　　港務局長

運營局長殿

本日十時半貴職宛當方荒木局附ヲシテ左記ノ通リ連絡セシメタリ
「月末迄ニ左記ノ通リ對日配船豫定當地運營會ヨリ通知アリタ

入港豫定日	船名	揚地	屯數	炭種
四月二十五日	日昇丸	名古屋	三、二〇〇	特洗粉
四月二十六日	利川丸	八　幡	一一、二〇〇	一粉
四月二十六日	山照丸	川　崎	一〇、五〇〇	特粉
四月二十八日	安利丸	吉　浦	二、二〇〇	特粉
四月二十八日	大彰丸	八　幡	一一、二〇〇	一粉
四月三十日	盧山丸	川　崎	九、二〇〇	特粉
四月三十日	大壽丸	川　崎	一一、二〇〇	特粉
四月三十日	飛鳥山丸	八　幡	一一、二〇〇	一粉
合　計			三、二〇〇	特洗粉
			三三、一〇〇	特粉
			三三、六〇〇	一粉
之ニ對スル本日貯炭高ハ				
			四、五五七	特洗粉
			一〇、六一六	特粉
			一四、七二四	一粉

ニシテ特粉及一粉ヲ至急增送アリタレ」

以上

(九)

寫　鑛山課長殿、弊港務局長、北京事務所長

開灤六二五四號

昭和十九年四月二十六日　　　　　　　　　　　　　軍管理開灤鑛務總局

　　　　　　　　　　　　　最高監督官　　白川一雄
在北京大日本帝国大使館
交通部長　長久保俊夫殿
滿洲向艀送炭ニ關スル件
　拝啓　陈者過般當方亀井企畫部副部長貴部ヲ訪問ノ節南雲嘱託殿ヨリ御相談有之候滿洲国營口ヨリノ坑木積取艀船ノ往航ヲ利用シ秦皇島ヨリ開灤炭積送ノ件御申聞通リ御請可致候就而右荷役ニ要スル埠頭設備ニ付左記ノ點是非御配慮賜度
　右御請旁旁御依頼申上候
　　　　　　　　　　　　　　　　　　　　　　　　敬具
　　記
　一、秦皇島港ノ現有埠頭設備ハ大型汽船ノ荷役ニ適スル様構築セルモノニテ艀船ノ如キ舷側低キ船舶ノ直接繋留荷役ニハ不適當ニ付繋船台ヲ使用スル必要アリ、然ルニ之レカ築造ハ資材ノ關係上早急ノ實現ハ期シ難キヲ以テ差シ當リ貴方ノ御要請ニヨリ目下天津/塘沽間石炭輸送用トシテ華北石炭販賣公司ニ貸與中ノ當方艀船二隻ヲ之レニ引當テ使用致度ニ付匆急返還方御指示相煩度尚右艀船ハ此ノ外機帆船荷役ノ繋船台並ニ汽船焚料炭積並ニ空襲等萬一ノ事態ニ於ケル汽船沖積ニモ使用スルモノナリ
　二、萬一右艀船ノ匆急返還叶ハサレ節ハ長サ約七五呎程度ノ浮棧橋壹個（小型ナレハ貳個）ヲ御物色ノ上融通方斡旋願度
　追而繋船設備ノ實現ヲ見ル迄ハ不取敢無設備ノ儘極力荷役ヲ可致候
　　　　　　　　　　　　　　　　　　　　　　　　再拜

民国时期外来军舰往来秦皇岛港情况等资料的整理[*]

赵 俣 张 阳

（东北大学秦皇岛分校，外国语言文化学院）

秦皇岛港为清朝首批"自开口岸"（以下简称"秦港"），在开埠之初即被英国商人骗占。1941年，太平洋战争爆发，日本侵占秦港，对秦港实行"军管理"。1945年，日本侵华战争结束，秦港仍由英国人管理，新中国成立后港权才回归祖国。

民国时期的秦港归属英国人管理的开滦矿务总局，称"开滦矿务总局秦皇岛经理处"。在长达40多年的外国人管理时期，秦港形成了大批外文企业档案，大部分保留在秦皇岛港务局史志科档案室，称"开滦外文档案"。现存档案总数约2815卷，其中英文档案占80%，余下为日文和法文档案。这些档案涵盖了营运、人事、气象、军事等多个领域。秦港档案中年代最久远的部分距今已有一百多年，呈现特定的时代感。

晚清和民国时期的秦港长期处于外国势力的统治下，主权丧失，成为西方资本主义侵略中国、抢夺资源的军用码头。此文整理的档案主要是记录日军巡洋舰、驱逐舰等到秦皇岛港的情况，以及装载日军士兵、军马、军火和军需品的运输船到港等。其中1933年9月26日，日本一艘航空母舰进入秦港停泊。初步统计，日军先后派测量船17次到秦皇岛地区进行军事测量并绘制地图，为日军侵略秦皇岛港甚至整个华北地区做准备。

---

[*] 本文系河北省教育厅高等学校人文社科研究重点项目"从'滦外档'探析山海关六国营盘遗址的文物价值"（项目编号：SD172012）成果。

1937年之前，日本到秦港的军舰占全部来港的外国军舰的比率为9%左右。1937年至1940年，日本军舰占84%，英国和美国加起来不到10%，尤其在1939年，英国军舰只占1%。1941年日军侵占秦港，对秦港实行"军管"。通过对档案的初步统计和查找相关书籍和资料，深切获知秦港档案既记载了中国人民的苦难史，也记载了帝国主义的侵华史。大批日军从秦港上岸，运来武器弹药，掠走煤炭，对秦皇岛以及冀东地区犯下罪行，对开滦煤矿、柳江煤矿、长城煤矿等煤炭资源大肆掠夺，秦港成为日本帝国主义的殖民地，成为他们扩大对华侵略的军事运输基地和进行经济掠夺的重要门户。整理秦港档案，解析秦港军事史，对处于环渤海经济圈中心地带重要的港口城市秦皇岛来说，有着深刻的意义。

本文中档案材料的时间跨度为1932年10月2日至1937年9月14日，时任开滦矿务总局秦皇岛经理处经理是英国人齐尔顿。本文列举档案材料并翻译，有部分资料是中英文同时存在。

电报1

日期：1932年10月2日

由：开滦矿务总局秦皇岛经理处经理

致：天津开滦矿务总局总经理

　　日本巡洋舰"平野"（HIRATO）上午6点到达秦港。英国军舰"伯瑞居瓦特"（BRIOGEWATER）上午7点15分泊1号码头。

经理　齐尔顿

电报2

日期：1932年10月2日

由：开滦矿务总局秦皇岛经理处经理

致：天津开滦矿务总局总经理

　　日本巡洋舰"平野"（HIRATO）上午11点开往山海关。

经理　齐尔顿

电报3

日期：1932年12月10日

由：开滦矿务总局秦皇岛经理处经理

致：天津开滦矿务总局总经理

日本第 16 舰队驱逐舰昨日下午 10 点 50 分到达秦港。

经理　齐尔顿

电报 4

日期：1932 年 12 月 10 日

由：开滦矿务总局秦皇岛经理处经理

致：天津开滦矿务总局总经理

日本第 16 舰队驱逐舰一艘于上午 11 点开出秦港。

经理　齐尔顿

电报 5

日期：1933 年 8 月 27 日

由：开滦矿务总局秦皇岛经理处经理

致：天津开滦矿务总局总经理

日本巡洋舰两艘及驱逐舰三艘上午 6 点 45 分开出秦港。

经理　齐尔顿

电报 6

日期：1933 年 8 月 27 日

由：开滦矿务总局秦皇岛经理处经理

致：天津开滦矿务总局总经理

日本测量船"淀"（YODO）于下午 1 点 35 分在秦港外抛锚。

经理　齐尔顿

电报 7

日期：1933 年 9 月 26 日

由：开滦矿务总局秦皇岛经理处经理

致：天津开滦矿务总局总经理

日本航空母舰一艘于下午 5 点 40 分由山海关开到秦港。

经理　齐尔顿

电报 8

日期：1933 年 8 月 27 日

由：开滦矿务总局秦皇岛经理处经理

致：天津开滦矿务总局总经理

　　日本测量船"淀"（YODO）于下午 6 点离开秦港。

经理　齐尔顿

电报 9

日期：1933 年 10 月 10 日

由：开滦矿务总局秦皇岛经理处经理

致：天津开滦矿务总局总经理

　　日本驱逐舰"朝颜"（ASAGAO）上午 7 点在秦港外抛锚。

经理　齐尔顿

电报 10

日期：1933 年 10 月 28 日

由：开滦矿务总局秦皇岛经理处经理齐尔顿

致：开滦矿务总局总经理那森·爱德私信

　　那森·爱德先生：

　　明日江田原海军上将乘日本驱逐舰来秦港，并有另一艘驱逐舰相随。该上将请求预留泊位。我们同意，该两艘驱逐舰入港须视有无泊位可用而定。

经理　齐尔顿

电报 11

日期：1933 年 10 月 29 日

由：开滦矿务总局秦皇岛经理处经理

致：天津开滦矿务总局总经理

　　日本第 16 舰队驱逐舰两艘于上午 6 点 35 分到达秦港，泊 1 号码头。

经理　齐尔顿

电报 12

日期：1933 年 10 月 30 日

由：开滦矿务总局秦皇岛经理处经理

致：天津开滦矿务总局总经理

  日本驱逐舰一艘于上午 5 点 45 分开出秦港。

经理 齐尔顿

电报 13

日期：1933 年 11 月 1 日

由：开滦矿务总局秦皇岛经理处经理

致：天津开滦矿务总局总经理

  日本驱逐舰一艘于上午 3 点开出秦港。

经理 齐尔顿

电报 14

日期：1933 年 12 月 18 日

由：开滦矿务总局秦皇岛经理处经理

致：天津开滦矿务总局总经理

  日本第 15 舰队驱逐舰四艘到达秦港，两艘于下午 5 点 30 分到达，另两艘于下午 6 点到达，泊 1 号码头。

经理 齐尔顿

电报 15

日期：1933 年 12 月 21 日

由：开滦矿务总局秦皇岛经理处经理

致：天津开滦矿务总局总经理

  日本第 15 舰队驱逐舰四艘于今日上午 6 点 15 分开出秦港。

经理 齐尔顿

电报 16

日期：1934 年 1 月 25 日

由：开滦矿务总局秦皇岛经理处经理

致：天津开滦矿务总局总经理

日本驱逐舰一艘于今日下午1点50分到达秦港。

经理　齐尔顿

电报 17

日期：1934年1月26日

由：开滦矿务总局秦皇岛经理处经理

致：天津开滦矿务总局总经理

日本驱逐舰一艘于今日下午4点30分开出秦港。

经理　齐尔顿

电报 18

日期：1934年2月26日

由：开滦矿务总局秦皇岛经理处经理

致：天津开滦矿务总局总经理

日本第15舰队驱逐舰"津田"(TSUOA)四艘于今日下午4点到达秦港。

经理　齐尔顿

电报 19

日期：1934年3月2日

由：开滦矿务总局秦皇岛经理处经理

致：天津开滦矿务总局总经理

日本驱逐舰一艘于下午10点50分开出秦港。

经理　齐尔顿

电报 20

日期：1934年3月2日

由：开滦矿务总局秦皇岛经理处经理

致：天津开滦矿务总局总经理

一艘不识船名的日本驱逐舰于下午4点在秦港外抛锚。

经理　齐尔顿

电报 21

日期：1934 年 3 月 13 日

由：开滦矿务总局秦皇岛经理处经理

致：天津开滦矿务总局总经理

  日本驱逐舰一艘于下午 7 点在秦港外抛锚。

经理　齐尔顿

电报 22

日期：1934 年 7 月 8 日

由：开滦矿务总局秦皇岛经理处经理

致：天津开滦矿务总局总经理

  日本巡洋舰"天龙"（TEN RYN）于下午 9 点 15 分开出秦港。

经理　齐尔顿

电报 23

日期：1934 年 8 月 19 日

由：开滦矿务总局秦皇岛经理处经理

致：天津开滦矿务总局总经理

  日本巡洋舰"在马"（ITZEMO）于今日上午 5 点 40 分在秦港外抛锚。第 27 驱逐舰队驱逐舰三艘"黑西"（HISHI）、"儿西"（AR-SHI）及"锡米来"（SZEMILAI）于上午 6 点泊 1 号码头。

经理　齐尔顿

电报 24

日期：1934 年 8 月 20 日

由：开滦矿务总局秦皇岛经理处经理

致：天津开滦矿务总局总经理

  日本巡洋舰"在马"（ITZEMO）于今日上午 5 点 40 分在秦港外抛锚。第 27 驱逐舰队驱逐舰三艘"黑西"（HISHI）、"儿西"（AR-SHI）及"锡米来"（SZEMILAI）于今日下午 6 点 10 分开走。

经理　齐尔顿

电报 25

日期：1934 年 9 月 25 日

由：开滦矿务总局秦皇岛经理处经理

致：天津开滦矿务总局总经理

　　日本测炮舰"淀"（YODO）于今天上午 5 点 40 分在秦港抛锚。

经理　齐尔顿

电报 26

日期：1934 年 9 月 26 日

由：开滦矿务总局秦皇岛经理处经理

致：天津开滦矿务总局总经理

　　日本测炮舰"淀"（YODO）于今天下午 6 点开走。

经理　齐尔顿

电报 27

日期：1934 年 12 月 5 日

由：开滦矿务总局秦皇岛经理处经理

致：天津开滦矿务总局总经理

　　日本第 15 舰队驱逐舰四艘于今日下午 4 点到达秦港。

经理　齐尔顿

电报 28

日期：1934 年 12 月 8 日

由：日本第 15 驱逐舰队司令官　伊藤

致：开滦矿务总局秦皇岛经理处经理齐尔顿私信

齐尔顿先生：

　　在我们逗留秦皇岛港期间，对于你所向我及我部下所有的驱逐舰舰长表示的善意及款待致以衷心的感谢。虽然我们逗留的时间极短，但是由于所向我们表现的好感及不应有的这样的好天气，我们这个访问是足够欣慰的事。我们相信这事当是促进我们之间互相谅解及友谊的好机会，当然连公事亦是一样。我在这里向你道谢。

我希望在不久的将来有一个机会见你及你的家属。

日本第 15 驱逐舰队司令官 伊藤（A. ITO）

发自日本帝国海军驱逐舰"富士"(FUJI) – (RYOJUN)，(KANTO – SYU)

1934 年 12 月 8 日

电报 29

日期：1935 年 1 月 22 日

由：开滦矿务总局秦皇岛经理处经理

致：天津开滦矿务总局总经理

  日本巡洋舰一艘于今日上午 8 点 20 分到达秦港。

经理　齐尔顿

电报 30

日期：1935 年 1 月 26 日

由：开滦矿务总局秦皇岛经理处经理

致：天津开滦矿务总局总经理

  日本巡洋舰一艘于午夜 12 点 20 分开走。

经理　齐尔顿

电报 31

日期：1935 年 3 月 4 日

由：开滦矿务总局秦皇岛经理处经理

致：天津开滦矿务总局总经理

  日本驱逐舰两艘于昨晚 10 点到达秦港。

经理　齐尔顿

电报 32

日期：1935 年 5 月 4 日

由：开滦矿务总局秦皇岛经理处经理

致：天津开滦矿务总局总经理

  日本驱逐舰两艘于下午 3 点开走。

经理　齐尔顿

电报 33

日期：1935 年 5 月 30 日

由：日本陆军运输部塘沽支部队长

致：开滦矿务总局秦皇岛经理处经理齐尔顿私信

齐尔顿先生：

我谨通知你我们意欲使日本运输船"明海丸"（MEIKAI MARU），（排水量 3,193 吨，315 英尺长）开滦矿务总局泊秦皇岛码头，如果你给予我们必要的协助，我们当是非常愉快的。

我会派遣我们的人员约在 6 月 11 日前来秦皇岛安排有关的详细事项。

以上汽船盼望在 6 月 13 日或 14 日到达秦皇岛，当视天气情况而定。

（签名）（H. WAKIYA）

日本帝国陆军运输部塘沽支部队长

电报 34

日期：1935 年 6 月 2 日

由：开滦矿务总局秦皇岛经理处经理

致：开滦总局运输部公函

日本帝国运输部通知我说他们的运输船"明海丸"（MEIKAI MARU）约于 6 月 13 日来到秦皇岛。

经理　齐尔顿

电报 35

日期：1935 年 6 月 6 日

由：天津日本陆军总司令部坂井参谋长

致：开滦总局副总经理裴利耶私信

裴利耶先生：

日本陆军运输船"明海丸"（MEIKAI MARU）将于 6 月 13 日或 14 日早晨到达秦皇岛，有一部分军队登陆。之前曾通知在案。现在决定于本月 14 日到达。因此切望安排给予第 2 号码头使用。

并请你将 13 日下午中国铁路局秦皇岛车站备妥的货车 8 辆，于当晚拖曳至 2 号码头，装完货后再拖曳至前述的铁路车站。

不久我们即当派人前往你局安排相关的详细事项。

（签名）坂井 上校
参谋长

电报 36

日期：1935 年 6 月 11 日
由：天津开滦矿务总局总经理
致：开滦秦皇岛经理处经理

梅津（UMEZU）将军和僚属 4 人包括中川（NAKAOAWA）在内 13 日星期四前往秦皇岛，下午 5 点 20 分到达。要求在饭店住一宿，并用晚餐及午餐。星期五上午 10 点回天津。请证实是否能准备住处。将军自己住房一间，其他 2 人一间。

总经理 那森·爱德

电报 37

日期：1935 年 6 月 13 日
由：开滦秦皇岛经理处经理
致：秦皇岛海关关长公函

日本陆军运输船"明海丸"（MEIKAI MARU）当于本月 14 日，即明日早晨载运军队及军用品到达秦皇岛。

（代签）李飞坤

电报 38

日期：1935 年 6 月 13 日
由：开滦秦皇岛经理处经理
致：开滦总经理

日本军事运输船"明海丸"（MEIKAI MARU）下午 1 点 35 分来到。

经理 齐尔顿

电报 39

日期：1935 年 6 月 14 日

由：开滦秦皇岛经理处经理

致：开滦总经理

  日本军事运输船"明海丸"（MEIKAI MARU）上午 9 点开往塘沽。

经理　齐尔顿

电报 40

日期：1935 年 9 月 25 日

由：开滦秦皇岛经理处经理

致：开滦总经理

  日本巡洋舰"岩手"（IWATE）来到，于上午 8 点半抛锚。

经理　齐尔顿

电报 41

日期：1935 年 11 月 26 日

由：开滦秦皇岛经理处经理

致：开滦总经理

  日本驱逐舰两艘于下午 4 点 50 分来到，抛锚。

经理　齐尔顿

电报 42

日期：1935 年 11 月 28 日

由：开滦秦皇岛经理处经理

致：开滦总经理

  日本驱逐舰两艘于今早 3 点开往塘沽。

经理　齐尔顿

电报 43

日期：1936 年 3 月 20 日

由：开滦秦皇岛经理处经理

致：开滦总经理

  尚未知道船名的日本巡洋舰一艘于下午 3 点 25 分到港抛锚。

经理　齐尔顿

电报 44

日期：1936 年 3 月 20 日

由：开滦秦皇岛经理处经理

致：开滦总经理

  到此抛锚的日本巡洋舰是"熊"（KUMA）。

经理　齐尔顿

电报 45

日期：1936 年 3 月 20 日

由：开滦秦皇岛经理处经理

致：开滦总经理

  "熊"（KUMA）于上午 8 点 15 分开走。

经理　齐尔顿

电报 46

日期：1936 年 4 月 17 日

由：开滦秦皇岛经理处经理

致：开滦总经理

  日本测量船"淀"（YODO）于下午 5 点 40 分来到。

经理　齐尔顿

电报 47

日期：1936 年 4 月 19 日

由：开滦秦皇岛经理处经理

致：开滦总经理

  日本测量船"淀"（YODO）于下午 2 点开走。

经理　齐尔顿

电报 48

日期：1936 年 4 月 19 日

由：开滦秦皇岛经理处经理

致：开滦总经理

  日本测量船"淀"（YODO）于上午 6 点 45 分回来，泊 2 号码头。

经理　齐尔顿

电报 49

日期：1936 年 4 月 24 日

由：开滦秦皇岛经理处经理

致：开滦总经理

  日本第 14 驱逐舰队驱逐舰三艘于上午 3 点来到抛锚。

经理　齐尔顿

电报 50

日期：1936 年 4 月 25 日

由：开滦秦皇岛经理处经理

致：开滦总经理

  日本驱逐舰三艘于上午 3 点开走。满洲国炮舰两艘"海隆"（HAI LUNG）、"海防"（HAI FANG）于下午 8 点 20 分来到抛锚。

经理　齐尔顿

电报 51

日期：1936 年 4 月 25 日

由：天津日军总司令部中川

致：开滦总经理那森·爱德私信

那森·爱德先生：

  关于就我们使用秦皇岛便利拟定的协约一节，我奉命告诉你1936 年 5 月 14 日（或 15 日）有日本陆军运输船一艘（或两艘）当访问秦皇岛，并在该处停留到 5 月 19 日为止。因此，我们切望当该船泊靠小码头时,该协约条款当适用于该船。再说这个协约是迫切盼望日本政府予以批准的,我敢说一定,不久你当由天津我们的领事当局听到这个问题。

我并且奉命告诉你日本步兵一连正在计划为我们的兵士在秦皇岛西海沿设立一个40或50帐篷的营盘,由1936年5月12日起至6月2日止,这个地方是在我们营盘的西边,不久以前日本水兵曾经在该处扎过营的。

因此,如果你善意的准许我们兵士照日本水兵情况那样的办理,我们是非常感谢的。

(签字)中川(Y, NAKAGAWA)

电报52

日期:1936年4月25日
由:开滦总经理那森·爱德
致:天津日军总司令部中川私信
中川先生:

我们非常愉快地准许有关你们陆军在秦皇岛使用我们港口便利而拟定的协约的条款,用于该运输船,我知道这些船当于本月14日或15日访问秦皇岛。

我们并且知道有一连你们的兵士正在计划由5月12日至6月2日,在秦皇岛日本营盘西边扎营,我正将这事通知齐尔顿先生。

总经理 那森·爱德

电报53

日期:1936年4月25日
由:开滦秦皇岛经理处经理
致:开滦总经理

日本测量船"淀"(YODO)于下午4点40分开走。

经理 齐尔顿

电报54

日期:1936年5月5日

由：开滦秦皇岛经理处经理

致：开滦总经理

日本测量船"淀"（YODO）来到秦港抛锚。

经理　齐尔顿

电报 55

日期：1936 年 5 月 5 日

由：开滦总经理

致：开滦秦皇岛经理处经理

日本总司令部请你明早接见他们大沽运输官松山少校，会谈有关他们运输船事项，他乘坐今晚邮车去秦皇岛。

总经理　那森·爱德

电报 56

日期：1936 年 5 月 6 日

由：开滦秦皇岛经理处经理

致：开滦总经理

日本测量船"淀"（YODO）开走。

经理　齐尔顿

电报 57

日期：1936 年 5 月 6 日

由：开滦秦皇岛经理处经理齐尔顿

致：开滦秦皇岛经理处港务监督、商务处、船务处及工务处经理

通告。

港务监督、商务处、船务处及工务处：

日本军事运输船"宇岛丸"（UJIMA MARU）、"明木丸"（MEIKI MARU）、"新速丸"（SHIN SOKU MARU）、"生驹三丸"（I KOMASAN MARU）当于 5 月 13 日夜间到达秦皇岛。这些运输船当于 5 月 14 日早晨泊码头，"宇岛丸"泊 6 号码头，"明木丸"泊 5 号码头，"新速丸"泊 4 号，"生驹三丸"泊 3 号。

"宇岛丸"除其他货物外载有载重汽车 28 辆，其他三艘运输船

共载有军马210匹。

马匹由3号、4号及5号码头在陆地上牵引至栈房处,在水泥栈房北面装入闷子车内。

每个码头必须备有跳板以便这些马匹上岸,并须备有木匠1名,在跳板间补钉木条以防马匹滑落。泊马匹各号码头分叉处均应准备沙子,为了在马匹由码头向栈房移动中铺成斜坡之用。

有车辆百辆当送到秦皇岛为装卸军队及货物之用。客车共有39辆,当停留在秦皇岛车站,货车有61辆,内有34辆闷子车,当曳引到矿局煤场按照需要或放在栈房或放在码头道岔。闷子车19辆当送到栈房道岔为运马之用。其余的15辆闷子车为装运由运输船卸下的军火之用。

当需用若干登记工人装载军用品以及一般的协助卸运运输船。确实需要的人数随后通知,派人操作这个任务事,工务处当注意供给有经验的人们。

四艘运输船载有共计官长及兵士2,500人,据估计他们当在14日下午卸完当日开走。

（签字）齐尔顿

电报58
日期：1936年5月10日
由：开滦秦皇岛经理处经理
致：秦皇岛海关港长公函

日本运输船"宇岛丸"（UJIMA MARU）、"明木丸"（MEIKI MARU）、"新速丸"（SHIN SOKU MARU）、"生驹三丸"（I KOMASAN MARU）当于1936年5月13日到达秦皇岛。

代签 李飞坤

电报59
日期：1936年5月10日
由：开滦秦皇岛经理处经理
致：开滦总经理

日本海军"淀"（YODO）于下午2点20分到达秦皇岛。

经理　齐尔顿

电报 60

日期：1936 年 5 月 11 日

由：开滦秦皇岛经理处经理

致：开滦总经理

日本海军"淀"（YODO）于 5 月 11 日下午 7 点 50 分开走。

经理　齐尔顿

电报 61

日期：1936 年 5 月 13 日

由：开滦秦皇岛经理处经理

致：开滦总经理

日本运输船"生驹三丸"（I KOMASAN MARU）于上午 11 点 50 分到达秦皇岛。

经理　齐尔顿

电报 62

日期：1936 年 5 月 14 日

由：开滦秦皇岛经理处经理

致：开滦总经理

日本运输船"生驹三丸"（I KOMASAN MARU）于上午 12 点 10 分开走。

经理　齐尔顿

电报 63

日期：1936 年 5 月 14 日

由：开滦秦皇岛经理处经理

致：开滦总经理

日本运输船"宇岛丸"（UJIMA MARU）、"明木丸"（MEIKI MARU）、"新速丸"（SHIN SOKU MARU）分别于上午 7 点 20 分、7 点 40 分及 8 点 45 分到达秦皇岛。

经理　齐尔顿

电报 64

日期：1936 年 5 月 15 日

由：开滦秦皇岛经理处经理

致：开滦总经理

　　日本运输船"宇岛丸"（UJIMA MARU）于上午 12 点开走。

经理　齐尔顿

电报 65

日期：1936 年 5 月 15 日

由：开滦秦皇岛经理处经理

致：开滦总经理

　　日本运输船"明海丸"（MEIKAI MARU）于上午 7 点 10 分开走。

经理　齐尔顿

电报 66

日期：1936 年 5 月 16 日

由：开滦秦皇岛经理处经理

致：开滦总经理

　　日本海军"淀"（YODO）于凌晨 1 点 20 分到达秦皇岛，于上午 8 点 10 分开走。

经理　齐尔顿

电报 67

日期：1936 年 5 月 15 日

由：天津日本驻军总司令中川

致：开滦秦皇岛经理处经理齐尔顿私信

齐尔顿先生：

　　这信谨在多田（TADA）将军及其僚属方面就你善意地为昨日早晨他们短时间访问秦皇岛所做的安排表示诚恳的谢意。因为他为你的愿意已经亲自致谢了，他对于由于令人满意的安排，在秦皇岛办理，我们的新兵下船未曾受到任何困难,他亦非常珍视的。

多田将军将于 5 月 22 日离开天津,我敢确定他当给他在中国服役中一个最快乐的印象带回日本去,并且永远记着你的礼貌,特别是在华北的日本军事当局和开滦矿务总局之间的最诚恳的关系。

多田将军及我请你代为致谢齐尔顿太太。

(签字)中川(Y. NAKAGAWA)

电报 68

日期:1936 年 5 月 19 日

由:开滦秦皇岛经理处经理

致:开滦总经理

日本运输船"新速丸"(SHIN SOKU MARU)今日正午开走。

经理　齐尔顿

电报 69

日期:1936 年 5 月 29 日

由:开滦秦皇岛经理处经理

致:开滦总经理

日本海军"淀"(YODO)于下午 5 点 30 分泊 2 号码头。

经理　齐尔顿

电报 70

日期:1936 年 5 月 31 日

由:开滦秦皇岛经理处经理

致:开滦总经理

关于我们第 619 号及第 630 号电报,"淀"(YODO)昨日上午于 11 点 30 分开走,并非抛锚,请改正。

经理　齐尔顿

电报 71

日期:1936 年 5 月 31 日

由:开滦秦皇岛经理处经理

致：开滦总经理

"淀"（YODO）昨日上午于11点30分开走。

经理　齐尔顿

电报 72

日期：1936年5月31日

由：开滦秦皇岛经理处经理

致：开滦总经理

"淀"（YODO）昨日下午5点开走。

经理　齐尔顿

电报 73

日期：1936年6月3日

由：开滦秦皇岛经理处经理

致：开滦总经理

上月24日"包头丸"（BOTO MARU）一艘悬挂日本国旗及在烟囱在带有南满铁路商标的拖轮，拖带设有垂直架的风船一艘来到秦皇岛。

"包头丸"（BOTO MARU）来时我曾经询问日本海军武官该船来访的目的是什么，他们告诉我该船系单独测量海岸线的，但是我随后获悉该轮所拉曳的风船曾经在这里和塘沽之间各地方用以做钻探工作。我了解他们在大清河及滦河口外附件曾经做了若干钻探工作。

今天一早"包头丸"（BOTO MARU）将该风船拖曳至接近为秦皇岛而设计的外面防波堤界限的地方，目前他们正在钻探到港口的东边。

经理　齐尔顿

电报 74

日期：1936年6月13日

由：开滦秦皇岛经理处经理

致：开滦总经理

"淀"（YODO）于下午5点半到达秦皇岛。

经理　齐尔顿

电报 76

日期：1936 年 6 月 14 日

由：开滦秦皇岛经理处经理

致：开滦总经理

"淀"（YODO）于昨日晚上 11 点开走。

经理　齐尔顿

电报 76

日期：1936 年 8 月 2 日

由：开滦秦皇岛经理处经理

致：开滦总经理

"淀"（YODO）于今日上午到达秦皇岛。

经理　齐尔顿

电报 77

日期：1936 年 8 月 4 日

由：开滦秦皇岛经理处经理

致：开滦总经理

"淀"（YODO）于今日上午 8 点 20 分开走。

经理　齐尔顿

电报 78

日期：1936 年 8 月 4 日

由：开滦秦皇岛经理处经理

致：开滦总经理

"淀"（YODO）于今日下午 6 点 40 分来到，8 点 30 分开走。

经理　齐尔顿

电报 79

日期：1936 年 8 月 17 日

由：开滦秦皇岛经理处经理

致：开滦总经理

"淀"（YODO）于今日上午 10 点 10 分来到。

经理　齐尔顿

电报 80

日期：1936 年 8 月 18 日

由：开滦秦皇岛经理处经理

致：开滦总经理

"淀"（YODO）于今日上午 7 点开走。

经理　齐尔顿

电报 81

日期：1936 年 8 月 28 日

由：开滦秦皇岛经理处经理

致：开滦总经理

"淀"（YODO）于今日上午 7 点来到，上午 11 点开走。

经理　齐尔顿

电报 82

日期：1936 年 8 月 4 日

由：开滦秦皇岛经理处经理

致：开滦总经理

"淀"（YODO）于今日下午 3 点 30 分开走。

经理　齐尔顿

电报 83

日期：1936 年 8 月 29 日

由：开滦秦皇岛经理处经理

致：开滦总经理

"淀"（YODO）于今日下午 5 点到达，泊 2 号码头。

经理　齐尔顿

电报 84

日期：1936 年 9 月 5 日

由：开滦秦皇岛经理处经理

致：开滦总经理

"淀"（YODO）于今日上午 11 点到达。

经理　齐尔顿

电报 85

日期：1936 年 9 月 17 日

由：秦皇岛日本守备队

致：开滦秦皇岛经理处经理公函

我们谨以告知你日本船"淀"（YODO），当于 9 月 20 日上午 8 点访问本港，并切望在上次准许泊的地方予以泊靠。

我们借这个机会对于以前你泊这个船所受的一切麻烦表示谢意。如蒙告以这次能否准予泊靠同样的码头，我们至为感谢。

（盖戳）秦皇岛驻军

电报 86

日期：1936 年 9 月 20 日

由：开滦秦皇岛经理处经理

致：开滦总经理

"淀"（YODO）于今日上午 7 点开走。

经理　齐尔顿

电报 87

日期：1936 年 10 月 13 日

由：开滦秦皇岛经理处经理

致：开滦总经理

"淀"（YODO）于今日上午 4 点开到。

经理　齐尔顿

民国时期外来军舰往来秦皇岛港情况等资料的整理　　353

电报 88
日期：1936 年 10 月 15 日
由：开滦秦皇岛经理处经理
致：开滦总经理
　　"淀"（YODO）于今日下午 5 点开走。

经理　齐尔顿

电报 89
日期：1936 年 10 月 14 日
由：开滦秦皇岛经理处经理
致：开滦总经理
　　"淀"（YODO）于今日来到，下午 6 点 20 分泊 2 号码头。

经理　齐尔顿

电报 90
日期：1936 年 11 月 29 日
由：开滦秦皇岛经理处经理
致：开滦总经理
　　日本第 14 驱逐舰队驱逐舰一艘于上午 5 点 20 分来到。

经理　齐尔顿

电报 91
日期：1937 年 1 月 4 日
由：开滦秦皇岛经理处经理
致：开滦总经理
　　日本驱逐舰一艘来到，于下午 1 点抛锚。

经理　齐尔顿

电报 92
日期：1937 年 1 月 8 日
由：开滦秦皇岛经理处经理

致：开滦总经理

日本驱逐舰一艘于上午 8 点半开走。

经理　齐尔顿

电报 93

日期：1937 年 1 月 4 日

由：天津日军参谋长桥本少校

致：开滦总经理那森·爱德私信

我谨以告知你我们驻军的规定换防即将到来，详细如下所列，如蒙按照事前约定在秦皇岛港口给予我们如常的便利，我们非常感激。至于另外的详细事项，当派负责运输的官员直接和你们的齐尔顿先生作必要的告知。

到达：2 月 28 日，船到秦皇岛，当日下船。

开走：3 月 2 日，上船，船离开秦皇岛。

（签字）桥本（G. HASHI MOTO）少将

参谋长

电报 94

日期：1937 年 2 月 9 日

由：开滦总经理那森·爱德

致：天津日军参谋长公函

接到 2 月 5 日来函，通知我们，你们驻军的换防，以及要求我们在秦皇岛提供如常的便利，为你们军队上下船之用。我们已将来函抄致秦皇岛经理齐尔顿先生，并且请他做出一切必要的安排。

（代签）裴利耶

总经理

电报 95

日期：1937 年 2 月 9 日

由：开滦总经理那森·爱德

致：开滦秦皇岛经理处经理公函

附上驻华日军参谋长原函连同译文 1 件以供了解。总经理已经回信，兹将该函译文一并送上。

（签字）王崇植
总务处

电报 96

日期：1937 年 2 月 15 日
由：开滦秦皇岛经理处经理齐尔顿
致：开滦秦皇岛经理处港务监督公函

日本陆军运输船"东岗丸"（TOKO MARU），长 367 英尺及"三池山丸"（MIIkESAN MARU），长 305 英尺，当于本月 27 日下午到达秦皇岛。到时这些运输船当泊大码头，并在约有 2,000 人及 200 匹马及若干狗下船后，随即在当日下午离开码头，至 3 月 1 日下午又泊码头并于翌日载运部队等开走。

关于运输及其他事项的最后详细办法，当和 25 日来访的秦皇岛的松山（MATSU YAMA）少校安排。

（签字）经理　齐尔顿

电报 97

日期：1937 年 2 月 16 日
由：秦皇岛日本守备队队长
致：开滦秦皇岛经理处经理公函

我们谨以告知你帝国海军军舰"出云"（IZUMO）约在本月 19 日下午 6 点到达秦皇岛，该舰须抛锚停泊，但是为了便于和岸上通讯，可能派遣若干汽艇及手摇船只使用。如果你将予以必要的注意，以保持小码头附近冰块碎裂状况，以便后述的船艇得以通过，我们是非常感激的。

如果你能告知目前港口冰冻情况是否能使操作这样的小船遭到困难，我们亦是感谢的。

秦皇岛日本营盘司令官

电报 98

日期：1937 年 2 月 19 日

由：开滦秦皇岛经理处经理

致：开滦总经理

巡洋舰"出云"（IZUMO）于下午 3 点 35 分来到。

（签字）经理　齐尔顿

电报 99

日期：1937 年 2 月 24 日

由：开滦秦皇岛经理处经理

致：开滦总经理

巡洋舰"出云"（IZUMO）于下午 9 点开走。

（签字）经理　齐尔顿

电报 100

日期：1937 年 2 月 26 日

由：开滦秦皇岛经理处经理

致：开滦秦皇岛经理处港务监督公函

2 月 27 日日本运输船来到时，我们的信号台应用信号指挥他们在适当地点抛锚，并且，在抛锚以后，于 2 月 28 日早 8 点（当地时间）用信号指示他们泊码头。

这些船只当泊在 3 号及 4 号码头，并非像以前所通知 4 号及 5 号码头，两只船中，小船泊 3 号，大船泊 4 号。

这些船只于 2 月 28 日下午 7 点（当地时间）再行离开码头前往抛锚地。

3 月 1 日下午 4 点当用国际电码信号，再指示泊码头，并和以上一样泊 3 号及 4 号码头。这些运输船当于 3 月 2 日下午 2 点（当地时间）最后离开本港。

关于这些运输船的访问，负责运输官员当需用"辅平"拖轮，用于轮船来到时登船。

3 月 1 日上午 9 点及正午运输官员当再需用拖轮。该拖船每次当由小码头开出，并泊靠运输船以应军事运输官需要。

当"辅平"船为运输船服务时，"佐平"船当任拖船之职。

（签字）经理　齐尔顿

电报 101

日期：1937 年 2 月 26 日
由：开滦秦皇岛经理处经理
致：开滦秦皇岛经理处管理处处长公函

关于本月 15 日我的指示，兹再述及，日本运输船"东岗丸"（TOKO MARU）及"三池山丸"（MIIKESAN MARU）当于本月 27 日来到秦皇岛，并在离小码头西约 1,200 英尺适当的地方抛锚。

这些运输船当于 2 月 28 日上午 8 点（当地时间）泊 3 号及 4 号码头，并于同日下午 7 点再行开出抛锚。

2 月 28 日约下午 1 点军士开始下船，需用我们登记工人 40 人，在下船时间内，在码头处理行李等物。

装运行李所需要的车辆，当在 28 日早晨在北宁路支线备妥，望管理处安排给这些车辆曳至大码头泊船地方。3 月 2 日并须为运来的行李做同样的曳引。

运输船没有马匹及狗在秦皇岛登陆，下船的军士由运输船登陆，在贴近前英国营盘东边空场集合。

3 月 1 日下午 4 点运输船当再泊码头，当天下午 7 点执行登轮，工务处当再供给登记工人 40 人处理行李等物。

3 月 2 日下午 2 点运输船最后由秦皇岛开走。

在运输船往来码头的所有行动中"辅平"当随时给予任何需要的协助。

（签字）经理　齐尔顿

电报 102

日期：1937 年 2 月 28 日
由：开滦秦皇岛经理处经理
致：开滦总经理

日本运输船"东岗丸"（TOKO MARU）及"三池山丸"（MIIKE-SAN MARU）于今日上午 8 点泊码头。

（签字）经理　齐尔顿

电报 103

日期：1937 年 3 月 2 日

由：开滦秦皇岛经理处经理

致：开滦总经理

  日本运输船"东岗丸"（TOKO MARU）及"三池山丸"（MIIKE-SAN MARU）于正午开走。

（签字）经理 齐尔顿

电报 104

日期：1937 年 4 月 17 日

由：开滦秦皇岛经理处经理

致：开滦总经理

  日本巡洋舰"天祐号"（TENIYU）于上午 9 点开走。

经理 齐尔顿

电报 105

日期：1937 年 7 月 18 日

由：开滦秦皇岛经理处经理

致：开滦总经理

  日本帝国海军"雄都"（YUTO）于上午 6 点来到。

经理 齐尔顿

电报 106

日期：1937 年 7 月 19 日

由：开滦秦皇岛经理处经理

致：开滦总经理

  日本帝国海军"雄都"（YUTO）于下午 11 点开走，"海丰"（HAI FENG）于上午 6 点开走。

经理 齐尔顿

电报 107

日期：1937 年 8 月 11 日
由：天津日本总队总司令中川
致：开滦总经理裴利耶私信

裴利耶先生：

我奉命告诉你日本军队及他们的一部分军用品不久将到达秦皇岛，我们是非常愉快由你局得到和在上次他们登陆时给予的同样便利。

等有通讯当详细情况奉告。

（签字）中川（Y. NAKAGAWA）驻华日本帝国军队总司令

电报 108

日期：1937 年 8 月 11 日
由：开滦总经理裴利耶
致：天津日本总队总司令中川私信

中川先生：

关于今日你给裴利耶先生的信，我已经通知齐尔顿先生日本军队及军用品将到秦皇岛，我证实我局当给予他们曾准许的按照 1905 年 12 月 2 日及 1936 年 5 月 14 日协约的便利。

如果你尽量提早告知我有关这些军队来到的详细情况，我当非常愉快，这样我可能立即通知齐尔顿先生以便他做出必要的安排。

（签字）那森·爱德

电报 109

日期：1937 年 8 月 12 日
由：开滦秦皇岛经理处经理
致：开滦秦皇岛经理处港务监督公函

载有军队及军用品的日本运输船四艘将于 14 日来到秦皇岛，15 日黎明泊码头。

南栈房北端准备给运输官员，为办公室之用，军事监督当临时占用码头公事房。

负责运输的官员是藤本（FUJI MOTO）少校，但是他的有关装卸运输船的指示或是通过日本军事翻译岗田（DKADA）先生或是秦皇岛的（MITAMI）先生传达。

当运输船在抛锚的时间，运输官员已被准许使用汽艇，如果天气不适于使用汽艇，即当用"辅平"拖轮。

经理　齐尔顿

电报 110

日期：1937 年 8 月 12 日

由：开滦秦皇岛经理处经理

致：开滦秦皇岛经理处港务监督公函

关于我本日函告知你有日本运输船 4 艘来到一节，现有人告知我说，这些运输船没有载军队而仅是饲草及食粮。

据说总吨数有 19,000，由下列的轮船载运：

（1）"文甲山丸"（RAKKOSAN MARU），排水量约 3,500 吨的轮船，长 275 英尺。

（2）"空知丸"（SORACHI MARU），排水量约 5,600 吨的轮船，长 351 英尺。

（3）"羽黑丸"（HAGURO MARU），排水量约 5,000 吨的轮船，长 340 英尺。

这些运输船泊码头或能安排如下："文甲山丸"泊 4 号，"空知丸"泊 6 号，"羽黑丸"泊 5 号。

经理　齐尔顿

电报 111

日期：1937 年 8 月 13 日

由：开滦秦皇岛经理处经理

致：开滦秦皇岛经理处管理处处长公函

关于我昨日就日本运输船于本月 14 日来到秦皇岛的信，我再告知你昨日在我公事房，曾经讨论以下补充的安排，并且在杉森（SUGIMORI）先生面前取得和田（WADA）上校、江口（EGUCHI）少校及藤本（FUJIMOTO）少校等的同意：

（1）就陆军当局需用若干南满铁路车辆由码头运输他们的货物至目的地而说，当经同意，由于钩头困难，南满铁路机车当曳引这些车辆开入开滦煤厂并到码头。每个南满铁路机车必须供给开滦引导司机一人，并应指示这些引导司机，大机车仅能开到5号码头为止，这就是说大码头建筑的铁筋洋灰部分。

（2）虽然这些南满铁路大车是由南满司机驾驶的，曾经了解，当他们在开滦产业的所有时间内，这些司机当按开滦员司给予的一切车务及行动的命令。

（3）虽然尽可能多用南满铁路车辆，进口货必须有一定的百分比装入开滦港口车皮，管理处处长当安排开滦各列港口车皮在码头道岔准备妥当，这些车皮仅能用开滦机车曳引。

（4）军用品装入开滦港口车皮完毕后，当曳引至北宁路车站，在该处由开滦登记工人卸载，管理处当保持和工务处通讯，告知北宁车站需要卸货的车数以及大概需要的工人数量。为了避免耽误开滦港口车皮，工务处当注意派遣工人至北宁车站，不得有延误。

（5）在码头列车装完时，日本陆军运输队监督官当通知开滦员司，告知机车准备开出，在场负责的开滦代表当负责提醒这些列车迅速地开走，并就路线及目的地等全面传达命令给司机，引导司机及挂钩人等。

（6）在贴近船务处南面设立临时电话小屋以备陆军运输监督使用，这个电话机的电线当挂在由北宁路至大码头开滦的电线杆上。

管理处及港务监督方面必须郑重，而管理处处长当注意开滦现行的港口及运输规章受到重视，以便这些运输船的卸载可能迅速地进行。

经理　齐尔顿

电报112

日期：1937年8月21日
由：开滦秦皇岛经理处经理
致：开滦秦皇岛经理处港务监督公函

据说有若干日本运输船明天一早到达秦皇岛。

这些运输船当占用2号、3号、4号及5号码头，"科罗娜"

（CORONA）船开走后，6号码头亦当占用。

有军队、马匹、军火及军用品当登入这些运输船。

当马匹正在等候上船时间内，喂马及饮马事项当在经理办公室东边地区办理。等候上船的人们当在去新开河的马路以北及总水塔以南的地区休息。准备立即上船的人们当在轮船处附近贴近二号房西边地区集合。

港务监督当为马匹在码头各泊船地区安排和上次使用的相同的斜坡。为此，有一车末煤备临时补充之用。

工务处当供给必要的人数准备装出口军用品等物，而车务处当就曳引任何铁路原车到矿务局码头事项和北宁路车站进行安排。

"辅平"当准备协助运输船泊靠码头，而电艇当准备为来到船只的运输官员使用。

经理　齐尔顿

电报 113

日期：1937年9月10日
由：开滦秦皇岛经理处码头公事房
致：开滦秦皇岛经理处经理便签

"千岁丸"（CHITOSE MARU）来到，于上午6点40分泊靠2号码头。

电报 114

日期：1937年9月11日
由：开滦秦皇岛经理处码头公事房
致：开滦秦皇岛经理处经理便签

"千岁丸"（CHITOSE MARU）来到，于下午5点开走。

电报 115

日期：1937年9月12日
由：开滦秦皇岛经理处码头公事房
致：开滦秦皇岛经理处经理便签

日本运输船"春泰丸"（CHUNTAI MARU）于下午11点40分

开走。

电报 116

日期：1937 年 9 月 13 日

由：开滦秦皇岛经理处码头公事房

致：开滦秦皇岛经理处经理便签

"春泰丸"（CHUNTAI MARU），吃水量：前 6 呎 8 吋，后 12 呎 8 吋，于下午 11 点 40 分开走。

电报 117

日期：1937 年 9 月 13 日

由：开滦秦皇岛经理处码头公事房

致：开滦秦皇岛经理处经理便签

日本运输船"关东丸"（KANTO MARU）于下午 12 点 20 分开走。

电报 118

日期：1937 年 9 月 13 日

由：开滦秦皇岛经理处码头公事房

致：开滦秦皇岛经理处经理便签

"春泰丸"（CHUNTAI MARU），吃水量：前 6 呎 8 吋，后 12 呎 8 吋，于下午 11 点 40 分开走。

电报 119

日期：1937 年 9 月 14 日

由：开滦秦皇岛经理处码头公事房

致：开滦秦皇岛经理处经理便签

"高见山丸"（TAKAMISAN MARU），吃水量：前 6 呎 10 吋，后 12 呎 11 吋，于上午 12 点 15 分开走。

学术史与动态评议

历史地理学视野下的乡村基层区划研究述评

王 旭

(扬州大学 社会发展学院)

历史政区地理是历史地理学的重要分支，在过去较长一段时间内受到学者们的关注，出现了《中国历史地图集》《中国历史地理信息系统》《中国行政区划通史》等成果。针对目前研究相对成熟和"饱和"的现状，如果不积极拓展新的路径，历史政区地理将失去活力。近年来，周振鹤教授提出"历史政治地理"的概念，在此框架下，笔者认为今后研究的方向可朝着四个方面展开或延伸：一是横向的边疆民族和域外政区地理；二是各类间接行政区、单项职能政区、双管型政区、飞地、插花地、嵌地等特殊政区；三是人地关系角度的政区与环境之关系，包括自然环境和人文环境；四是纵向的县以下基层政区（区划）地理。相比前三类研究，县以下基层政区（区划）的研究目前开展得并不充分，尚处于拓荒阶段，华林甫教授就指出："当代政区可以研究到乡、镇，甚至行政村；但因史料的局限，历史政区研究成果绝大部分都是县级及其以上的研究，县以下研究实属凤毛麟角，尽管可能会有汉唐元明清京师或大都会附近的乡里复原研究，但此类研究永远无法覆盖整个国家。因此，从经世致用的角度来看，成为一个古为今用的瓶颈。"[①] 业师郭声波教授也有过类似的倡议，认为"各类间接行政区（自治区）和县以下基层政治区划的复原，

[①] 华林甫：《皇权不下县？——清代县辖政区与基层社会治理·序》，北京师范大学出版社2015年版，第2页。

应该成为今后中国历史政区地理乃至政治地理研究的两大需长期努力的重要方向"①。可见，对历史时期县下基层区划的研究既是当前历史政区地理的薄弱环节，也是今后需要努力的迫切任务。②

本评述有三个限定条件，即"历史地理学视野""乡村"和"基层区划"。所谓"历史地理学视野"，主要是指在搜罗、考证、复原基层区划单位的基础上，探讨其分布、幅员、层级、地望、边界、变迁、建置沿革等"政区"和地理空间要素，并在此基础上开展的政治史、经济史、社会史等相关方面的研究，不包括纯粹的政治制度史及乡村史研究。"乡村"是相对于"市镇"的提法，一般认为县以下的区域都可以称作基层，但宋代时县下出现了大量的经济市镇，虽然其空间范围不大，且边界不十分清晰，但无疑拥有相应的管辖区域，也可以视作是一种"基层区划"，限于篇幅，本文并不讨论市镇。③ 县以下基层单位数目众多、种类繁杂，而且富有历时性变化和地域性差异，它们有些符合"政区"的概念，有些则仅仅是户籍、土地登记单位或仅具有某种单项行政职能，但无论是何种性质，在编排时都要依托地理空间，故统称为"基层区划"较为合适。下面将根据研究对象的时段差异进行回顾及述评。

一　隋唐以前的研究

这一时期的研究主要分为两类。一是对简牍中出现的基层区划名称进

---

① 郭声波：《中国历史政区地理的圈层结构问题》，《江汉论坛》2014年第1期。2013年3月他在复旦大学中国历史地理研究所承办的"第七届全国人文地理沙龙"上，作了题为"解构探底——中国历史政区地理研究的基层延伸"的主题发言。

② 此外，还有很多学者有过类似的号召。如满志敏教授2015年3月在陕西师范大学西北历史环境与经济社会发展研究院"河山论坛"中作题为"不同的资料来源——历史城市空间研究"的学术报告，认为重建县以下区划及其变迁的准确边境是历史城市空间研究中的三项基础性工作之一（http://heshan.snnu.edu.cn/show.aspx?id=1550&cid=52）。刘桂奇博士也认为县以下基层区划的研究，虽有一些单篇论文不断出现，但还远远没有铺展开来，尚属于拓荒领域（《清代广东乡都图里建置沿革研究》，南方日报出版社2015年版，第2页）。

③ 此说法借鉴了周振鹤先生"城市型政区"和"地域型政区"概念［详见《行政区划史研究的基本概念与学术用语刍议》，《复旦学报》（社会科学版）2001年第3期］以及史卫东、贺曲夫、范今朝"地域型县辖政区（普通型县辖政区）"和"城市（镇）型县辖政区"的说法［详见《中国"统县政区"和"县辖政区"的历史发展与当代改革》，东南大学出版社2010年版，第21页］。

行搜罗、整理、考证和研究。最早做这方面工作的是吴昌廉和何双全，前者辑录了居延汉简所见乡里名，并按郡国—县邑—乡里的统属关系排列出来，[①] 后者则按照《地理志》《郡国志》体例顺序，编缀汉简中诸郡县的乡、里名，并对其性质及职能进行了初步探讨。[②] 后来周振鹤教授又在此二文的基础上辑录了550余个里名，并对汉简中的县里名进行校对，纠正原整理者的某些错误。[③] 大概在同一时期，日本学者吉村昌之作居延汉简地名索引，收录了额济纳河流域出土汉简中的里名。[④] 21世纪以来，新出汉简不少，其中不乏新见里名。晏昌贵以肩水金关汉简为材料辑补了275个里名，[⑤] 马孟龙对周文所录里名进行校订、增补和删除。[⑥] 黄浩波、孙兆华分别对《肩水金关汉简》（壹）、（贰）所见郡国县邑乡里名进行了整理，相比黄文，孙文着重关注了里名，并对其命名特点进行分析，认为里的命名多为嘉名，带有明显的人文气息，里名前置方位词具有"地名标准化"倾向，以姓氏为里名是否与聚族里居相关尚难断定。[⑦] 庄小逸则对一种特殊的里，即冠"市"里进行了专门研究，对其命名方式、在地方制度上之分别及"市阳里"之方位作了初步探讨。[⑧]

近年来，类似于黄、孙这样以某一种简牍为主要材料对基层区划进行的研究较为常见。如陈伟、鲁鑫通过对包山楚简中的里名进行搜罗、整理和分析，探讨了楚国的地域政治系统及名籍制度，前者认为里的分布相当广泛，它与邑应是并存于地方政区中的两种组织形式，后者认为战国晚期

[①] 吴昌廉：《居延汉简所见郡国县邑乡里统属表》，(台湾)《简牍学报》第7期，1980年。

[②] 何双全：《〈汉简·乡里志〉及其研究》，载甘肃文物考古所编《秦汉简牍论文集》，甘肃人民出版社1989年版，第145—235页。

[③] 周振鹤：《新旧汉简所见县名与里名》，《历史地理》第12辑，上海人民出版社1995年版，第151—165页。

[④] [日]大庭脩主编：《居延汉简索引·地名索引》，关西大学出版部1995年版。

[⑤] 晏昌贵：《增补汉简所见县名与里名》，《历史地理》第26辑，上海人民出版社2012年版，第249—255页。

[⑥] 马孟龙：《〈新旧汉简所见县名和里名〉订补》，《历史地理》第30辑，上海人民出版社2014年版，第151—160页。

[⑦] 黄浩波：《〈肩水金关汉简（壹）〉所见郡国县邑乡里》（http://www.bsm.org.cn/show_article.php?id=1586，2001年11月1日）；孙兆华：《〈肩水金关汉简（贰）〉所见里名及相关问题》，《鲁东大学学报》2014年第2期。

[⑧] 庄小逸：《汉简里名初探——冠"市"里名研究》，(台湾)《简牍学报》第18期，2002年。

楚国的里名可以分为"从属于某人的里"和"从属于某地的里"两种类型，但里中居民的身份似乎并不像里名所表现出的那样整齐划一，而是具有相当复杂的一面。[1] 张俊民则利用敦煌悬泉汉简，探讨了汉代的"亭"，认为"亭"可以分为边塞候望之亭、行政治安之亭和邮驿之亭三种。[2] 长沙走马楼吴简是较多用来探讨三国孙吴政权基层管理体制的出土文献。苏卫国、岳庆平分析了孙吴地区县下"乡"与"丘"的对应组合，认为乡、丘不仅有一对多的关系，更有多对一的关系，呈现出一种复杂的模式。[3] 吴海燕、于振波、宋超、郭浩、侯旭东等学者则对"里""丘"关系进行了探讨，虽一时难以形成统一的结论，但此间商榷加深了对孙吴立国之初基层统治的认识。[4] 孙闻博则探讨了孙吴初年长沙地区的乡吏设置与乡政开展情况，认为"乡界"作为界域限制在地方社会统治中发挥着重要的作用，县廷派往各乡的吏员有劝农掾、典田掾、市掾等，依各自职能在乡政中扮演着重要的角色。[5] 这些研究虽然是着眼于乡村行政制度，但涉及基层区划的层级和名称考订，也属历史地理学的范畴。

二是对局部地区进行复原。如王子今对汉代长安乡里的搜罗、[6] 张俊民对效谷县乡里的辑考、[7] 赵宠亮对赵国县邑乡里的考证、[8] 吴昌廉对张

---

[1] 陈伟：《包山楚简所见邑、里、州的初步研究》，《武汉大学学报》1995年第1期；鲁鑫：《包山楚简州、里问题研究缀述》，《中原文物》2008年第2期。

[2] 张俊民：《敦煌悬泉汉简所见的"亭"》，《南都学坛》2010年第1期。

[3] 苏卫国、岳庆平：《走马楼吴简乡丘关系初探》，《湖南大学学报》（社会科学版）2005年第5期。

[4] 吴海燕：《"丘"非"乡"而为"里"辨》，《史学月刊》2003年第6期；于振波：《走马楼吴简中的里与丘》，《走马楼吴简初探》，文津出版社2004年版，第68—75页；宋超：《长沙走马楼吴简中的"丘"与"里"》，载长沙市文物考古研究所编《长沙三国吴简暨百年来简帛发现与研究国际学术研讨会论文集》，中华书局2005年版，第77—85页；郭浩：《从汉"里"谈长沙走马楼吴简中的"里"和"丘"》，《史学月刊》2008年第6期；侯旭东：《长沙走马楼三国吴简"里""丘"关系再研究》，《魏晋南北朝隋唐史资料》第32辑，上海古籍出版社2015年版，第14—26页。

[5] 孙闻博：《走马楼吴简所见"乡"的再研究》，《江汉考古》2009年第2期。

[6] 王子今：《汉代长安乡里考》，《人文杂志》1992年第6期。

[7] 张俊民：《悬泉汉简所见西汉效谷县的"里"名》，《敦煌研究》2012年第6期；《西汉效谷县基层组织"乡"的几个问题》，《鲁东大学学报》2013年第1期。

[8] 赵宠亮：《两汉赵国县邑乡里考》，《邯郸学院学报》2015年第3期。

掖郡及其属县居延县辖里的整理和研究。① 钟炜、晏昌贵、郭涛、鲁家亮则利用里耶简牍对秦迁陵县乡里结构进行了较为全面的复原。② 尤其值得一提的是侯旭东《北朝村民的生活世界——朝廷、州县与村里》一书，该书虽然主要关注的是村落，但在附录中辟有《临湘属乡与乡界》一节，专论"乡界"和"乡治所"问题，认为诸乡都有地域界限，且有一个相当于"治所"的办公地点，称为"邑下"。文中还绘制出临湘侯国部分乡的空间分布图，并对"里""丘"等基层单位的性质、职能进行了探讨，这些研究具有开拓性意义。③ 关于临湘侯国的属乡问题，另有杨振红的研究，她对已公布的走马楼三国吴简《竹简（壹）、（贰）、（叁）》释文中的35个乡进行考释，认为临湘侯国约统属12个乡。④

二　隋唐宋元辽金时期的研究

隋唐时期的研究依然以基础性的复原和考证为主，并较多关注了都城和经济发展水平较高的地区。其中以长安地区最多，⑤ 次则洛阳

---

① 吴昌廉：《汉张掖郡县"里"新探》，《东海大学文学院学报》第48卷，2007年；《汉居延县"里"新考》，《白沙历史地理学报》第3期，2007年。
② 钟炜：《里耶秦简牍所见历史地理及相关问题》，硕士学位论文，武汉大学，2004年；晏昌贵、郭涛：《里耶简牍所见秦迁陵县乡里考》，《简帛》2005年第1期；鲁家亮：《里耶秦简所见迁陵三乡补论》，《国学学刊》2015年第4期。
③ 侯旭东：《北朝村民的生活世界——朝廷、州县与村里》，商务印书馆2005年版。
④ 杨振红：《长沙吴简所见临湘侯国属乡的数量与名称》，《简帛研究　二〇一〇》，广西师范大学出版社2012年版，第139—144页。
⑤ 武伯纶：《唐万年、长安县乡里考》，《考古学报》1963年第2期；武伯纶：《唐长安郊区的研究》，《文史》第3辑，1963年；载史念海主编《西安历史地图集》，西安地图出版社1996年版，第77—78页；杜文玉：《唐长安县、万年县乡里补考》，载史念海主编《汉唐长安与关中平原》，《中国历史地理论丛》1999年增刊；尚民杰：《唐长安县、万年县乡村续考》，《西安文物考古研究——西安市文物保护考古所成立十周年纪念》，陕西人民出版社2004年版，第365—390页；程义：《隋唐长安辖县乡里考新补》，《中国历史地理论丛》2006年第4辑；［日］户崎哲彦：《唐京兆府万年县乡里补考》，《中国历史地理论丛》2010年第2辑；高铁泰：《对〈唐京兆府万年县乡里补考〉的异议》，《唐都学刊》2011年第4期；杨维娟：《唐万年县"长乐乡"相关历史地理问题补正》，《文博》2014年第1期；徐畅：《唐万年、长安县乡里村考订补》，《唐都学刊》2015年第2期；王号辉：《唐长安城南少陵原地区的乡里行政》，《新西部》（理论版）2016年第9期。

地区，① 再次为成都和扬州地区。② 又陈国灿较为全面地梳理了唐代不同时期敦煌县的辖乡，并考虑到增乡、废乡以及改名情况，具有启发性。③ 总体来看，这些研究虽然考证出了数量众多的基层区划单位，有些还对其地望、边界、方位进行了较为精细的复原，但由于没有考虑到基层区划的消亡、合并、划割、改名等情况，至今仍难以搭建起某一区域内较为完整的基层区划建置沿革框架。

基础性的基层区划单位考证和地望复原固然重要，但以此为基础展开的诸如制度史、社会史方面的研究应是今后需努力拓展的方向，致力于宋史的学者已经做出了一些尝试如日本学者上田信以1898年调查为基础编纂的《忠义乡志》为主要材料，探讨了浙江省奉化县忠义乡内宗族的移住史、村落的立地环境以及开发过程，虽不是一篇"纯粹"的历史地理学论文，但他将空间范围限定于某一乡，探讨了基层区划、聚落、宗族、人口等要素之间的关系，为历史政区地理的微观研究拓展了新路径。④ 鲁西奇在研究材料上有所突破，他在《宋代蕲州的乡里区划与组织——基于鄂东所见券地文的考察》一文中利用买地券基本复原了宋代蕲州乡一级的区划，并对宋代乡、里、保的职能及其变化情况进行了卓有成效的探索，认为宋乡已经成为较单纯的地域单位。里在北宋大部分时期应该是实际发挥作用的基层单位，在实行保甲法之后也向单纯的地域概念演化。熙宁、元丰年间，保制得到普遍推行，直到北宋末期，保制都没有太大的变动。⑤ 后来他又根据今见宋辽金元时期的250种买地券，窥探宋元时期城

---

① 赵振华、何汉儒：《唐代洛阳乡里方位初探》，载赵振华主编《洛阳出土墓志研究文集》，朝华出版社2002年版，第45—119页；张剑：《洛阳出土墓志与洛阳古代行政区之关系》，《洛阳出土墓志研究文集》，第133—162页；周晓薇、王其祎、王灵：《隋代东都洛阳城四郊地名考补——以隋代墓志铭为基本素材》，《中国历史地理论丛》2009年第3辑；程呈、马强：《唐代东都之洛阳县乡村里地名补考——以出土唐人墓志为主的考察》，《中国历史地理论丛》2016年第1辑。另，日本学者爱宕元《唐代两京乡里村考》(李健超译，《西北历史资料》1982年第2期)将东、西两都结合起来考察，也考证了部分乡、里、村名，并绘制成图。

② 易立：《唐宋时期成都府辖县乡、里考》，载成都文物考古研究所编著《成都考古研究》(二)，科学出版社2013年版，第424—455页；陈彝秋：《唐代扬州城坊乡里考略》，《扬州大学学报》(人文社会科学版) 2000年第2期。

③ 陈国灿：《唐五代敦煌县乡里制的演变》，《敦煌研究》1989年第3期。

④ [日]上田信：《地域的履历——浙江省奉化县忠义乡》(上、下)，钟翀译，《杭州师范学院学报》2004年第1、2期。

⑤ 荣新江主编：《唐研究》第11辑，北京大学出版社2005年版，第595—620页。

乡区划与组织层面的若干侧面。认为宋元时期，北方地区乡村社会的基本单元，一直是"村"，"里"已基本退出乡村社会生活与赋役、治安管理的范畴。在南方地区，北宋前中期，"里"应当是县以下实际发挥作用的基层组织。保甲法推行后，"里"也向较单纯的地域概念演化，但仍然发挥着界定地域单元的作用。① 鲁氏的两篇文章可以说开启了宋代基层区划研究的新模式，脱离了纯粹的名称考证和空间复原，转而研究基层区划的形态和性质转变、统辖关系等问题，将历史地理学与地方政治制度史较好地结合了起来。

余蔚则鲜明地提出了"县以下政区"的概念，他注意到宋代时已出现为数不多的将主簿、县丞派驻到县治以外的其他地区进行行政管理，从而引发县域政治地理结构变化的案例。同时，负责治安的县尉与巡检划区而治的现象已经较为常见，这两种举措致使国家直接控制的层级向下延伸。政府同时也在镇、监、场、寨、堡等县以下区域建立"官治"，这些区划单位因职能的不同和权力大小的差别而分属不同的层级。其设置很少是单纯出于治民的目的，一般都带有很强的经济或军事目的，而宋代"建制镇"的出现，标志着"基层政区"由县向县以下政区过渡的开始。这一研究的价值在于注意到至少从宋代开始，县以下开始出现正式"官治"机构并分划辖区的现象。② 姚帅将宋代的乡村视作一种社会空间，并在唐宋变革的视野下试图梳理政府、地方精英与乡村民众三者在这一空间中的互动关系，并通过严州个案探讨了乡里的层级问题。③ 王旭则在全面考证、复原江南西路辖乡的情况下，专题性地探讨了乡的分布特点与经济格局、乡的命名与改名特点、乡的划分原则与调整方式等问题。④ 来亚文、钟翀虽然主要关注的是城内界、厢、坊等基层区划单位，但对城乡交界地带的乡村区划也有所观照，通过对城内空间较为精细的复原，发现城墙之内有属"乡"管辖的土地，认为附郭乡似乎与城郊乡有所区别，湖州城的"界"并非"坊"的别称，实即城中之"里"，是附郭乡的赋役

---

① 鲁西奇：《买地券所见宋元时期的城乡区划与组织》，《中国社会经济史研究》2013年第1期。
② 余蔚：《宋代的县级政区和县以下政区》，《历史地理》第21辑，上海人民出版社2006年版，第73—86页。
③ 姚帅：《宋代乡村社会空间研究》，硕士学位论文，暨南大学，2011年。
④ 王旭：《宋代乡的建置与分布研究——以江南西路为中心》，西安地图出版社2015年版。

征发基本单位和"厢"的警巡消防基层区划。① 来氏另有文探讨宋元明清时期嘉兴城的"坊",认为宋代嘉兴的城市管理应呈现由附郭嘉兴县管辖的乡、界、坊(巷)三级结构,② 其研究在一定程度上打破了传统"城乡二元"结构的藩篱,认识到城墙并不是城乡区域天然的分界线。

与此同时,基础性的复原工作仍在继续。如裴洞毫对宋代夔州路砦堡时空演变的探讨;③ 杨向飞对北宋洛阳辖乡的梳理与方位考证;④ 许怀林《江西省行政区划志》一书主要是关于江西中高层政区的著作,但作者在补记中梳理了吉州乐安县云盖乡的隶属变化情况,是宋代基层区划调整的典范案例。⑤ 后王旭又在此文的基础上对云盖乡隶属变化的原因进行分析,并由此窥探界区小尺度区划变动的原则及影响,认为小尺度区划与自然区、文化区、经济区之间相互整合的关系至少可以上延至宋代,它与长期统辖自己的中高层政区存在千丝万缕的联系,强制性划割会打破原来和谐的整体,造成税收混乱、沟通不便等问题。⑥

三 明清、民国时期的研究

明清及民国时期,材料丰富,研究成果也较前代更多。目前所见较多的是对巡检司的研究,内容以建置沿革和分布变迁为主。⑦ 区域性的研究亦非常多,江西地区,如郭永钦利用新见《江西新城县保甲图册》探讨明清保甲制实施的若干细节问题,包括基层编制、户籍管理、聚落及基层区划地理等,对新城县的"微观政区"进行了定点和边界的复原。⑧ 吴启

---

① 来亚文、钟翀:《宋代湖州城的"界"与"坊"》,《杭州师范大学学报》2016年第1期。
② 来亚文:《宋元与明清时期嘉兴城中的"坊"》,《中国历史地理论丛》2015年第3辑。
③ 裴洞毫:《宋代夔州路砦堡地理考》,硕士学位论文,西南大学,2009年。
④ 杨向飞:《北宋洛阳所辖乡之名称方位考》,《洛阳理工学院学报》2012年第3期。
⑤ 许怀林:《江西省行政区划志》,方志出版社2005年版。
⑥ 王旭、周倩:《归属与调整:界区小尺度区划的变动——以宋代乐安县云盖乡为中心的考察》,《暨南史学》第12辑,广西师范大学出版社2016年版,第69—81页。
⑦ 王伟凯:《明代湖北八府的巡检司设置与分布》,《湖北大学学报》2006年第3期;胡恒:《清代巡检司时空分布特征初探》,《史学月刊》2009年第11期;赵思渊:《明清苏州地区巡检司的分布与变迁》,《中国社会经济史研究》2010年第3期;吴宏郡:《明代四川地区巡检司分布变迁考》,硕士学位论文,西南大学,2011年。
⑧ 郭永钦:《明清保甲制下的基层编制、户籍管理和聚落地理——〈江西新城县保甲图册〉的古地图信息分析》,《历史地理》第29辑,上海人民出版社2014年版,第248—265页。

琳则关注了赣南内部基层行政区划设置的空间差异,认为赣南南部特殊的山地地形以及频繁军事活动是"堡"制出现的主要原因,随着军事征剿和防御作用的减弱以及行政功能的增强,"堡"逐渐与"乡里"之行政区划挂钩,趋于地域指向性明显增强,职能与乡、里趋同。[1] 安徽地区,刘道胜、凌桂平以《光绪祁门县保甲册》为主要材料,探讨了晚清祁门县保甲设置与村落社会,认为该县采取的是以图甲制取代保甲制的形式。图的设置以自然村落为基础,一图之内,又有区分不同属性的户籍灵活编制甲、牌单位。[2] 李甜则关注了明清以降宁国府各县基层区划在空间和时间上的分异,认为各县的演变与其地理环境与人文传统差异息息相关。太平县的虚图,是皖南商业社会的特殊产物;宣城县、南陵县的团制,是发轫于平原圩区的基层设置;寄庄则折射出南部山区商业资本流向北部圩区的社会现象。[3] 四川地区,苟德仪以南部县档案为主要材料,探讨了清代乡的性质,认为明代中后期及清代的大部分时间里,乡都是介于地理概念和行政区划之间的地域单位,清末新政后才成为正式一级行政区划和机构。[4] 李妍祺通过对清代巴县里甲分布情况进行分析,认为巴县里甲制度并未随着保甲制度的产生而消亡,在基层事务的日常管理中还发挥着很重要的作用。[5] 江南地区,张子健、谢湜以常州武进县为例探讨了明清乡制的演化过程,着重关注了在不同时代背景下,乡所发挥的作用。认为明代实行粮里制度后,乡作为县下主要的地域认同单位,在编造册籍、催征田赋过程中发挥作用。清初赋役改革,粮区由实入虚,乡担任县与图之间上传下达的中间机构。清中叶在清理田粮时设立乡董处理本乡纠纷。乡董在太平天国后与团练结合,职权扩充,成为一乡的管理者。晚清自治,实际是将掌握了地方权力的乡董纳入自治的体系中,各乡也作为自治区成为正

---

[1] 吴启琳:《明清赣南"乡里"区划空间差异与形成缘由——以赣州府"乡"、"堡"并存格局为中心》,《学术研究》2015年第11期。
[2] 刘道胜、凌桂平:《晚清祁门县保甲设置与村落社会——以〈光绪祁门县保甲册〉为中心》,《安徽大学学报》2014年第4期。
[3] 李甜:《明清以降宁国府基层区划演变及其社会治理》,《中国农史》2016年第3期。
[4] 苟德仪:《清代的乡是行政区划还是地理概念——以四川南部县为个案的分析》,《西华师范大学学报》2013年第3期。
[5] 李妍祺:《清代巴县里甲分布情况探析》,硕士学位论文,西南大学,2015年。

式的行政区划。^① 胡恒《皇权不下县？——清代县辖政区与基层社会治理》一书虽然着眼于全国范围，但具体章节仍是以点代面，落实到某一区域，该书对清代巡检司、司、汛、市镇等"县辖政区"做出较为精湛的实证分析，对"佐杂分防"关注尤多，质疑"皇权不下县"的说法，对清代基层社会治理进行了全新的阐释，其论述不仅大大推进了该专题的学术进步，而且翻新了学术界"行政区划"要素理论，结论具有强烈的现实借鉴意义。^② 这些区域性的个案使基层区划的研究"遍地开花"，让"铁板一块"的整体研究呈现出"五彩斑斓"的面相。

笔者分析，这一时期基层区划的研究表现出如下特征。首先是较多地关注基层区划空间的演变过程及运作方式。如吴滔研究了市场体系的市镇与基层区划融合、市镇辖区的形成过程、用于救济的粥"厂"演变成"实体"行政区划等问题。^③ 游欢孙着重探讨了市镇区域、自治区域由"虚"转向"实"的过程。^④ 吕挺以吴江县为中心，探讨了清末民国江南基层政区变迁情况，集中于市镇的崛起及其管辖空间的确立。^⑤ 刘桂奇、郭声波与邱捷对清代香山县基层建置的性质及行政运作方式进行探讨，此间商榷加深了我们对清代乡、都、佐杂分防、区、局等区划单位和机构的认识。^⑥

其次是由于某些地区资料非常丰富，出现一些涉及幅员、边界的精细

---

① 张子健、谢湜：《明清乡制考——以常州府武进县为例》，《上海师范大学学报》2017年第2期。

② 胡恒：《皇权不下县？——清代县辖政区与基层社会治理》，北京师范大学出版社2015年版。

③ 吴滔：《清代江南市镇与农村关系的空间透视——以苏州地区为中心》第2章《"镇管村"体制的形成》、第3章《分厂传统与市镇区域之塑造：以嘉定宝山为例》，上海古籍出版社2010年版，第90—176页。

④ 游欢孙：《地方自治与近代江南县以下行政区划的演变——兼论商业市镇的政区实体化》，《中国历史地理论丛》2011年第2辑；《从市场到区划：清至民国江南市镇区域变迁——以盛泽镇为例》，《学术月刊》2013年第9期；《清末民初江南县以下地方自治区域的划分——以吴江县为例》，《中国历史地理论丛》2015年第1辑。

⑤ 吕挺：《清末民国江南基层政区变迁研究》，硕士学位论文，江西师范大学，2013年。

⑥ 刘桂奇、郭声波：《清代香山县基层建置及其相关问题》，《海洋史研究》第8辑，社会科学文献出版社2015年版，第250—267页；邱捷：《关于清代香山县基层建置的属性——兼向刘桂奇、郭声波先生请教》，《海洋史研究》第9辑，社会科学文献出版社2016年版，第359—369页。

复原。如满志敏以方志为主要材料，利用美国参谋本部陆地测量总局在民国五年（1916）测量的五万分之一地形图、总参谋部测绘局在1983年根据多种实测资料编制的五万分之一地形图、上海城市建设局测量总队1959年制印的三万分之一青浦县全图三种大比例地图，结合历史地理信息系统（GIS）技术，复原和厘定了各时代青浦县境和县界的变化情况。① 周振鹤、陈琍则直面空间尺度更小的保、区、图、圩等基层区划单位，以上海道契档案为基本材料，复原了清代上海县以下部分地区的基层区划及其界址。这一研究无疑是目前为止最小尺度的区划复原，对基层区划的研究具有示范意义。② 刘桂奇更加关注基层区划建置和形态转变，并在此基础上对清代广东县以下基层区划的特征、依据及性质进行了一些探讨。③ 沈桂钊、刘旭辉、冯桂明讨论了清末三峡地区大约20个县的县界变化，对边界地带的基层区划调整进行了较为精细的梳理，④ 这些成果最终都呈现于《长江三峡历史地图集》。⑤

再次是体现出由历史政区地理向政治地理转变的趋势。周振鹤教授指出历史政治地理的研究要关注政区与地方行政组织等级、政区与自然地理环境、政区与人文地理环境的关系。⑥ 这种思路对基层区划的研究同样具有指导意义，谢湜就认为"将政治地理学的视野放到'县'以下，空间和制度、地方行政系统与基层社会结构等诸多关系可以得到新的理解。在这一意义上，或许只有达到最低一级政区之下，才有可能实现对地域要素的综合理解，考察其相互联系所填充着的空间"。他对清代苏松常三府分县和并县的探讨就是将政治地理学的相关理论和方法运用到基层区划研究

---

① 满志敏：《1542—2001年青浦县界变迁》，《历史地理》第25辑，上海人民出版社2011年版，第108—123页。
② 周振鹤、陈琍：《清代上海县以下区划的空间结构试探——基于上海道契档案的数据处理与分析》，《历史地理》第25辑，上海人民出版社2011年版，第124—148页。
③ 刘桂奇、郭声波、魏超：《清代广东乡都图里建置沿革研究》，南方日报出版社2015年版。
④ 沈桂钊：《晚晴夔州府各县界线研究》，硕士学位论文，西南大学，2010年；刘旭辉：《清末长江三峡地区重庆府属州、厅、县界线复原研究》，硕士学位论文，西南大学，2010年；冯桂明：《晚清长江三峡地区内宜昌府各县界线复原研究》，硕士学位论文，西南大学，2012年。
⑤ 蓝勇编：《长江三峡历史地图集》，星球出版社2015年版。
⑥ 周振鹤：《范式的转换：沿革地理—政区地理—政治地理的进程》，《华中师范大学学报》2013年第1期。

的典范性实践。① 而研究尺度更小且更为具体的有张伟然教授对湖南衡山县（今属衡东县）南湾乡的研究，他通过对该乡政区归属变更情况的考察，探讨了小尺度区划调整背后的不同集团、群体的利益冲突以及行政区与文化区的关系等问题。② 徐建平的相关研究虽然主要关注的是省界变迁，但很多内容也涉及基层区划的调整与自然环境、社会变动之间的关系。③ 黄忠鑫以徽州文书为主要材料，探讨了徽州地区都图里甲体系与地方社会之间的互动关系。④ 张乐锋通过对七宝、莘庄两地开埠之前至解放初期行政区划调整与上海市、江苏省及地方社会之间互动过程的分析，探讨了近代以来上海城市行政区的形成过程。⑤ 这些研究无疑都是历史政治地理在县以下基层区划实践中的优秀成果。

最后是对一些理论方法的探讨。如满志敏教授从载体数据的意义、空间尺度、稳定性要求、可能性要求等方面讨论了运用小区域载体数据的一些需要关注的问题，认为区域描述的专题数据有许多来源，需要一定的架构方法整合，因此相关的数据标准化处理和定义，以及数据在时间变化上的定义成了架构数据的重要问题。⑥ 而另文《从图像到信息：历史舆图内容的空间定位问题》则是对具体方法的探索与实践，认为在江南水乡这样的小区域中，要构建起完整的基础数据基础，水系格局和聚落是作为其他数据载体的最基本要素，并根据《吴县图志》以及《民国嘉定县续志》所附自治乡舆图对小尺度地区的复原进行案例分析。⑦

---

① 谢湜：《清代江南苏松常三府的分县和并县研究》，《高乡与低乡：11—16世纪江南区域历史地理研究》，生活·读书·新知三联书店2015年版，第409—455页。
② 张伟然：《归属、表达、调整：小尺度区域的政治命运——以"南湾事件"为例》，《历史地理》第21辑，上海人民出版社2006年版，第172—193页。
③ 徐建平：《湖滩争夺与省界成型——以皖北青家湖为例》，《中国历史地理论丛》2008年第3期；《从界限到界线：湖滩开发与省界成型——以丹阳湖为例》，《史林》2008年第3期；《政治地理视角下的省界变迁：以民国时期安徽省为例》，上海人民出版社2009年版。
④ 黄忠鑫：《在政区与社区之间——明清都图里甲体系与徽州社会》，博士学位论文，复旦大学，2013年。
⑤ 张乐锋：《城市化与基层政区的归属——以近代上海七宝、莘庄两镇为例》，《历史地理》第33辑，上海人民出版社2016年版，第222—237页。
⑥ 满志敏：《小区域研究的信息化：数据架构及模型》，《中国历史地理论丛》2008年第2辑。
⑦ 满志敏：《从图像到信息：历史舆图内容的空间定位问题》，《谭其骧先生百年诞辰纪念文集》，上海人民出版社2012年版，第273—283页。

四 研究意义、不足及展望

　　我们进行学术史回顾当然需要明确此研究的意义在哪里。笔者认为，就学术意义而言，从历史地理学视野对乡村基层区划进行的研究，一方面在一定程度上能弥补区域史及基层政治制度史的薄弱部分，为其他学科的细化性研究奠定地理空间基础。谭其骧先生在《禹贡》发刊词上曾说："历史好比演剧，地理就是舞台；如果找不到舞台，哪里看得到戏剧！"空间要素是我们认识历史不可或缺的基础性内容，然而一直以来由于对基层区划的空间要素知之甚少，使得依托这些空间"舞台"所得出的规律性结论及基层"统治模式"容易受到挑战。另一方面也可以为历史政区地理的研究拓展新路径，提供新思路，并进一步丰富历史政治地理的概念、体系和框架，填补小尺度"政区"地理研究的若干空白，最为直接的贡献是纠正以往中高层政区复原的一些错误。实际上，所有的中高层政区都是由更小尺度的基层区划所组成，后者的变动在某种程度上就是前者的调整，只有对这些更小尺度的基层区划单位有了更为清晰的认识，才能从根本上揭示中高层政区的变化过程。胡恒就认为："任何一个县级政区毫无疑问都是由更小的村落、基层组织组合而成的，缺少这些区划的'细胞'，根本就谈不上县及其以上任何层级的区划。因此，对县以下区划的讨论，将是从根本上揭示县级政区构成的必由之路。"[①] 明确地指出县下基层区划研究对区域史及政治制度史的重要意义。

　　就现实意义而言，随着改革开放的深入，基层社会的政治生态、经济格局、文化风气和社会结构都发生了深刻的变化。如果要改革现行基层管理体制中不合理的部分以适应新时期发展的需要，就必须要研究历史时期基层区划的变化过程，寻绎其变迁规律。中国是一个在行政区划管理方面具有悠久传统的国家，积累了丰富的行政区划管理经验，其中当然也包括对基层行政区划管理与控制方面。清代学者顾炎武曾言："天下之治，始

---

① 胡恒：《皇权不下县？——清代县辖政区与基层社会治理》，北京师范大学出版社2015年版，第3页。

于里胥,终于天子,其灼然者矣。"① 说明基层区划的设置是否合理、功能是否有效、运作是否流畅,直接关系到整个基层社会的稳定。现阶段,政府要想以正确的措施来管理基层社会、规划现代城镇、改革乡村行政体制、统筹城乡发展、完善城乡基层治理体系,就必须借鉴这些历史经验。

通过前文梳理,可知目前历史地理学视野下的基层区划研究虽然取得了一些成绩,但仍有很多不足,体现在如下几个方面:第一,虽然有很多学者呼吁和倡导对县以下基层区划进行研究,但就研究群体和力度来说,尚显薄弱,所呈现的面貌远不如中高层政区那样清晰。周振鹤教授就指出:"对于行政区划的研究,目前最低一级一般只到县。县以下的区划虽也有一些成果出现,但至今尚未成为气候。所以在《中国行政区划通史》里,除了个别情况,不研究县以下的区划。但这并非表示县以下区划的研究不重要,只是因为研究起来有诸多困难,而文献资料的不足是最重要的困难之一。这种困难并不只发生在中古时期,甚且对明代的都图制度,目前学术界的研究也都远不够深入。"② 第二,受资料限制,魏晋及以前的朝代只能在大的范围内进行一些搜罗和考证性的工作,难以进行系统化研究。唐宋时期的研究,虽然已经能对一些重点区域和资料相对丰富的地区进行较为完整的复原,但很多基层区划单位并不能落实到地图上,且由于所关注地域集中,这种复原究竟有多大的典型意义并不能确定。第三,研究存在断层。虽有很多基层区划的研究涉及秦汉、隋唐、宋及明清时期,但南北朝、五代十国和辽金元时期较少有人涉及,这导致断代性的研究前后孤立,使我们无法从整体上把握演变脉络,难以形成系统和贯通的认识。

针对这些不足,今后需在如下几个方面进行努力:第一,努力开发新史料。与中高层政区相比,基层区划的材料不仅缺乏,而且非常分散,前者至少在一些正史地理志、地理总志中保留有较为完整的名单。目前基层区划的研究,主要运用的是简牍、墓志铭、神道碑、买地券等材料,这还远远不够,今后需要合理利用地方志、碑刻、游记、登科录、家谱、族

---

① (清)顾炎武:《顾炎武全集》第18册《日知录(一)》,上海古籍出版社2011年版,第353页。

② 周振鹤、陈琍:《清代上海县以下区划的空间结构试探——基于上海道契档案的数据处理与分析》,《历史地理》第25辑,上海人民出版社2011年版,第124—148页。

谱、文学作品、文书、道契等材料，在广泛搜罗基层区划名称及其地理信息的基础上，力求重建县以下基层区划的建置序列。第二，积极引进新技术。如前述满志敏、周振鹤的研究就运用历史地理信息系统（GIS）、Mapinfo等绘图技术，郭永钦甚至运用构建数学模型的方法。这些技术和方法目前可能还不太成熟，但是随着探索的深入，终将成为基层区划复原和研究的有力工具。第三，在现阶段进行整体复原和研究较为困难的情况下，对具有典型性的局部区域进行复原和微观研究是较为可行的方法，但这种研究并不能孤立进行，而是要积极进行时间和空间层面上的比较，只有这样才能避免以偏概全、一叶障目。第四，系统借鉴中高层政区研究的理论和方法。经过过去数十年的发展，历史政区地理已经形成了一套较为完备的理论和方法，县下区划与中高层政区虽然存在诸多差异，但作为一种地理空间，两者性质相似，合理借鉴中高层政区理论和方法，开展县以下基层区划的研究是较有效的"捷径"。

史学理论

历史叙事真实性的四个维度[*]

张云飞[**]

（燕山大学 马克思主义学院）

实在历史是在过去客观实在地发生过的历史事件和人物的总和，它除了在历史记忆中留下一些模糊的痕迹之外，大部分已经隐没在历史长河之中。这些已经成为过去的实在历史是用任何魔法都不能召唤回来的，人们也不可能发明一种时间机器使自己回到过去的某个时段去做亲身的体验，就像马克思所说的，我们对于实在历史不能用显微镜，也不能用化学试剂，[①] 一切试验的原理和方法对于实在历史都没有效果。我们无法直接面对实在的历史，我们只能通过过去的遗迹、遗物和历史文本来了解它，但是这些历史遗存提供给我们的只是一些片面且不完整的信息，对它的理解过程依赖于人们想象的重构，实在历史似乎完全隐没在人们对它的重构之中了。于是，一方面是历史上存在过的人、发生过的事以及在事件发生过程中人的思想，另一方面是对这些事情的记述和描写；一方面存在于认识者的思想之外，另一方面存在于认识者的思想之中；一方面是现实，另一方面是象征性的符号。前一方面属于历史事实的范畴，后一方面则属于历史叙事的范畴。在上述两个方面之间存在一种隐秘的关系，即不同的两个

---

[*] 本文为国家社会科学基金项目"哲学理论的历史感与历史叙述的哲学性：哲学与历史学的关系研究"（13CZX007）的阶段性研究成果。

[**] 张云飞，燕山大学马克思主义学院副教授、博士，硕士生导师，主要研究方向为历史哲学。

[①] 马克思在《资本论·第一卷》"第一版序言"中就经济形式的研究做出上述说明。就经济形式而言，需要借助人类的抽象力来开展研究，这个观点对于历史研究同样适用。参见中央编译局编《马克思恩格斯文集》第五卷，人民出版社2009年版，第8页。

方面是否存在一致，记述历史能否反映实在历史，符号能否反映现实。所谓历史叙事的真实性问题，就是在记述历史和实在历史的关系中审查二者之间是否相一致的问题。自从兰克提出"如实直书"的历史学研究规范以来，历史叙事的真实性一直是历史学家开展历史研究的主要研究目标之一。在综合分析和总结各种文献的基础上，本文致力于解析历史叙事真实性的基本类型。

一 观念的真实性与现实的真实性

历史叙事是依照观念顺序来进行书写，还是依照时间次序来进行书写，这是一个重要的理论问题。蒲鲁东（他在理论是黑格尔哲学的表现）与马克思在这个问题上代表两种迥然不同的理论路向。马克思在《哲学的贫困》中批判了蒲鲁东的历史书写方法。蒲鲁东认为他的理论不是"适应时间次序的历史"，而是"适应观念顺序的历史"，"人类的无人身的理性"在自己发展自己，他认为自己发现了经济理论自身的逻辑顺序以及（纯粹的、永恒的、无人身的）理性自身演化的一定系列。"他以为他是在通过思想的运动建设世界；其实，他只是根据绝对方法把所有人们头脑中的思想加以系统的改组和排列而已。"[①] 与此相反，马克思认为历史叙事中的逻辑、概念并不是在理性自身中产生的，而是对时间中不断发展的现实生活的总结和提升，这种历史叙事就是"适应时间次序的历史"，"人们按照自己的物质生产率建立相应的社会关系，正是这些人又按照自己的社会关系创造了相应的原理、观念和范畴"[②]。

"适应观念顺序的历史"追求的是"观念的真实性"，即按照原理、观念和范畴之间存在的逻辑关系的合理性来判断某种历史叙事的真实性，其依据的是理性自身的辩证法。观念的真实性是我们评判某种历史叙事是否真实的重要维度。在这种评判中范畴之间的逻辑关系具有重要的意义和价值。究其原因在于理性在人们认识过程中具有重要作用。首先，没有理性，我们就不可能展开认识。这里所谓的理性一方面指的是人所具有的理性认识能力，理性认识能力使人类区别于动物，没有理性认识能力，人类

---

① 中央编译局编：《马克思恩格斯文集》第一卷，人民出版社2009年版，第602页。
② 同上书，第603页。

的认识仅仅能够达到动物的水平；另一方面指的是人在进行一项认识之前就具有的关于认识对象的知识框架，没有这个知识框架，认识主体虽然是面对认识对象，但是从中什么也不能发现，这正像一个人观看 X 光片时的体会一样，虽然尽力想从中看出一点什么，但因为他不具有相关的医学知识，最终什么也看不出来。其次，正如康德所发现的那样，人类对对象的认识就是带着自身的理性预设对自然进行的改造过程，在这个改造过程中，认识主体"只把从他自己按照自己的概念放进事物里去的东西中所必然得出的结果加给事物"①。新康德主义者李凯尔特也坚持康德的解释路径，他认为："认识不是反映，而是改造；不仅如此，我们还可以补充一句：与现实本身相比，认识总是一种简化。"② 如果不经过改造和简化的环节，人们就不能在认识中把握连续的、异质的、杂多的现实之物。人的认识对象无疑是在自身之外的自然和社会客体，但人的认识并不是对于客体的镜像式反映，而是在认识过程中把人的理性要素加到了人类关于事物的认识结果之中。理性伴随着人类认识过程的始终，理性要素也渗透在人们的认识成果之中。我们根据观念、范畴之间的逻辑关系对于本身就是理性体现的某项历史认识成果的真实性进行判断，在一定程度上是切实可行的。

"适应时间次序的历史"追求的是"现实的真实性"，是按照现实的关系和现实的历史过程对某种历史叙事的真实性进行判定，也就是说历史叙事必须与历史事实相一致，它才具有真实的性质。现实的真实性是否可能？这在理论上是一个亟须解决的问题。而为了解决这个问题，我们需要解决下列关键问题，即：我们如何能够确定已经成为过去的历史事实呢？我们知道历史事实首先存在于文本之中。对于文本，我们可以确定的是文本之中虽然包含着一定的理性建构，但它只可能是在一定现实经验基础上的理性建构，它必定从一个角度反映了现实经验；另外，关于同一事件的历史文本可能存在多个版本，在这多个版本的文本互证过程中，我们可以从多个角度对同一个历史事件加以认识，这样就有望通过文本的研究接近历史真实。除了文本之外，历史事实还可以通过遗留到现在的物品和痕迹得以体现，从这些遗留物中，我们也可以发现历史事件的蛛丝马迹，例如

---

① [德] 康德：《纯粹理性批判》，邓晓芒译，人民出版社2004年版，第13页。
② [德] 李凯尔特：《文化科学和自然科学》，涂纪亮译，商务印书馆1986年版，第30页。

对于光绪帝死因的调查,就是通过检测在光绪遗留的头发和衣物中的砒霜含量确定了他死于谋杀的事实。对于历史事实加以确定的第三个途径,依赖于历史和现在的某种连续性,历史上的风俗、习惯或制度以放大或者是萎缩的形式保持到了现在,我们通过对现在的状况加以研究而深化对历史的认识。

马克思曾经指出:"观念的东西不外是移入人的头脑并在人的头脑中改造过的物质的东西而已。"① 人们的认识成果一方面是物质的东西"移入"人的头脑的产物,另一方面是人的头脑对之进行"改造"的产物。历史叙事是对于历史事件和历史过程的认识,它不可能完全是主观的,也不可能完全是客观的,而是"移入"和"改造"两个方面的产物。因而,对于历史叙事真实性的分析,一方面要沿着现实的真实性分析路径展开,另一方面也要沿着观念的真实性分析路径展开,把"时间次序"和"观念顺序"两个方面结合起来我们才能不断地接近问题的本质。

二 符合的真实性与融贯的真实性

符合的真实性大致相当于我们上面所说的"现实的真实性",这种观点认为一种认识之所以具有真实性,是因为它具有与事实、对象或感性相符合的特性;反之,如果一种认识不与事实、对象或感性相符合,那么它就不具有真实性。通常这种理论也被称为"真理的符合论"。亚里士多德所提出的蜡块说在一定程度上坚持了真理的符合论,他认为每一个事物都由质料和形式两个部分构成,"感官"可以抛弃事物的质料,接纳它的可感觉的形式,这正像蜡块一样,在构成图章的铁或金子取走之后依然可以接纳图章的印迹。② 亚里士多德的蜡块说揭示了认识的来源,由此来源出发,真理的检验也必然依赖于这个来源,"每一事物之真理与各事物之实是必相符合"③。这应该是符合论真理观的发端。

融贯的真实性大致相当于我们上文所述的"观念的真实性",这种观

---

① 中央编译局编:《马克思恩格斯文集》第一卷,第22页。
② 北京大学哲学系外国哲学史教研室:《西方哲学原著选读》上卷,商务印书馆1981年版,第149页。
③ [古希腊]亚里士多德:《形而上学》,吴寿彭译,商务印书馆1959年版,第33页。

点认为"如果一个陈述被表明可以和我们所准备接受的其他一切陈述相融贯或者适合，那么它就是真的"①。一个观念的真实性来自其他观念与它保持逻辑上的一致性，也可以说一个观念的真实性来自它在一定的观念体系中所具有的合理性。通常这种理论也被称为"真理的融贯论"。真理的融贯论最早的源头可以追溯到柏拉图，他在《泰阿泰德篇》中借泰阿泰德之口说出了关于知识的一个定义，即："真实的信念加上解释（逻各斯）就是知识。"② 这也就是传统的关于知识的界定，即"知识是得到辩护的真信念"这一观点的来源，也就是说某个信念如果要成为知识，它需要具备两个条件，首先，它必须是真的；其次，它是得到充分辩护的。一个信念来自人的感觉，每个人从感觉获得的东西对他来说都是真的，一切经验都具有真实性，但是从感觉的角度出发观察事物，由于感觉在人与人之间具有相异性，我认为真实的东西和你认为真实的东西并不相同。因此，只具有这种真实属性的信念还不能被称为知识，知识还必须具备第二个条件，那就是这个真信念需要得到解释，需要得到逻各斯的辩护。这里所谓的"辩护"，是一个人持有某种信念的理由，为什么某种信念是正确的解释，或者是一个人如何知道他知道什么的说明。这种辩护主要是在观念或者信念之间进行，一个真信念能够成为知识依赖于它与其他观念之间相互融贯的关系。③

符合的真实性或者融贯的真实性在评判历史叙事真实性的过程中，总会不同程度地具有各自的困难和问题。符合的真实性的困难在于与之相符合的对象难以确定，过去的事实已经是不可观察、不可经验的对象，绝大部分历史已经消失无踪了，只有一部分历史保存在历史文本之中。如果在

---

① ［英］沃尔什：《历史哲学：导论》，何兆武、张文杰译，广西师范大学出版社2001年版，第76页。

② ［古希腊］柏拉图：《柏拉图全集》第2卷，王晓朝译，人民出版社2003年版，第737页。

③ 这是整个《泰阿泰德篇》在临近结束的时候所论证的关于"知识"概念的全部结论，但是令人迷惑的是，在该对话录就要接近尾声的时候，苏格拉底莫名其妙地推翻了上述的所有论证，他宣告："感觉、真实的信念、真实的信仰加上解释，都不是知识。"（《柏拉图全集》第2卷，人民出版社2003年版，第752页）苏格拉底宣告了以上所有的关于知识的界定都是错误的，在没有任何结论的状态下结束了对话。由此，我们已经很难说这种理论是由谁主张的，显然不是苏格拉底，不是柏拉图，也不是泰阿泰德，只能够说是在柏拉图的笔下以苏格拉底的名义对这种理论进行过论证。虽然如此，它仍然可以作为融贯论真理观的较早的系统表述。

历史认识上要求符合的真实性的话，那就不可避免地以这样的前提作为假设，即："某些事件是照它们所呈现的样子记录下来的，而我们必须做的一切就只是阅读这些记录。"① 而现在成问题的正是这些历史记录的确实可靠性，我们在这些历史记录中同样发现了解释的痕迹。融贯的真实性的困难在于只是在概念和范畴的范围内绕圈子，构成一个个的循环论证，概念 A 的真实性需要依赖于概念 B、C 和 D 与之相互融贯、相互支持、相互证明；同样，概念 B 的真实性也需要依赖概念 A、C 和 D 与之相互融贯、相互支持、相互证明，相关的概念 C 和 D 也遵循这一路线得以成立，最终我们可以看到，任何概念的真实性都缺少确定的基础。有的学者试图对这两种理论加以综合，例如沃尔什就持有这种观点，但是他的综合不是有机的综合，只是在简单地指出两种真实性的利弊的基础上揭示两者之间相互克服、相互利用的关系，他还没找到一个切实可行的途径来解决二者之间的矛盾。与沃尔什相类似，我们也持有一种综合的立场，这种综合只能在实践的基础上实现，这种实践包括历史当事人的生活实践和认知实践，同时也包括历史认识者的生活实践和认知实践，基于相同的实践和认知结构，认识者能够对于当事人的生活和实践进行理论建构，并且在这种理论建构的基础上进一步实现认识主体间的认同。这是在实践基础上的主体认同，我们相信以这种方法在一定程度上能够实现符合的真实性与融贯的真实性的相互结合、综合和生成。

三　历史认知的真实性和历史评价的真实性

历史叙事过程包含着两个内在联系的方面，其中一个方面是历史认知过程，另一个方面是历史评价过程。由此，历史叙事的真实性又可以细分为历史认知的真实性与历史评价的真实性。下面，我们从厘清认知和评价的含义开始，进而说明历史认知和历史评价的特殊性及二者之间的相互关系，最后强调历史认知的真实性与历史评价的真实性都离不开事实判断，都需要建立在经验观察的基础之上。

认知是我们需要加以认识的对象在陈述中获得表现的过程，或者用杜威的话来说，认知是"引起将直接情境置于陈述中（将……置于陈述中，

---

① ［英］沃尔什：《历史哲学：导论》，第 81 页。

而不是陈述）的中介"①。认知是将直接情境置于陈述中的手段和中介，认知是与我们置身于其中的直接情境相关的，这种直接情境构成认知的对象，认知就是为了在陈述中反映那些直接情境。所以，认知的基本指向是事实，是为了揭示事实的本来面目以及一事实与他事实之间的关系。我们简单审视了认知的界定之后，再来看评价的界定。从词源上来看，评价是指评估价值或者是对人或事物评定的价值，"评价某人或某物"或"对某人或某物的评价"就是上述两个含义在日常语言中的运用。一般来说，评价是一个价值判断的过程，评价的对象是一个观念、方法或者事件。杜威认为评价包含着两种含义，"只要翻一下词典，我们就可发现通常所说的'评价'在口语中既表示珍视又表示鉴定、鉴赏。珍视是在珍藏、珍爱和其他诸如此类的行为，如尊重、敬重这些意义上使用的。而鉴定则是在'赋予……以某种价值'、'把价值归属于……'的意义上使用的。鉴定、鉴赏是一种评估活动，在鉴定、鉴赏中明显地包含了比较活动"②。评价通常包含着两种活动，即：珍视和鉴定。前者是在情感的基础上展开的，而后者是在理性判断的基础上展开的，情感和理性都能够对评价产生重要的影响。

　　认知和评价的对象都是事实（在现实中存在的人或物），但是在事实的基础上展开的认知和评价的目标却存在差异，认知是为了揭示事实之本质，而评价则是为了揭示事实之价值。事实是什么样就是什么样，这是不以主体人的状况为转移的；与此不同，不同的主体对于同一事实的价值的认识往往存在明显的差异，某一事实的价值由于主体的不同而处于不断地变化之中。"知识和真理的普遍性与同一性表明，知识和认知的主体并不是特殊的、个别的主体，而是普遍的、统一的主体，即发展着的人类整体。而价值和评价则不然。价值和评价的主体总是具体的、特殊的、多元的，对于同一对象的评价，总会因为主体的不同而有不同的结果。"③ 产生这种状况的主要原因在于知识和价值之间的区别，认知是为了获得知识，知识是对事实的普遍性和统一性的认识；评价是为了体验价值，价值是人们对于事物的实效性、经济性以及满意度等方面的评估，它表明的是

---

① ［美］杜威：《评价理论》，冯平、余泽娜等译，上海译文出版社2007年版，第100页。
② 同上书，第7页。
③ 李德顺：《价值论》，中国人民大学出版社2007年第2版，第227页。

客体的存在、属性和变化对于主体人的意义，它具有特殊性和多元性的特征。

当认知和评价的对象是历史对象（过去存在或出现的人和物）时，也就随之出现了对于历史人物、历史事件和历史事物的认知和评价，这就是我们所谓的历史认知和历史评价。历史认知和历史评价与一般的认知和评价的主要区别在于前者的对象是一种历史存在，它不具有当下的性质，我们不能以一种面对面的观察或实验的方式来对之进行研究，因此也就增加了我们认识其真实性的难度。但是这种难度并不在于基本事实的确定，而在于对于基本事实之间的关系的研究，这种关系主要表现在两个方面，一个方面是因果关系，另一个方面是价值关系。因果关系属于历史认知的范畴，价值关系属于历史评价的范畴，它们都是历史叙事的基本层面。这里所谓的基本事实包括历史事件发生的时间、地点、人物以及这些人物说过的话、做过的事，由这些话和事引起的其他人物的反应，等等。见证人或当事人通过观察和思考能够对这些历史事实加以陈述，后人在研究这段历史的过程中也可以通过这些见证人或当事人的陈述了解这些基本事实，因此基本事实的真实性并不存在疑问。如果存在疑问的话，那也仅仅是研究方法是否得当，研究者是否具有足够耐心，有没有文献记载以及这个事实值不值得研究等问题。在基本事实确定之后，各个事实之间的因果关系，一个事实对其他事实的影响和作用，也就可以在当事人的行为和陈述中发现其蛛丝马迹，从而得到确定。在基本事实以及事实之间的因果关系得以确定之后，历史认知也就处在通往真实性的途中。

历史叙事过程不仅包括历史认知，而且还包括历史评价。历史评价和历史认知一样都是把历史事实作为对象而开展的认识活动，但是进行历史评价的目的并不是发现历史事实之本是，而是发现历史事实所具有的意义和价值。在历史评价过程中隐含着一个非常重要的理论问题，这就是事实和价值之间的关系到底是什么？通常的一种观点认为事实与价值之间并不存在必然的关联，休谟的那个古老的命题——从"是"中推不出"应当"——说的就是这个意思。休谟认为一个事实的好坏或善恶并不是理性分析的结果，而是受到情感驱动的结果，是由人们之间的同情所造成的，它不存在于对象之中，而是存在于人们的心中。人们在试图对于某一事实的价值或善恶进行理性分析的过程中总是存在一个致命的错误：从事实判断非常轻易地过渡到价值判断，从"是"中推出"应当"。但是，

"是"与"应当"之间并不存在必然的联系。例如某人故意杀人是恶的,这种行为之所以是恶的,并不是因为残害同类这种行为。因为在动物界,动物之间的相互残杀司空见惯,我们并不认为那就是一种恶。杀人的行为和动物之间相互残杀的行为相同,动物之间的相互残杀不能被称为恶,那么人与人之间的残杀行为为什么就是恶的呢?可见,一种行为之所以为恶与理性分析没有任何关系,它只能是来自人的一种情感,这种情感就是同情,"那些德所以有价值,都一定是因为我们同情那些由它们而获得任何利益的人,正如那些有促进本人福利倾向的德,是由于我们对他的同情而获得它们的价值一样"①。事物的价值完全来自与事物本身无关的主体人的情感,人对之施以同情的事物就具有价值,而不对之施以同情的事物就没有价值,价值来自主体人的属性。这种把价值视为与事实完全脱节的观点显然是不正确的。我们对于被谋杀的人的同情使我们认为故意杀人是一种恶,这是问题的一方面;但问题的另一方面是并不是所有的故意杀人都是一种恶,在中国传统文化中除暴安良往往也被视为一种善,相同的行为因为具有不同的目的而得到完全不同的价值判断,目的构成事实的一部分,这只能够说明价值是与事实的属性密切相关的,不同的"是"产生不同的"应当"。我们承认,这个过程中存在着同情的因素,但是更多的是对于事件所具有的不同情节的理性分析。与休谟的观点相反,杜威坚决反对那种把事实和价值割裂开来的二元对立的观点,他认为,评价建立在事实的基础之上,并且可以接收经验观察,"认为评价并不存在于经验事实中,因而必须从经验之外的源泉中引入价值概念,这是人类心灵曾有的最稀奇古怪的信念之一"②。

相同的事实具有不同的价值证明了价值所具有的主体性,同时也证明了同一事实所具有的属性的多元性,正是这种主体性和多元性的结合构成了价值世界的丰富多彩。价值不能脱离事实而独立地存在于人们的心中或情感中。既然价值的形成离不开事实,对于价值的评价也就离不开事实。一般层面的评价过程是这样,历史评价过程也是这样,它离不开基本的历史事实;基本的历史事实的确定是历史评价得以进行的基础,只有在历史事实的基础上进行的历史评价才具有真实性。确定历史事实是进行历史认

---

① [苏格兰]休谟:《人性论》下册,关文运译,商务印书馆1980年版,第662页。
② [美]杜威:《评价理论》,冯平、余泽娜等译,上海译文出版社2007年版,第67页。

知的过程，历史认知是历史评价的基础；历史评价是揭示历史认知结果在当代的效用和价值的过程，它是历史认知在当代发挥其作用的有效途径，二者紧密结合，不可分离。由此可见，历史认知的真实性主要是在历史事实的基础上进行构建的，而历史评价的真实性虽然有情感、意志等主观因素的参与，表现出某些与历史事实相偏离的属性，但它依然离不开历史事实，可以通过经验观察来加以确定。历史叙事的真实性内在地包含历史认识和历史评价的真实性这两个方面。

四 学术历史的真实性与生活历史的真实性

这两种类型的真实性是以某种历史认识是否具有实用价值为标准来进行划分的。学术历史并不以实用作为目标，而是以纯粹满足人类自身求知的本性而展开探索，这在亚里士多德看来是人类更高级的知识形态，是人类自身为了脱出愚蠢，追求自由学术的表现形态。而相同的东西在克罗齐看来却是没有价值的，他把语文文献学历史（也就是我们所谓的学术历史）归入了假历史的行列，他认为语文文献学历史的研究方法是试图通过档案文献来研究历史，语文学家似乎认为人类过去的历史就像魔怪被锁在小瓶之中一样被浓缩在档案文献之中，这只是一种单纯的想法而已，有点不切实际，人们不可能通过档案文献来发现过去，"因为不管怎么努力，不管怎么不辞劳苦，要用外在的事物写一部历史干脆就是不可能的"①。这样的历史主要表现为编年史，是加以重新编排的文献，也就是文献的"汇编"。学术历史的真实性依赖于文献和档案，希望从中发现历史事件的真实面目。

生活历史与学术历史不同，它的侧重点在于解决思想和生活中出现的问题，"一旦生活与思想在历史中的不可分割的联系得到体现以后，对历史的确凿性和有用性的怀疑立刻就会烟消云散。一种我们的精神现在所产生的东西怎么能不确凿呢？解决从生活中发生的问题的知识怎么能没有用呢"？②克罗齐主张历史与人类的思想和生活，尤其是当代人的思想和生活发生联系，"一切真历史都是当代史"，从而历史在当代面前丧失了自

---

① ［意］克罗齐：《历史学的理论与实际》，傅任敢译，商务印书馆1982年版，第15页。
② 同上书，第4页。

身的独立性，历史学家可以从当代的需要和利益出发重构过去的历史。这一点在很大程度上是不可取的，因而关于生活和历史的关系的更加合理的表述是马克思在《关于费尔巴哈的提纲》中的一句话："哲学家们只是用不同的方式解释世界，问题在于改变世界。"① 研究过去历史的目的不在于仅仅满足于解释世界，而在于从历史中认清现实中的问题，在实践的基础上切实地改变世界。历史学解释世界是对历史世界的还原，尽可能地依据历史事件的本来面目去进行这种还原，达到这种还原之后，历史学并没有完成其任务，它还需要与当代思想和生活中的问题相结合，合理地解决当代思想和生活中所出现的困惑。这种做法既不会丧失历史事件的独立性，也不会与现实相脱节，而是以解决现实问题为基本向度的对历史事件的深入解析。

---

① 中央编译局编：《马克思恩格斯文集》第一卷，第502页。

思想文化

论王阳明心学思想对毛泽东的影响

周立斌　于海元

(东北大学秦皇岛分校　社会科学研究院)

习近平总书记在党的十九大报告中指出,"推动中华优秀传统文化创造性转化、创新性发展",进一步充分肯定了中华优秀传统文化的厚重性,和传承的方式方向。我党历来重视理论创新,同时也注重对中华文化的传承。毛泽东主席作为第一代领导核心就是传统文化的重要传承者,除了他本人在书法诗词等方面的造诣外,作为毛泽东思想的主要创建者,毛泽东个人思想的渊源中就有丰富的优秀传统文化因素。本文主要从一个小的切入点着手,试图探究毛泽东思想与传统文化的关系,不当之处,敬请学界批评指正。

毛泽东的思想与王阳明心学的关系是异常复杂的,不仅是由于他本人一生对王阳明心学思想的态度几经变化,更由于王阳明心学思想对其影响存在着各种直接或间接的因素。

梳理王阳明的心学思想对毛泽东人生各个阶段(尤其是青年阶段)的影响,不仅能加深我们对王阳明心学思想的历史价值和当代价值的理解,更有助于我们厘清毛泽东的思想的复杂来源。

一　宋明理学和王阳明心学思想

中国传统文化以儒学为主流,而儒学的集大成就是宋明理学(或称"道学")。探究毛泽东的思想与王阳明心学思想的关系,必须首先对宋明理学的产生、发展和演变有一个基本的了解,因为王阳明的心学思想是在宋明理学的发展中产生并成为其中的一个主要流派的。

（一）宋明理学的产生、发展和演变

"隋唐佛、道的发展，给社会造成了三方面的后果：一是唐末至五代的长期混乱、分裂、社会失序；二是宗法伦常的丧绝，道德的失落；三是价值理想的迷失，精神家园的空虚。'理学'担当了拯救这种失序、失落和迷失的责任。"[①]

可以说，宋明理学是在深刻反思唐末至五代的社会混论的缘由，积极吸收佛教和道家的哲学和思辨方法的基础上产生的。

宋明理学在产生时期曾出现过各种哲学体系。其主要代表为周敦颐的"太极"说，邵雍的"象数"学、张载的"关学"、程颐和程颢的"洛学"、朱熹的"道学"、陆九渊的"心学"、陈亮的"功利学"等。

宋明理学经过北宋100多年的发展，到了南宋日渐成熟，但同时出现了明显的分流，形成了以朱熹为代表的"道学"派和以陆九渊为代表的"心学"派的截然对立，即一个以客观实在的"理"为主导的体系建构和以个体的"心"为主导的体系建构的严格分野。

在宋明理学的演化中，王阳明的心学思想是在陆九渊的"心学"理论基础上发展而来的，并作为朱熹为代表的"道学"的对立面而出现的。"历史的推移，认知的发展，使得'致广大、尽精微、综罗百代'的朱熹哲学逻辑结构渐露破绽；也使这个在当时看来是严密的、思辨的哲学体系愈显其内在的冲突。这个破绽和冲突集中表现为：理性本体与感性实在、抽象的超越现实的先在'理'与具体的去格一件一件的'物'、伦理道德规范与人们践履行为之间。"[②] 此外，以朱熹为代表的"道学"派，在强调"理"的同时，忽略了个体的价值，甚至提出了"饿死事小失节事大"的怪论，沦落成为封建的卫道士。而王阳明心学思想重视人的价值，认为无论是"圣人"，还是"愚夫愚妇"，都具有"良知"，都是"平等"的。这些，都是王阳明心学思想得以广泛传播的原因。

（二）王阳明的心学思想

王阳明构筑了集哲学的本体论、认识论、逻辑学、人生观、实践论为

---

① 张立文：《宋明理学研究》，人民出版社2002年版，第618页。
② 同上书，第482页。

一体的心学思想体系。下面，我们从哲学的本体论、认识论、逻辑学等方面对王阳明的心学思想体系进行简单梳理，为探究青年毛泽东的思想与王阳明心学的关系奠定一定的分析基础。

第一，本体论："物"只是自我主体精神"心体"的外化。王阳明的心学认为，"物"不是客观实在的，不是自生的，而是由"心体"演化出来的，类似于费希特的非我由我演化而来。但在这里需要强调的是：（1）王阳明所说的"物"指的是事物，不是具体的物体；（2）这种"物"与人的行为直接相关，如饮食中的物、旅行中的路、穿衣行为中的衣服；（3）这种"物"一旦通过人的行为产生，便具备了一定的"独立性"。但这种"独立性"与波普尔强调的"世界三"的强独立性不同，是一种弱独立性，即一旦离开人的行为，这种"物"就不存在了。很显然，王阳明对"物"的客观性是给予一定的肯定的，这使他的哲学与佛教对"物"的全面否定划清了界限。佛教认为，世间一切事物都是因缘而生，本无自性，都是幻象。因此，在佛教看来，无"物"存在。

第二，实践论：知行合一。王阳明的知行合一理论是奠定在"物"是由"心体"的外化而来的观点上的。既然"物"是人的意愿、意志等主观意识通过个体的行为导出的结果，那么，由知就完全可以导行。因此，在这个意义上，知性就合一的。在王阳明的知行合一中，知是行的先导；行是知的结果。

第三，逻辑学：心即理。王阳明认为，人的认识是从"心体"出发，而不是从客观事物出发。万事万物的"理"都在自己心里，不必外求。不仅如此，世界的意义也是由人的"心体"赋予的，即"心体"为"物"的逻辑化生者。也就是说，"物"是"心体"外化而来，所以，"物"的"理"即"心"的"理"。但王阳明强调，这种"心"的"理"是通过体悟而来，而不是通过学习而来。当把这种"理"付诸个体的行动时，就自然达到知行合一了。

第四，非理性认识论："心体"体"理"是通过"感应"。外物的"理"，如君臣之道、自然法则等如何得知？王阳明认为是通过"感应"，即"体几"。受到《周易》的"几者动之微，吉之先见者也"[1] 的启发，王阳明认为，"心体"体"理"是通过"感应"来实现的。显然，这种

---

[1] 金景芳、吕绍纲：《周易全解》，吉林大学出版社1989年版，第522页。

"感应"是一种非理性的直觉,无法通过言说来表现出来。这样的结果,就封闭了通过理性去认知万物之理的大门,"理"只能靠个体的体悟来实现。也就是说,对外物"理"的认识无法通过学习知识或原理的途径来实现。这种观点与禅学极为相似。禅学主张不立文字,佛理只靠心传,佛祖的拈花微笑就是一个经典案例。

第五,人生观和价值观:致良知。致良知是王阳明哲学的最高程度,也是他的人生观和价值观。"所谓'良知',在孟子那里是指一种不经后天学习的先验是非标准和道德规范。王守仁则将'良知'作为融本体论、工夫论、人性论和道德论为一的范畴。它具先验性、普遍性、直觉性。"[①]在王阳明看来,"良知"就是"心即理"的"心","良知只是个是非之心。是非只是个好恶,只好恶,就进了是非——是非之心,不待虑而知,不待学而能,是故谓之良知,是乃天命之性,吾心之本体,自然灵昭明觉者也"[②]。"致良知"也就是把自己本有的、与天道相一致的、标志为人自身存在的真实本质的"良知",在我们日常的生活实践之中体现出来。

二 从排斥到接受:毛泽东对王阳明心学思想态度的变化

我们分析毛泽东对王阳明心学思想的态度,尤其是在他的青年时期,主要是从三个方面来分析的:(1)关键人物的影响;(2)毛泽东自身的思想变化;(3)毛泽东周围环境或人物的影响;等等。

(一) 童年和少年毛泽东:对王阳明心学思想兴趣寡然

在童年和少年时期,毛泽东对包括王阳明心学思想在内的宋明理学兴趣寡然,"是的,泽东从8岁就开始厌恶儒学。他回忆说:'我的大部分同学都讨厌四书五经'"[③]。而一些被私塾和学校斥为的"杂书",却成了他爱不释手的读物,"泽东常和他的同学们在上课时偷读禁书,老师一走过来,马上用经书遮住。这些书大多是描写战争或反叛的,诸如《水浒

---

① 张立文:《宋明理学研究》,第520页。
② 同上书,第527页。
③ [美] R.特里尔:《毛泽东传》,河北人民出版社1989年版,第15页。

传》、《三国演义》、《西游记》等。韶山时期,这些书比任何东西都更影响了毛泽东的心灵世界"①。

在童年和少年时期的毛泽东为什么对包括王阳明心学思想在内的宋明理学兴趣寡然,甚至讨厌,我们认为,可能的原因有:

第一,私塾教育本身的呆板性。四书五经是儒学的经典,其内容博大精深、奥妙无穷,但私塾先生对其的讲授往往照本宣科,引发不起童年和少年时期毛泽东的兴趣。

第二,缺乏关键人物的引导。根据各种版本的《毛泽东传》及毛泽东自身的回忆,在童年和少年时期的毛泽东身边,后来再无一个像杨昌济那样的大儒来担任他的学业或精神导师。这两个时期的毛泽东只是在私塾先生那里看到按儒家修身方式的结果,即成了酸儒或腐儒,当然加深了他对儒学的反感情绪。

第三,童年和少年的天性使然。人在童年和少年时期,往往活泼好动,像孙悟空、张飞、李逵等以武力闻名的人物往往成为这一时期的偶像,而以修身、齐家、治国、平天下等为己任的王阳明式人物,引发不起儿童和少年的兴趣。

(二) 青年初期毛泽东:对王阳明心学思想的排斥

1913 年,20 岁的青年毛泽东进入湖南第一师范学校学习。在湖南第一师范学校,青年毛泽东对王阳明心学思想的态度发生了一百八十度的大转弯,即从对心学的排斥到接受。

在湖南第一师范学校,毛泽东接受了系统的高等教育,既接受自然科学和社会科学的西式教育,又接受系统的国学学术训练。刚开始,他对待以宋明理学为代表的国学与自然科学和绘画的态度一样——讨厌和抵触,当然也包括王阳明的心学思想。

我们的分析,在这一时期的毛泽东对王阳明心学思想的排斥的主要原因是:受西方自由主义等思想强烈影响。毛泽东说:"在这个时候,我的思想是自由主义、民主改良主义、空想社会主义等思想的大杂烩。我憧憬'十九世纪的民主'、乌托邦主义和旧式的自由主义。"② 西方的自由主义、

---

① [美] R. 特里尔:《毛泽东传》,第 6 页。
② [美] 埃德加·斯诺:《西行漫记》,生活·读书·新知三联书店 1979 年版,第 125 页。

民主改良主义、空想社会主义等思想与儒家思想是尖锐对立的,所以,这一时期的毛泽东不接受王阳明的心学思想,是情理之中的。

(三) 对王阳明心学的接受

然而,当饱读中西哲学、深受康德哲学影响且信奉王阳明心学思想的杨昌济教授出现在青年毛泽东面前时,他的哲学观、人生观、价值观等发生了翻天覆地的变化,其中最明显的是:对王阳明心学思想的接受和践行。"杨尊崇宋明理学,但也花了四年的时间去英国和德国研究康德、格林和其他欧洲思想家的理论。使二者结合在一起的是他对心灵和意志的信仰。慎思、敢做、心之力能使世界改容。无疑,这是个人主义,但这是着眼于整个社会进步的个人主义。没有哪位良师——三、四十年代遥远的斯大林除外——能比这位在爱丁堡取得中国哲学博士学位的中国人对毛产生过如此深刻影响。"[①]

我们认为,在这一时期的毛泽东对王阳明心学思想的态度转变,除了杨昌济的直接影响之外,还有以下原因。

第一,王阳明的心学思想的影响力。我们认为,王阳明心学思想对青年毛泽东产生了不可抗拒的吸引力:一是王阳明心学思想对人的价值的重视。这种观点对于唤起民众觉醒、重视民众的青年毛泽东来说,无疑是一种有效的思想武器。二是王阳明心学思想对主体能动性的强调。当王阳明"以人的精神主体、'吾心良知'作为世界统摄性的基础时,'吾心良知'已不是具体的、感性的'一块血肉',而是主体就是本体"[②]。主体就是本体,这是对个体主观能动性的高扬。这种能动性,无论是对于思想的革命者毛泽东来说,还是社会的革命者毛泽东来说,都是必须具有的。只有具备了这种主观能动性,才有改天换地的气概和决心。

第二,毛泽东周围同学的影响。在湖南第一师范学校期间,毛泽东结交了几个志同道合的朋友,如蔡和森、肖三、萧子升等人。这些朋友虽观点激进,却都致力于改造旧中国,并重视自身体质和意志力的锻炼,注重知行合一。他们的这些想法和做法,都与王阳明的心学思想暗合,并潜移默化地影响青年毛泽东。在湖南第一师范学校的第二个暑假,毛泽东和萧

---

① [美] R. 特里尔:《毛泽东传》,第 32 页。
② 张立文:《宋明理学研究》,第 543 页。

子升结伴进行的一次走遍湖南五个县的游学,就是这方面的体现。"毛和他的朋友不带一文钱,他们给当地的地主乡绅写巧妙的对联换取食宿。这次游学历行六个星期,步行近千华里,更多地了解湖南。"①

第三,毛泽东自身的理想追求的结果。在湖南第一师范学校期间的毛泽东,注重身体锻炼、自身意志的培养和对人生的体悟,而这些都是王阳明心学思想所倡导的。"对毛来说,锻炼身体不仅仅是一种强身健体的方法。为什么他迎着狂风高声朗读唐诗?这不是在练嗓子,而是在磨练自己的意志。"②

第四,《新青年》的影响。"在这个时期中,特别是1915年《新青年》创刊后,他在新文化运动的影响下,集中精力研究哲学和伦理学,探讨宇宙真理和人生真义,形成了一套比较完整的哲学思想。它涉及到本体论、发展观、认识论、历史观和伦理观等各个方面,其基本特征是主观唯心论。"③

三 《心之力》:对王阳明心学思想的创造性阐发

《心之力》是青年毛泽东在王阳明心学体系的基础上阐述自己新学的世界观、人生观和价值观最典型的作品。青年毛泽东的这篇作品是在杨昌济讲授《伦理学原理》后,有感而发写的一篇文章。

在杨昌济讲授伦理学时,采用了德国哲学家包尔生④所著的《伦理学原理》作教材。包尔生的伦理学思想强调个体心的力量和主体的道德责任,这一点与王阳明心学思想暗合。

在系统地听完杨昌济的讲授作并认真阅读《伦理学原理》后,青年毛泽东的创造冲动不可抑制,一篇才华横溢的名为《心之力》的文章就这样横空出世。毛泽东在跟斯诺谈话时回忆说:"那时我是一个唯心主义

---

① [美] R. 特里尔:《毛泽东传》,第35页。
② 同上书,第34页。
③ 黄楠森、施德福、宋一秀:《马克思主义哲学史》(下),北京大学出版社1987年版,第27页。
④ 包尔生(1846—1908,亦译为保尔逊,泡尔生等),德国著名哲学家、伦理学家、教育家,19世纪末20世纪初德国柏林大学的哲学教授。1878年起任柏林大学教授直至去世,思想上属康德派,是当时所谓"形而上学泛心论"的代表。

者，杨昌济老师从他的唯心主义观点出发，高度赞赏我的那篇文章。他给了我一百分。"① 其实，后来杨昌济又给他加了 5 分，变成 105 分，可见他对毛泽东的这篇文章的赞赏程度。我们认为，杨昌济对这篇文章的赞赏，不仅仅是由于毛泽东的文采风扬、论证严谨等原因，更是因为这篇文章充分体现了王阳明的心学思想，而这一点是杨昌济最为看重的，因为他本人就是王阳明的信徒。"王阳明说：'大道即人心，万古未尝改'，而在《心之力》中，毛泽东正是把'阳明心学'与进化论的思想结合起来，从而针对社会达尔文主义，针锋相对地提出了'创造进化论'的观点。"②

在《心之力》中，青年毛泽东对王阳明的心学思想的创造性阐发主要体现如下几个方面。

第一，对王阳明宇宙观的创造性阐发。宋明理学的新学派自陆九渊开始便倡导：吾心便是宇宙，以弘扬主观唯心主义的能动性。王阳明的更是强调心对宇宙的作用。在《心之力》的开篇毛泽东便提出，"宇宙即我心，我心即宇宙。细微至发梢，宏大至天地。世界、宇宙乃至万物皆为思维心力所驱使。博古观今，尤知人类之所以为世间万物之灵长，实为天地间心力最致力于进化者也"③。由此可以看出，毛泽东在这里把王阳明的心学宇宙观与进化论创造性地结合在一起，认为宇宙的生成和演化是在思维心力的作用下完成的，完全否认了唯物主义的物质第一性原理。

第二，对王阳明心学实践观的创造性阐发。王阳明倡导知行合一，但他的知行合一仅是在个体伦理实践层面的，而青年毛泽东的实践观主张个体对社会的改造义务，尤其是具有强大心之力的革命者对割除封建势力和思想的义务。"心力变新、强健者首应破除封建、官僚之愚昧邪道，惩治卖国、汉奸、洋买办之洋奴愚众，明戒不义浮财绝善终。以国家民族之新生心力志向缔造世界仁德勇武文明之新学，新学为思想理论之基石、栋梁，新学不兴，御敌难成。"④

第三，对王阳明心学价值观的创造性阐发。"千古圣人，教化为根。我辈恰逢此乱象当前之世，人皆逐物欲而迷心，循末节而忘真，醉娱乐轻

---

① ［美］埃德加·斯诺：《西行漫记》，第 122 页。
② 韩毓海：《立国显始做宏略》，人民网，2015 年 10 月 27 日。
③ http://www.douban.com/group/topic/9084650/.
④ 同上。

国志，谋小私绝大利，认蛮夷做乃父，拜魔盗为师尊，毁文明于无耻。你我何必苟且偷生，熟视无睹？有志者呼吸难畅，应以天下为己任。"[①] 可见，青年毛泽东重视包括宋明理学在内的中国传统文化的价值，尤其是王阳明心学的价值观：重义轻利。他在这里主张要发扬王阳明等古代圣人提出的重义轻利的价值取向，以抵制西洋文明的重利轻义的价值观在我国的传播和对民众的影响。

《心之力》这篇文章，虽然充满了浓厚的王阳明心学思想的色彩，但对当时的毛泽东及时代都是有理论价值的。因为，我们看待历史人物及他们的思想和行为，应当遵循历史唯物主义在这方面的观点和主张，即从当时的时代和阶级立场出发，辩证地看他们的思想和成就，而不是苛求地从当今的时代和天生圣人的角度出发，一味地求全责备古人或历史人物。

从毛泽东的思想的形成和时代出发，我们认为，《心之力》这篇文章应具有的价值如下。

第一，体现了青年毛泽东系统的哲学观——新学。哲学观不同于一般人的世界观、人生观和价值观，它必须完整、系统且严密。《心之力》虽是一篇仅4000余字的文章中，但青年毛泽东在王阳明本已完整、系统、严密的哲学观基础上，全面阐述了自己新学的宇宙观、社会观、认识论、人生观、价值观等。这种新学的哲学观虽然是唯心主义的，但为日后的毛泽东思想的形成奠定了思维基础和转换的可能。

第二，宣告了中国传统文化的时代价值。众所周知，近代以来，西方列强对我国的侵略不仅是军事侵略，还包括政治、经济和文化的侵略。西方列强对我国的文化侵略不仅会造成国人对中国传统的优秀文化的排斥，而且还会培植殖民地和半殖民地的奴性文化。青年毛泽东在这篇文章中坚决捍卫我国传统的优秀文化，以对抗西方对我国的文化侵略。这一点，无论对于当时还是今天的中国来说，都是具有理论意义的。

第三，体现了毛泽东的抱负和决心。从张载提出"为天地立心、为生民立命、为往圣继绝学为万世开太平"以来，"道学"和"心学"的宋明理学家，都有以天下为己任的抱负和决心。这种抱负和决心在毛泽东的这篇文章中也充分地体现出来。这是王阳明心学思想对青年毛泽东影响的结果，当然也离不开杨昌济的鼓励和引导。青年毛泽东的这种抱负和决心

---

① http://www.douban.com/group/topic/9084650/.

不但与后来成为马克思主义者的毛泽东的抱负和决心不相悖,而且是契合的。这也是王阳明心性思想对青年毛泽东影响最积极的一方面。

四 《实践论》:中年毛泽东对王阳明的知行观的转化

王阳明心性思想对青年毛泽东的影响是在新文化运动期间发生的,当时马克思主义理论在中国的思想界尚未产生广泛的影响。1917年十月革命和1919年的中国五四运动爆发后,马克思主义理论在中国大地上得到了广泛的传播,直接导致了青年毛泽东的思想发生了变化,即抛弃了王阳明式的主观唯心主义而信仰马克思主义。

后来,经过十年土地革命和抗日战争的洗礼,已到中年时期的毛泽东的思想日趋成熟。最终,马克思主义中国化的第一个成果——毛泽东思想在延安诞生了。但我们认为,即使在成熟的毛泽东思想那里,依然可以看到王阳明心性思想的影响,只不过这个时期的毛泽东对其进行了马克思主义的创造性转化。这方面最典型的例子就是毛泽东在《实践论》中提出的知行观。《实践论》的副题就是:论认识和实践的关系——知与行的关系。

与王阳明的心性思想的知行合一的知行观不同,在《实践论》中,毛泽东的知行观是以实践为基础的,"'秀才不出门,全知天下事'在技术不发达的古代只是一句空话,在技术发达的现代虽然可以实现这句话,然而真正亲知的是天下实践着的人,那些人在他们的实践中间取得了'知',经过文字和技术的传达而到达于'秀才'之手,秀才乃能间接地'知天下事'。如果要直接地认识某种或某些事物,便只有亲身参加于变革现实、变革某种或某些事物的实践斗争中,才能接触到那种或那些事物的现象,也只有在亲身参加变革现实的实践的斗争中,才能暴露那种或那些事物的本质而理解它们"[①]。

我们认为,在《实践论》中,毛泽东对王阳明的知行观进行成功转换的意义在于:

第一,肯定了广大人民群众的实践意义和真知所在。王阳明靠个人的

---

① 《毛泽东选集》(第四卷),人民出版社1991年版,第287页。

非理性的体悟获得的知行合一，说到底是一种精英主义的体现，就如海德格尔对精英人物对此在体悟的肯定而对以人民群众的"常人"的否定一样。而毛泽东在《实践论》中不仅肯定了广大人民群众的实践意义，而且指出：真正的真知就来源于人民群众的实践。由此，为人民群众在马克思主义的实践观中确立了应有的地位。

第二，指出了教条主义在知行观上犯的错误的根本所在。教条主义对中国革命产生如此大的危害和影响，其错误的根源之一就是混淆了知与行的关系。在这一点上，教条主义者与王阳明、与古代的秀才在知行观所犯的错误是一样的。教条主义者以知导行，因而这种知是片面的知、脱离中国革命的知、割裂了理论和实践关系的知，由此，给中国革命的行——实践，带来了严重的损失。

第三，肯定了行（实践）优先于知。在王阳明那里，知优于行，行主要体现知。而毛泽东在《实践论》中不仅肯定行（实践）优先于知，因为只有实践才能出真知，而且肯定了实践才是检验知和真理的标准，从而与各种各样的唯心主义的知行观划清了界限。

五　结语

可以说，王阳明的心学思想，尤其知行合一的思想，对毛泽东一生各个时期都产生了直接或间接的影响。在毛泽东没有成为马克思主义者之前，王阳明的心学思想一度成为他的世界观、人生观和价值观的基础。毛泽东不仅用王阳明的心学思想解释世界，更用其指导自己的人生。在成为马克思主义者之后，尤其在土地革命期间和抗日战争前期，毛泽东在教条主义者身上认识到王阳明的心学思想的危害，尤其在知行观上犯的错误的严重性，即差一点葬送了中国革命。在延安期间，通过《实践论》，毛泽东透彻地指出教条主义在知行观上的犯错，即同王阳明在内的主观唯心主义者一样，教条主义者以知导行，否定人民群众的作用。需要指出的一点是，毛泽东虽然否定了王阳明的知行合一的主观唯心主义的观点，但对王阳明在知行观上重视意志和主观能动性的观点并没有否认，只不过这种意志和主观能动性不再是个体的而是集体的。在毛泽东看来，中国革命的任务异常艰巨，革命的敌人异常强大，在革命的实践中若不充分发挥主观能动性，不具有顽强的革命意志力，是不可能取得革命胜利的。对于这一点，毛泽东后来在党的七大闭幕会上发表的《愚公移山》，就是这方面的例证。在此文中，毛泽东把共产党比喻成愚公，强调要发挥革命者的主观能动性，并以坚定的意志力，把压在中国人民头山的两座大山——帝国主义和封建主义彻底搬走。

至于王阳明的心学思想对于晚年毛泽东的思想产生怎样的影响，由于本文篇幅和资料尚未收集全面等原因，在这里就不展开分析了。

最后，希望本文能起到一点抛砖引玉的效果，能引起更多的学人研究和关注王阳明的心学思想和毛泽东的思想之间的关系，以不断推动当代毛泽东思想和中国传统文化的研究。

史学新锐

演进与发展:宋代行会与政府的经济博弈

杨蕙瑜

(上海师范大学 人文与传播学院)

宋代的城市经济发展达到了一个前所未有的水平,"唐代10万户的城市仅有13处,而北宋则多达40处。到宋徽宗崇宁年间又上升到50多处"[1]。《东京梦华录》卷三《马行街铺席》中更有"夜市直至三更尽,才五更复又开张"之说[2]。而在较前代更自由成熟的城市经济的背后,其官僚体系的发展水平在整个封建社会进程中同样达到一个前所未有的高峰。在这种高度集权的状态下,政府对于日益活跃的商业经济所持的态度是比较微妙的,一方面繁荣的商品经济是衡量一个国家实力的重要标志,就如以人口增长的多少来衡量一个政府管理水平的高低一样,因此政府需给予工商业足够的生存发展空间来活跃社会经济,并一定程度上帮助工商业者规范自身发展,以促使他们在一定条件下组织起来,并在这种组织形成初期能够快速地成长;另一方面,中国长久以来的封建集权体制对于整个社会的绝对统治,决定了政府必将通过特定手段,对虽处于起步阶段但已初具规模的城市工商业者组织进行科索,以扩充财政收入,填补支出。有宋一代,庞大繁杂的官僚体系的运转和巨大的皇室开销,以及北方边境战争所产生的军费,成为政府对工商业者盘剥的重要推进剂,而行会的发

---

[1] 朱瑞熙:《宋代社会研究》,中州书画社1982年版,第14页。
[2] (宋)孟元老:《东京梦华录》卷三《马行街铺席》,中国商业出版社1982年版,第22页。

展产生于这一科索过程中,并且随着社会经济结构的发展而不断完善成熟,并在政府的把控之下尽可能地争取工商业自身的利益。可知,宋代行会在特殊的历史环境之下的产生以及发展演变都与政府关系密切,行会本身作为工商业发展的重要标志,不仅具有独特的生存发展特点,而且也曾经发挥出了较为重要的作用。可知,了解宋代行会与政府的关系,以及行会发展过程中产生的一些特点,将有助于对行会制度发展脉络的认识。

中国行会史研究起步于20世纪初期,到20世纪中期,取得了一些初步成果。加藤繁曾根据《周礼》的《地官·市司》条以及班固的《西都赋》记载指出:"在战国秦汉年间,就已经有着把同业商店成为一团的制度存在。"[①] 并认为"同业商店不能代表商品交换的范围和规模,于是,与之相适应的商人的同业组织——'行'应运而生……进入宋朝……商品流通规模的扩大,使作为同类商品集散地的'行'和同业商人组织的'行'都得到进一步发展"[②]。与本文相关的关于行会的起源时间、特点、功能和作用等方面,前辈学者也有研究。在行会产生原因上,傅筑夫先生认为,宋代的"团"与"行"皆非商人自发组成的,而是由于外力,即因官府科索而设立,并主要为官府服务[③]。学界对于行会与政府的密切关系是持普遍认同的态度,同时也注意到行会作为政府对工商业进行管理的一个中介组织,以及这个组织发挥出的一些作用。全汉昇认为,行会在道德上具有培养成员勤勉、守信、互助和提高人格地位的积极意义[④]。他还提出"免行钱"的施行,代表了行会与官府之间建立起一种新的经济关系[⑤]。柯昌基指出:"中国行会的两大特征之一,就是一开始便从属于国家,始终未能争得对城市的自治权。政府凌驾于行会之上,行会不过是它属下一个可以任意欺凌的走卒而已。"[⑥]李华指出:"承值官差,负责替代官府向工商业者摊派徭役,征收赋税,是行会与封建政府有着千丝万缕联

---

① [日]加藤繁:《中国经济史考证》第1卷,商务印书馆1962年版,第366页。
② 陈文玲:《我国古代商业行会的沿革及其借鉴意义(一)》,《商业经济研究》1989年第4期。
③ 傅筑夫:《中国工商业的"行"及其特点》,《中国经济史论丛》下册,生活·读书·新知三联书店1980年版,第417页。
④ 全汉昇:《中国行会制度史》,食货出版社1986年版,第197—198页。
⑤ 同上书,第69—71页。
⑥ 柯昌基:《试论中国之行会》,《南充师院学报》1959年第11期。

系的表现，同时行会组织也要依靠和勾结封建官府，对会员进行控制。"①
这些说法一定程度上正确地反映了近世行会与政府之间的关系，并表明由
于自身力量弱小，行会基本只能以附庸的形式存在。

一 宋代行会设立与政府的经济政策

宋代行会的设立与成长，与其中介性质密切相关。在与政府的经济博
弈中，行会的作用越来越显现出来。

宋代城市经济发展迅速，商业水平较前代提高，相对自由的发展环境
增加了商人积累财富的手段和途径，而致富途径的增多，又使得商人创造
和积累财富的积极性处在相对较高的水平。在这样的背景之下，个体发展
过程中由竞争而导致的实力差距是很明显的，大商贾通过各种经济投机手
段，甚至与政府联合欺压弱小商人。这种情况的经常出现，使得弱小的商
人群体欲以寻求结盟的方式来反抗欺压。即一部分利益个体，由于自身力
量不足以在日渐自由活跃的市场进行竞争，从而欲在有共同利益可寻的情
况下，与其他个体结成联合。也就是说，为了自身发展的需求，商人们尽
可能地缩小竞争范围和降低被排挤的风险，商户对于设立联合组织，通过
各种明文规定来保护自身利益的需求是十分迫切的，这是行会组织成立的
条件之一。这同样也体现出，在宋代较为活跃的城市经济结构中，即商业
体系的内部，一直存在着一股离心力，试图摆脱封建集权统治对于工商业
发展的种种束缚。

吴自牧的《梦粱录》卷一三《团行》篇中记载："市肆谓之团行，盖
因官府回买而立此名，不以物之大小，皆为团行，虽医卜工役，亦有差
使，则与当行同也。"② 这里提到"行"，得名于官府的科索和回买。从名
称上推断，至少在民间，"行"这一商业个体所集合而成的组织，是市坊
经济体系破坏后带来的产物，是唐代"市"制职能的一种转型与延续。
在城市商业自由发展的背景下，商业个体的地域性越发的不明显，这就使

---

① 李华：《论中国封建社会的行会制度》，《中国资本主义萌芽问题论文集》，上海人民出
版社1981年版，第92—93页。
② （宋）吴自牧：《梦粱录》卷一三《团行》，《丛书集成初编》，商务印书馆1939年版，
第112页。

得必须有区别于"市""肆"这类在政府规划下存在的商业组织的产生，以适应宋代城市经济结构的发展和变化。中国古代封建集权制度中，城市的地域规划对于一个政权的稳定和繁荣有着重要的积极意义。经历唐代"行"的萌芽而逐渐成长起来的宋代"行"，在市坊制度日渐削弱的背景下，不断地摆脱地域性的规划限制。在这个过程中，他们尽可能独立地寻求交通便利、需求量大的地点，他们对于灵活发展的诉求愈加明显。

可以确定的是，行会的设立是政府的一种包括回买、科索在内的增加财政收入的手段，并且在一开始，似乎是依照着街市的规划集合而成的。尽管行内个体之间发展水平参差不齐差异明显，但从这一目的来看，行会或多或少会对政府承担相应的义务，即在一定程度上需要为政府出资出力，这虽然是影响和束缚行会自由发展的一个重要方面，但也反映了行会与政府之间存在的联系。南宋耐得翁的《都城纪胜》有云："市肆谓之行者，因官府科索而得此名，不以其物大小，但充合用者，皆置为行，虽医卜亦有职。"[1] 这段与吴自牧《梦粱录》的记载异曲同工。因此可以明确，宋代行会组织的设立与政府有着直接的联系，政府通过行会置办物资，收取课税，而各个商业活动的从业者通过行会组织得到商业竞争上的一些保护。此外有一点要注意，两段文献中提到的"皆为团行""皆置为行"，并没有明确"行"是只有同一行业的经营者集合而成的组织，抑或是依照例如地域之类的因素，将商人就地集中而成的组织，即加藤繁先生曾指出的，同业商人组织与同行商店街区这两者是有区别的。他认为，同业商人聚集在某一地域而形成的"行"的概念，与其所处的商店街区不一定是完全一致和重合的，同业商人组织的"行"可能是同街区商业集合的伴生品[2]。但考虑到两者在与政府的关系方面并不因此产生极大差别，因此我们不做另外讨论。

魏天安先生提出："宋代是中国行会的初步形成时期，手工业与商业尚未分离，工商业者的力量也较弱小，因此，外部力量的干预较之明清时期更为强烈，是十分自然的。"[3] 因而，与产生于商品经济发展程度较高背景下的欧洲行会不同，如果不依靠政府外力，中国封建社会早期的行会

---

[1] （宋）耐得翁：《都城纪胜》"诸行"条，中国商业出版社1982年版，第76页。
[2] ［日］加藤繁：《中国经济史考证》第1卷，第347页。
[3] 魏天安：《宋代行会的特点论析》，《中国经济史研究》1993年第1期。

组织极有可能被扼杀于萌芽阶段，或者无法成形。因而中国早期行会组织的形式并非自发形成的经济利益团体，相较于欧洲发达的行会组织，甚至可以说是比较畸形的。但从必要性来看，由于宋代中央政府注意力被战争等诸多因素分散，设立行会这样的中介组织，不仅能为政府的经济管理节约许多成本，又能够带来额外税收，同时还能通过行会更有效地管理市场，收集更多的经济信息，因此在社会经济逐渐发展到一个新高度的宋代，政府需要行会这样的中介组织来提高经济统制力。同时，商人在越来越激烈的经济竞争中，为提高生存率而需求的合作共赢组织便应运而生了。因此，行会的产生对于政府和商业从业者双方来说，都是有利可图的，是有必要而且有意义的。

二 宋代行会发展及其与政府的博弈

行会与政府的关系随着自身力量的发展在不断变化，这一变化可以通过探讨两者主被动关系而清晰显现。行会形成之初，如魏天安先生所提到的："宋代的'行'则是既受官府和客商制约、又有力量同官府和客商抗衡以维护自身利益的组织，是中国行会的最初组织形态。"[①] 行会在设立之前，工商业者为维护自身利益，结成共同体的需求就一直存在，政府力量的施加使得他们维护自身利益的想法成为现实。历代政府为了扩大财政收入来源巧立名目的做法，在宋代特殊的经济发展背景下，可以具体化为行会组织的形成和发展，这种对政府和商人两方皆有利可图的措施，使得双方都处于主动的、较为积极的良性呼应的状态。

但是实际上，可以说从行会成立之初，与商人努力维护竞争中自身利益的积极态度同时存在的，是政府对行会组织不断加强的控制。前文引《梦粱录》以及《都城纪胜》，欲说明行会的形成与政府有着直接关系，科索和回买基本可以总结为行会成立初期时，政府控制行会的基本手段，这些都是比较直接的经济手段。而《续资治通鉴长编》（以下简称《长编》）熙宁六年四月载："初，京师供百物有行，虽与外州军等，而官司上下须索，无虑十倍以上，凡诸行陪纳猥多，而赍操输送之费复不在是。下逮稗贩、贫民，亦多以故失职。肉行徐中正等以为言，因乞出免行役

[①] 魏天安：《宋代行会的特点论析》，《中国经济史研究》1993年第1期。

钱，更不以肉供诸处。"① 这里提到，官司上下对行会进行的科索，似乎已经是相当严重并持续了很长时间。正因为如此，大约可能是行头或者行首之类在肉行中地位较高的徐中正等人，才乞奏免除行役钱。可以明确的是，行会组织并不是为了行使政府所规定之行役而产生的，因为免役钱的性质和明文规定的商业税收不同。《长编》熙宁七年三月条又载："此臣曾奏请令陶计会市易司，召免行入户问其情。愿，即令出钱；若不愿，即令依旧供行。"② 行役的设立，说明政府确实需要通过行会雇佣佣人人力。政府对于不愿付免行役钱的商人，仍旧令他们提供人力，这就既保证了政府通过免行役钱增加收入，同时又能够继续利用行会人力。而对于行会中商人而言，交纳了免行钱的，虽然可以不再需要花费时间精力充当官府劳动力，但还是受到钱财上的制约，本质上仍然是受制于官府的。由此可见，行役其实只是政府在控制行会过程中增添的新名目，或者说，政府对行会进行的人力雇佣，本身就可以看作政府与行会之间建立的一种新型关系，而免行钱的产生，又可看作政府对行会进行控制的一个重要证据。无论从哪个角度讨论免行钱政策的施行，都是由政府主导的行为，归根结底，面对政府的措施，行会是无法使自身处于主动地位的。而虽然行役钱曾废止过一段时间，但它在南宋又重新恢复，可见这种形式对于政府是有很大利益的。

从行会的本质来讲，行会自身是以寻求更多利益的商业个体在一定基础上集合而成的，发展自身力量是其最根本的需求。这也就意味着，对于政府的行为，在有利可寻的情况下，行会可以做出较大程度的让步，甚至是违背社会道德标准，排斥其他商业个体，并为政府承担相应的人力物力支持。因此，宋代行会在发展过程中基本上处于被动地位，它对于政府的依附状态决定了它的这种地位。不过，这种依附状态也并不一定表示其始终处于被动的境地，也要根据具体情况进行分析的。刘永成先生曾经总结道："手工业作坊主及其行会组织如果不在某种程度上依附封建政治势力，或与之勾结，便很难开设作坊；封建官府为了保证税收以及通过行会雇募工匠，对手工业作坊进行征物征役等等的方便，也得对作坊主和行会

---

① （宋）李焘：《续资治通鉴长编》卷二四四，熙宁六年四月庚辰条，中华书局1979年版，第5935页。

② （宋）李焘：《续资治通鉴长编》卷二五一，熙宁七年三月戊午条，第6124页。

组织在一定程度上给以保护。"① 这种依附关系究其根本，是由社会结构和经济发展水平决定的，宋代当然更是如此。在涉及具体的经济活动时，政府在监督管理不完善的情况下，运用经济手段控制行会，是可以长期取得成效的。周宝珠在对魏天安的《宋代行会制度史》进行评价时，讨论到行会与市易法的关系，他总结了魏天安的观点，即"市易法的本质是'官资商营'，官有资本是赊贷资本，而不是商业资本。官府从赊贷中获取利润。但商人赊贷后，经商人之手转化为商业资本，结果一部分商人发财，大部分则因拖欠赊贷息钱而破产，遂使市易法难以维持"②。政府借助国家信用，使得商人资本与政府行为一定程度上捆绑在一起，而对于行会组织而言，尽管行会内部比较容易达成商品价格的统一，但在面对政府的赊贷行为时，经济水平高低不同的个体，从中获利的程度的确并不相同。也就是说，在追求利益的过程之中，行会在与政府的经济互动中，同样是受到政府压榨的。

处于被动状态下的行会，有时会采取一些举动表示抗议。《长编》熙宁八年四月癸未条记载："权知开封府司录参军朱炎言：'奉召在京免行钱，贫下户减万缗，已减百六十余行，依旧只应。近有彩色等十三行愿复纳免行，欲听许。'从之。"③ 这里说的是在官府除掉免行钱之后，彩色等十三个行联合起来，最终使得官府听从了他们要求。这可以表明，在行役和免行役钱的问题上，由于政府设置的行役本身和征收的行役钱存在强制性，并且偏离了行会自身经济发展的需要，使行会在这一问题上有了一定主动，这说明政府需要不得不尽力缓解因行役和行役钱带来的矛盾。因此，这一政策除了给政府提供不少资金外，似乎成为引起行会对抗政府行为的一个重要原因。虽然整个宋代行会对政府表示抗议行为的资料有限，但是在免除和恢复行役钱的这一举措中，政府一定程度上应受到了行会抵抗行为的影响。

三 不平等生存条件下的宋代行会

行会的发展并不是在纯粹商业市场的氛围下演进的，在政府对经济日

---

① 刘永成：《试论清代苏州手工业行会》，《历史研究》1959年第11期。
② 周宝珠：《〈宋代行会制度史〉简评》，《中州学刊》1998年第2期。
③ （宋）李焘：《续资治通鉴长编》卷二六二，熙宁八年四月癸未条，第6407页。

益施加影响的前提下，行会的发展是十分艰难的，行会对商人同人发挥的作用也是有较大局限的。

（一）区域因素、政府政策及社会观念

宋代都城由于坊市制度的彻底破坏，街区分布较唐代而言不再整齐划一，这种为了军事防御目的而形成的城市构造，同样也影响着工商业的发展。吴自牧《梦粱录》中就有记载说："有名为'团'者，如城西花团、泥路青果团、后市街柑子团、浑水闸鲞团。又有名为'行'者，如官巷方梳行、销金行、冠子行、城北鱼行、城东蟹行、姜行、菱行、北猪行、候潮门外南猪行、南土北土门菜行、坝子桥鲜鱼行、横桥头布行、鸡鹅行。更有名为'市'者，如炭桥药市、官巷花市、融合市南坊珠子市、修义坊肉市、城北米市。"① 可以发现，行会形成之初，即使为同类产品，是分散在城中各处进行交易的。如"坝子桥鲜鱼行"与"城北鱼行"，两者虽然位置不同，但都有鱼行的存在。《梦粱录》卷一六"肉铺"条载："坝北修义坊，名曰肉市，巷内两街，皆是屠宰之家，每日不下宰数百口，皆成边及头蹄等肉，俱系城内外诸面店，分茶店，酒店……"② 因而，在行会形成之初，各行、市依照自身发展需要，考虑交通运输等方面因素而分散发展，屠宰之家聚集在巷内两街旁经营形成市，而它又能带动茶酒铺的消费。这里所说的是市的情况，既然有将"市""肆"与"团""行"并称的情况，尽管其形式上不相等同，但在区域分布上应有一定的相关性。即同业街区聚集而成，依本业发展资源或交通需求划分地域，并可能与相关行业形成互利关系。这就直接导致了同行业在不同地区从业者发展的不平衡，这种差异使得政府难以直接通过地域规划来掌握工商业发展的动向。

工商业发展差异带来的竞争压力，对于没有加入行会组织的从业者而言是很大的，他们不仅受到政府的压制，同时还受到同行的排挤。宋朝政府是如何看待这一部分工商业者的，可参看的文献记载并不是很多。《文献通考》卷二十《市籴一》中说："今立法，每年记官中合用之物，令行人众出钱……元不系行之人，不得在街市卖坏钱，纳免行钱人争利，仰各

---

① （宋）吴自牧：《梦粱录》卷一三《团行》，《丛书集成初编》，第112页。
② （宋）吴自牧：《梦粱录》卷一六《肉铺》，《丛书集成初编》，第147页。

自诣官投充行人，纳免行钱，方得在市卖易；不赴官自投行者有罪，告者有赏。此指挥行，凡十余日之间，京师如街市提瓶者，必投充茶行，负水担粥以至麻鞋头发之属，无敢不投行者。"① 可见政府对于行会之外经商者的行为是进行了强制规范，这一做法导致的最直接影响就是加入行会的商人数明显增加，使得政府通过行会来控制工商业越来越方便。这一方法对于政府而言，是节省了管理成本，即使从长远来看，也能收获相应利益。但是由于这部分入行者本身发展水平较低，基本多为经济规模较小的个体手工业者，他们一旦入行，就使得行会结构上更加不平衡，并在不断吸收入行者的过程中，使两极分化更加明显。因此，一方面是行会在政府外力的帮助下壮大规模，另一方面，行会自身又由于政府的政策导致内部发展的不平衡。

另外，长期以来传统的重农轻商观念对行会发展的影响也不能忽视。封建社会中工商业者的身份等级很低，尽管宋代商业发展水平较高，但经济地位的提高并不表示从商者的社会地位就能相应有较大的提升。宋代许多士大夫都极力与商人们划清界限，陈耆卿在《嘉定赤城志》中有所谓"安田野，远市井，习耕稼之常业，辞商贩之末利"②之说。陆游在《老学庵笔记》中曾提到："一旦入仕，皆不肯为市井商贾，或举货营利之事。"③ 似乎仕途与经商不可能也不可以有所交集，他从根本上轻视商人的经济活动。商人尤其是私商，成为社会群体中被歧视的职业，而入行则成为他们规避歧视，争取权利的最有效途径和手段。

（二）代表官方意志的大商贾

对比中小商人，大商人在宋代商业环境中显得更为有利可图。魏天安曾经指出："直到宋代……许多大商人在市内开设颇具规模的邸店和商铺，建立了专业化的批发市场，从接收客商物货带批发给中小商人零售的经销网络，都由大的坐贾控制，这正是行会形成的基础。"④ 大商人进入行会之后，由于资本积累和享有的资源，使得他们在行会组织中成为实际

---

① （元）马端临：《文献通考》卷二〇《市籴一》，商务印书馆1986年版，第198页。
② （宋）陈耆卿：《嘉定赤城志》卷一七《吏役门》，《宋元方志丛刊》，中华书局1990年版，第7415页。
③ （宋）陆游：《老学庵笔记》卷九，中华书局1979年版，第113页。
④ 魏天安：《行商坐贾与宋代行会的形成》，《中州学刊》1997年第1期。

上的代表人，他们是政府在行会组织中能够最直接控制的群体，比起中小商人显然更容易管理和控制。这些大商人在行会中实际上就是政府的代表，他们从属朝廷并对其负责，身份上首先是商其次是官。从人数上看，宋代工商业行会中的最主要组成部分应是中小商人，但是大商人和官商依仗自身特殊地位破坏工商业发展的例子屡见不鲜。《宋会要辑稿》食货一八的《经进续总类会要》篇中有记载说："今沿江场务所至萧条，较之往年所收，十不及四五。推原其由，皆士大夫之贪黩者为之。"① 王安石也曾上书仁宗反映："官之大者，往往交赂遗，营资产，以负贪污之毁；官小者，贩鬻乞丐，无所不为。"②《长编》绍圣四年八月庚子条记载："汴渠初引黄河水，湍悍可畏，公私舟船多覆溺者，惟清汴无复此患。然商贾之物悉载以官舟，私船不得入汴，人实患之。"③ 这些都使得欲通过行会保护自身利益甚至规避竞争风险的私商处于更不利的地位。

　　正如学者提到的："政治权力与土地占有及商业资本的动态结合，形成官僚—地主—大商人三位一体的封建统治，是中国封建社会长期延续的根本原因，也是中国行会的发展难以成为瓦解封建社会基本因素的根本原因。"④ 在中国封建社会的特定环境下，行会不仅在设立之初就存在行内不平等，而且在其发展过程中还受到来自多方面的打压。日本学者清水盛光提到："中国行会的特征是政治势力的脆弱性和其活动范围只限于经济生活，换言之，行会在经济上对成员的统制力非常强大。"⑤ 这里应该更多理解为行会对于中小商人的统制力是强大的，因为他们在经济上依附于行会，然而对于大商贾和官商而言，行会实际由他们代表政府实行统制。因而，封建社会时期传统中国行会的力量是政府赋予的，尽管发展水平受制于各种外在因素，政府的影响力依旧处于最主要地位。

---

　　① （清）徐松：《宋会要辑稿》食货一八之二五《经进续总类会要》，中华书局1991年版，第5120页。
　　② （宋）王安石：《王文公文集》卷一《上皇帝万言书》，上海人民出版社1974年版，第8页。
　　③ （宋）李焘：《续资治通鉴长编》卷四九〇，绍圣四年八月庚子条，第11640页。
　　④ 魏天安：《宋代行会的特点论析》，《中国经济史研究》1993年第1期。
　　⑤ ［日］清水盛光：《传统中国行会的势力》，《食货月刊》第15卷，1985年第1、2期。

四 结论

宋代行会制度是随着社会经济的发展而产生、发展，并且不断发生着变化，行会内部的分化逐渐明显起来。行会作为一种制度，是有着自己一定的生命期限，在特定时期发挥出了特定的作用，这是这个制度本身存在的意义。

宋代行会在诸多不平等政策和措施影响之下，不断与政府博弈，并适应社会经济发展，这是其存在有着积极意义的方面。加藤繁曾指出："行的最重要的意义，就在于它是维护他们的共同利益的机关。而共同利益中最主要的，大约就是垄断某一种营业。"[①] 追求利益是行会发展中的永恒话题，而行会组织的设立对于政府和工商业两方都有实际利益可图。对于政府而言，经济制度的不断完善和规范，使得整个经济市场得到前所未有的发展，行会在自身演变的过程中也在不断产生向心力，并不断发展壮大。虽然中国封建时期的行会没有力量脱离政府的干预，但是政府政策的实施也有积极意义，在一定程度上为行会的发展注入了动力。毫无疑问，宋代行会是在"疏导商品流通、垄断批发市场、应付官府科索、联络同业人之间的关系诸方面都发挥重大作用的工商业行业组织"[②]。这些都清晰地表明了宋代行会在不平等的环境下与政府进行的互动是有成效的。

---

① ［日］加藤繁：《中国经济史考证》第 1 卷，第 355 页。
② 魏天安：《宋代行会的特点论析》，《中国经济史研究》1993 年第 1 期。

明代长芦巡盐御史考订

赵士第　罗冬阳

（东北师范大学　历史文化学院）

　　巡盐御史是明廷派往两淮等五处都转运盐运史司的御史官员，其职掌为监察盐政，因国家的财政来源，盐政占据重要部分，此官的设置便显得有重要的意义。早期的中国古代盐业史研究，忽视了巡盐御史。近些年来关于明代巡盐御史的研究，学术界已经有所涉及，代表如吕进贵[1]、张毅[2]、杜珞珈[3]、夏强[4]等学者，但前辈学者多是从制度方面考察，而忽视了巡盐御史这一群体的研究。长芦盐场的巡盐御史设置较早，据《长芦盐法志》载，永乐十三年（1415），"渤海之间，私贩蜂起挠法，因以御史弹压之"[5]，监察御史开始以巡盐御史的身份监察盐政，但这并不是正式的巡盐御史，只是临时委派。自宣德正统以来，长芦巡盐御史职位正式确立下来，而且御史巡盐持续时间长。笔者在阅读史料时发现明代长芦巡盐御史的任职总人数在诸文献中记载不统一，且官员的姓名记载亦有差别，今笔者将各部文献结合起来，做一考订，并试图在现有资料的基础上补全所缺部分，为以后研究巡盐御史群体提供一个参考。不足之处，敬请方家指教。

---

[1]　吕进贵：《明代的巡盐御史》，《（台北）明史研究专刊》2003年第14期。
[2]　张毅：《明清长芦巡盐御史制度述略》，《盐业史研究》2010年第2期。
[3]　杜珞珈：《食盐专卖与明清巡盐御史制度研究》，硕士学位论文，四川师范大学，2012年。
[4]　夏强：《明代的巡盐御史制度》，《史学月刊》2017年第8期。
[5]　黄掌纶等：《长芦盐法志·附编·援证六上·历代职官考》，《续修四库全书》第840册，上海古籍出版社2002年版，第505页。

一 明代长芦巡盐御史总数考订

学者夏强认为："巡盐御史在明代始终是作为都察院监察御史的外差而存在，并未成为正式的盐务部门。"① 明代巡盐御史的组成是以十三道监察御史为主，佥都御史、副都御史、六部大臣为辅的一个兼任群体。而各文献忽略了对佥都御史、副都御史、六部大臣为巡盐御史的记录，由此记载便有所出入。有明一代长芦巡盐御史题名记载的，主要有以下几种文献：雍正《长芦盐法志》、雍正《山东盐法志》、雍正《畿辅通志》、雍正《山东通志》、嘉庆《长芦盐法志》、道光《济南府志》和光绪《重修天津府志》。因雍正《山东通志》相关题名录完全照抄于雍正《山东盐法志》，姑且不论。笔者经过统计，关于明代长芦巡盐御史的任职总人数：雍正《长芦盐法志》记载为147人，雍正《山东盐法志》为147人，雍正《畿辅通志》为155人，嘉庆《长芦盐法志》为158人，道光《济南府志》为149人，光绪《重修天津府志》为150人。针对上述问题，现考订如下。

（一）于谦是否为明代首任长芦巡盐御史

两版本《长芦盐法志》《畿辅通志》《重修天津府志》均记载于谦为明代首任长芦巡盐御史②。而《济南府志》和《山东盐法志》均未提及于谦。史籍载："宣德四年，命御史于谦率锦衣官捕长芦一带马、船夹带私盐者"③，而当时还未对山东盐场进行巡视，直到正统十一年（1446）才和长芦合设一巡盐御史，《明英宗实录》载："山东所属永利诸盐场以无御史抚视，盗贩者多，非批验所所能制。其地密迩长芦诸盐场，宜即以

---

① 夏强：《明代的巡盐御史制度》，《史学月刊》2017年第8期，第62页。
② 参见《（雍正）新修长芦盐法志》卷四《职官·巡盐御史》，台湾学生书局1966年版；李卫等：《（雍正）畿辅通志》卷五九《职官》，文渊阁《四库全书》，第504册，台湾商务印书馆1986年版；《（光绪）重修天津府志》卷一一《职官二》，上海古籍出版社1995年版（以下所引皆出于此版本，不再一一注明）。
③ 李卫等：《（雍正）畿辅通志》卷三六《盐政》，第758页。

兼命巡盐长芦者。上命所司议行之。"① 山东志书没有记载的原因是因为于谦任巡盐御史时尚未巡视山东盐场，故于谦应为首任长芦巡盐御史。

（二）诸文献中记载任职官员的差异

除去于谦，雍正《长芦盐法志》记载的数量最少，现将其他版本记录对比后的不同之处列举如下：《山东盐法志》多"王完，字仲修，四川遂宁人，进士，正德十一年任"②条。《畿辅通志》多："耿九畴，卢氏人，进士；李嗣，南海人，进士，以户部郎中任；王璟，忻州人，进士，以佥都御史任；王琼，太原人，进士，以佥都御史任；王完，遂宁人，进士；蓝章，即墨人，进士，以刑部侍郎任；黄臣，益都人，进士，以副都御史任；王绅，沧州人，进士，以佥都御史任；鄢懋卿，丰城人，进士；庞尚鹏，南海人，进士，以佥都御史任"③条。嘉庆《长芦盐法志》是对雍正《长芦盐法志》的进一步完善和增补，在其按语中得知，其书主要参考了《畿辅通志》和《山东盐法志》长芦巡盐御史的题名，比旧志增补了以下人物："何文渊、王佐、朱與言、耿九畴、李嗣、王璟、王琼、王完、蓝章、黄臣、鄢懋卿。"④《济南府志》多"初杲，湖广潜江人，进士，嘉靖二年任；黄□□（原文无字），南直庐江人"⑤条。《重修天津府志》多"王完，遂宁进士；龚萃肃，崇祯；韩毓忠，陕西进士"⑥条。

现对上述多出的官员进行考证，看其是否担任过长芦巡盐御史。王完，留有《山东长芦行盐疏》⑦一文，担任过巡盐御史当是事实；《明英宗实录》载："命行在刑部右侍郎何文渊、行在户部左侍郎王佐、都察院右副都御史朱與言、提督两淮长芦两浙盐课"⑧，故何文渊、王佐、朱與

---

① 《明英宗实录》卷一三八，正统十一年二月己亥，"中央研究院"史语所1962年版（以下皆出于此版本，不再一一注明）。
② 《（雍正）山东盐法志》卷四《职官·御史》，清雍正刻本。
③ 李卫等：《（雍正）畿辅通志》卷五九《职官》。
④ 参见黄掌纶等《长芦盐法志·附编·援证六上·历代职官考》，《续修四库全书》，第840册，上海古籍出版社2002年版。
⑤ 《（道光）济南府志》卷二五《职官·明巡盐监察御史》，清道光二十年刻本。
⑥ 《（光绪）重修天津府志》卷一一《职官二》。
⑦ 《（嘉靖）盐政志》卷七《疏议·山东长芦行盐疏》，明嘉靖刻本。
⑧ 《明英宗实录》卷二二，正统元年九月癸卯。

言当为长芦巡盐御史；耿九畴，以"刑部右侍郎兼理两淮盐课"[①]，所以没有巡盐长芦；李嗣，曾任"清理两淮盐法户部左侍郎"[②]，所以没有巡盐长芦；王璟以"右佥都御史总理两淮盐法"[③]，所以没有巡盐长芦；"淮浙盐法右副都御史王琼分行清理，凡禁奸革弊变通张弛之宜，当责之专任巡盐御史"[④]，王琼亦没有巡盐长芦；正德十年（1515）八月"命南京刑部右侍郎蓝章兼都察院左佥都御史清理两淮长芦盐法"[⑤]，蓝章应担任过长芦巡盐御史；嘉靖十五年（1536）七月"命巡抚陕西右副都御史黄臣清理淮浙山东长芦盐法"[⑥]，黄臣应当担任过巡盐御史。王绅"为都察院右佥都御史清理淮浙等处盐法"[⑦]，可知并未清理长芦地区。左副都御史鄢懋卿"清理两淮两浙山东长芦河东等处盐法"[⑧]；庞尚鹏"总理两淮长芦山东三盐运司"[⑨]；初杲，"奉旨巡视山西河东等地盐务"[⑩]，没有巡视长芦盐场；黄□□，经考证应为黄国用，嘉靖二年"长芦巡盐御史黄国用复遣纸牌送之"[⑪]，且黄国用不是庐江人，而是庐陵人[⑫]；"长芦巡盐龚萃肃……各建之所部"[⑬]，龚萃肃应在崇祯年任；韩毓忠，在《明清进士题名录》陕西籍进士中查无此人，而且除了《续天津县志》和《重修天津府志》外，诸文献均不载，不可考。所以，上述官员中担任过巡盐御史的有：何文渊、王佐、朱与言、王完、蓝章、黄臣、鄢懋卿、庞尚鹏、黄国用、龚萃肃十人。

（三）天启崇祯时期的长芦巡盐御史补证

《长芦盐法志》等志书对启祯时期的巡盐御史遗漏过多。现据《明实录》

---

① 《明英宗实录》卷一八八，景泰元年正月癸丑。
② 《明孝宗实录》卷二三，弘治二年二月庚寅。
③ 《本朝分省人物考》卷九五《王璟传》，明天启刻本。
④ 《明孝宗实录》卷一八，正德元年十月乙卯。
⑤ 《明武宗实录》卷一二八，正德十年八月辛酉。
⑥ 《明世宗实录》卷一八九，嘉靖十五年七月庚申。
⑦ 《明世宗实录》卷三八五，嘉靖三十一年五月乙酉。
⑧ 《明世宗实录》卷四八二，嘉靖三十九年三月丙子。
⑨ 《明穆宗实录》卷一七，隆庆二年二月癸卯。
⑩ 《本朝分省人物考》卷七七《初杲传》，明天启刻本。
⑪ 《明世宗实录》卷三三，嘉靖二年十一月己卯。
⑫ 《皇明贡举考》卷六《黄国用》，明万历刻本。
⑬ 《明史》卷三〇六《阎鸣泰传》，中华书局1974年版，第7867页。

《崇祯长编》做如下补证：天启二年（1622），施槩任长芦巡盐御史①；天启六年（1626），陈世埈任长芦巡盐御史②；天启七年（1627），晏春鸣任长芦巡盐御史③；崇祯二年（1629），梁子璠任长芦巡盐御史④；崇祯三年（1630），杨方盛任长芦巡盐御史⑤；崇祯五年（1632），李一鹏任长芦巡盐御史⑥。

综上考述，除了韩毓忠存疑外，有明一代长芦巡盐御史应该有163人。

二 明代长芦巡盐御史姓名考订

诸文献记载的官员姓名亦有所出入，将诸文献《职官志》进行对比，共十五条存疑部分，并根据《明清进士题名录》以及其他资料进行勘误，现做考订如下：

1. 两版《长芦盐法志》中记"钱承德，字世恒"；《山东盐法志》作"士恒"，查嘉靖《楚纪》卷五〇《登绩内纪后篇》知"钱承德，字世恒"⑦，《山东盐法志》误。

2. 《山东盐法志》中记"李烨，字文晖"，《济南府志》作"李华"，两版《长芦盐法志》《重修天津府志》和《畿辅通志》作"李晔"，查《明宪宗实录》卷二七一"御史李烨"⑧，《济南府志》、两版《长芦盐法志》《重修天津府志》和《畿辅通志》误。

3. 《山东盐法志》《济南府志》和两版《长芦盐法志》记"秦锐，字克进"，《畿辅通志》《重修天津府志》作"秦铣"，查《明武宗实录》卷六二作"秦锐"⑨，《畿辅通志》《重修天津府志》误。

4. 《山东盐法志》和《济南府志》记"胡华，字惟竣"；两版《长

---

① 《明熹宗实录》卷二九，天启二年十二月丁丑。
② 《明熹宗实录》卷七〇，天启六年四月辛巳。
③ 《明熹宗实录》卷八六，天启七年七月戊子。
④ 《崇祯长编》，崇祯二年十月丙辰。
⑤ 《崇祯长编》，崇祯三年六月戊辰。
⑥ 《崇祯长编》，崇祯五年八月甲申。
⑦ 《楚纪》卷五〇《登绩内纪后篇》，明嘉靖刻本。
⑧ 《明宪宗实录》卷二七一，成化二十一年十月丙戌。
⑨ 《明武宗实录》卷六二，正德五年四月丙午。

芦盐法志》作"惟峻"，查万历《毗陵人品记》卷八《胡华传》作"惟峻"①，《山东盐法志》和《济南府志》误。

5.《山东盐法志》《济南府志》和《重修天津府志》记"涂祯，字宾贤"；两版《长芦盐法志》和《畿辅通志》作"涂正"，查《本朝分省人物考》卷六二应作"涂祯"②，两版《长芦盐法志》和《畿辅通志》误。

6.《山东盐法志》《济南府志》记："景仲光，字文华"；两版《长芦盐法志》和《畿辅通志》《重修天津府志》作"景重光"，查《明世宗实录》卷一一当作"景仲光"③，两版《长芦盐法志》和《畿辅通志》《重修天津府志》误。

7.《山东盐法志》《济南府志》记："傅絅，字朝晋"，两版《长芦盐法志》和《畿辅通志》《重修天津府志》作"傅炯"，查《明世宗实录》卷一一三作"傅炯"④，《山东盐法志》《济南府志》误。

8.《山东盐法志》《济南府志》记："阮薇，字崇节"，《长芦盐法志》和《畿辅通志》、《重修天津府志》作"阮徽"，查《明世宗实录》卷一二四作"阮薇"⑤，两版《长芦盐法志》和《畿辅通志》《重修天津府志》误。

9.《山东盐法志》《济南府志》记："杨九泽，字子极"，《长芦盐法志》作"子德"，查《陕西通志》卷五七上《杨九泽传》作"子德"⑥，《山东盐法志》《济南府志》误。

10.《山东盐法志》《济南府志》记："吴伯鹏，字惟锡"，两版《长芦盐法志》《重修天津府志》作"吴伯朋"，《畿辅通志》作"吴百朋"，查《本朝分省人物考》卷五三《吴百朋传》知应为"吴百朋"⑦，《山东盐法志》《济南府志》与两版《长芦盐法志》《重修天津府志》均误。

---

① 《毗陵人品记》卷八《胡华传》，明万历刻本。
② 《本朝分省人物考》卷六二《涂祯传》，明天启刻本。
③ 《明世宗实录》卷一一，嘉靖元年二月丁酉。
④ 《明世宗实录》卷一一三，嘉靖九年五月己酉。
⑤ 《明世宗实录》卷一二四，嘉靖十年四月乙卯。
⑥ 《（雍正）陕西通志》卷五七上《职官》，文渊阁《四库全书》，第554册，台湾商务印书馆1986年版，第58a页。
⑦ 《本朝分省人物考》卷五三《吴百朋传》。

11.《山东盐法志》《济南府志》记:"晏仕翘,字应望",两版《长芦盐法志》和《畿辅通志》《重修天津府志》作"晏士翘",查《明神宗实录》卷四八作"晏仕翘"①,《长芦盐法志》和《畿辅通志》《重修天津府志》误。

12.《山东盐法志》《济南府志》记:"敖鲲,字化甫",两版《长芦盐法志》和《畿辅通志》《重修天津府志》作"放鲲",查《明神宗实录》卷六十一作"敖鲲"②,《长芦盐法志》和《畿辅通志》《重修天津府志》误。

13.《山东盐法志》《济南府志》记:"马孟祯",两版《长芦盐法志》《重修天津府志》作"马孟贞",《畿辅通志》作"马梦贞",查《明神宗实录》卷四七一作"马孟祯"③,两版《长芦盐法志》《重修天津府志》和《畿辅通志》误。

14.《山东盐法志》《济南府志》记:"李元,陕西同州人",两版《长芦盐法志》和《畿辅通志》《重修天津府志》作"李玄",查《明熹宗实录》卷四〇作"李玄"④,《山东盐法志》《济南府志》误。

15.《山东盐法志》《济南府志》记:"俞思恂,崇祯三年任",两版《长芦盐法志》和《畿辅通志》《重修天津府志》作"喻思恂",查《明熹宗实录》卷六三作"喻思恂"⑤,《山东盐法志》《济南府志》误。

三 结语

综上所述,明代长芦盐场巡盐御史的总数,订正为163人,且对巡盐御史官员错误的信息进行了考证。现以雍正《长芦盐法志》卷四《职官·巡盐御史》为蓝本,根据上述考证列表1以作补正,方便日后对巡盐御史这一群体的进一步研究。

---

① 《明神宗实录》卷四八,万历四年三月戊戌。
② 《明神宗实录》卷六一,万历五年四月丁丑。
③ 《明神宗实录》卷四七一,万历三十八年五月戊辰。
④ 《明熹宗实录》卷四〇,天启三年十二月癸丑。
⑤ 《明熹宗实录》卷六三,天启五年九月甲戌。

表1 　　　　　　　　　　**明代长芦巡盐御史考订增补**①

序号（应在志书中的位次）	任职年份	姓名	字	籍贯	身份
2	正统元年	何文渊	巨川	江西广昌	进士
3	正统元年	王佐		广东海丰	举人②
4	正统元年	朱与言	一谔	江西万安	进士
22	成化二十年	钱承德	世恒	南直常熟	进士
25	成化二十三年	李烨	文晖	福建闽县	进士
34	弘治九年	胡华	惟峻	南直武进	进士
41	弘治十八年	秦锐	克进	浙江会稽	进士
43	正德二年	涂祯	宾贤	江西新淦	进士
52	正德十年	蓝章	文绣	山东即墨	进士
53	正德十一年	王完	仲修	四川遂宁	进士
60	嘉靖二年	黄国用	良弼	江西庐陵	进士
61	嘉靖二年	景仲光	文华	河南偃师	进士
66	嘉靖八年	傅炯	朝晋	江西进贤	进士
69	嘉靖十一年	阮薇	崇节	江西安福	进士
72	嘉靖十五年	黄臣	伯麟	山东济阳	进士
80	嘉靖二十三年	杨九泽	子德	陕西华阴	进士
89	嘉靖三十二年	吴百朋	惟锡	浙江义乌	进士
95	嘉靖三十九年	鄢懋卿	景卿	江西丰城	进士
104	隆庆二年	庞尚鹏	少南	广东南海	进士
111	万历三年	晏仕翘	应望	江西清江	进士
113	万历五年	敖鲲	化甫	江西临江	进士
133	万历三十八年	马孟祯	六符	南直桐城	进士
155	天启二年	施槃	仔吾	浙江归安	进士
156	天启四年	李玄		陕西同州	进士

---

① 其中的部分籍贯参照朱宝炯等编《明清进士题名碑录索引》，上海古籍出版社1963年版。

② 《明史》卷一六七《王佐传》，第4504页。

续表

序号（应在志书中的位次）	任职年份	姓名	字	籍贯	身份
157	天启六年	陈世埈		南直昆山	进士
158	天启七年	晏春鸣		四川铜梁	举人①
159	崇祯元年	龚萃肃		南直合肥	进士
160	崇祯二年	梁子璠		广东南海	进士
161	崇祯二年	杨方盛	大豫	云南鹤庆	进士
162	崇祯三年	喻思恂		四川荣昌	进士
163	崇祯五年	李一鹏		浙江慈溪	进士

---

① 黄廷桂等：《（雍正）四川通志》卷三六《选举·万历朝举人·晏春鸣》，文渊阁《四库全书》，第561册，台湾商务印书馆1986年版，第37a页。

秦皇岛地域文化专栏

秦皇岛板厂峪明长城
《万历元年鼎建碑》残碑复原

陈厉辞　董劲伟

(秦皇岛市玻璃博物馆；东北大学秦皇岛分校)

2016年，秦皇岛市文物管理局在板厂峪159号敌楼发现《万历元年鼎建碑》残碑。碑刻记述了该敌楼的建设时间，建成后明廷与蓟镇长官的阅视史实。有助于丰富板厂峪周边地区长城史的认识，本文不揣简陋，借助相近碑刻对该残碑的文字进行推测与复原，并就正于学界诸贤。

一　残碑保存情况及记载内容

出土残碑由六块组成，其中一块较大，其余五块较小（单位：厘米）：碑一62×60×16、碑二27×23×16、碑三23×26×16、碑四23×26×16、碑五23×27×16、碑六31×19×16。

残碑现存面积约为原碑面积的1/2，其余部分遗失。现存碑文除少数不能辨认，多数清晰。碑文为：

残碑一："萬曆元年……/□□都察院……/定等處軍務……/侍郎□縣劉應……/等□地方都察……/□察禦使平……/□副使潞安……/方總兵官……/路副總兵……/都指揮僉……/提調同……/薛經……"

残碑二："……部右侍/……薊遼保/……兵部右/……撫順天/……"

残碑三："……事張掖……陳忠原……備張沛閿……"

残碑四："……府右都……史綱分守石……張拱立山东……任參將……盧龍……"

残碑五："鳳陽戚繼光……門等處地方……秋班都司……劉楫聽……"

残碑六："……東/……將署/……□□/……州……"

残碑现存116个文字。其中，残碑一囊括石碑上部边界与部分左、右边界，共53字，有6字不能辨别；残碑二为石碑右下角，共12字，全部清晰；残碑三贴合石碑左侧边界，共10字，全部清晰；残碑四贴合石碑左侧边界，共18字，全部清晰；残碑五位于石碑中部，共17字，全部清晰；残碑六位于碑刻底部共6字，4字清晰。

二 残碑复原及遗失部分内容考据

（一）初步定位

①根据边线定位碑一、碑二。碑一、碑二的位置可根据碑刻边线确定为顶端与右下角。碑六可知为底部某处。此外，根据碑一与碑二汪道坤、刘应的官职可确定相对位置。碑二"□部右侍□"与碑一"都察院"相联指的是"蓟辽保定等处边务兵部右侍郎兼都察院右佥都御史歙县汪道昆"。②根据戚继光官衔、籍贯定位碑一、碑四、碑五。根据碑五"戚继光"可知，前文必含其官职、籍贯。关于戚继光的官职、籍贯目前掌握碑刻有八种写法。记述的差异与任职时间、官职缩略、籍贯称谓有关。①结合本碑一"万历元年""总兵官"，碑四"右都"等内容，与该碑出土地点驻操营板厂峪相邻的大尖洼村、董家口村、大毛山村出土的相同时间（万历元年）碑刻比较。第一类称谓"总理练兵兼镇守蓟州等处地<u>方总兵官</u>中军都督<u>府右都</u>督凤阳戚继光"较稳妥。②放入碑刻比对，字数、文字

---

① 有关戚继光籍贯的研究详见秦进才所撰《戚继光籍贯新探》（《河北师范大学学报》2009年第6期）一文，该文对长城石刻及方志文献做了详尽征引，其中提出戚继光官衔等称谓计有八类。

② 加着重号的字是残碑现存之字。

都与原碑吻合。因此，碑一、碑四、碑五相对位置能够固定。③根据碑三"陈忠、张沛"与碑一官职，碑四"张拱立"与碑三的籍贯"张掖"可推测碑一、碑三、碑四的相对位置。**首先**，碑三"张掖"与碑四"张拱立"两词曾于《大明万历伍年季秋之吉石义窟隆山台鼎建碑》① 中出现。"分守石门路副总兵张掖张拱立。"② "张掖"为"张拱立"籍贯（或军籍）。**其次**，碑三"陈忠"与碑一"提调"在《明神宗显皇帝实录》卷五"隆庆六年九月"中有记载"三屯营练兵把总陈忠提调义院口"。即隆庆六年（1572）九月，皇帝将把总陈忠擢升为义院口提调。《万历元年九月石义窟隆山敌台南敌楼鼎建碑》关于陈忠的记述更为完善"分守石门等处地方参将署提调同安陈忠"。"同安"为陈忠的籍贯，"提调"为陈忠的官职。因此，除确定碑一、碑三、碑四的相对位置，碑一与碑三之间的空缺也可推断为"安"字。**再次**，碑六"州"、碑一"薛经"与碑三、碑四"□备张沛阅□卢龙"相联的用法也曾在《万历元年九月石义窟隆山敌台南敌楼鼎建碑》出现。原文是"听用游击蓟州薛经守备张沛阅工卢龙知县崤县潘愚"两碑出土地点相邻，内容吻合。由此将六块残碑的相对位置固定（见图2）。

（二）对比研究

通过对比研究本碑出处相邻或时间相近的碑刻，结合字数等表象情况，似可尝试弥补本碑残缺。如板厂峪东十里的董家口村大毛山《万历元年九月大毛山断房台鼎建碑》（见图3）："**大明万历元年九月阅视蓟辽保定等处边务兵部右侍郎兼都察院右佥都御使歙县汪道昆总督蓟辽保定等处军务兼理粮饷都察院右督御使兼兵部右侍郎潍县刘应节整饬蓟州等处边备兼巡抚顺天等府地方都察院右佥都御史肤施杨兆巡按直隶监察御史平度王湘整饬永平等处兵备山东按察司副使潞安宋守约总理练兵兼镇守蓟州等处地方总兵官中军都督府右都督凤阳戚继光协守东路副总兵官定远史纲分守石门路副总兵官**张掖张拱立山东秋班都司潜山江一椿提调临川范朝恩管

---

① 河北省地方志编纂委员会：《河北省志·长城志》，文物出版社2011年版，第549页。
② 张拱立的籍贯存在异议。在《平顶峪村东长城鼎建碑》"分守石门路副总兵甘州张拱立"中记载为"甘州"。在河北省迁西县文物管理所石碑《隆庆三年夏孟之吉》"延绥游击将军仁和张拱立"中记载为"仁和"。"甘州"为"张掖"下辖，无异议。而"仁和"位于浙江，可能为卫籍，尚待考证。

工**原任参将刘楫**原任参将张爵**原任游击蓟州薛经**原任**守备张沛**管修千总平山卫指挥邳州李賫宾把总济宁卫千户安东朱芳阅工卢龙县知县峄县潘愚断房台鼎建。"

两碑相距仅十里,且同为**万历元年**修建,涉及官员皆以级别定序。这是进行复原残碑的依据之一。

董家口大毛山断房台与板厂峪159敌楼地缘相近,高级巡视官员基本一致,体现明朝中央与地方官员巡视蓟州长城的监管体系。该碑记述人物中,营伍武官级别最高者为"总理练兵兼镇守蓟州等处地方总兵官中军都督府右都督凤阳戚继光"。戚继光以上官员,除汪道昆、刘应节、杨兆皆为御史为皇帝委派外,宋守约为永平等处兵备山东按察司副使。

低级官员与施工者却不尽相同。两碑内容从"山东秋班都司□□□□"以下产生较大差异。可以论断,"山东秋班都司□□□□"以上官员为未参与建设,仅为参与巡视的高级官员,而"山东秋班都司"及以下官员为直接参与长城建设、管理的低级官员。前碑"山东秋班都司"后有四字缺失,而后碑却有"潜山江一椿"五字。说明两处"山东秋班都司"并非同一人。综合该碑记述内容与相关史料。至少在万历初年,"春、秋班都司"在军营中的等级已经非常明晰。如:"山东春秋两班分为四营,领班都司二员……上班之日,与京营坐营官分练听六副将编属,春班正月秋班七月上班"①。《明会典》虽未对"春、秋班都司"或"领班都司"做单独解释,但在万历初年的一些事件与规定的记载中,"都司""领班都司"作为"营兵制"官职时常与副总兵、参将、游击、守都、把总、千总一同出现。如:"万历九年提准,除都司外,其副、参、游、守、领班都司、提调备御把总,除革职提问及紧急调遣,不候交待。"②再如"凡将领加衔。万历九年提准,副总兵官,下总兵一等,不可轻易请加。必有重大战功、紧要边工、勘实请加。其资深请加者,必总计其自任都司、参、游历十年以上,方许议请加授"③。由此可知,都司、参将、游击等官职属等级相近,任都司、参、游等官职十年,是晋升副总兵的必要条件。而"参将、游击"是将官,"都司"是营官,故本碑"秋

---

① 万历《明会典》卷一三四《营操·轮操》,第690页。
② 万历《明会典》卷一一八《铨选一》,第615页。
③ 同上书,第616页。

班都司□□□□"排列于副总兵、参将署佥事之后。

最后，本碑"秋班都司□□□□"前"分守石门等处地方参将署佥事张掖张拱立"与《万历元年九月大毛山断虏台鼎建碑》中"分守石门路副总兵官张掖张拱立"官职记述不同。张拱立，隆庆五年（1571）任石门寨参将，本碑建立的万历元年（1573）是张拱立任职的第三年。石门寨地处险要，故"以副总兵管参将事"。[①]

三 该碑所证全文及相关背景史实研究

（一）整理后本碑全文

萬歷元年□□阅视蓟辽保定等處邊務兵部右侍郎/兼**都察院**右僉都禦史歙縣汪道昆總督**薊遼保**/**定等處**軍務兼理糧餉都察院右都禦史兼**兵部右侍郎**濰縣劉應節整飭薊州等處邊備兼巡**撫順天**/**等府地方都察**院右僉都禦史膚施楊兆巡按直隸/**監察禦使平**度王湘整飭永平等處兵備山東按察/**司副使潞安**宋守約；總理練兵兼鎮守薊州等處地/**方總兵官**中軍都督**府右都督鳳陽戚繼光協**守/**東路副總兵**官定遠**史綱分守石門等處地方參將署都指揮僉事張掖張拱立山東秋班都司**□□□□/**提調同安陳忠原任參將**張節劉楫**聽用遊擊薊州**/薛經守**備張沛閱工盧龍**知縣嶧縣番愚。[②]（见图4）

（二）碑刻历史背景

万历元年（1573），汪道昆、戚继光等将领频繁巡视蓟镇各段长城。2014年，第一次全国可移动文物普查，在河北、天津、北京段长城发现大量相关碑刻。如：《板厂峪（159号敌台）万历元年鼎建碑》（本碑）、《万历元年九月大毛山断虏台鼎建碑》《涞源县狼牙口长城万历元年秋阅视碑》《青龙县万历元年九月汪道昆、魏崇儒鼎建碑》《怀来县馆藏万历元年阅视碑》《涿鹿县万历元年秋防阅视碑》《涞源县馆藏万历元年秋阅视碑（二）》

---

① 董耀会：《秦皇岛历代志书校注·永平府志·明万历二十七年》，中国审计出版社2001年版，第160、159页。

② 加着重号的字是残碑现存之字。其他为笔者推测文字。

等。① 这样的频繁阅视长城一线有两方面原因。**一是戚继光北上筑城完毕，御史代皇帝阅视工程。**隆庆二年（1568），戚继光以"都督同知总理蓟州、昌平、保定三镇练兵事"。建言："蓟镇边垣，延袤二千里，一瑕则百坚皆瑕。比来岁修岁圮，徒费无益。请跨墙为台，睥睨四达。台高五丈，虚中为三层，台宿百人，铠仗糗粮具备。令戍卒画地受工，先建千二百座……（隆庆）五年（1571）秋，台功成。精坚雄壮，二千里声势联接。"② 长城修建完成两年后的万历元年（1573）。戚继光陪同御史与上级武官开展了新建长城的视察工作。**二是隆庆、万历初年蓟镇战事频发，诸大臣阅视边关战事。**隆庆时期，南方倭患平定，北部边关战事日益紧张。仅永平一府，就有多次大战。"隆庆元年（1567）九月，东虏土蛮十万攻入界岭口，由台头四杀出杀杀掠焚伤。据勘被杀万二千五百余人。"③ 故"隆庆初，给事中吴时来以蓟门多警，请召大猷、继光专训边卒。"④ 戚继光赴蓟后，板厂峪、董家口、桃林口、义院口等永平关隘成为重要战场。单就本碑相关的板厂峪及东邻的董家口而言："万历元年二月……三百余骑至长谷口，迤北窟窿台（板厂峪）边外，战十余阵乃去。""七月，虏犯大毛山（董家口），御之伤去。虏二百余骑分三股突至义院口关，大毛山偏坡下攻墙，御之，乃去。"⑤ 此役，残元骑兵正面攻击董家口大毛山不克，绕道板厂峪从侧面袭击。说明板厂峪与董家口地域相近，防御一体，唇齿相依。因此，万历元年（1573）七月战事刚刚结束，汪道昆、戚继光等官员对此两地关隘长城修筑及兵备情况分别进行了视察，并刻碑记述。

四 结语

碑刻通过复原，记述内容已经明晰：明万历元年（1573），几经大战后的板厂峪修建了一座敌楼。官员汪道昆、刘应节、杨兆、王湘、宋守约、戚继光、史纲、张拱立、陈忠、刘楫、薛经、张沛、番禺等赴板厂峪

---

① 河北省地方志编纂委员会：《河北省志·长城志》，文物出版社2011年版，第595、598、586、597页。
② 《明史》卷二一二《戚继光传》，第5614页。
③ 董耀会：《秦皇岛历代志书校注·永平府志·明万历二十七年》，第454页。
④ 《明史》卷二一二《戚继光传》，第5613页。
⑤ 董耀会：《秦皇岛历代志书校注·永平府志·明万历二十七年》，第456页。

视察军备及长城建设情况。碑刻官员官职及排列顺序反映了明中期森严的长城阅视制度与边镇军事管理制度。

图 1　碑刻原图

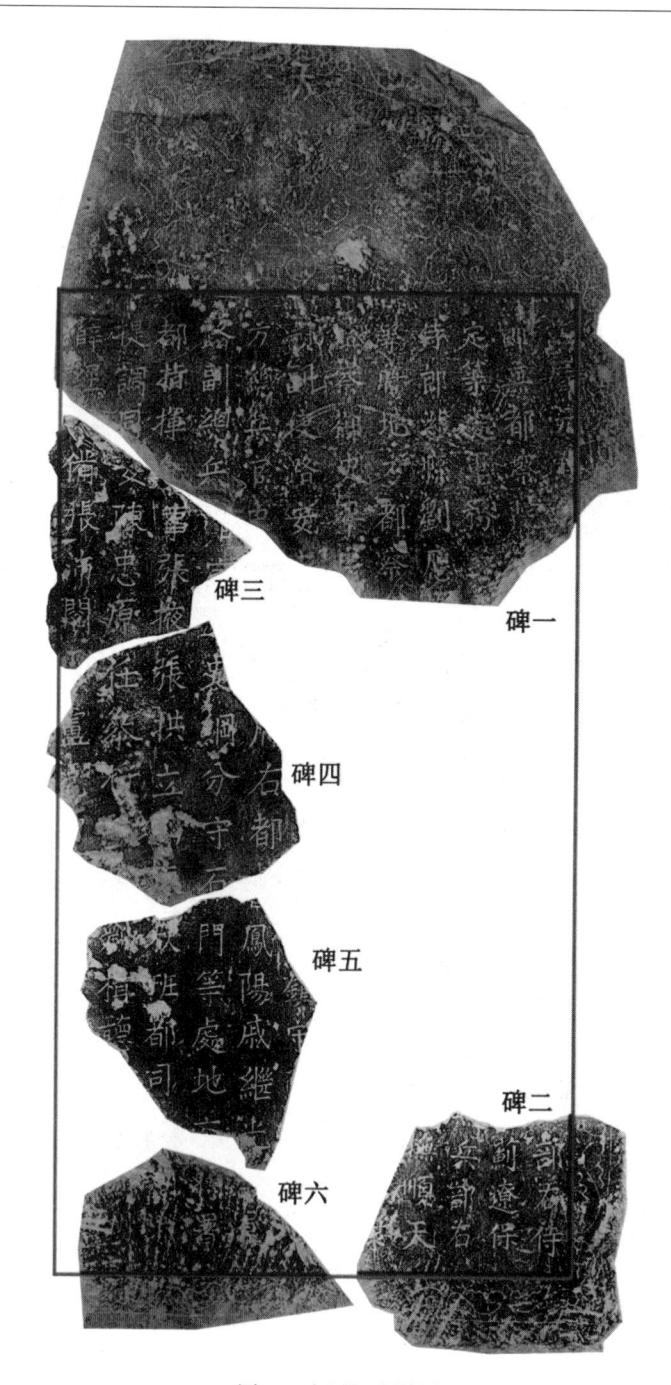

图 2 碑刻拓片拼图

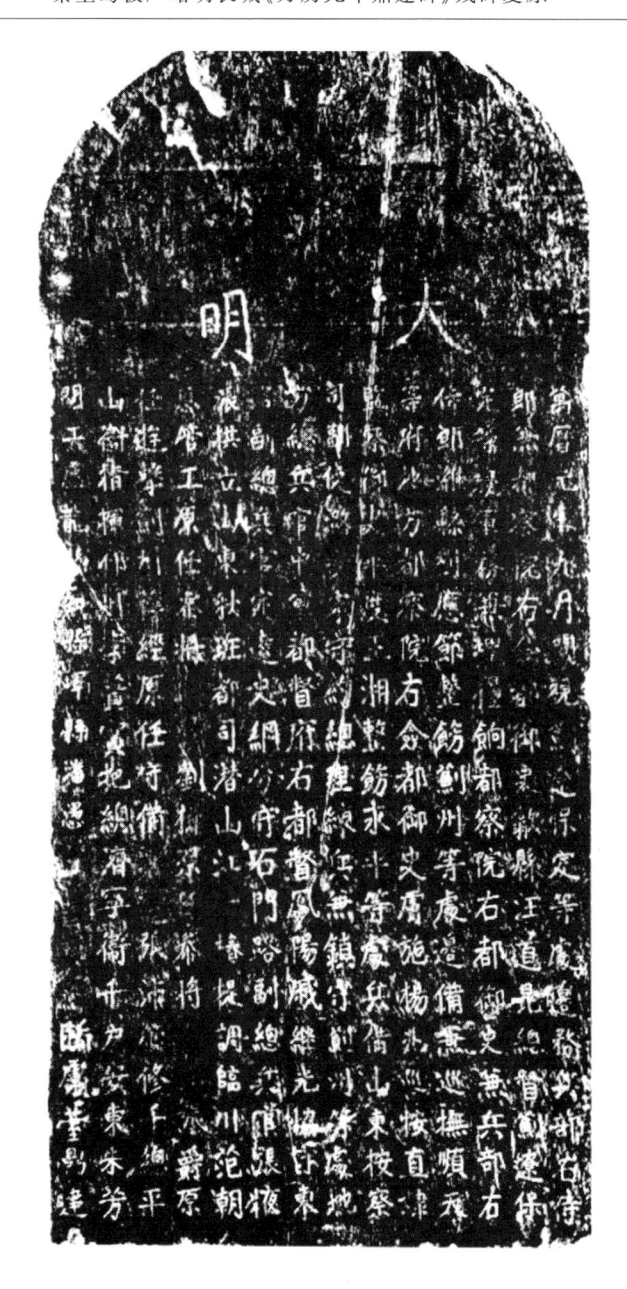

图3　万历元年九月大毛山断房台鼎建碑

资料来源：该拓片翻拍自河北省文物局长城资源调查队编《河北省明代长城碑刻辑录》，科学出版社2009年版，第164页。

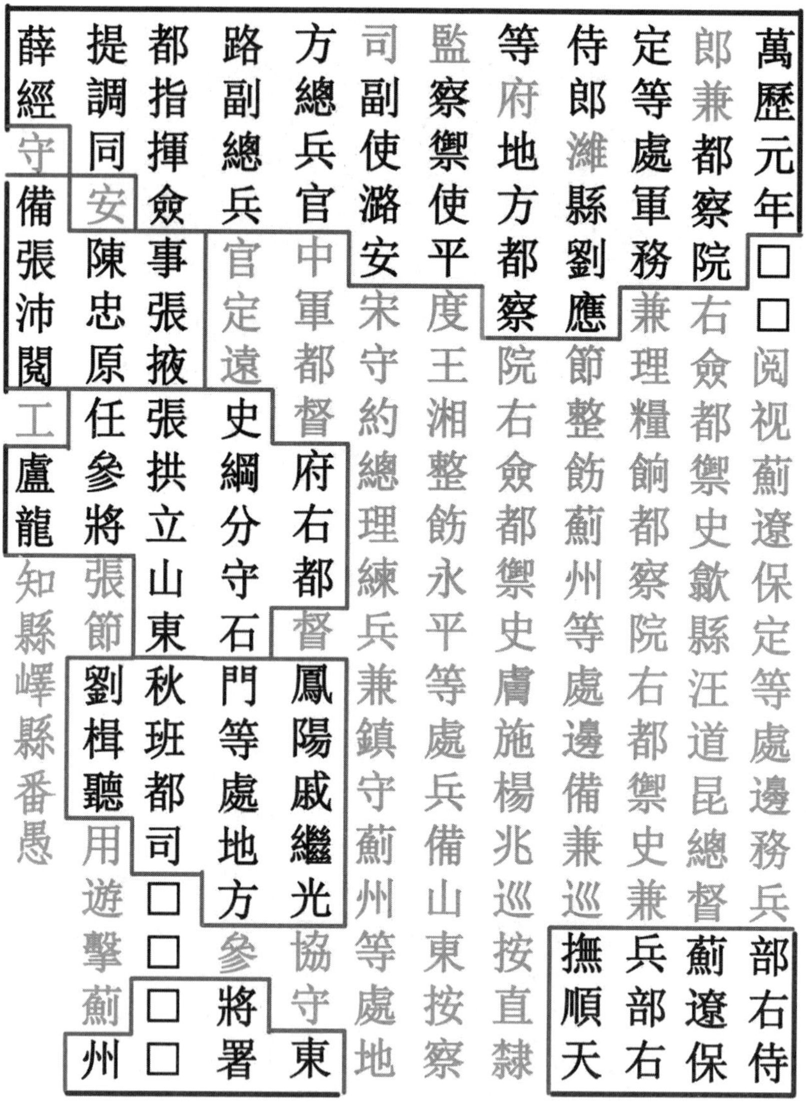

萬曆元年□□□□閱視薊遼保定等處邊務兵部右侍
郎兼都察院右僉都御史歆縣汪道昆總督薊遼保
定等處軍務兼理糧餉薊州等處邊備兼巡撫順天
侍郎濰縣劉應節整飭薊州等處邊備兼巡撫順天
等府地方都察院右僉都御史膚施楊兆巡按直隸
監察御史平度王湘整飭永平兵備山東按察
司副使潞安宋守約總理練兵兼鎮守薊州等處地
方總兵官中軍都督府右都督鳳陽戚繼光協守東
路副總兵官定遠史綱分守石門等處地方參將署
都指揮僉事張㧞立山東秋班都司□□□□遊擊薊
提調同安陳忠原任參將張節
薛經守備張沛閱工盧龍知縣嶧縣番愚

图4　碑刻复原图

秦皇岛诗五首笺注附书法欣赏

笺注：王红利　书法：孙勇　潘磊

李昌也　徐向君　王健

采薇歌

（先秦）伯夷叔齐

登彼西山兮，采其薇矣。

以暴易暴兮，不知其非矣。

神农、虞、夏忽焉没兮，我安适归矣？

于嗟徂兮，命之衰矣！

【作者小传】

伯夷、叔齐兄弟是商末孤竹君的两个儿子。相传其父遗命要立次子叔齐为继承人。孤竹君死后，叔齐欲让位给长子伯夷，伯夷不受，叔齐也不愿登位，兄弟二人闻西伯昌善养老，于是都逃到周国。此时，西伯姬昌已死，其子姬发也就是周武王举兵伐纣，二人扣马谏阻。武王灭商后，天下宗周，兄弟二人义不食周粟，采薇而食，饿死于首阳山。

【注释】

1. 西山：即首阳山，关于其具体所在，有山西永济、河北卢龙等至少6种不同的说法。

2. 兮：在古代诗歌中多用于句末或句中，起到舒缓语气、抒发感情的作用。相当于现代汉语中的"啊"。

3. 薇：野菜，可以生食。

4. 暴：暴虐。

孙勇（秦皇岛海阳镇中学）书

5. 易：交换。

6. 非：错误。

7. 神农：即神农氏，传说中的远古帝王，以教民稼穑、提倡农事而著称。

8. 虞：即虞舜，上古五帝之一。姓姚，名重华，因其先国于虞，故称虞舜。为古代传说中的圣君。

9. 夏：夏禹。传说中，禹是中国历史上第一个国家夏朝的开创者。禹在尧时被封为夏伯，因又史称伯禹、夏禹。

10. 忽焉没兮：忽焉，极言其消失之快。或曰"忽"者"奄忽"之意，"奄忽"指生命将结束的样子。没，通"殁"，死。

11. 我安适归：我还能去投奔谁呢？安适归，意即安归。"适""归"二字同义。

12. 于嗟：叹词，表示悲叹。于，同"吁"。

13. 徂：通"殂"，死亡。

14. 衰：衰亡。

春日望海

（唐）李世民

披襟眺沧海，凭轼玩春芳。
积流横地纪，疏派引天潢。
仙气凝三岭，和风扇八荒。
拂潮云布色，穿浪日舒光。
照岸花分彩，迷云雁断行。
怀卑运深广，持满守灵长。
有形非易测，无源讵可量。
洪涛经变野，翠岛屡成桑。
之罘思汉帝，碣石想秦皇。
霓裳非本意，端拱且图王。

【作者小传】

唐太宗李世民（598—649），唐朝第二位皇帝，在位23年，年号贞观。名字取意"济世安民"，陇西成纪人。他不仅是著名的政治家、军事家，还是一位书法家和诗人。早年随父亲李渊建立唐朝，为大唐统一立下汗马功劳，被封为秦王、天策上将。他开创了著名的"贞观之治"，虚心纳谏，厉行俭约，轻徭薄赋，使百姓休养生息，各民族融洽相处，国泰民安，对外开疆拓土，攻灭东突厥与薛延陀，重创高句丽，设立安西四镇，被各族人民尊称为"天可汗"，为后来唐朝全盛时期的"开元盛世"奠定了重要基础，为后世明君之典范。庙号太宗，葬于昭陵。

【注释】

1. 披襟：敞开衣襟。比喻心怀舒畅。《文选》宋玉《风赋》："有风飒然而至，王乃披襟而当之曰：'快哉此风。'"

2. 凭：靠。轼：古代车厢前面供扶手的横木。

3. 春芳：即"芳春"，春天的秀美景色。

4. 地纪：维系大地的绳子，也称"地维"。古人认为天圆地方，传说天有九根柱子支撑，因而得以不塌；地有大绳维系四角，使之有定位。《庄子·说剑》："上决浮云，下绝地纪。"纪，一作"轴"。此句写沧海之广。

5. 疏派：分出的支流。派，水的支流。《文苑英华》作"泒"。引：延长。天潢：天河。

6. 三岭：即古代传说中的三座"神山"，神话中谓神仙所居住的山。旧题晋王嘉《拾遗记》："三壶，则海中三山也。一曰方壶，则方丈也；二曰蓬壶，则蓬莱也；三曰瀛壶，则瀛洲也。"

7. 和风：柔和的风。

8. 八荒：又称八方，最僻远之处。《说苑·辨物》："八荒之内有四海，四海之内有九州，天子处中州而制八荒耳。"

9. 拂潮：拂过浪潮。

10. 怀卑：指海位低下。运深广：海水积存得深厚广阔。运，本义是输送，在这里是指各处水流输送到沧海后积存起来的意思。

11. 持满：处于盛满的地位。

12. 灵长：广远绵长。

13. 源：水流起源。讵：岂。此句言海水无边无际，岂能量度。此句言海水虽为有形之物，但不易量度。

14. 经：常。"洪涛经变野，翠岛屡成桑"这两句写由于海浪昼夜激荡，因而经常引起陆地与岛屿的变化，即"沧海桑田"之意。

15. 变野：沧海变为桑田。晋葛洪《神仙传·王远》："麻姑自说云：'接待以来，已见东海三为桑田，向到蓬莱，水又浅于往昔，会时略半也，岂将复还为陵陆乎？'"后因以"桑田沧海"喻世事的巨大变迁。

潘磊（秦皇岛市计量测试研究所）

16. 之罘：也作芝罘，即芝罘山，地名，在今山东烟台北。《汉书·武帝纪》："太始三年二月，幸琅玡，礼日成山。登芝罘，浮大海。"

17. 碣石：山名，在河北省昌黎县北。《尚书·禹贡》："导岍及岐……太行、恒山，至于碣石，入于海。"因远望其山，穹窿似冢，山顶有巨石特出，其形如柱，故名。秦始皇三十二年（前215）曾东巡至此，刻碣石门，求仙人不死之药。

18. 霓裳：神仙的衣裳。相传神仙以云为裳。《楚辞·九歌·东君》："青云衣兮白霓裳，举长矢兮射天狼。"

19. 端拱：端衣拱手，闲适自得，象征无为而治。

20. 图王：图谋王业。宋苏轼《白帝庙》诗："失计虽无及，图王固已奇。"

九日一片石小集二首（其一）

（明）孙承宗

三年三地度重阳，佳节东篱忆草堂。
黄石篋中经岁月，青松岩下老风霜。
云飞猎骑秋潭净，日落征鸿塞影长。
自笑调鹰双健臂，登高仍佩紫萸囊。

【作者小传】

孙承宗（1563—1638），字稚绳，号恺阳，北直隶保定府高阳县（今河北省保定市高阳县）人，明万历三十二年（1604）榜眼，授翰林院编修，入翰林十年。天启帝即位后，孙承宗任经筵讲官、詹事府少詹事、礼部右侍郎等职。天启二年（1622），天启帝以孙承宗为兵部尚书兼东阁大学士，孙承宗自请督师蓟辽，至辽东勘查，据说与经略王在晋争执，天启帝遂将王在晋改任南京兵部尚书，以孙承宗为辽东经略。因受阉党排挤，于天启五年（1625）辞官归里。崇祯二年（1629），发生"己巳之变"，孙氏临危受命，出镇通州，旋又再任蓟辽督师，出镇山海关。崇祯三年（1630）正月，清兵攻占迁安、滦州、遵化、永平，并分兵攻打抚宁。孙承宗督师山海关，派兵驻守抚宁，遣兵调将，先后收复永平四城。崇祯四年（1631），罢官归里。崇祯十一年（1638），清兵犯保定，攻高阳。孙承宗率众拒守，城破殉国，阖门死节。崇祯帝闻讯，极为震悼，追复其故官，给予祭葬。南明弘光帝时，谥文忠，不久又追赠太傅。著有《高阳集》二十卷。

【注释】

1. 三年三地：三年的三个重阳节分别在不同的三个地方度过。
2. 东篱：晋陶潜《饮酒》诗："采菊东篱下，悠然见南山。"后因以借指栖隐之所。
3. 草堂：即草庐，隐者所居的简陋茅屋。古时文人常以"草堂"名其所居，以标风标之高雅。
4. 黄石箧：黄石公的箱子。黄石公为秦时隐士，相传黄石公曾传授张良一编书，即《太公兵法》，书在箧中。
5. 征鸿：迁徙的雁，多指秋天南飞之大雁。
6. 调鹰：调弄和训练鹰隼，喻指操练兵马。
7. 紫萸囊：即茱萸囊，盛茱萸的佩囊，旧俗重阳节有登高与佩戴茱萸的习俗。

李昌也（秦皇岛滨河路小学）

王晋卿《烟江叠嶂图》韵

（清）宋荦

渤海之岸耸断山，横截巨浪排云烟。
人言此是秦皇岛，回冈辇道留依然。
白头山僧葺古屋，晨炊远汲荒村泉。
危矶荦确带沙石，荡胸万里开长川。
天吴出没老蛟舞，百灵仿佛惊涛前。
我来榆塞正秋晚，苍鹰叫侣摩青天。
靴纹波细风忽止，白鸥容与殊清妍。
俄顷变幻不可测，归墟岂必非桑田。
秦皇已去汉帝至，孤台野岸空千年。
蓬莱方丈在何许？一眉新月来娟娟。
解鞍脱帽便此住，斫松煮薂容高眠。
移情爱鼓伯牙操，无须恍惚求神仙。
秦碑磨灭藓花绣，谁能与结翰墨缘，
欲鞭蛰龙作海市，良惭玉局登州篇。

【作者小传】

宋荦，字牧仲，号漫堂，又号绵津山人、西陂放鸭翁，河南商丘人。康熙三年（1664），宋荦谒选，授湖广黄州府通判，自此开始了他的官宦生涯。康熙二十二年（1683）授直隶通永道。康熙四十四年（1705）十一月，擢吏部尚书。三年后以原官致仕。宋荦为官能持大体、刚直不阿、严正执法、勤于政事，有"清廉为天下巡抚第一"之誉。宋荦淹通典籍，为官之暇"时时小有吟咏"，侯方域赞其诗："神苍骨劲，格高气浑。"宋荦论诗主张"取材富，而用意新"，强调"诗者，性情之所发"。他尊崇杜甫，对苏轼更是心摹手追。宋荦在清初诗坛上享有盛誉，其诗歌创作成就很高，与号称"清代第一诗人"的王士禛齐名。宋荦晚年自订著作集为《西陂类稿》共五十卷。宋荦还酷爱书画，"富收藏，精鉴赏"，是清初首屈一指的鉴赏专家。宋荦集政治家、文学家、藏书家、刻书家以及鉴赏家于一身，对后世产生了较大的影响。

【注释】

1. 回冈：曲折的山冈。
2. 辇道：指皇帝车驾所经的路。
3. 危矶：危：高。矶：水边突出的岩石或石滩。
4. 荦确：怪石嶙峋貌。
5. 天吴，水神名。《山海经·大荒东经》："有神人，八首人面，虎身十尾，名曰天吴。"
6. 蛟：传说中能兴云雨、发洪水的龙。
7. 百灵：各种神灵。《文选·班固〈东都赋〉》："礼神祇，怀百灵。"
8. 榆塞：这里指山海关。
9. 靴纹：靴皮的花纹，形容细波微浪。
10. 容与：从容闲舒貌。
11. 归墟：亦作"归虚"。传说为海中无底之谷，谓众水汇聚之处。《列子·汤问》："渤海之东，不知几亿万里，有大壑焉，实惟无底之谷，其下无底，名曰归墟。"
12. 桑田：晋葛洪《神仙传·王远》："麻姑自说云：'接待以来，已见东海三为桑田，向到蓬莱，水又浅于往昔，会时略半也，岂将复还为陵陆乎？'"后因以"桑田沧海"喻世事的巨大变迁。
13. 蓬莱：蓬莱山，古代传说中的神山名，亦常泛指仙境。《史记·封禅书》："自威、宣、燕昭使人入海求蓬莱、方丈、瀛洲，此三神山者，其傅在勃海中。"
14. 方丈：传说中海上神山名。《史记·秦始皇本纪》："齐人徐市等上书，言海中有三神山，名曰蓬莱、方丈、瀛洲。"
15. 娟娟：明媚貌。
16. 蔌：菜肴。
17. 高眠：高枕安眠。
18. 伯牙：春秋时精于琴艺的人。传说曾学琴于著名琴师成连先生，三年不成。后随成连至东海蓬莱山，闻海水澎湃、林鸟悲鸣之声，心有所感，乃援琴而歌。从此琴艺大进，终成天下妙手。琴曲《水仙操》《高山流水》，相传均为他所作。见汉蔡邕《琴操·水仙操》。
19. 秦碑：指秦始皇所建的石碑。

20. 藓花：苔藓，隐花植物，茎叶很小，有假根，绿色，生在阴湿的地方。

21. 翰墨：借指文章书画。

22. 蛰龙：蛰伏的龙。比喻隐匿的志士。

23. 海市：大气因光折射而形成的反映地面物体的形象。旧称蜃气。

24. 玉局：苏轼曾任玉局观提举，后人遂以"玉局"来代称苏轼。元丰八年（1085），苏轼知登州，并写有《登州海市并叙》。

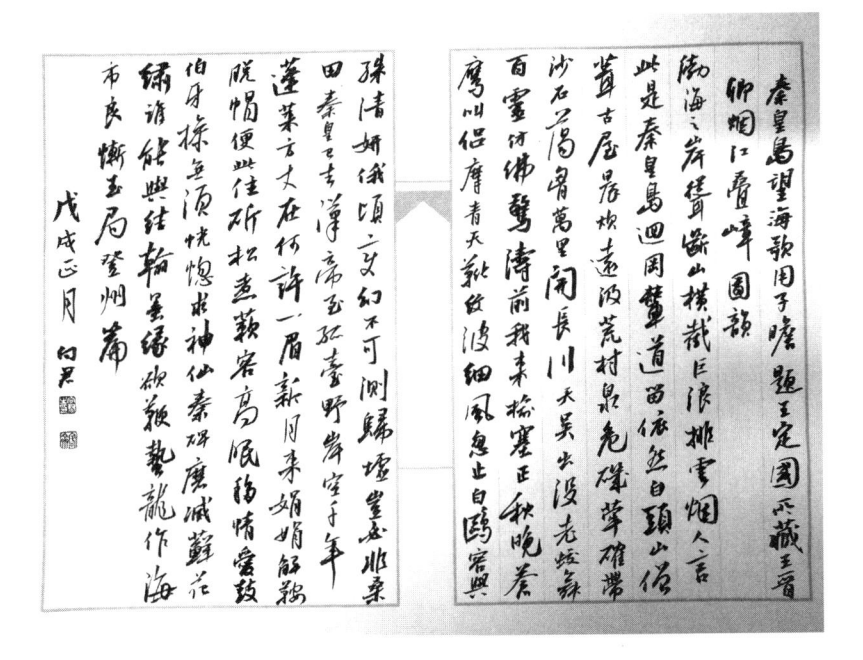

徐向君（秦皇岛美音艺术培训学校）

山海关

（清）纳兰性德

雄关阻塞戴灵鳌，控制卢龙胜百牢。
山界万重横翠黛，海当三面涌银涛。
哀笳带月传声切，早雁迎秋度影高。
旧是六师开险处，待陪巡幸扈星旄。

【作者小传】

纳兰性德（1655—1685），满洲正黄旗人，字容若，号楞伽山人，清代最著名词人之一。纳兰性德天资早慧，过目不忘，有文武才，康熙十五年（1676）纳兰性德二十二岁殿试二甲七名，赐进士出身，授三等侍卫，寻晋一等。从此步入仕途，深得皇帝的隆遇。然而他却抑郁终生，绝少开怀，31岁因"寒疾"而殁。纳兰性德一生博通经史，熟习掌故，才华艳发，加之他善以自然之眼观物，以自然之舌言情，所作词清婉缠绵、哀感顽艳，使其诗词创作呈现出独特的个性和鲜明的艺术风格。因此之故，王国维在《人间词话》中推许他为"北宋以来，一人而已"。其诗词作品在清代享有很高的声誉，在中国文学史上也占有光彩夺目的一席。著有《通志堂集》《侧帽集》《饮水词》等。

【注释】

1. 雄关：即山海关。

2. 灵鳌：神话传说中的巨龟。语出《楚辞·天问》："鳌戴山抃，何以安之？"王逸注引《列仙传》："有巨灵之鳌，背负蓬莱之山而抃舞。"三国魏曹植《远游篇》："灵鳌戴方丈，神岳俨嵯峨。"此处用的是《列子·汤问》中的"鳌戴"的典故，神话传说谓渤海之东有大壑，其下无底，中有五座仙山，常随潮波上下漂流。天帝恐五山流于西极，失群仙之居，乃使十五巨鳌轮番举首戴之，五山才峙立不动。后以"鳌戴"比喻负荷重任。

3. 卢龙：古塞名。在今河北喜峰口附近一带。古有塞道，自今天津市蓟县东北经河北遵化市，循滦河河谷出塞，折东趋大凌河流域，是从河北平原通向东北的一条交通要道。东汉末曹操与辽西乌桓作战，东晋时前燕慕容隽进兵中原，都经由此道。

4. 百牢：即百牢关，古关名，隋置，原名白马关，在今陕西省勉县西南。唐杜甫《夔州歌》之一："白帝高为三峡镇，瞿唐险过百牢关。"清顾祖禹《读史方舆纪要·陕西五·汉中府》："百牢关在州西南，隋开皇中置，以蜀路险，号曰百牢也。或曰，其地有百牢谷，因名。"亦省作"百牢"。

5. 翠黛：黑绿色。这里指林木葱郁。

6. 哀笳：悲凉的胡笳声。胡笳是我国古代北方民族的管乐器，传说由汉张骞从西域传入，汉魏鼓吹乐中常用之。北周庾信《奉报赵王出师在道赐诗》："哀笳关塞曲，嘶马别离声。"

7. 六师：原意是指周天子所统六军之师，后以为天子军队之称。1644 年，甲申之变，明末镇守山海关的将领吴三桂与清摄政王多尔衮合作，在山海关前击溃了前来征讨的李自成军，并带领清军大举入关，由此导致了李自成大顺政权和南明政权的覆亡。清军入关之后，多尔衮把年幼的清世祖顺治帝以及朝廷由东北的盛京迁都至北京，遂入主中原，建立大清朝。

8. 巡幸：指皇帝巡游驾幸。

9. 扈：扈从。

10. 星旄：亦作"星施"，绘有星辰的旄，亦泛指旌旗。这里指帝王仪仗。

王健（秦皇岛市监察委）

旧体诗欣赏

王红利

(秦皇岛日报社)

【咏北戴河联峰山】

庚寅中秋后两日,守森吟长倡聚北戴河,余有幸忝陪末座,席间分韵得"一东"。

戴河秋日喜相逢,云淡天高映碧空。
今夜洞庭飞木叶,他年望海会莲蓬。
江山胜景身心醉,翰墨文章意气通。
人世纷纷多变幻,长天皓月古今同。

【南戴河牡丹】

一枝秾艳试新妆,不住昭阳住洛阳。
花下风流谁作鬼,人间富贵我称王。
忍教桃李分春色,却笑芙蓉立水塘。
南戴河头蜂蝶舞,姚黄魏紫斗芬芳。

【秋游鲍子沟】

九月秋风天气凉,一池碧水满庭芳。
秦皇岛上诗千首,鲍子沟头酒一觞。
竹笛横吹闻野店,雨帘斜挂入沧浪。
湖山胜境皆佳处,更喜葡萄缀道旁。

【采风界岭口】

秋来扶病向山行，雨霁风收界岭横。
流水逐村思往事，闲云出岫叹浮生。
城头不见旌旗影，月下犹闻鼓角声。
千古兴亡多少事，关山万里海波平。

【读《北戴河老别墅》感赋】

潮平沙软水茫茫，比美庐山暑气凉。
今日风流丹禁地，前朝笑语白云乡。
几声乌鹊停红顶，一架蔷薇隐素墙。
鬓影衣香留不住，回廊立尽月昏黄。

【龙媒书店二十周年店庆】

廿载飘蓬苦乐随，升沉世事几推移。
烹茶频致八方客，开店高擎一面旗。
满座剧谈惊老蠹，千杯痛饮遇新知。
心头有愧囊羞涩，深夜匆匆写贺诗。

【咏鸽子窝大潮坪】

皆云海外有仙山，徐福楼船去未还。
终日身如黄犊苦，何时心似白鸥闲。
千秋名定兴亡里，万古潮翻天地间。
一洗尘襟消暑气，莫教俗事损朱颜。

【咏山海旅游铁路】

休惊闹市走长龙，双轨何期百世功？
欲为港城除痼疾，偏迎旅发趁东风。
海中仙药无人识，梦里关山有路通。
满座宾朋须信道，今年花胜去年红。

【登寻仙号游船有感】
碧云冉冉水波流，天地苍茫一雁秋。
他日寻欢重把酒，而今觅句且登舟。
空闻海上藏仙药，未许人间笑白头。
也拟七修回日月，微躯之外更何求。

【秦皇岛荣膺"中华诗词之市"称号，感而赋此】
谁料边城翰墨香，诗词之市显荣光。
弦歌万里传州县，筹略千年仰庙堂。
碧水长天留客醉，白头稚子写诗忙。
名扬华夏秦皇岛，山海欢腾乐未央。

书 讯

张金龙教授《魏晋南北朝文献丛稿》出版

董劭伟

（东北大学秦皇岛分校　社会科学研究院）

张金龙教授《魏晋南北朝文献丛稿》由甘肃教育出版社2017年12月出版，全书503页，计43.7万字。全书由四篇主题长文构成：第一篇《魏晋南北朝武官制度文献概说》、第二篇《南朝历史文献与学术论著举隅》、第三篇《〈魏书·地形志〉丛札——北魏州郡建置沿革杂考》、第四篇《〈南巡碑〉所见姓氏丛考》。书中内容考证严谨，创见颇多，除了对该领域内问题有发明与揭示外，其研究中体现的方法论的价值颇值得关注，比如，第一篇从当世及后世文献中去考述职官制度的方法，以及采用表格对比展示的书写形式等方法颇具借鉴意义。本书四篇文字由来有自，比如，第一篇是作者早年进行"武官制度"研究时进行的基础性工作之一，可见在系统研究职官制度之初，作者便有意识且深入地关注了文献方面的情况。第二篇是作者另一篇著作的学术史评议部分，除评议当代学界重点著述外，作者还从历史时期的研究状况着手进行了细致考辨。综合而言，作者具有洞察历史轨道的胸怀，而能围绕问题进行自觉的拓展性研究。按书中作者《自序》，"本书所收四篇考述文字大体上与历史文献有关，但与传统的文献学论著又有所不同，可以看作是一个专业历史学者对所研究领域文献相关问题的初步思考和探索。四篇之间看似没有多大关联，但却大体能够反映笔者从事历史学研究以来的若干主要关注点，也与前辈大家特别是钱大昕所提倡的历史研究中几个必须精通的领域暗合。"

值得一提的是该书三处书名题签皆出自作者之手，可谓相得益彰。

作者此前已出版《北魏政治史（多卷本）》《治乱兴亡——军权与南朝证券演进》《魏晋南北朝禁卫武官制度》《北魏政治与制度论稿》等著作。

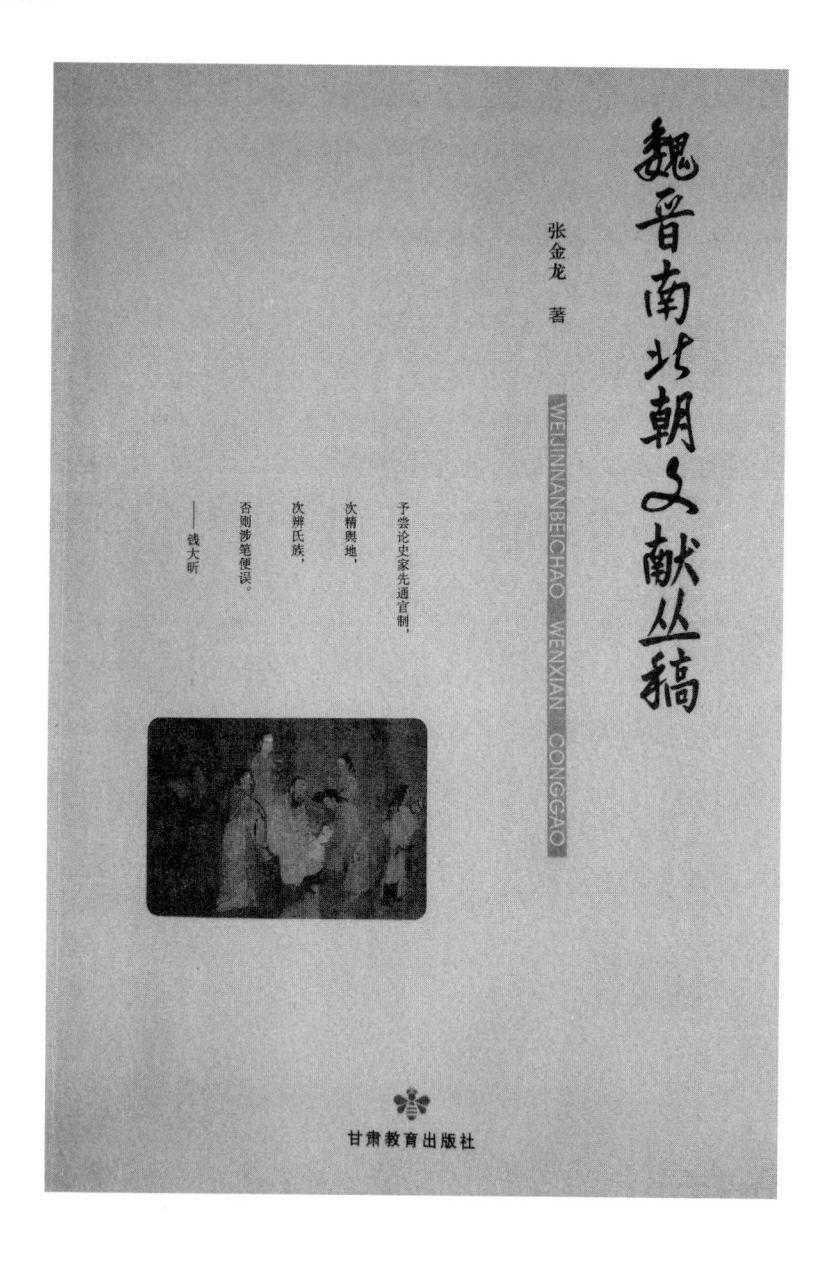

魏晋南北朝文献丛稿

张金龙 著

予尝论史家先通官制，次精舆地，次辨氏族，否则涉笔便误。
——钱大昕

甘肃教育出版社

张云飞博士《历史认识的真实性问题研究》出版

燕山大学马克思主义学院张云飞博士的专著《历史认识的真实性问题研究》，2017年3月由中国社会科学出版社出版。

真实性是历史研究所追求的重要目标之一，而研究对象的特殊性及研究主体自身的局限性，在具体研究中经常出现与历史本原相背离的结果。此处所言特殊性是指历史已经过去，人们已经无法通过亲身观察或者模拟的方式与其照面。所谓研究主体的局限性，是指研究者无法避免其自身具有的主体因素对于历史研究过程的干预，从而导致在历史研究结果中浸透着研究者的主体色彩。历史认识真实性问题就像是一片荒树杂陈的丛林，如海德格尔那样开辟一条"林中路"正是本书的主旨所在。

本书围绕历史认识的真实性问题从五个方面展开论述，即历史认识真实性问题的理论定位、历史解释及其中存在的真实与虚构的冲突、历史事实及其真实性的分析、历史文本及其在理解真实性中的作用、历史研究方法及其与真实性的关系。第一部分是总论，其后四个章节分别从不同角度对于历史研究主体、历史研究对象、历史研究成果和历史研究方法展开论述，五个部分之间构成一个相互联系的整体，针对历史研究过程中存在的虚无主义和相对主义倾向展开批评，捍卫了历史认识追求真实性目标的合理性。

北京师范大学哲学学院教授、博士生导师杨耕为该书撰写序言。杨耕教授认为："《历史认识的真实性问题研究》深思历史研究的现状，力图运用马克思主义哲学的观点和方法，在综合分析近代历史哲学、现代历史哲学和后现代历史哲学的基础上，全面检视历史认识真实性的目标，条分缕析历史认识的真实性问题，并使之与历史认识的客观性相区分。""《历史认识的真实性问题研究》围绕着'历史认识的真实性何以可能'这一核心问题，建构了一个合理的论证体系，并为我们展示了一个新的哲学研究、史学研究的理论空间。"

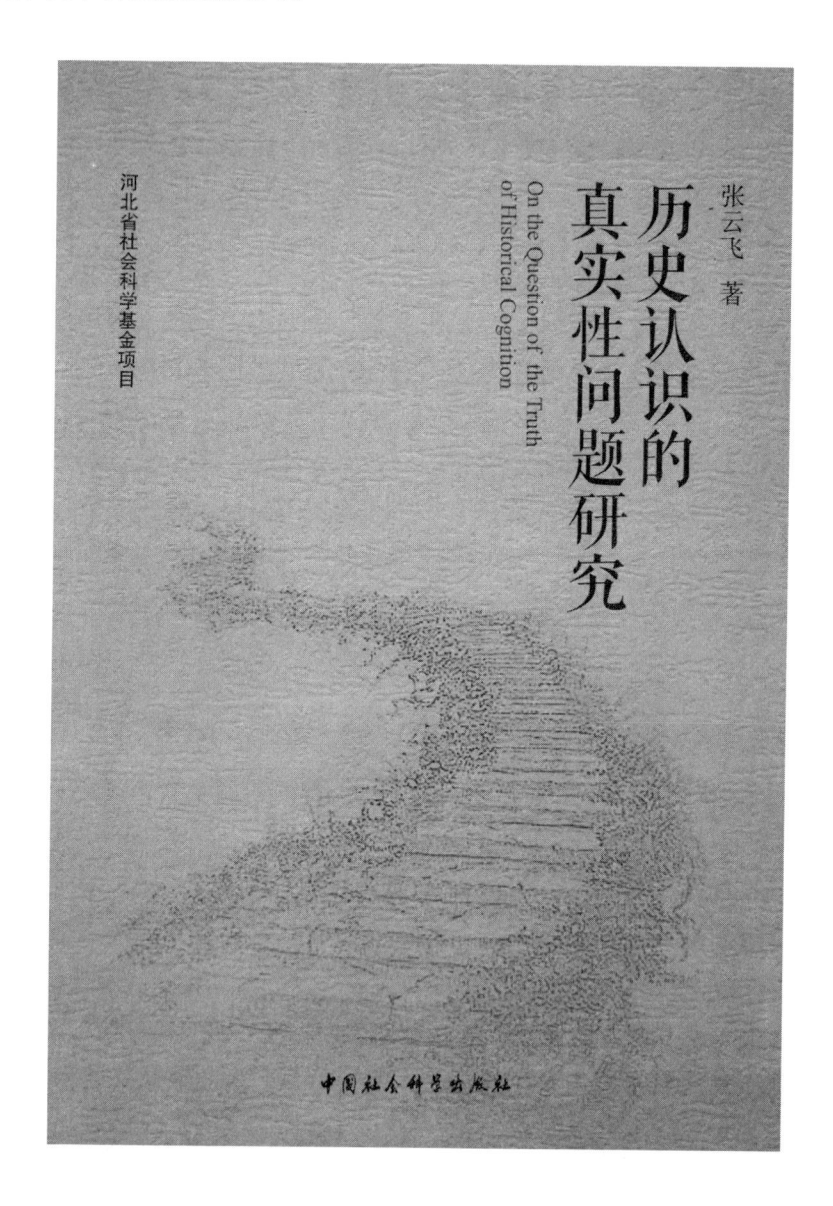

征 稿 启 事

东北大学秦皇岛分校学术集刊《中华历史与传统文化论丛》简介

东北大学秦皇岛分校近年来对人文社科研究极为重视，创办了一系列以文科专业为主的学术机构，以进一步推动人文社科研究。历史学科发展是东北大学秦皇岛分校颇具特色的文科领域，有马克思主义理论一级学科下的中国近现代史基本问题研究专业，形成了具有学科发展、学术研究、教师队伍建设等多位一体的发展模式。历史学学科是秦皇岛地区高校整体而言较为薄弱的一个方面，与秦皇岛悠久的历史、灿烂的文化相比，加强历史学建设既是该校相关教师的科研任务，也有益于推动地域文化的繁荣发展。

历史学是对以往社会的科学研究，涵盖范围极为丰富，我校立足科研，并有强烈的社会责任感。习近平总书记指出："优秀传统文化是我们最深厚的文化软实力。"在此基础上，教育部提出："中国特色社会主义道路是在对中华民族5000多年悠久文明的传承中走出来的，具有深厚的历史渊源和广泛的现实基础。"

习近平总书记在十九大报告中提出："文化自信是一个国家、一个民族发展中更基本、更深沉、更持久的力量。必须坚持马克思主义，牢固树立共产主义远大理想和中国特色社会主义共同理想，培育和践行社会主义核心价值观，不断增强意识形态领域主导权和话语权，推动中华优秀传统文化创造性转化、创新性发展，继承革命文化，发展社会主义先进文化，不忘本来、吸收外来、面向未来，更好构筑中国精神、中国价值、中国力量，为人民提供精神指引。"

从学术研究角度去梳理和总结优秀传统文化，并服务于现实，是知识分子应该承担的社会责任。近些年来东北大学秦皇岛分校在东北大学马克思主义理论一级学科发展基础上，注重加强历史学研究，以拓展学科境界。为了密切与学术界的交流，分校已于2015至2017年连续三年出版了学术集刊《中华历史与传统文化研究论丛》（从第四辑开始，简化刊名为《中华历史与传统文化论丛》），集刊目前受到国内外学界的广泛认可和好评。为了达到学术交流、保证学术品位，集刊聘请了学界的多位知名专家担任学术顾问。邀请校内外教师担任编委工作。本集刊在马克思主义理论指导下，以历史研究为主，包括中国历史、政治制度史、民俗文化史、社会经济史、科技史、史料汇集、名家访谈、学术动态等等。

集刊以历史研究为主，相关专业如马克思主义哲学、法学、中国古代哲学、政治学、社会学等哲学社会学科范围内，与中华历史或传统文化有关的论文皆欢迎投稿。除收录原创学术专题论文外，亦开辟书评、学者访谈、名家随笔、史料汇集等专栏。其中书评，欢迎对经典著作、新出著作等历史学等反映中华传统文化研究的书籍的深入剖析。学者访谈，可对学界泰斗、中青年学者进行深入且有启发意义的访谈。名家随笔，欢迎学者在学术之外的人生思考。史料汇集，欢迎各界提供独家的新见史料，或档案，或碑刻，或契约文书等，只要为首次披露且为独家整理的资料皆可。以上文稿，原则上不限制字数，格式参照《历史研究》最新规定，并附中文摘要和作者详细信息。本集刊谢绝一稿多投，对于拟采用稿件给予相应稿酬，并请作者同意于中国知网全文收录。

联系人：董劭伟，手机：13933657102

联系邮箱：dqzhls@sina.com、12965562@qq.com。

第三辑目录

唐史专论

《唐韦君靖碑》研究
　　——兼论晚唐藩镇幕职的阶官化　　　　　　　　　李文才　祈　强
试论唐与突厥"和亲"研究存在的问题及其原因　　　　　　刘兴成
传檄天下：唐廷镇压黄巢之变的七阶段行营都统
　　（招讨使）考　　　　　　　　　　　　　　　　　胡耀飞

宗教文化研究

清乾隆三十六年颁发各庙宇西番字、蒙古字《楞严经》考　　柴　冰

古代文献研究

上海古籍出版社整理本《礼记正义》校勘平议
　　——以《中庸》为例　　　　　　　　　　　　　　孔祥军
上古本《尔雅注疏》经注校误　　　　　　　　　　　　　瞿林江
道宣文献词语考索四则
　　——以《广弘明集》序文为中心　　　　　　　　　辛睿龙
黑水城出土《佛说竺兰陀心文经》整理
　　及其与秘密宗教的关联　　　　　　　　　　崔玉谦　徐　舒

民国档案整理与研究

民国时期耀华玻璃公司董事会议事录摘编（二）　　　　　王莲英
秦皇岛港藏"滦外档"之顾振等人事档案解读　　张　阳　董劲伟
秦皇岛港藏日军侵占时期日文档案之

日华语教育选译与题解 齐海娟 董劭伟

秦皇岛港藏民国外文档案之战后部分书信等
资料整理及翻译 赵 俣 董劭伟

保定商会档案夹藏《北洋淑兴渔业股份有限公司
简章》 崔玉谦 崔玉静

保定商会档案夹藏《北洋淑兴渔业股份有限公司
营业计划书》 崔玉谦 盘燕玲

秦皇岛分校文史专论

礼之"仪"与礼之"义"之争 秦 飞
宋代女性公益性消费研究 任欢欢
板厂峪明长城新出土碑刻及相关史料探究 陈厉辞 王莲英
清代粮船水手中罗教传播之区域性差异研究 曹金娜
改革开放以来沦陷时期河北商会研究述评 左海军

秦皇岛地域文化专栏

夷齐考疑 （明）胡其久著 李利锋校注
秦皇岛诗10首笺释 王红利

古体诗欣赏 王红利

书讯

张金龙教授《治乱兴亡：军权与南朝政权演进》评介 张 锐

征稿启事
书法作品 陆启成